In Bewegung

Wie Alltag sich verändert

Arbeit und Leben
Ausstellungsverbund

Arbeit und Leben, Band 12

In Bewegung

Wie Alltag sich verändert

Herausgegeben von Peter Janisch und Christina Heinz

MICHAEL IMHOF VERLAG

Arbeit und Leben, Band 12

IN BEWEGUNG – Wie Alltag sich verändert
Michael Imhof Verlag, Petersberg 2009

Stettiner Straße 25 · D-36100 Petersberg
Tel. 0661/9628286 · Fax 0661/63686

Gestaltung und Reproduktion: Michael Imhof Verlag
Umschlaggestaltung: np-kommunikation, Frankfurt am Main
Redaktion: Christina Heinz, Axel Lindloff, Ralf Nitschke
Druck: Fuldaer Verlagsanstalt, Fulda
Printed in EU

ISBN 978-3-86568-434-9

Inhalt

Vorwort

Bewegung, Veränderung, Beschleunigung – der umfassende Wandel und die tiefgreifenden Veränderungen des Alltagslebens im 20. und 21. Jahrhundert sind unübersehbar. Nicht nur die Wissenschaft forscht zum Thema des kulturellen Wandels, auch im Alltag haben Menschen das Gefühl, in einem Zeitalter der Beschleunigung zu leben. Rasant wandeln sich technische und gesellschaftliche Gegebenheiten. Was heute als Innovation gilt, ist morgen vielleicht schon veraltet. Alle Bereiche des Alltäglichen verändern sich ständig und halten das Leben in Bewegung. Menschen werden mit diesem Wandel konfrontiert und müssen in irgendeiner Weise auf ihn reagieren.

Aber haben akademische Thematisierung und subjektive Empfindung der allgegenwärtigen Beschleunigung und der unausweichlichen Fortentwicklung auch wirklich Bestand? Gibt es nicht auch „Konstanten in neuen Gewändern", die sich durch das Leben der letzten 100 Jahre ziehen, und existiert nicht ein sich wiederholendes Verschwinden und Wiederkehren von Altbekanntem? Welchen Stellenwert nehmen die Tendenzen der Entschleunigung ein, sei es im bewussten Verzicht auf ein Handy oder dem zielgerichteten Einkauf regionaler Produkte? Auch unfreiwillige Entschleunigung wartet jeden Morgen in den Staus großer Autobahnen auf uns.

In der Auseinandersetzung mit diesem modernen alltagskulturellen Thema ist die Ausstellung „In Bewegung – Wie Alltag sich verändert" entstanden. Sie beschäftigt sich mit Fragen zur tatsächlichen und wahrgenommenen Alltagsveränderung und ihren Ausdrucksformen. In fünf Kernbereichen des täglichen Lebens, dem WOHNEN, der ERNÄHRUNG, dem ARBEITEN, der FREIZEIT und dem Bereich des KOMMUNIZIERENS spürt sie dem kulturellen Wandel des Alltags nach.

In welcher Form Menschen sich in diesen Prozess einordnen, ob sie den Weg der Beschleunigung mitgehen und wie sie sich in der Bewältigung ihres Alltagslebens positionieren, bleibt letztlich auch eine individuelle Entscheidung. Der Umgang mit den Alltagsveränderungen ist damit mindestens so facettenreich wie die Änderungen selbst.

„In Bewegung – Wie Alltag sich verändert" wurde vom Freilichtmuseum Hessenpark innerhalb des seit 1990 bestehenden Ausstellungsverbunds „Arbeit und Leben" konzipiert und umgesetzt. Seine Mitglieder, die Stiftung Freilichtmuseum am Kiekeberg bei Hamburg, das Schleswig-Holsteinische Freilichtmuseum Molfsee bei Kiel, die Stiftung Domäne Dahlem in Berlin und das Freilichtmuseum Hessenpark bei Neu-Anspach im Taunus, realisieren im Turnusverfahren große Sonderausstellungen, die nach der Präsentation im eigenen Haus als Wanderausstellung in den Partnermuseen gezeigt werden. So ist es möglich, große, personell wie finanziell aufwändige Ausstellungen zu zeigen und gleichzeitig von wissenschaftlichen Synergieeffekten zu profitieren. Das Freilichtmuseum Hessenpark ist seit 2006 Mitglied des Verbundes und zum ersten Mal mit der Konzeption einer Verbundausstellung betraut. Sie wird im neu errichteten Ausstellungsgebäude, der Stallscheune aus Asterode, gezeigt. Das Gebäude, das in der Baugruppe Nordhessen wiedererrichtet wurde, behält sein historisches Äußeres im Zeitschnitt der 1950er Jahre, das Innere ist an die Bedürfnisse eines modernen Ausstellungsbetriebes angepasst. Geplant wurden der Wiederaufbau und die Innengestaltung von bmk-Architekten, Darmstadt, unter der Leitung von Ondrej Kramar.

Der vorliegende Begleitband umfasst 20 Beiträge von Wissenschaftlern aus Museen und Universitäten, die sich innerhalb der fünf Themengebiete mit der Bewegung im Alltag auseinandergesetzt haben – historisch wie aktuell. Er dient zur Vertiefung einzelner Ausstellungsthemen und als Plattform für Inhalte, die über die objektbezogene Darstellung hinausgehen. Im Herbst 2008 fand zu dieser Thematik eine Autorentagung im Freilichtmuseum Hessenpark statt.

Bei einem Projekt dieser Größenordnung gilt der Dank allen, ohne deren Mithilfe und tatkräftige Unterstützung die Realisierung der Ausstellung und des Begleitbandes nicht möglich gewesen wäre.

Wir danken den Mitarbeitern und Direktoren der als Leihgeber fungierenden Museen im Ausstellungsverbund: Dr. Thomas Schürmann, Professor Dr. Rolf Wiese (Freilichtmuseum am Kiekeberg), Astrid Paulsen, M. A., Dr. Ulrike Looft-Gaude, Professor Dr. Hermann Heidrich (Schleswig-Holsteinisches Freilichtmuseum Molfsee), Alexandra Deak, M. A., Dr. Peter Lummel (Stiftung Domäne Dahlem, Berlin). Sie haben sich zum Teil auch durch eigene Beiträge am Begleitband beteiligt. Für die gute Kooperation, die zur Verfügung gestellten Exponate und Bildmaterialien bedanken wir uns bei ihnen sowie bei Martha Kaspars, Ulrike May (Historisches Museum, Frankfurt), Dr. Michael Raffel, Marion Engels (Tupperware Deutschland GmbH), Peter Radl (Bundesverband Deutsche Tafel e. V.), Roswitha Mattausch (Museum Gotisches Haus, Bad Homburg), Isabell Koch, Christine Nowak (Museum für Kommunikation, Frankfurt), Dirk Colman (DB Gastronomie GmbH), Marcus Straßfeld (DB Regio AG), McDonald's Deutschland und IKEA Deutschland. Der Begleitband wurde durch den Michael Imhof Verlag, Petersberg, realisiert. Wir bedanken uns bei Patricia Koch und Dorothée Baganz, die Layout und Lektorat übernommen haben. Ohne die präzise Arbeit und den fachmännischen Rat der Handwerker des Freilichtmuseums Hessenpark, vor allem Dieter Emrich, Stephan Marx, Mehmet Yaprak, Manfred Kriwan und Ralf Lind, die den gesamten Ausstellungsbau sowie die Fertigstellung der Vitrinen übernommen haben, wäre die Ausstellung nicht realisierbar gewesen. Das inhaltliche Konzept wurde von Ausstellungsgestalter und Innenarchitekt Peter Kneip und Dipl.-Designerin Katrin Pfeil (kneip design, Mainz) in Zusammenarbeit mit dem Ausstellungsteam gestalterisch umgesetzt. Ihnen allen sei herzlich gedankt.

Unser Dank geht auch an alle anderen Museumsmitarbeiterinnen und Mitarbeiter, die bei Aufbau und Organisation von Ausstellung und Begleitprogramm geholfen haben, sowie an den Förderkreis des Freilichtmuseums Hessenpark e. V., der den Druck des Begleitbandes und die Realisierung der Ausstellung finanziell unterstützt hat.

Neu-Anspach 2009
Peter Janisch und Christina Heinz

Einführung

In Bewegung

Die westlichen Gesellschaften haben in den letzten Jahrzehnten einen bedeutenden Beschleunigungsschub erfahren, dessen Transformationskraft durchschlagend ist. So lautet eine These des Sozialwissenschaftlers Hartmut Rosa, der sich mit der sozialen Beschleunigung der heutigen Zeit auseinandersetzt.[1] In seinem Buch über die Veränderungen der Zeitstrukturen in der Moderne hat er sich zum Ziel gesetzt, ein „Paradoxon der modernen Welt" zu erklären, nämlich die Tatsache, dass wir keine Zeit haben, obwohl wir sie doch durch die Technisierung im Überfluss gewinnen.[2] Industrialisierung, Globalisierung, Internetzeitalter – diese Begriffe stehen für die von Rosa bestimmte „moderne Welt". Oft werden sie mit den unentwirrbar miteinander verwobenen Zusammenhängen des (westlichen) Weltgeschehens und der Veränderung der räumlichen und sozialen Verortung der Menschen gleichgesetzt oder müssen als Erklärungsansätze herhalten.

Gerade das letzte Jahrhundert hat das Leben der Menschen nach der bereits im 18. Jahrhundert einsetzenden Industrialisierung massiv beeinflusst. Ein heute hundertjähriger Europäer kann nicht nur von großen politischen, wirtschaftlichen und sozialen Umwälzungen erzählen, sondern hat eine Vielzahl von kleinen und einschneidenden Alltagsveränderungen miterlebt und mitgelebt. Ob der Wandel der Ernährungsgewohnheiten, die Neuerung und Umstrukturierung des Kommunikationsverhaltens oder die Möglichkeit des grenzenlosen Reisens – die Umgestaltungen in allen Bereichen des alltäglichen Lebens, die diesen Zeitzeugen beeinflusst haben, vollzogen sich in einer rasanten Taktung, die Ihresgleichen sucht. Folglich scheinen wir in einem Zeitalter der Beschleunigung zu leben. Sie stellt sich als technische Beschleunigung, als Beschleunigung des sozialen Wandels und als Beschleunigung des Lebenstempos dar.[3] Wie wirkt der fortdauernde Wandel der uns umgebenden Welt auf uns und unsere Wahrnehmung? Und in welchen Bereichen können wir sie punktuell begreifbar machen?

Alltag im Wandel

Wohnen, Ernährung, Arbeiten, Freizeit und Kommunikation – diese fünf Bereiche stellen exemplarisch wichtige Aspekte des Alltags dar, an denen wir den Wandel der Zeit und die Beschleunigung unseres persönlichen Lebensumfeldes nachvollziehen können.

Im vorliegenden Begleitband zur Ausstellung „In Bewegung – Wie Alltag sich verändert" beschäftigen sich zwanzig Wissenschaftlerinnen und Wissenschaftler mit den kulturellen Veränderungen im 20. und 21. Jahrhundert. Schwerpunkte bilden die für die Ausstellung ausgewählten fünf Kernbereiche des Alltags. Die Beiträge greifen Inhalte auf, die Teile der Ausstellung vertiefen und ergänzen.

Wohnen

Wohnen ist Ausdruck von Bewegung. Nirgends zeigen sich Veränderungen der alltäglichen Lebensgestaltung so gut, wie in den eigenen vier Wänden. Wohnbewegungen verdeutlichen sich anhand mobiler und multifunktionaler Möbel, anhand mobiler Wohnweisen und von Veränderungen im Wohnverhalten.

Bis in die Zeit um 1920/30 verstauten Mägde und Knechte, wenn sie in Stellung gingen, ihr weniges Hab und Gut in einer Truhe, die ihr einziges persönliches Möbelstück war. Heute ist das Mobiliar aller Einkommensschichten ausdifferenzierter. Veränderte Wohnbedürfnisse und Wohnmöglichkeiten führten zu sich ständig veränderndem Mobiliar.

Wandel im Wohnen zeichnet sich auch durch mobile Wohnformen wie das Wohnen an verschiedenen Orten aus. Schon immer gab es das ständige Von-Ort-zu-Ort-Ziehen als Lebensgestaltung. Früher wie heute nutzen Menschen Fahrzeuge als bewegliche Wohnformen, mit denen sie nach kurzer oder längerer Verweildauer die Möglichkeit haben, ihren Aufenthaltsort zu wechseln. Neben Individualisten und „ewig Reisenden" gab und gibt es einen Teil der Menschheit, der schon immer mobil gewohnt oder sich die

Möglichkeit des räumlichen Wechsels zumindest prinzipiell erhalten hat.
Nicht alles wandelt sich im Sinne einer linearen Entwicklung. Obdachlosigkeit ist nach wie vor ein aktuelles Thema. Sie wurde zu allen Zeiten als abweichendes Verhalten angesehen und untersteht bis heute sozialer Kontrolle. Als Armutsphänomen wird sie sicher nur in Ausnahmefällen freiwillig als Lebensform gewählt. Plastiktüten und Parkbänke sind bezeichnend für das „Wohnen" oder zutreffender das „Nicht-Wohnen".
Heute steht das Wohnen auch im Interesse der TV-Öffentlichkeit. Sendungen rund um das Wohnen zeigen das, was früher als Teil der Privatheit gegolten hat: die eigenen vier Wände. Sie bieten Hilfeleistungen, Tipps und Tricks von der Gestaltung eines einzelnen Raumes bis zur kompletten Renovierung und Instandsetzung. Wohnen gilt als Ausdruck von Identität und Individualität und wird als Selbstverwirklichung begriffen. Es hat somit einen hohen Stellenwert. Aber nicht nur die Ausgestaltung der Wohnung als Lebensbereich ist ständig in Bewegung, auch die Formen des Zusammenlebens waren und sind im Fluss. Das Mehrgenerationen-Wohnen, früher ein Normalfall, gewinnt bei manchen Menschen an neuer Attraktivität. Im Kontrast dazu steht die zunehmende Zahl der Singlehaushalte, während gerade auch in dörflichen Strukturen selten eine andere Wohnform in Frage kam als das Zusammenleben mehrerer Generationen „unter einem Dach", welches vielfach weiter praktiziert wird.
Manfred Omahna fragt in seinem Beitrag zum Begleitband nach den **„eigenen Räumen"** und beleuchtet die Vielfalt und Diversität moderner Wohnformen. In der heutigen Welt haben Wohnungen die Aufgabe, die Belastungen des Alltags auszugleichen und stehen in ihrer Privatheit der öffentlichen Welt gegenüber. Nach Meinung des Autors fungiert die Wohnung als Spiegel und Abbild jener Personen, die sie benutzen. Er bezeichnet sie als eine Art zweiter Körper, als zweite Haut, in der man sich wohlfühlen will. Gleichzeitig haben die Rationalisierung und die Funktionalisierung der Räume zur Vereinheitlichung der Wohnformen beigetragen, die eine Aneignung im Sinne der eigenen Bedürfnisse schwierig macht.
Von der übergreifenden Betrachtung des Wohnens zur Gestaltung der Räume durch Gebrauchsmöbel: **Ralf Nitschke** zeichnet an einer Typengeschichte der Servierwagen die Zeit nach, **„als die Möbel rollen lernten"**. Die Verwendung der Haushaltshelfer hat ihre ursprüngliche Idee in der Mobilität und Multifunktionalität des Möbels. Im Laufe der Zeit haben sich deren Gestaltung und Nutzung ausdifferenziert, so dass die Wagen als Bar oder Zeitungsständer fungierten. Es kam auch zur Umkehrung der eigentlichen Verwendung, nämlich vom mobilen Einsatz zum statischen Repräsentationsmöbel. In vielen Haushalten fristet der Teewagen ein Dasein als unverrückbarer Ablageplatz.
Thomas Schürmann widmet sich den **„Kisten und Umzugskartons als Hilfen für ein Leben in Bewegung"** und untersucht damit das noch relativ unerforschte Themenfeld des Umzugs als Übergang zwischen Orten, Zeiten und Lebensweisen. Mit dem veränderten Wohnverhalten hat sich im Laufe der Zeit auch der Gebrauch von Hilfsmitteln für diesen Wechsel gewandelt. Während man früher mit Kisten und Truhen umzog, wurde der Gebrauch von Umzugskartons in Deutschland erst nach dem Zweiten Weltkrieg gebräuchlich. Heute sind die Kartons Alltagsgegenstände, die man für ein paar Euro im Baumarkt erstehen kann, früher war ihr Gebrauch an die Beauftragung eines Umzugsunternehmens gekoppelt, das sie nach getaner Arbeit wieder mitnahm.
Der Aufsatz von **Christina Heinz** schlägt den Bogen zum nächsten Thema, der Ernährung. Anhand der Entwicklung und Realisierung der **Frankfurter Küche** zeigt sie die Wurzeln der modernen, uns in ihren Teilelementen immer noch begleitenden Einbauküche auf. Ursprüngliches Ziel der Frankfurter Küche war es, die überflüssige Bewegung bei den Küchenarbeiten auf ein notwendiges Minimum zu reduzieren, die physische Bewegung also regelrecht auszuschließen. Die Bewegung in Form des Wandels, den sie in der Gestaltung von Küchenräumen ausgelöst hat, blieb aber.

Ernährung

Essen und Trinken sind in zweifacher Hinsicht in Bewegung. Zum einen gibt es eine lange Tradition, Nahrungsmittel und fertige Gerichte zu transportieren, etwa zum Arbeitsplatz oder zu Freizeitzwecken. Die Möglichkeit, unterwegs zu essen und zu trinken, erhält ständig neue Gesichter. Drive-Ins, Imbissbuden und Automaten bieten Speisen und Getränke an, die schnell und unterwegs verzehrt werden. Manchmal kommt das Essen auch direkt zu den Menschen. Nach dem Zweiten Weltkrieg spielten CARE- und CRALOG-

Pakete eine wichtige Rolle für die Versorgung weiter Bevölkerungskreise. Heute ist der Pizzaservice wohl das profanste Beispiel für das bewegte Essen.
Zum anderen ist Ernährung aber auch selbst in Bewegung. Zubereitung und Essverhalten sowie Vorlieben für bestimmte Gerichte wandeln sich. Neben dem praktischen Umgang mit Nahrung spielen Normen, Werte und soziale Praktiken eine große Rolle beim Thema Essen. Sie können sich in den Tischsitten ebenso spiegeln wie in der Bevorzugung oder Ablehnung von bestimmten Produkten.
Die Zubereitung von Mahlzeiten und die dafür nötigen Kochkenntnisse haben sich im letzten Jahrhundert stark verändert. Eine Sauce Hollandaise zum Beispiel besteht aus einer bestimmten Anzahl von Zutaten und erfordert einen geregelten Zubereitungsprozess, heute kann aber auch jeder zur Instant-Lösung greifen. Die Zubereitung einer Mahlzeit kann zeit- und kostengünstiger sein. Dazu tragen neben neuen Produkten auch die Küchenhelfer und Aufbewahrungsmethoden bei. Elektrische Küchengeräte vereinfachen und verkürzen Herstellungsprozesse, Kühl- und Gefrierschränke machen längere Aufbewahrung verzehrfertiger Mahlzeiten möglich.
Das Überangebot an Waren und die ständige Verfügbarkeit haben die Einstellung zu und den Umgang mit Nahrungsmitteln verändert. Organisationen wie die „Tafel" erhalten überproduzierte und nicht verkäufliche Ware von Supermärkten und teilen sie an Bedürftige aus. Hier zeigen sich die Widersprüchlichkeit des Nebeneinanders von Mangel und Überfluss und die dadurch entstehende Dynamik im Thema Ernährung besonders.
Das Durchbrechen tradierten Essverhaltens wird signifikant an dem Einzug fremder Speisen und Nahrungsmittel in den täglichen Speiseplan. Von der Kartoffel bis zum Cheeseburger zeigt sich die Etablierung von einzelnen Komponenten bis zu ganzen Gerichten sowie von Ernährungsformen in der jeweiligen Gesellschaft. Es spiegelt sich nicht nur wider, welche Nahrungsmittel und Gerichte bevorzugt konsumiert werden, sondern auch wie und in welchem Rahmen. Essen unterwegs und zwischendurch, vor dem Fernseher, in der Bahn, am PC, im Laufen, Sitzen, Liegen, mit oder ohne Besteck – neben den immer noch vorhandenen festen Zeiten, reglementierenden Tischsitten und strengen Speiseabfolgen existieren alle denkbaren Umgangsformen mit dem Essen parallel.

„Vom Kochen überhaupt" lautet der Titel des Beitrages von **Andreas C. Bimmer**, der sich mit aufgeschriebenem Kochwissen beschäftigt. Er hält fest, dass es keine lineare Entwicklung vom handgeschriebenen zum gedruckten Kochbuch gibt, sondern die verschiedenen Formen zumindest seit der Verbreitung des Buchdruckes parallel nebeneinander existieren. Kultureller Wandel zeigt sich bei der Untersuchung des Themas besonders bei der Vermittlung von Kochwissen sowie dem Wertewandel von Geschmäckern und Moden. Heute geht es sowohl in der kaum überschaubaren Anzahl von Kochbüchern wie auch in den allgegenwärtigen Kochshows nicht mehr um einfache Vermittlung tradierter Zubereitungsweisen, sondern um die Bedienung verschiedenster Spezialthemen und um Unterhaltung.
Welche Innovationen Transport und Konservierung durch die besonderen Anforderungen an die Beweglichkeit von Verpflegung im Kriegsfall erfuhren, erschließt **Peter Lummel** in seinem Beitrag über die **„Militärverpflegung im Ersten Weltkrieg"**. Er untersucht neben dem Innovationsschub die dadurch bedingten langfristigen Änderungen im Ernährungssystem. Feldküchen und mobile Bäckereien halfen bei der Versorgung der Truppen. Die Soldaten kamen mit fremden Lebensmitteln in Kontakt, die sich nach dem Krieg überall in Deutschland durchsetzten. „Liebesgaben" wie Kakao und Schokolade hatten sich nach dem Krieg trotz ihrer Stellung als Luxuswaren auch in den unteren sozialen Schichten etabliert.
Hans Jürgen Teuteberg beleuchtet die Entwicklungsgeschichte des **Fast Food**, das einen deutlich längeren Weg hinter sich hat, als es sich die heutigen Konsumenten beim Besuch eines einschlägigen Schnellrestaurants denken. Seit dem Einschnitt der Industrialisierung setzten sich Betriebskantinen und Imbissbuden durch. Garküchen und Brezelträger gab es schon weit vor dieser Zeit. Dass mit schnellem Essen nicht nur der Verzehr, sondern auch die Zubereitung, die Präsentation und die Verkaufsabwicklung gemeint sind, zeigt sich bis in die verkürzte Form der Bestellung, bei der man oft nur noch das Gewünschte nennt, ohne einen ganzen Satz formulieren zu müssen.
Der Reaktion auf das schnelle Essen widmet sich **Carsten Sobik**. Er stellt die Entwicklung, Struktur und Intention der **Slow-Food-Bewegung** dar, die in den 1980er Jahren in Italien entstand. Sie will dem Verlust regionaler Besonderheiten in der Nahrungskultur entgegentreten und ein Bewusstsein für die Vielfalt von Geschmackserlebnissen schaffen.

Der Autor verdeutlicht, dass hierfür die Konzentration auf regionale Produkte, das Retten alter Pflanzensorten sowie Tierrassen und die Weitergabe alter Fertigungstechniken eine ebenso große Rolle spielen wie der bewusste Genuss der Gourmetküche. Somit wirkt die Slow-Food-Bewegung, die mittlerweile weltweit vernetzt, aber auf regionale Gruppen ausgerichtet ist, als Entschleunigung im Nahrungsalltag.

Arbeiten

Besonders nachdrücklich erscheint der Wandel im 20. und 21. Jahrhundert im Bereich des Arbeitslebens. Man denkt an die Arbeitsnomaden und Pendler, die täglich im Rahmen ihrer Erwerbstätigkeit unterwegs sind. Auch früher gab es Berufe, welche die Bewegung des Menschen erforderten oder sich durch dauerhaftes Wandern definierten, wie etwa das Schaustellergewerbe. Im 20. Jahrhundert haben sich ausgehend von klassischen Vertretertätigkeiten auch neue Konzepte des Verkaufs direkt beim Kunden entwickelt. Dabei werden Produktpräsentation sowie Bestell- und Verkaufsvorgänge als Event inszeniert. Gastgeberin und Teilnehmerinnen der berühmten Tupperpartys etwa werden einbezogen und umworben, wobei die Gastgeberin einen wichtigen Teil der Kundenakquise für die Beraterin übernimmt.
Arbeitsmigration bezeichnet ganz allgemein den Wechsel des Ortes und Lebensmittelpunktes wegen der Ausübung einer beruflichen Tätigkeit an einem neuen Ort. Dabei ist der Arbeitsplatz nicht dem klassischen Wander- oder Reisegewerbe zugehörig, sondern „statischer" Natur. Arbeitsmigranten sind Personen, die über eine hohe Mobilität verfügen. Sie sind bereit, oft gezwungen, für einen Arbeitsplatz ihren ursprünglichen Wohnort zu verlassen, dem Job hinterherzureisen. Sie wandern innerhalb ihres Landes oder ziehen zur Arbeitsaufnahme von ihrem Herkunftsland in ein Zielland. Auch Wander- und Saisonarbeit verrichten heute wie früher viele Personen, die als Erntehelfer auf den Spargel- und Erdbeerfeldern oder bei der Weinlese arbeiten. Allerdings haben die Wege, die die Helfer aus ihren Ursprungsländern bis zum Arbeitgeber zurücklegen, globale Ausmaße angenommen.
Gleichzeitig kann nicht nur der Arbeitsort gewechselt werden, sondern auch die Art der Beschäftigung selbst. Die klassische Arbeitsbiografie mit Ausbildung, Berufstätigkeit und anschließender Verrentung in ein und demselben Betrieb ist selten geworden. Oft wechseln sich heute auch Zeiten der Erwerbstätigkeit mit gewollter oder ungewollter Erwerbslosigkeit ab. Die Abfolge Ausbildung – Ausübung des Berufs wird durchbrochen. Auf Phasen der Berufstätigkeit folgen Weiterbildungsphasen. Befristete Projekttätigkeiten oder Zeitarbeit sind mittlerweile auch in solchen Arbeitsbereichen weitverbreitet, die früher mit Festanstellungen verbunden waren. Ortsungebundene Arbeit von zu Hause oder von jedem Ort der Welt aus ist heute ebenfalls möglich. Klassische und modernere Beispiele der Heimarbeit wie Telefonservice oder die Führung eines Shops bei eBay sind Phänomene neuer Arbeitsweltstrukturen unserer Zeit. Klar ist, dass sich diese Formen nur durch eine veränderte Kommunikationsstruktur entwickeln konnten. Auf der anderen Seite steht die Arbeitslosigkeit. Menschen ohne Arbeit sind in ihrer Bewegung stark eingeschränkt, in beruflicher wie auch in finanzieller Hinsicht. Der Bewegungsradius wird reduziert. Gleichzeitig setzen die Agentur für Arbeit, private Vermittler und potentielle Arbeitgeber ein Höchstmaß an physischer und sozialer Mobilität bei Arbeitssuchenden voraus.
Der Schwerpunkt der Beiträge zu diesem Themenbereich liegt auf den vielfältigen Formen der Arbeitsmigration als Bewegung im doppelten Sinne.
Zwei Beiträge geben mit ihren unterschiedlichen Thematiken einen Einblick in Arbeitsmigration und Wanderarbeit des 19. Jahrhunderts.
Dabei gehören die **„Hurdy-Gurdy-Girls"** nicht unbedingt zu den typischen Beispielen für Wanderarbeit der Vergangenheit. **Martina Spies-Gehrig** zeigt mit der Geschichte der Drehleiermädchen auf, welche Facetten Arbeitsmigration in Hessen im 19. Jahrhundert hatte. Zunächst begleiteten das Spiel auf der Drehleier und der Tanz der Töchter den Verkauf von Fliegenwedeln bei der Landgängerei. Dies steigerte den Absatz und brachte zusätzliche Einnahmen durch Gaben für das Musizieren. Im Zuge der großen Auswandererbewegungen dehnten sich die Landgängereien auch auf die Nachbarländer und die USA aus. Nach und nach etablierte sich ein regelrechter Mädchenhandel, der nicht selten in die Prostitution mündete.
Ulrike Looft-Gaude beschäftigt sich in ihrem Beitrag mit einem Aspekt der Arbeitsmigration, der typisch für die Entwicklung von einer saisonalen Tätigkeit im benachbarten Ausland zu einer dauerhaften Unternehmerschaft ist. Die **Terrazzoleger**, die sich im Raum Kiel in Schleswig-Holstein niederlie-

ßen, waren Italiener und stammten meist aus dem Friaul. Sie waren wie viele spätere Auswanderer zunächst auch als Saisonarbeiter tätig, bis sie ganz in den Norden übersiedelten und die von ihnen geheim gehaltene Kunst des Terrazzolegens bis in das 20. Jahrhundert hinein als eigenen Berufszweig ausübten. Von ihrem Handwerk zeugen noch heute kunstvolle Böden in schleswig-holsteinischen Anwesen.

Nach diesen zwei Beiträgen über frühe Formen der Arbeitsmigration folgt der Beitrag von **Siegfried Becker** über die Beschleunigungen in der Landarbeit im 20. Jahrhundert. **Vom Maulkorb bis zum Arbeitsscheinwerfer** reichen die Objektivationen der Beschleunigung. Becker blickt zurück auf die Spätzeit des Einsatzes von Arbeitstieren und verdeutlicht die extremen Veränderungen seit den 1950er Jahren. Der noch kurz vor dem Ende der Fahrkuh-Epoche entstandenen Entschleunigung durch die neue Bewegungsfreiheit der Tiere im Kummet versuchte man mit dem Maulkorb entgegenzuwirken. Mit seinem Einsatz wurden die Tiere am Fressen gehindert und die Fahrt konnte schneller vorangehen. Später sorgten Arbeitsscheinwerfer für Licht und ermöglichten das Arbeiten rund um die Uhr.

Dass wohl die wenigsten Fernsehzuschauer eine Verbindung zwischen den überfüllten Flüchtlingslagern auf Lampedusa und an anderen Orten und den billigen Preisen für Gemüse und Obst in den Discountern herstellen, vermutet **Max Matter** und schlägt damit wieder den Bogen zur Arbeitsmigration. Er zeigt in seinem Beitrag über **„Internationale Migration und Landwirtschaft"** diese Zusammenhänge auf. Vom Abwandern der einheimischen Arbeiter bis zur Beschäftigung von Arbeitsmigranten auf europäischen Obst- und Gemüsefeldern gibt es vielfach miteinander verwobene Ursachen und Aspekte von Arbeitsmigration. Für viele Migranten stellt auch der niedrige Lohn noch eine Verbesserung zu den Erwerbsmöglichkeiten in den Heimatländern dar. Und ein großer Teil der Produzenten könnte, wie etwa in Spanien, den Betrieb ihrer Felder ohne die Massen der illegalen Einwanderer gar nicht gewährleisten.

Freizeit

Aus der Durchsetzung einer klaren Trennung zwischen Arbeitszeit und Freizeit für zunehmende Teile der Bevölkerung erwuchs lange Zeit ein Mehr an Freizeit. Die Arbeitsplätze werden umgestaltet, so dass eine ständige Anwesenheit (wie in der Landwirtschaft) nicht mehr notwendig ist. Arbeiter und Angestellte erhalten die Möglichkeit, ihre Freizeit zu gestalten, und Spiel, Sport und Reisen prägen das Freizeitleben breiter Bevölkerungsschichten des 20. und 21. Jahrhunderts.

Früher und heute hatten und haben Kinder ungleiche Rahmenbedingungen für das Spielen. Trotzdem wurde natürlich gespielt, oft aber nach Geschlechtern getrennt. Mit neuen Medien hat sich auch die Spiellandschaft seit den 1970er Jahren besonders verändert. Ferngesteuerte Spielzeuge oder die Carrerabahn und anderes stehen als Beispiele für die Technisierung bis in die Spielewelt hinein. Virtuelle Spiele umfassen neben Konsolen- und PC-Spielen auch Onlinespiele, sie finden zu Hause oder auf LAN-Partys statt. Menschen aller Altersstufen treffen sich, um gemeinsam mit Hilfe der neuen Technik zu singen und Sportarten zu simulieren. Funktionen, wie das Surfen im Internet und Bildbearbeitung, werden mit der Möglichkeit zu spielen in neuen Geräten verknüpft.

Betrachtet man die Entwicklung und den Einzug von (Trend-) Sportarten in der Bevölkerung, so fällt auf, dass nach der „Trimm-Dich"-Welle in den 70er und 80er Jahren des 20. Jahrhunderts in jüngster Zeit wieder eine Intensivierung von Sport als Freizeitbeschäftigung im Leben vieler Menschen stattfindet. Dabei sind es gerade „neu entwickelte" und gut vermarktete Sportarten wie Nordic Walking sowie die früher eher den Spitzensportlern vorbehaltenen Bereiche, die Einzug in das Freizeitangebot gehalten haben. Marathonläufe sind schon lange zu Großveranstaltungen und beworbenen, vermarkteten Events avanciert, die Teilnehmer- und Zuschauerrekorde verbuchen.

Urlaubsreisen als Massenphänomen treten im 20. Jahrhundert erst nach dem Zweiten Weltkrieg auf. Natürlich gab es auch vorher schon Bildungs- und Erholungsreisen, doch waren diese auf eine kleine Gruppe der Bevölkerung begrenzt. Meist ging es mit Kind und Kegel am Wochenende in die Natur oder zum Verwandtenbesuch. Seit den späten 1950er Jahren und dem wirtschaftlichen Aufschwung in der Folgezeit können sich immer mehr Menschen den Traum von einer Urlaubsreise ermöglichen. Mit Zug, Bus, dem eigenen Auto oder dem Wohnwagen ging es mit der Familie oder in Gruppenreisen meist in südliche Gefilde, vor allen Dingen nach Italien. Heute dominieren schon lange Pauschalreisen

und Last-Minute-Angebote das Geschäft. Massentourismus wird in fast jedem Ort der Welt möglich. Durch die modernen Kommunikationsmedien wird es den Urlaubern möglich, bereits vor dem Buchen einer Reise vielfältige Informationen über das gewünschte Ziel zu erhalten. Reisende tauschen sich in Chatrooms aus, in Bewertungsportalen werden Hotels gelobt oder vernichtende Kritiken verfasst.
Axel Lindloff erläutert in seinem Beitrag den Zusammenhang zwischen **beweglichem Spielzeug und der frühkindlichen Entwicklung**. Obwohl sich die Spielformen genau wie die Bedingungen, in denen Kinder in Deutschland aufwachsen, im letzten Jahrhundert stark verändert haben, gibt es Spiele und Spielmittel, die sich in leicht gewandelter Form immer noch größter Beliebtheit erfreuen. Die Existenz ähnlicher Spielzeugformen, die über Jahrhunderte hinweg in bestimmten Entwicklungsstufen des Kindes vorkommen, legt die Vermutung einer wesentlichen Bedeutung der Spielmittel für den Erwerb wichtiger motorischer Fähigkeiten nahe. Von der Babyrassel bis zum Schaukelpferd weist der Autor diesen Zusammenhang nach.
Kinder zu transportieren, vor allen Dingen, wenn sie noch im Kleinkindalter sind, ist nicht nur ein Thema der Freizeit. Aus allen möglichen Anlässen wurden und werden Kinder bewegt. Dass sie selbst immobil sind, steht einem schnellen Überwinden des Raums im Wege und kann zu einem Element der Entschleunigung werden. **Jane Redlin** beschäftigt sich mit dem **bewegten Kind** und den Entwicklungen, die dabei helfen sollen, die Kleinsten in den bewegten und beschleunigten Alltag zu integrieren. Vom Kinderwagen bis zum Tragetuch sind die Möglichkeiten zahlreich. Dabei stand die Distanzüberwindung nicht immer an erster Stelle der Überlegungen.
Im Bereich des Reisens stehen im Begleitband das 20. und 21. Jahrhundert im Mittelpunkt der Texte. **Dieter Kramer** betrachtet in einem übergreifenden Beitrag mit dem Titel **„Genuss durch Ortsveränderung – Der Tourismus"** die Entwicklung hin zum modernen Massentourismus ab den 1950er Jahren und beleuchtet den Stellenwert, den Urlaub für uns heute einnimmt. Mit einem Rückblick in die Entwicklung des Reisens seit frühester Zeit betont er die Unterschiede zum heutigen Tourismus. Er ist vor allen Dingen ein Phänomen der Prosperitätsgesellschaften, ob es sich um römische Oberschichten handelte oder heute um Gesellschaften der westlichen Industrieländer.
Margarete Meggle-Freund beschäftigt sich mit einer besonderen Form der Bewegung innerhalb moderner Tourismussparten und ihrer Vermarktung. Spätestens seit Hape Kerkelings Erlebnisbericht „Ich bin dann mal weg" ist das **Jakobspilgern** ein Medienthema. Die Zahl der Pilger steigt seit 1986 jedes Jahr an. Die Autorin fragt nach den Gründen für den neuerlichen Boom, nachdem die europäische Santiagofahrt bereits vor langer Zeit ihren Niedergang erfahren hatte. „Spirituell bewegt" zu sein ist dabei nur eines der vielen Motive, warum Menschen sich zu dieser Reise aufmachen.

Kommunikation

Innovationen auf technischem Gebiet haben die Entwicklung neuer Unterhaltungs- und Kommunikationsgeräte nach sich gezogen. Damit einhergehen nicht nur mediale Veränderungen, sondern auch solche der Kommunikationsstrukturen und des Verhaltens. Neu ist die prinzipielle Möglichkeit, dass diese Strukturen und Veränderungen überall und für alle wirken können, auch wenn sie nicht überall gleichermaßen genutzt werden und der Einsatz neuester Kommunikationstechniken und Medien stark variiert.
Das 20. Jahrhundert musste schon als „das" Zeitalter für alle möglichen Entwicklungen herhalten.[5] Kommen die Medien ins Spiel, wird es oft als das des Films und des TVs bezeichnet.[6] Dementsprechend scheint es nur eine Frage der Zeit, bis das 21. Jahrhundert das Zeitalter des Internets und der Computerspiele wird. Es zeichnet sich durch die rasante Entwicklung der verschiedenen Medien, aber auch ihr Nebeneinander über lange Zeit aus. Alle Medien zogen mit ihrer Einführung Kontroversen nach sich. So gab es schon bezüglich des Radios Feindbilder, in denen der Gebrauch des Mediums als gefährlich, unsittlich und unkontrollierbar dargestellt wurde.[7] Welche Auswirkungen dieses Medium wirklich hatte, zeigt die Ausstrahlung des Hörspiels „Krieg der Welten", das in den USA eine Massenpanik ausgelöst haben soll.[8] Aber auch andere Medien fanden neben Anhängern immer wieder vehemente Zurückweisung. Die Schallplatte wurde zunächst von vielen Dirigenten als Speichermedium abgelehnt, da man ein klassisches Stück wegen der geringen Spieldauer der Platte nicht ohne das störende Plattenwechseln hören konnte.[9] Erst mit der Einführung der Langspielplatte änderte sich dies. Diese Muster der

Befürchtungen und Ablehnungen ziehen sich durch die Mediengeschichte und finden sich teilweise austauschbar wieder, wenn es um das Internet geht.
Mit dem Internet hat die Vernetzung ein bisher ungekanntes Ausmaß erreicht. Auch die Interaktion von Menschen am Arbeitsplatz und in ihrer Freizeit hat sich in vielen Teilen der Welt grundlegend verändert. Kaum ein Arbeitsplatz kommt heute ohne Verbindung ins Internet, geschweige denn ohne spezifische Software zur Abwicklung von Arbeitsprozessen aus, und sei es nur für firmeninterne Kommunikation. Angebote und Systeme reproduzieren und verändern sich immer wieder, entwickeln sich weiter. Andere bleiben über Jahre hinweg bestehen oder werden gar wiederbelebt.
Die Beiträge zu diesem Komplex setzen sich mit den unterschiedlichen Kommunikationsmitteln und ihrer Wirkung auseinander. Einen großen Einschnitt stellte die Erfindung des Telefons im späten 19. Jahrhundert dar, das sich in Deutschland aber erst im 20. Jahrhundert flächendeckend durchsetzte. **„Vom Holzohr zum Handy"** heißt der Beitrag von **Erika Dittrich**. Die Autorin geht der Frage nach, warum „das Pferd keinen Gurkensalat frisst" und was ein misstrauischer Bestatter mit der Erfindung der automatischen Vermittlung zu tun haben könnte. Sie erzählt die spannende Entwicklungsgeschichte der Telekommunikation von den Patentstreitigkeiten des Anfangs bis hin zur inflationären Handynutzung der heutigen Zeit.
Sabine Wienker-Piepho befasst sich mit den Auswirkungen moderner Kommunikationsmittel auf unseren Sprachgebrauch. Führen der Umgang mit SMS, E-Mail und Chats zu einer verkürzten Kommunikation? Die Autorin geht der Frage nach, welche Rolle die verwendeten Abkürzungen, neue Wortschöpfungen und Anglizismen spielen und inwieweit sich die Stilformen unseres Alltagsverhaltens verändert haben. **SMS-, Chat- und E-Mail-Sprache** sind Zeugnisse der Sprachbewegungen, die einen Einfluss der Mündlichkeit auf die Schriftlichkeit und umgekehrt erkennen lassen.
Ebenfalls mit einem Phänomen des Internetzeitalters setzt sich **Christine Nowak** in ihrem Beitrag **„Das Ich im Netz – Veränderungen privater Selbstpräsentation im Web"** auseinander. Die Möglichkeit, andere User des Netzes an seinem Leben teilhaben zu lassen, indem man täglich oder in einem anderen regelmäßigen Zeitabstand Tagebucheinträge in so genannten Weblogs veröffentlicht, wirft die Frage nach Öffentlichkeit und Privatheit auf.
Auch die **„Liebe im Zeitalter der Mobilität"** stellt neue Herausforderungen an die Kommunikation. Durch die veränderten Lebensläufe der Menschen, die heute viele Brüche in Arbeits- und Ortsbiografien aufweisen, hat sich auch das Zusammenleben verändert. Viele Paare führen unfreiwillig oder absichtlich eine Beziehung, die sich an verschiedenen Orten abspielt und neue Herausforderungen an die Kommunikation stellt. **Sigune Kussek** erforscht die verschiedenen Typen der neuen Fernbeziehungen, die Zeichen des Wandels sind, da sie sich von bekannten Formen deutlich unterscheiden.
Sie stellt eine neuere Form der Kommunikation dar, neben der allerdings schon wieder das noch kürzer weilende „Twittern" steht, bei dem ein Teilnehmer seine Kurznachrichten per Handy an die Internetcommunity schickt.
Die vorgestellten Beiträge der Autorinnen und Autoren zeigen die Vielfalt und die Tragweite der von uns erlebten Alltagsveränderungen auf. Ob man die letzten 100 Jahre nun im Vergleich zu früheren Zeiten als Zeitalter der Beschleunigung auffasst oder nicht: Das vergangene Jahrhundert und unsere heutige Zeit sind IN BEWEGUNG.

Christina Heinz

Anmerkungen

1 Rosa 2005, 335.
2 Rosa 2005, 11.
3 Rosa 2005, 16.
4 Einen guten Überblick über verschiedene Kochbücher gibt der Ausstellungskatalog zur Sonderausstellung „Geschmacksache" des Museums für Volkskunde Berlin.
5 Zeitalter der Unterhaltung, des Irrationalen, das globale Zeitalter etc.
6 Vgl. Roloff 1998, Brühl 1970.
7 So hielt man schon in den 1920er Jahren das Radiohören für gesundheitsschädlich und machte die Wellen für schlechtes Wetter verantwortlich.
8 Das Stück, nach einer Vorlage von H. G. Wells, wurde von Orson Welles als Hörspiel aufgenommen und am Halloween-Abend 1938 ausgestrahlt.
9 Noch weiter ging der Dirigent Sergiu Celibidache, der Aufnahmen grundlegend ablehnte, da Musik nicht aus der Konserve kommen könne.

I. WOHNEN

Eigene Räume

Manfred Omahna

„Inmitten der ziellosen Wanderschaft des vorgeschichtlichen Menschen waren die Toten die ersten, die dauernde Wohnung fanden."

(Lewis Mumford, 1961)

In unserem Leben müssen wir uns an Dingen orientieren. Während darauf geachtet wird, dass zwischen Bett und Kleiderschrank genügend Platz zum Durchgehen frei bleibt, wird im engsten Sinne auch Gesellschaftsstruktur geplant – die Wohnung wird zur prägnanten Kulisse des Privaten, als Mikrokosmos unserer urbanen Umgebung. Die Stadt als Lebens- und Wohnraum bietet den Menschen die räumliche Grundlage, um kulturelle Eigenheiten mittels symbolischer Gestalt vermitteln zu können.[1] Wir wohnen nicht nur in unserer Wohnung, wir bewohnen auch die Stadt, in der wir leben. Im Stadtplan wird die Struktur der Verwaltung (Rathaus, Justizgebäude, Arbeitsamt usw.) genauso festgeschrieben wie die unterschiedlichen Wohnformen – das Hochhaus im Innenstadtbereich, verdichteter Flachbau, Mehrfamilienwohnhäuser und Einfamilienhäuser am Stadtrand. Die Wohnung der Spätmoderne stellt einen Raum dar, der die Belastungen des Alltagslebens so gut wie möglich ausgleichen soll. Anhand der Teilung in die beiden Sphären der privaten und öffentlichen Welt wurden die Männer stärker dem öffentlichen, Frauen hingegen eher dem Privaten zugeteilt. Die Meinung, dass die Arbeitswelt belastet und die Wohnung entspannt, verläuft anhand geschlechtsspezifischer Grenzen. In neoliberalen Arbeitsverhältnissen sind jedoch auch Frauen gezwungen, Gefühle zu kontrollieren und innerhalb der Arbeit distanziert zu agieren. Ähnlich wie der Mann innerhalb der bürgerlichen Familie des späten 18. Jahrhunderts Entspannung und Stärkung in der häuslichen Atmosphäre schöpfen sollte, besteht diese Notwendigkeit heute für beide Geschlechter, ist allerdings anders organisiert. Frauen wie Männer sind heute vermehrt gezwungen, einen eigenen Raum für sich zu beanspruchen, um den Belastungen der Arbeitswelt standhalten zu können. Diese Tendenz, die für viele mit finanziellem Mehraufwand und geänderten Beziehungsformen einhergeht, lässt sich an der steigenden Anzahl von Singlehaushalten, Alleinerziehenden und Paaren mit getrennten Wohnungen festmachen. Die größten finanziellen Schwierigkeiten haben alleinerziehende Mütter und Menschen, die alleine wohnen – rund 45% der Menschen dieser Wohnformen geben an, mit ihrem Einkommen ihren Lebensunterhalt nur schwer meistern zu können.[2] Vielfach wird der eigene Lebensstil so zum „Schuldigen" des eigenen Scheiterns. Die Menschen benötigen in der Spätmoderne vermehrt ihren eigenen Raum, um ihre inneren Konflikte zu lösen; Konflikte, die entstehen, weil unser Alltagsleben in verschiedene Inszenierungen eingebunden ist, die sich ständig wiederholen. Im Shopping-Center, im Kino, im Urlaub oder aber auch am Arbeitsplatz selbst sind die Menschen angehalten, sich einer Inszenierung entsprechend zu verhalten. Die Wohnung wandelt sich deshalb vermehrt zu einem Ort, wo man so sein will wie man

„wirklich" ist. Wie sich die Menschen seit den fünfziger Jahren des 20. Jahrhunderts ihren Wohnraum angeeignet haben, zeigt, dass die Beanspruchung eines eigenen Raumes stark an Bedeutung gewonnen hat. Noch im 19. Jahrhundert hatte das für den Großteil der Bevölkerung wenig Bedeutung.[3] Mit der Industrialisierung und dem Anwachsen der Bevölkerung ist auch langsam ein besonderes Bedürfnis nach der Aneignung eines eigenen Wohnraumes entstanden. Der Wohnbau insgesamt war wohl eines der größten Projekte der industriellen und nachindustriellen Gesellschaft. Um 1800 gab es in der westlichen Welt keine einzige Stadt mit mehr als einer Million Einwohnern, 1900 gab es bereits elf Millionenstädte. Im Jahr 2008 befinden sich zum Beispiel in Deutschland vier Millionenstädte – Städte sind zum Teil auch Ballungsräume geworden, die im Falle der Metropolregion Rhein-Ruhr bis zu zehn Millionen Menschen umfassen.[4] Vor allem der Wohnbau – von der Vorstadtsiedlung bis zum Wohnblock, vom Terrassenhaus bis zum Wolkenkratzer – lässt unsere urbanen Räume als „Global Cities" erscheinen. Städte, die sich im globalen Wettbewerb befinden, sind nicht zuletzt auch im Wettstreit um die Wohn- und Lebensqualität.

Rationalisierung des Wohnens

So, wie jede Wirtschaftsform auf der Makroebene eine bestimmte Stadtform erzeugt, erzeugt sie auf der Mikroebene einen bestimmten Wohnungsgrundriss. Die funktionale Anordnung der Räume in einer Wohnung organisiert und normiert nicht nur eine bestimmte Form des Zusammenlebens, sondern auch eine bestimmte Form sozialer und ökonomischer Reproduktion. Die Entwicklung der Wohnungsgrundrisse ist Teil der Rationalisierung des 19. und 20. Jahrhunderts. Charakteristisch dafür sind Diskurse von Fortschritt,

Abb. 1: Einfamilienhäuser am Stadtrand

Emanzipation und rationalem Handeln. Wohnen, Arbeiten und Erholen trennte man säuberlich in eigene Bereiche. Die Ideologie der bürgerlichen Repräsentation wurde zur Grundlage der Bauordnung. War das Privatleben im 19. Jahrhundert noch der neue Luxus der Wohlhabenden, so entwickelte man bereits in den zwanziger Jahren des 20. Jahrhunderts die meisten Grundrissideen für den Massenwohnungsbau. Die Trennung der Funktionen Schlafen, Kochen, Wohnen wurde zur Grundlage des Lebensstils der modernen arbeitsteiligen Gesellschaft. Den klassischen Raumgruppengrundriss konzipierte Alexander Klein 1928. Die Grundlage bildeten die Ausrichtung der „Raumgruppe Wohnen" mit Balkon nach Westen und der „Raumgruppe Schlafen" nach Osten. Die Nachkriegsjahre nach dem Zweiten Weltkrieg waren von einer effizienten Wohnungsproduktion in Fertig- und Plattenbauweise geprägt, um der herrschenden Wohnungsnot entgegenzuwirken. Das Schlagwort der Architekten für die Grundrissgestaltung in den neunziger Jahren des 20. Jahrhunderts heißt aber Flexibilität. Die Idee der frei in den Raum gestellten Nasszelle von Mies van der Rohe – Küche oder Bad – ist wieder Gestaltungselement geworden.[5] Der Hauptaspekt bei dieser Art des Wohnbaues besteht in der prinzipiellen Zurverfügungstellung von Wohnraum. Es gibt aber auch Versuche, diesen Prinzipien zu entfliehen. Wohngemeinschaften oder Aussteigerwohnungen erinnern vielfach an die Experimente der funktionalistischen Architekten, die den Grundriss von „innen nach außen" planen und somit die funktionalen Abläufe an den Bedürfnissen der Menschen ausrichten.[6] Wohnungen sollen Räume darstellen, die individuell angeeignet werden können.

Ordnung privater Räume

Das Bedürfnis nach Einigelung, nach Intimräumen und Abgrenzung nach außen ist von innovativen Konzernen längst als Marktwert erkannt worden und wird mit Wortspielen wie: „Ein kleines Zuhause für große Ideen", „Einrichtung ist Lebensart" oder „Wohnen auf deine Art" beworben.[7] Neue Einrichtungsgegenstände, die erst angeeignet werden wollen, frisch verlegte Bodenbeläge oder steril aufgeräumte Küchen verweisen auf die rationalen Strukturen der Ökonomie, von der die Gegenstände auch produziert worden sind. Dieser Umgang mit Struktur, Rationalität, Knappheit, Überangebot, Konkurrenz fordert das Bedürfnis nach der Aneignung der eigenen Räume heraus und beschreibt den hohen Wert der Wohnung für die Menschen. Die gestiegene Bedeutung, „selbst" sein zu können (ja zu müssen), markiert die wesentlichsten Veränderungen im Wohnen seit der Mitte des 19. Jahrhunderts. Abgrenzung, Selbstdarstellung, Anhäufung von materiellen Werten werden höher bewertet als Gemeinsamkeiten. Der Schutz, den die Wohnung bietet, wird „gleichzeitig Schranke und Einschränkung, produziert Stärke und Schwäche, schafft nicht nur Liebe und Geborgenheit, sondern auch unkontrollierte Aggression und Gewalt."[8] Die Folgen der Individualisierung spiegeln sich vielfach in suburbanen Einfamilienhaussiedlungen. Die symbolische Präsentation von Reichtum und Abgrenzung gegenüber Anderen funktioniert hier wohl am besten.

Abb. 2: Alternatives Wohnen auf dem Bauernhof

Die Aneignung der urbanen Umlandgebiete ist geprägt vom modernen Fortschrittsgedanken des Wirtschaftsaufschwungs der Nachkriegsjahre. Die Anhäufung von Eigentum und ökonomischem Kapital wurde zum Lebensstil: nicht zuletzt auch, um sich von jenen abzugrenzen, die sich kein eigenes Haus leisten konnten. In Europa – aber besonders auch in den USA – ist die Suburbanisierung seit den 1960er Jahren massiv angestiegen, der Traum vom Eigenheim wurde überaus bestimmend.[9] Beschleunigt wurde die Suburbanisierung durch niedrige Grundstückspreise im Umland und durch die Verdrängung von Wohnraum in den Innenstädten durch die Ansiedlung von Banken und globalen Handelsketten. Staatliche Förderungen machten den Bau von Einfamilienhäusern äußerst attraktiv, was allerdings einen enormen Flächenverbrauch mit sich brachte. Die relative Anonymität der Menschen in ihrer Funktion innerhalb der Arbeitswelt benötigte als Gegenbild ein entsprechendes räumliches Umfeld, um sich als Person, als Mensch mit eigenen Gefühlen und Bedürfnissen darstellen und abgrenzen zu können: zum Beispiel von jenen, die in Reihen- oder Doppelhäusern oder gar in Geschosswohnungen wohnten. Was die meisten Wohnungsgrundrisse trotz aller Abgrenzungsversuche miteinander verbindet, ist die seit dem frühen 19. Jahrhundert zu beobachtende Funktionstrennung der unterschiedlichen Räume: Seit dieser Zeit werden die Räume einem bestimmten Zweck und bestimmten Personen zugewiesen.[10] Wohnungen bestehen also auch aus Zeichensystemen, die uns sagen, wer wir sind und wer wir nicht sind. Wohnungen, in Eigentum oder in Miete, vermitteln zwischen eigenen Gefühlen und jenen, die uns von unserer Arbeits- oder auch Freizeitwelt vermittelt werden. Wohnen, sich different sehen, kann als eine Art kollektives Unterbewusstes beschrieben werden, an dem alle Menschen gleichermaßen teilhaben wollen. Erst, wenn wir uns vom Anderen different sehen, erkennen wir uns selbst. Diese Selbsterkenntnis im eigenen Raum – die Wohnung als Spiegel des Selbst – wird besonders wichtig, wenn das Arbeitsumfeld zur Belastung wird. Eigene Räume werden in einer Zeit der globalisierten Ökonomie immer wichtiger, um sich selbst reflektieren zu können, ob nun mit der Familie gewohnt wird, mit Freunden, einem Partner oder allein. Auch wenn man umzieht und seinen Lebensstil verändert, neue Wohnzimmermöbel anschafft, so behält man einige Gegenstände sein Leben lang, denn sie helfen, die Identität den Anforderungen der neuen Umgebung anzupassen. In neue Lebens- und Arbeitsbedingungen muss man sich genauso eingewöhnen wie in eine neue Wohnumgebung.

Wohnen in der Stadt

Die Haltung gegenüber begehrten oder weniger begehrten Wohngebieten weist auf symbolische Grenzen zwischen unterschiedlichen

Abb. 3: Reihenhäuser in Las Vegas

Milieus innerhalb einer Stadt hin. Der urbane Raum wird zerteilt in ästhetisierte, ökonomisch wertvolle Bereiche der Innenstadt und Bereiche am Stadtrand. Die Vorstadtgebiete sind in Wohngebiete, Industriegebiete, Erlebnis- und Einkaufszonen unterteilt. Innerhalb der Stadtviertel lassen sich weitere Differenzierungen erkennen, z. B. dass unterschiedliche Wohngebiete innerhalb eines Viertels unterschiedlich begehrt sind, einen besseren oder schlechteren Ruf haben. Im Wohnhaus selbst wird nach Aussicht, Stockwerk, Raumaufteilung und Ausstattung unterschieden. Trotz der einheitlichen Grundrissformen in *suburbanen Mehrfamilienhäusern* ist die persönliche Raumaneignung doch sehr unterschiedlich. Hier wohnen ältere und jüngere Menschen zusammen, Familien mit vielen Kindern, Patchworkfamilien, Singles und Alleinerziehende. Hier wohnen Menschen des modernen Arbeitnehmermilieus genauso wie leistungsorientierte oder kleinbürgerliche Arbeitnehmer oder Arbeiter. Hier unterscheiden sich Ansässige von Zugezogenen aus dem In- und Ausland, hier unterscheiden sich VW-Fahrer von Skoda-Fahrern, das Urlaubsziel ist genauso ein Merkmal der Differenzierung wie der Stil der Kleidung oder das Arbeits-

Abb. 4: Suburbane Mehrfamilienwohnhäuser in Kroatien

ethos. In dieser Wohnform wohnen auch die meisten Migranten. Die Wirklichkeit individueller Raumaneignung – innerhalb globaler Vorstellungs- und Verhaltensmuster – scheint auch innerhalb ähnlicher Wohnformen ungemein vielfältig zu sein. Unsere Wohnungen beinhalten Möglichkeiten eines neuen kulturellen Pluralismus der Lebensstile,[11] eines Pluralismus, der die Qualität unterschiedlicher Lebensstile sichtbar macht, abseits der Machtstrukturen der Ökonomie und des Gelderwerbs.

Hausarbeit

Wenn Wohnen die innerlichsten Gesten des eigenen Lebens spiegelt, dann spiegelt die Hausarbeit die innersten Grundzüge menschlicher Arbeit. In der Spätmoderne ist die Hausarbeit vielfach zur Belastung geworden. Die hohen Anforderungen in der Öffentlichkeit – besonders am Arbeitsplatz – scheinen mit der Hausarbeit unvereinbar geworden zu sein. Die eigene Wohnung wird als Ort gesehen, an dem man sich entspannen können soll, sich von den Belastungen der Arbeitswelt wieder befreien kann. Dennoch ist die Inszenierung dieser Feiertagsatmosphäre mit Arbeit verbunden, die zusätzlich zur Erwerbsarbeit geleistet werden muss. Traditionell entziehen sich die Männer der Hausarbeit, viele müssen sich die Arbeit aber teilen und viele geben die nötigen Arbeiten wie Wäschewaschen, Kochen, Putzen, Bügeln oder Aufräumen an Reinigungspersonal, Au-Pairs oder an Haushaltshilfen mit Migrationshintergrund ab. War es für viele Menschen des 19. Jahrhunderts noch eine Ausnahme, überhaupt zum Arbeiten außer Haus zu gehen, so wird die Hausarbeit im 20. Jahrhundert stilisiert und verdrängt. Die mangelnde Anerkennung von Reinigungspersonal verweist auf den niedrigen Stellenwert der Hausarbeit – die alltäglichen Arbeiten in den privaten Räumen werden als monoton, mühevoll oder undankbar abgewertet.[12] Durch das Angebot an elektronischen Haushaltshilfen ist der Haushalt aber keineswegs arbeitsfrei geworden. Angesichts der hohen Kosten, die dafür aufgewendet werden, wird der Wunsch vieler deutlich, dass durch teure Haushaltsgeräte die Hausarbeit einfach verschwindet. Mit der Diskriminierung von Hausarbeit werden so auch milieuspezifische Differenzen sichtbar.

Wohnstil, Geschmack und der Umgang mit Dingen

Die Wohnung ist Spiegel und Abbild der Personen, die sie benützen. Der uns umgebende Raum ist, wie die eigene Person, Veränderungen unterworfen. Wenn neue Einrichtungsgegenstände angeschafft werden, wenn der Stil der Wohnung verändert wird, so beeinflussen die Dinge, die Anordnung und Ausrichtung, den Geschmack und die Haltung des Einzelnen. Ein bestimmter Wohnstil ermöglicht den Menschen nicht nur, dass sie sich als von anderen verschieden sehen, sondern auch, dass sie sich in ihrer Wohnung wiedererkennen. Ein bestimmter Wohnstil, der über lange Zeit angeeignet wurde, kann deshalb nicht so ohne weiteres verändert werden. Wohn- und Lebensstile bestimmen unseren Habitus – geben Auskunft über persönliche Einstellungen gegenüber Anderen und über Vorstellungen davon, was gut, schön oder richtig ist. Persönliche Einstellungen und Haltungen sind eng verknüpft mit dem Wohnstil der Einzelnen. Durch differente Wohn- und Lebensstile werden die Menschen zählbar und in Zielgruppen und Käuferschichten einteilbar. Der Stil der Wohnung verweist auf das, was wir gerne haben, er verweist aber auch darauf, wie wir uns in Zukunft verändern möchten oder welchen Wünschen wir nacheifern werden.

Die Ästhetik des Wohnraumes wird, ähnlich wie die des Außenraumes, vermehrt von einem Primat der Leere geprägt. Die Wohnung soll eine Schaubühne für einzelne besondere Möbelstücke sein. Auch in diversen Wohnzeitschriften steht bei Einrichtungsbeispielen der freie Raum im Vordergrund und das Einrichten der Wohnung wird als Problemlösung angeboten. Diese Ästhetik der Leere kommt überall in der Werbung zum Ausdruck. Sie wird von genauen Ordnungsprinzipien hergestellt: Gläser müssen nach einem bestimmten Muster eingestellt, Geschirrtücher mit der Tischdecke und den Servietten abgestimmt werden und so weiter. Diese Ordnung ist es, die den je eigenen Raum in eine „globale Monotonie“ hebt und einen „Monostil der Ordnung“ im Raum erzeugt. Diese Ordnung steht zum Teil in Widerspruch zu den Wünschen und Ansprüchen der Menschen, beziehungsweise auch zu den realen Möglichkeiten. Das macht ein Betätigungsfeld für eine relativ neue Berufsgruppe der Wohnberater auf. Sie schlagen vor, sich von alten, nicht mehr benötigten Gegenständen in der Wohnung zu trennen und empfehlen das als psychologische Befreiung. Dann bleibt die Wohnung als beinah gegenstandlose Schaubühne doch eher ein allgemeiner Ort, eine fast leere Wohnung, die erscheint, als wäre vor kurzem jemand ausgezogen und der Raum stünde zur neuen Aneignung bereit. Eine Wohnung wird erst dann zum eigenen Raum, wenn die Menschen ihre Alltagsspuren hinterlassen, wenn sie sich die Wohnung durch alltägliche Handlungen aneignen. Dies bereitet uns aber oft Schwierigkeiten, weil bestimmte Vorstellungen und Wünsche nicht umgesetzt werden können.

Abb. 5: Innenstadtnahe Dachbodenwohnung

Der individuelle Lebensstil ist die Schaltstelle zwischen Individuum und Raumaneignung, zwischen Kultur und Konsum. Die symbolische Ordnung einer Wohnung ist im Verborgenen zu suchen, in den Gegenständen, die bei Betreten einer Wohnung vorerst einmal unsichtbar sind. Erst wenn danach gefragt wird, treten sie in Erscheinung: Steine aus dem Urlaub, Bücher, Musik-CDs, kleine selbst gebaute Kästchen. Das alles sind Dinge, die die jeweils eigene Ordnung widerspiegeln und Ausdruck der Person sind. Ein Verzicht auf diese vielen persönlichen Dinge würde einen schmerzhaften Verlust bedeuten. Besonderen Wert haben Urlaubsfotos, Kleinigkeiten, die über die ganze Wohnung ver-

Abb. 6: Dinge des Alltags

teilt sind, Dinge die nicht auffallen, wenn nicht eigens darauf verwiesen wird. „Einrichtungsgegenstände sind mir egal, doch CDs und so liebe Dinge wie Geburtstagskarten, oder meine Kuscheltiere oder ein Blumengesteck, das ich einmal von jemandem bekommen habe, würde ich nie hergeben“, bestätigt eine Interviewpartnerin. Der Inhalt dieser Kleinigkeiten ist vielfältig, sie erinnern an Freunde und Erlebnisse, lassen Gedanken in die Ferne schweifen. Die Kleinigkeiten in unseren Wohnungen sind großteils dafür verantwortlich, dass wir uns (als Individuum) wiedererkennen. Die vielen verschiedenen Sachen sind mit einem Fingerabdruck zu vergleichen, der unsere Identität bestätigt, niemand anderer hat die gleichen Gegenstände in gleicher Anordnung. Das Arrangement der Gegenstände ist die Kulisse, die uns von anderen unterscheidet.

Abweichungen von der Norm

Aneignungsmöglichkeiten von Wohnraum abseits gängiger Grundriss- und Bauformen wird in Zukunft an Bedeutung gewinnen, wenn wir bedenken, dass für ältere Menschen der Wohnalltag zum Hindernis werden kann. Im Jahr 2030 wird der Großteil der Bevölkerung zwischen 60 und 80 Jahre alt sein. Diese Prognose beeinflusst schon heute den gesellschaftlichen Diskurs über das Altern. Die Funktionen, die eine Wohnung bietet, reichen nicht mehr aus, betrachtet man die Dienstleistungen, die rund ums Wohnen im Alter entstehen: Essenszustelldienste bringen Mahlzeiten, Wäsche- und Reinigungsdienste waschen die Wäsche, Fahrtendienste bringen ältere Menschen an Ziele, die sie selbst nicht mehr erreichen können. Bei Einsamkeit kann ein Besuchsdienst angefordert werden. Betreutes Wohnen will so viel Selbstständigkeit wie möglich erhalten, aber auch so viel Hilfe wie nötig bieten. Geriatrische Tageszentren vereinen das Wohnen in den eigenen vier Wänden mit Betreuung, Unterhaltung, Körperpflege und Therapien. Seniorenresidenzen verweisen auf soziale Differenzierungen im Alter und bieten betreutes Wohnen auf gehobenem Niveau. Neue Pflegeformen, bei denen Individualität und Autonomie im Vordergrund stehen, sind Pflegewohnungen im familiären Umfeld, wo Alt und Jung gemeinsam zusammenwohnen sollen. Die Aneignung von Wohnraum ist im Alter an eine Vielzahl unterschiedlicher Bedürfnisse gebunden, die über die reine Zurverfügungstellung von Wohnraum hinausgehen. Gleichzeitig müssen Wohnraum und Altersversorgung auch für die Zukunft gesichert bleiben. Ob der Wohnraum nicht grundsätzlich ein Ort sein sollte, der den Menschen zumindest bis zu einer bestimmten Wohnungsgröße zur Verfügung gestellt wird, drängt sich beim Thema Armut und Obdachlosigkeit auf. 2005 lebten in Deutschland rund 345 000 Menschen ohne Wohnung. Besonders Frauen nehmen Hilfsangebote wie Frauenhäuser erst in allerletzter Konsequenz an. Steigende Mieten und eine inflationäre Wirtschaft drängen immer mehr Menschen in die Armutsfalle.

Abb. 7: Seniorengerechte Küche, Sun City Anthem

Eigene Räume und plurale Lebensstile

Die globalen Handlungspraxen der Arbeitswelt machen einen Wohnraum erforderlich, in dem wir uns wiedererkennen sollten. Die eigene Wohnung wurde zu einem Ort, an dem Probleme gelöst werden sollen, die uns in der Öffentlichkeit begegnen. Parallel zu dieser Trennung von privaten und öffentlichen Räumen bildet die Wohnung einen Ort zur individuellen Aneignung und Selbstdarstellung. Singlewohnen, mobiles Wohnen oder das Wohnen im Hotel sind zu selbstständigen Lebensstilen geworden und verweisen auf einen neuen kulturellen Pluralismus. Die Brachen der schrumpfenden Städte[13] zeigen, dass der Anhäufung materiellen Besitzes Grenzen gesetzt sind, besonders dann, wenn viele prekäre Situationen am Arbeits- und Wohnungsmarkt durch wirtschaftliche Krisen verstärkt werden. Die Entwicklung des Wohnbaus zielt vermehrt auf eine Mischung unterschiedlicher Nutzungen ab. Vermehrt wird darauf geachtet, sowohl unterschiedliche Wohnungsgrößen innerhalb eines Wohnkomplexes zu vereinen, als auch öffentliche Einrichtungen wie Restaurants, Seminarräume oder Bäder an Wohnanlagen anzubinden. Viele Architekten wollen einen vielschichtigen Wohnbau mit Zwischenräumen zur Verfügung stellen. Inhaltlich ist die Verknüpfung von Wohnen, Arbeiten und Freizeit aktuelles Thema im Wohnbau. Wohngebiete müssen Räume zur Verfügung stellen, wo sich die Menschen begegnen können, Räume, in denen die Menschen abseits der globalen Beschleunigung Zeit finden.

Anmerkungen

1 Mumford 1979, 110.
2 Statistisches Jahrbuch 2007, 555.
3 Bauern, Heuerlinge, Landarbeiter, Tagelöhner, Industriearbeiter, Handwerker, kleine Angestellte und Unterbeamte hatten alle keinen eigenen Raum. Vgl. Saldern 1997, 147.
4 Mumford 1979, 617 und Statistisches Jahrbuch 2008, 38 u. 39.
5 Gieselmann 1997, 17, 25.
6 Schildt 1988, 541.
7 IKEA Kataloge 1996, 1999 und 2008.
8 Katschnig-Fasch 1998, 81.
9 Wohnungen über 120m^2 sind zu 80% Eigentümerwohneinheiten, vgl. Statistisches Jahrbuch 2006, 281.
10 Saldern 1997, 175.
11 Katschnig-Fasch 2000, 126.
12 Hess 2003, 20.
13 Oswald 2005.

Wohnen in Bewegung – Als die Möbel rollen lernten

Ralf Nitschke

Abb. 1: F. & R. Ehrlicher, München: Schrank- und Möbelzubehöre, Spezialbeschläge und Rollen (Musterbuch 5), um 1935

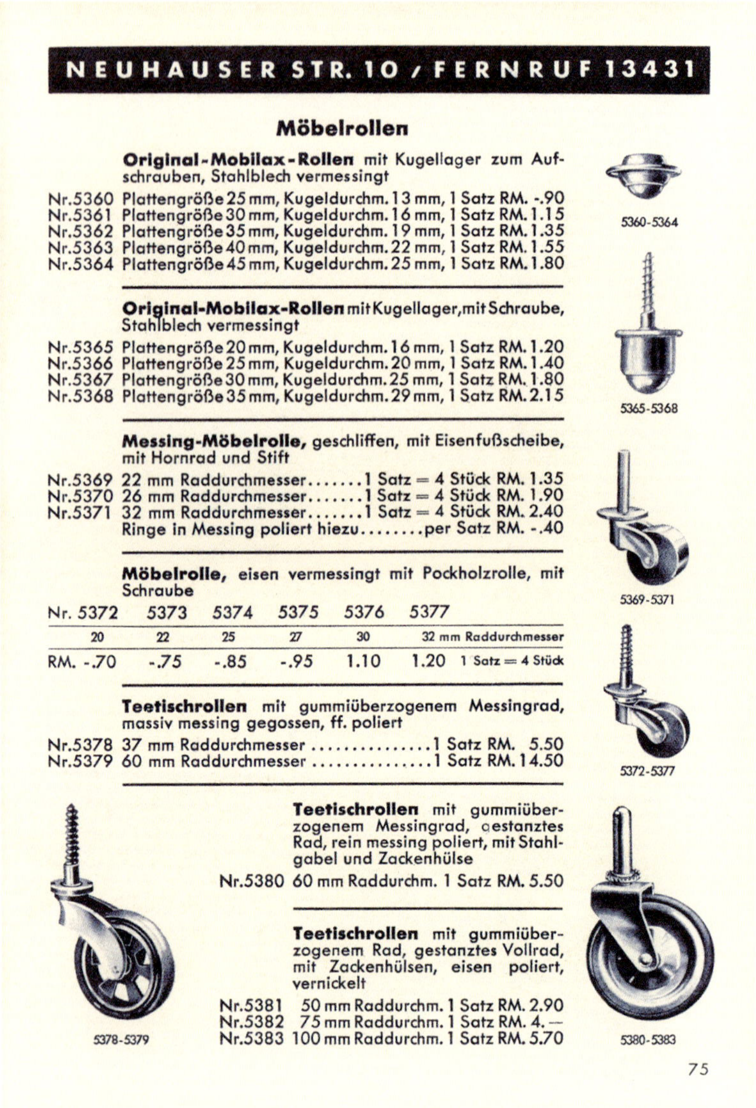

NEUHAUSER STR. 10 / FERNRUF 13431

Möbelrollen

Original-Mobilax-Rollen mit Kugellager zum Aufschrauben, Stahlblech vermessingt

Nr.5360 Plattengröße 25 mm, Kugeldurchm. 13 mm, 1 Satz RM. -.90
Nr.5361 Plattengröße 30 mm, Kugeldurchm. 16 mm, 1 Satz RM. 1.15
Nr.5362 Plattengröße 35 mm, Kugeldurchm. 19 mm, 1 Satz RM. 1.35
Nr.5363 Plattengröße 40 mm, Kugeldurchm. 22 mm, 1 Satz RM. 1.55
Nr.5364 Plattengröße 45 mm, Kugeldurchm. 25 mm, 1 Satz RM. 1.80

5360-5364

Original-Mobilax-Rollen mit Kugellager, mit Schraube, Stahlblech vermessingt

Nr.5365 Plattengröße 20 mm, Kugeldurchm. 16 mm, 1 Satz RM. 1.20
Nr.5366 Plattengröße 25 mm, Kugeldurchm. 20 mm, 1 Satz RM. 1.40
Nr.5367 Plattengröße 30 mm, Kugeldurchm. 25 mm, 1 Satz RM. 1.80
Nr.5368 Plattengröße 35 mm, Kugeldurchm. 29 mm, 1 Satz RM. 2.15

5365-5368

Messing-Möbelrolle, geschliffen, mit Eisenfußscheibe, mit Hornrad und Stift

Nr.5369 22 mm Raddurchmesser.......1 Satz = 4 Stück RM. 1.35
Nr.5370 26 mm Raddurchmesser.......1 Satz = 4 Stück RM. 1.90
Nr.5371 32 mm Raddurchmesser.......1 Satz = 4 Stück RM. 2.40
Ringe in Messing poliert hiezu........per Satz RM. -.40

5369-5371

Möbelrolle, eisen vermessingt mit Pockholzrolle, mit Schraube

Nr. 5372	5373	5374	5375	5376	5377	
20	22	25	27	30	32	mm Raddurchmesser
RM. -.70	-.75	-.85	-.95	1.10	1.20	1 Satz = 4 Stück

5372-5377

Teetischrollen mit gummiüberzogenem Messingrad, massiv messing gegossen, ff. poliert

Nr.5378 37 mm Raddurchmesser ....1 Satz RM. 5.50
Nr.5379 60 mm Raddurchmesser ....1 Satz RM. 14.50

Teetischrollen mit gummiüberzogenem Messingrad, gestanztes Rad, rein messing poliert, mit Stahlgabel und Zackenhülse

Nr.5380 60 mm Raddurchm. 1 Satz RM. 5.50

Teetischrollen mit gummiüberzogenem Rad, gestanztes Vollrad, mit Zackenhülsen, eisen poliert, vernickelt

Nr.5381 50 mm Raddurchm. 1 Satz RM. 2.90
Nr.5382 75 mm Raddurchm. 1 Satz RM. 4.—
Nr.5383 100 mm Raddurchm. 1 Satz RM. 5.70

5378-5379

5380-5383

75

Ausstellung und Publikation „In Bewegung" setzen sich mit Alltagsentwicklungen des 20. und 21. Jahrhunderts auseinander. Beispiele für Möbel auf Rollen finden sich jedoch bereits in früheren Jahrtausenden. Als ein sehr frühes rollfähiges Möbel kann die bronzene Kline des Keltenfürsten von Hochdorf aus dem sechsten vorchristlichen Jahrhundert angesprochen werden.[1] Diese Totenliege steht auf acht bronzenen, funktionstüchtigen Speichenrädern. Ein frühes Beispiel aus dem hessischen Raum bildet eine eichene Seitenstollentruhe auf vier hölzernen Scheibenrädern aus dem Fritzlarer Dom, die aus dem 15. Jahrhundert stammt.[2] In Karl Rumpfs „Deutscher Bauernkunst" findet sich ein Schweizer Bauernstuhl aus der Landschaft Entlebuch aus dem Kanton Luzern, der auf 1673 datiert wird.[3] Das Möbel hat mit seinen vier kleinen hölzernen Scheibenrädern sowie einem Fußbrett vermutlich als Rollstuhl für kranke und alte Menschen im Haus gedient. Diese vereinzelten Beispiele bilden Ausnahmen innerhalb ihrer Zeit. Weitere Verbreitung fanden Möbel auf Rollen ab dem 18. Jahrhundert. Dabei handelte es sich zunächst vorwiegend um oberschichtliche Möbeltypen. Im 19. Jahrhundert kamen zahlreiche Möbeltypen auf Rollen hinzu und im 20. Jahrhundert gab es schließlich kaum noch einen Möbeltypus, der nicht auch auf Rollen existierte.

Möbelrollen

Die Möbel des 18. Jahrhunderts waren zumeist mit Lederrollen versehen. Ab 1790 kamen vermehrt Holzrollen zum Einsatz.[4] Im ersten Drittel des 19. Jahrhunderts existierten bereits Firmen, die sich auf die Herstellung und den Vertrieb von Möbelrollen spezialisiert hatten. Um die Mitte des Jahrhunderts kamen Messing- und Porzellanrollen auf den Markt. Im 20. Jahrhundert wurden Material, Technik und Form der Möbelrollen weiter differenziert. So bot beispielsweise die Münchener Eisengroßwarenhandlung F. & R. Ehrlicher um 1935 Möbelrollen mit Kugellager, Messing-Möbelrollen mit Eisenfußscheibe und Hornrad, Möbelrollen mit Pockholzrolle und Teetischrollen mit gummiüberzogenem Messingrad an.[5]

Die Fuldaer Eisenwarengroßhandlung ITRA hatte in ihrem Katalog von 1959 Kugelrollen mit Holzschraube, Teewagenrollen (Rad mit eingepresstem Profil-Gummiring mit Zackenhülse) und Plattenmöbelrollen (schwere Ausführung aus Stahlblech mit Kugellager) im Angebot.[6] Zu einer Innovation bei Möbelrollen kam es Mitte der 1960er Jahre, als die Firmen Kevi und Knoll einen Bürostuhl entwickelten, dessen Rollen aus Kunststoff bestanden. Der Architekt J. Rasmussen erhielt den Auftrag, eine Rolle zu entwickeln, die günstiger und besser als die bislang auf dem Markt befindlichen sein sollte. Die Rolle musste leichtgängig sein und den Boden möglichst wenig beanspruchen. 1968 kam die „Kevi-Rolle" auf den Markt. „Mit ihr begann zugleich das Zeitalter der gestalteten funktionalen Möbelrollen, die heute in einem großen Spektrum angeboten werden und in hoher Spezialisierung praktisch alle Anforderungen erfüllen."[7] Auch heute noch existieren Firmen, die sich auf die Produktion und den Vertrieb von Möbelrollen spezialisiert haben. So hat zum Beispiel die Firma Plako zahlreiche Möbelrollen aus Kunststoff in ihrem Angebot. Diese Rollen sind gedacht für den medizinischen Bereich, Büro- und Labormöbel, Computermöbel, Schränke, Geräte und Displays. Aus den Garantie- und Produkthaftungs-Informationen wird deutlich, dass es sich bei Möbeln auf Rollen nicht um Fahrzeuge handelt, denn die Rollen dienen zwar der Fahrbarmachung der Möbel, sind jedoch nicht vorgesehen für maschinenangetriebene Bewegungen, für Geschwindigkeiten über Schrittgeschwindigkeit und Dauerbetrieb.[8]

Schnelle Fahrt mit dem Servierwagen durchs 20. Jahrhundert

Der Servierwagen steht exemplarisch für alle Möbeltypen auf Rollen, da bereits seine Bezeichnung auf Bewegung hindeutet. Gitta Böth definiert den Servierwagen als „ein fahrbares, maximal tischhohes, allseitig offenes

Abb. 2/3: Freilichtmuseum Hessenpark: Servierwagen mit abnehmbarem Tablett, 1960er Jahre

Regal mit mindestens zwei Böden, von denen der obere oft als Tablett abnehmbar ist. Zur platzsparenden Aufbewahrung kann der Servierwagen klappbar sein. Moderne Exemplare werden häufig nach einer Produktbezeichnung ‚Dinette' genannt."[9]
In dieser Form ist der Servierwagen keine Erfindung des 20. Jahrhunderts. Als ein Vorgänger kann der um 1725 in England erfundene „Stumme Diener" gelten, der „aus drei von oben nach unten größer werdenden runden Platten, die oft drehbar und zur Aufnahme von Geschirr und Besteck bestimmt sind [, besteht]. [...] Ohne Dienerschaft fühlte man sich bei zwanglosem Zusammensein wohler, und man konnte vom stummen Diener bei Bedarf Besteck, Geschirr, aber auch Käse und Pudding holen."[10] Durch seine Rollen war er leicht verschiebbar. Ein weiterer englischer Vorfahre des Servierwagens ist der erstmalig um 1750 erwähnte Pembroke-Tisch. Er „stand im Wohnzimmer oder im Boudoir und war Ess-, Kartenspiel-, Schreib- oder Handarbeitstisch. [...] Ein so vielseitig einsetzbarer Tisch musste leicht zu bewegen sein, und so haben Pembroke-Tische fast immer Rollen."[11] Dem Servierwagen sehr nahe kommt bereits die französische Etagere. Sie ist „ein dreistöckiges Tischchen, das zur Aufstellung von Kostbarkeiten oder als Serviertisch gedacht war. Manchmal konnte die oberste Platte abgenommen und als Tablett benützt werden. Rollen und Henkel an den unteren Platten sorgten dafür, dass man die Etagere leicht umstellen konnte."[12] Und schließlich sei noch der englische Canterbury-Tisch als Vorgänger erwähnt, den schon Thomas Sheraton um 1800 beschrieb. Dabei handelte es sich um „ein Tabletttischchen für Speisen, gedacht als Beistelltisch beim Abendessen, mit runden Ende und drei kreuzweise angeordneten Segmenten, um Messer, Gabeln und Teller aufzunehmen. [... Dieser] Canterbury [war] also ein kleines, funktionales Möbel das man für Besteck und Geschirr brauchte, als man Mahlzeiten nicht mehr durch Hauspersonal auftischen ließ. Dank seiner Rollen war es leicht verschiebbar und hatte für bessere Stabilität gespreizte Beine."[13] Ende des 19. Jahrhunderts findet sich in den „Möbel- und Zimmereinrichtungen" von F. Schwenke ein Serviertisch, der wie ein herkömmlicher Tisch – allerdings mit zwei Ebenen – gestaltet ist. Die kleinen Rollen treten unter den voluminösen und reich gedrechselten Tischbeinen kaum in Erscheinung, weshalb dieses Möbel zu Recht als Tisch und nicht als Wagen bezeichnet wird.[14] Zu Beginn des 20. Jahrhunderts beschreiben Theodor Krauth und Franz Sales Meyer einen Serviertisch: „Zum Aufstellen von Gefässen, Geräten, Flaschen und Speisen vor und während der Mahlzeit benützt man gerne kleinere Tische, die man als Serviertische, Anrichtetische, ‚stumme Diener' etc. bezeichnet. [...] Wenn diese Tischplatten zum Abnehmen eingerichtet sind und dann wie wirkliche Servierbretter gehandhabt werden, so erhalten sie Handhaben in Form ausgeschnittener Oeffnungen oder aufgeschraubter Bügelgriffe. [...] Verbindet man [bei der Sägebockform] die oberen Enden der Füsse in der Längsrichtung des Tisches durch Leisten und diese unter sich durch Gurten [...], so kann man das Gestell bequem zusammenklappen und mit dem abgenommenen Servierbrett leicht unterbringen, wenn der Tisch nur zeitweilig benützt werden soll. Die Ausstattung und Formgebung richtet sich nach dem übrigen Mobiliar, jedenfalls sind aber schwere Formen zu vermeiden, da solche Tische leicht beweglich sein müssen, weshalb man sie auch auf Rollen stellen kann".[15] Der Tisch entspricht der von Böth beschriebenen Abnehmbarkeit der oberen Platte, die dann als Tablett dient. In der Ausformung als Sägebock nimmt der Serviertisch von Krauth und Meyer die Klappbarkeit und das platzsparende Verstauen der Dinette aus den 1960er Jah-

ren vorweg. Gehörte der eben beschriebene Serviertisch mit seinen gedrechselten und teilweise schräggestellten Beinen stilistisch der deutschen Neurenaissance an, so mutet das Paar von kleinen ovalen Tischchen im Speisezimmer des Hauses Bellevuestraße 13 in Berlin, das von den Architekten Cremer & Wolffenstein entworfen worden war, biedermeierlich an.[16] Zwei kleine Griffe an den oberen Platten verraten, dass auch diese als Tablett eingesetzt werden konnten. Im Gegensatz dazu versuchte ein Servierwagen der Möbelfabrik Horgen-Glarus aus der Schweiz nicht mehr, einen historischen Stil wiederzubeleben. Er entspricht der Definition des Servierwagens als einem Regal auf Rädern. Die obere Fläche des Wagens weist an den Schmalseiten zwei Griffe auf und diente als Tablett. Die untere Fläche konnte herausgezogen werden und war vermutlich ebenfalls als Tablett einsetzbar. Dieser Servierwagen wurde 1928 im Wohnzimmer des Hauses von Mies van der Rohe in der Stuttgarter Weißenhofsiedlung ausgestellt.[17] Er bestand aus Holz und war in seiner Formgebung noch relativ traditionell. Bei dem Likörwagen, den Alfred Zeffner zwei Jahre später für die Deutsche Stahlmöbel GmbH Berlin entwarf, handelte es sich bereits um ein reines Stahlrohrmöbel. Zeffner reduzierte die Möbelrollen auf ein Paar großer Scheibenräder.[18] Hier wurden die Möglichkeiten des neuen Möbelmaterials Stahlrohr auf die Spitze getrieben: Der Griff geht in einem Stück nahtlos in die Konstruktion über, an der drei schmale Tablettstreifen sowie die beiden Räder angebracht sind. Das Stahlrohr endet an beiden Seiten als hinterer Fuß. Die Likörflaschen konnten in drei Metallzylinder gestellt werden, die den Charakter eines Gefährtes verstärkten. Die eigentliche Nutzfläche fiel relativ gering aus, was darauf schließen lässt, dass es hier weniger um die Gestaltung eines funktionalen Möbels als vielmehr um die

Abb. 4: Harzer Holzwarenfabrik Gebr. Lohoff, Tettenborn, Harz: Prospekt, 1930er Jahre

Schaffung einer konstruktivistischen Plastik ging. Zeffner schuf der äußerst speziellen Funktion entsprechend ein kapriziöses Luxusmöbel. Von einem bislang unbekannten Entwerfer stammt ein Stahlrohrservierwagen aus demselben Jahr. Die mit Resopal beschichteten Holzplatten belegen, dass stets neue Materialien für diesen Möbeltypus verwendet wurden. Die Funktion als Servierwagen ließ es ratsam erscheinen, abwaschbare und pflegeleichte Materialien einzusetzen.[19] Noch einen Schritt weiter ging die Harzer Holzwarenfabrik Gebrüder Lohoff aus Tettenborn mit ihrem Servierwagen, da dessen Lackierung nicht nur stoß-, kratz- und schlagfest, sondern auch abwaschbar war und Temperaturen bis 130 Grad Celsius aushielt, sodass die Hausfrau nicht umständlich mit einem zusätzlichen Untersetzer hantieren musste.[20]

Abb. 5: Flemming Söhne, Leipzig: Gemo Kleinmöbel, Prospekt, 1930er Jahre

Abb. 6: Flemming Söhne, Leipzig: Gemo Kleinmöbel, Prospekt, 1930er Jahre

Möbel auf Rollen können häufig multifunktional eingesetzt werden, so auch die Servierwagen „Simplex“ und „Matador“ aus der Reihe „Gemo Kleinmöbel“ bei Flemming Söhne in Leipzig. Diese Servierwagen versahen nicht nur „unaufdringlich den Helferdienst der Hausfrau“,[21] sondern konnten ebenfalls als Zusatztisch oder als Arbeitstisch dienen. Im Prospekt aus den 1930er Jahren wird der Wagen unter anderem mit einem Radioapparat abgebildet, sodass wir es hier mit einer frühen Form des Hi-Fi-Möbels zu tun haben. Da die obere Platte vorstand, konnte man den Servierwagen mit einer Schreibmaschine auch als Arbeitstisch nutzen, ohne sich die Knie oder die Schienbeine zu stoßen. Auch in technischer Hinsicht kam es bei diesen Servierwagen zu einer Fortentwicklung: Auf Wunsch und gegen Aufpreis konnten beide Modelle mit einer „Rollen-Feststell-Vorrichtung“ geliefert werden, die das Fortrollen auf unebenem Boden verhinderte.

Zu einer weiteren technischen Fortentwicklung kam es 1932 durch das „denkende Rad“ des Servierboys von N. Forchheimer & Co., Coburg.[22] Diese Räder waren vertikal und horizontal gefedert, sodass dieser Servierwagen nicht nur über Teppiche und Schwellen, sondern auch über Unebenheiten im Garten wie Kiesel- und Pflastersteine hinweggerollt werden konnte.

Hatten die Servierwagen von Flemming und Forchheimer noch versucht, dem Problem der Türschwellen und des Wegrollens mit technischen Hilfsmitteln beizukommen, so löste Alvar Aalto mit seinem Servierwagen 900 von 1936 das Problem auf gestalterische Weise und schuf damit einen Design-Klassiker. Bei dem Servierwagen des Finnen kommt es zu einer scheinbaren Überbetonung des Themas Rollen. „Der Durchmesser der Räder leitete sich [jedoch] aus den damals noch üblichen Türschwellen ab, die die großen Scheibenräder relativ leicht und erschütterungsarm über-

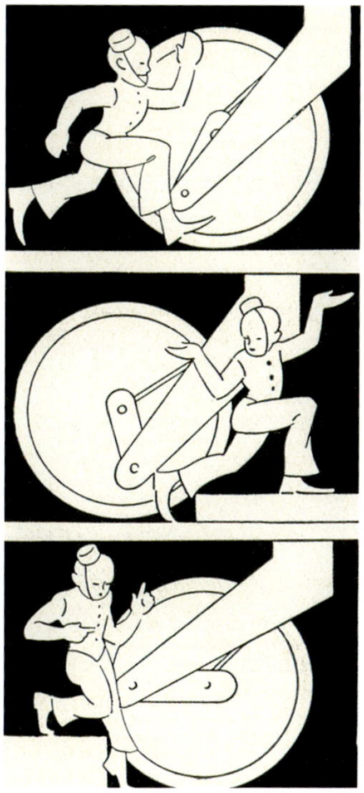

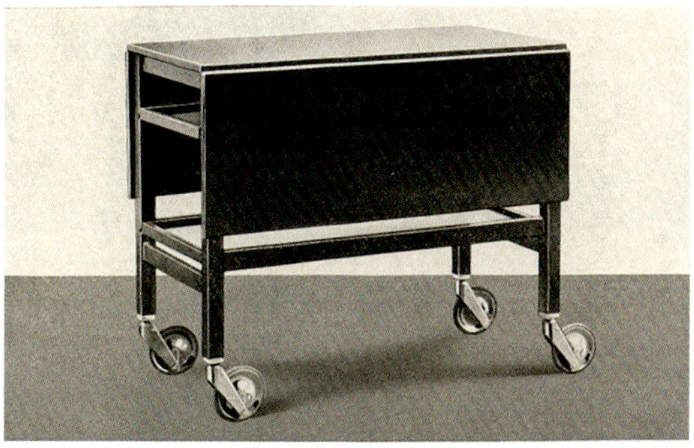

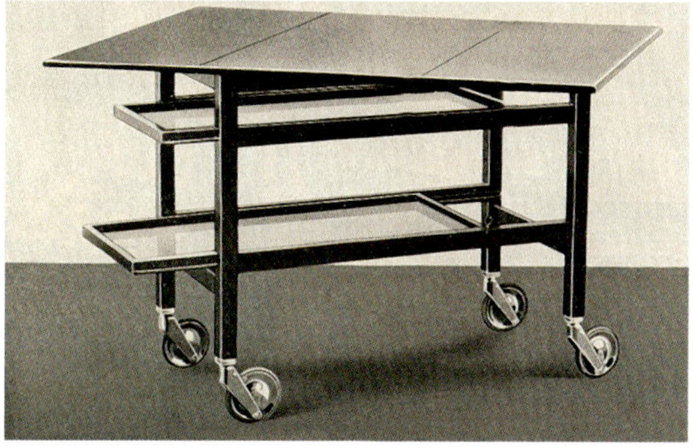

Abb. 7–9: N. Forchheimer & Co., Coburg: Servierboy-Neuheiten, Prospekt, Herbst 1932

fahren konnten."[23] Aalto reduzierte die Räder auf ein Paar. Der Wagen musste also auf einer Seite angehoben werden, um ihn schieben oder ziehen zu können. Es war mithin ratsam, die Getränke erst am Ort des Verzehrs in Gläser beziehungsweise Tassen zu füllen. Andererseits konnte der Wagen auf diese Weise auf unebenem Boden nicht wegrollen. Auch in materieller Hinsicht war der Servierwagen des Finnen innovativ. Für den Rahmen setzte er eine geschichtete, geleimte und gebogene Holzkonstruktion ein. Die Platten waren mit Linoleum belegt. Den Wagen gab es entweder mit zwei Flächen oder mit einer Fläche und einem geflochtenen Korb zur Aufnahme von Besteck etc. Ebenfalls aus dem Jahr 1936 stammt ein Servierwagen des Schweizers Alfred Roth. Der Wagen befand sich im Wohnraum einer Etagenwohnung in Doldertal bei Zürich.[24] Hier hatte der Servierwagen eher die Funktion eines Barschränkchens, da sich unter der oberen Fläche ein geschlossenes Fach sowie offene Fächer für Flaschen befanden. Auch bei diesem Wagen ließ sich die obere Fläche zur Seite schieben, jedoch nicht, um als Tablett zu dienen, sondern um an die darunter stehenden Flaschen zu gelangen. C. Armand-Söhne, Fabrik feiner Holzwaren, Waiblingen, Württemberg hatte um 1939 unter anderem zerlegbare zweifarbige Servierwagen und Barwagen im Angebot.[25] Diese Kleinmöbel waren äußerst stabil und einfach im Zusammenbau, sodass es zu einer großen Frachtersparnis durch die günstige Verpackungsmöglichkeit kam. Die großen Gummiräder versprachen einen geräuschlosen Lauf. Modell 609 ist ein frühes Beispiel, dessen obere Fläche mit robusten und pflegeleichten Fliesen belegt ist, wie es bei den rustikalen Möbeln der 1970er und 1980er Jahre so beliebt werden sollte. Modell 608 „Serba" wies einen Eiskasten auf und entpuppte sich somit als Barwagen, in dem Getränke kühl aufbewahrt werden konnten. Wie die meisten Barwagen versteckte Modell 608 die Flaschen mit alkoholischen Getränken in geschlosse-

Abb. 10: C. Armand-Söhne, Fabrik feiner Holzwaren, Waiblingen, Württemberg: Diamant Schleiflack Kleinmöbel, Prospekt um 1939

nem Zustand. Armand-Söhne boten Möbel für jeden Geldbeutel an. So reichte die Preisspanne von 8,75 bis 51 Reichsmark.

Gehörte der Servierwagen vor dem Zweiten Weltkrieg eher zum oberschichtlichen Wohnen, so entwickelte er sich nach dem Krieg als Teewagen neben Nierentisch und Tütenlampe zur Standardausstattung des 50er-Jahre-Wohnzimmers, wobei der österreichische Architekt Oskar Payer ihn in seiner „Praktischen Wohnungskunde" von 1953 im Gegensatz zu den „Bedarfsmöbeln" in die Rubrik der „Wunschmöbel" einordnete.[26] Wie in der Frankfurter Kleinstwohnung der Vorkriegszeit schloss in Payers „gesunder Wohnung für alle" an das Wohnzimmer „die Küche an, um die Wege der Hausfrau so kurz wie möglich zu halten, der Mutter die Möglichkeit zu geben, das Kleinkind im Wohnraum zu beaufsichtigen und sie am Familienleben auch während des Arbeitens teilhaben zu lassen."[27] Mit dem Wagen konnten Geschirr und zubereitete Speisen von der Küche zur Essecke geschoben werden. Mit ihm konnten mehr und schwerere Gegenstände transportiert werden als mit einem Tablett, sodass die Hausfrau nur einmal den Weg zwischen Küche und Wohnraum zurücklegen musste. Darüber hinaus erfüllte der Servierwagen am Esstisch die Funktion eines Beistelltisches, auf dem zum Beispiel Töpfe und Schüsseln abgestellt wurden, damit auf dem klein bemessenen Esstisch genügend Platz für Geschirr, Besteck und Gläser übrig blieb. Die Ilse-Möbelwerke aus Uslar hatten in den 1950er Jahren Servier- und Barwagen für jeden Geschmack im Angebot, deren „Schönheit und praktische Verwendbarkeit" jedes Mal unter Beweis gestellt wurden, wenn sie von froher Gesellschaft umdrängt wurden, wie es im firmeneigenen Prospekt heißt.[28] Die stilistische Vielfalt reichte von Chippendale-Barwagen mit dem in den 1950er Jahren beliebten Sonnengeflecht bis hin zu schlichten Servierwagen, die in der formalen Tradition des Bauhauses standen, jedoch statt Glasböden das vermeintlich wohnlichere Material Holz einsetzten und mit diesem gestalterischen Kompromiss der Sehnsucht nach bürgerlicher Behaglichkeit im Nachkriegsdeutschland entgegenkamen. So heißt es im Prospekt von E. Franz Voigt Nachfahren ebenfalls in den 1950er Jahren: „Modern wohnen bedeutet nicht etwa ungemütlich wohnen."[29] Der Hausbarwagen H 236 L von Voigt besaß auf der hinteren Seite ein Scharnier, sodass er nach hinten aufgeklappt werden konnte. Vorne entstand auf diese Weise eine zusätzliche viertelkreisförmige Ablagefläche. Hierfür war im vorderen Teil ein drittes Rad in der Mitte notwendig. Der Wagen hatte also fünf Räder, die nicht nur der Fortbewegung, sondern auch zum Öffnen dienten. Diese eigenwillige Lösung war sogar als Patent angemeldet. Einige Hausbarwagen von Voigt hatten sogar ein Zigarrenfach, sodass sich hier der ehemals großbürgerliche Rauchsalon im bürgerlichen Milieu auf ein Kleinmöbel eingedampft sieht. Möbel auf Rollen erfüllen häufig mehrere Funktionen. Ein Beispiel hierfür ist ein Servierwagen aus den 1950er Jahren aus den Beständen des Freilichtmuseums Hessenpark. In diesen Wagen sind unten zwei schräggestellte Holzplatten eingefügt, wodurch sich das Möbel zusätzlich zu einem Zeitschriftenständer entwickelt.

Auch der Zeitschriftenständer auf Laufrollen ist keine Erfindung des 20. Jahrhunderts. Die-

Abb. 11: Freilichtmuseum Hessenpark: Servierwagen mit Zeitschriftenständer, 1950er Jahre

Abb. 12/13: Freilichtmuseum Hessenpark: Dinette, 1970er Jahre

ses Möbel kam als „Canterbury" in England bereits um 1780 auf.[30] Das Beispiel aus dem Freilichtmuseum besitzt noch relativ kleine, unauffällige Räder, die eher versteckt als in die Gestaltung integriert werden. 1956 schuf Herbert Hirche einen Barwagen aus Winkelprofilen mit eingelegten Glasplatten für die Christian Holzäpfel KG.[31] Hirche reduzierte das kantige Möbel auf das notwendige Minimum: Da die obere Glasplatte innerhalb des Metallrahmens kleiner ausfällt als die untere, entsteht ein offenes Fach, in das die Flaschen sichtbar eingestellt werden können. Hier wird der Alkohol nicht mehr schamhaft versteckt. Der Vergleich mit dem Servierwagen aus dem Freilichtmuseum Hessenpark belegt einmal mehr die These von der Gleichzeitigkeit des Ungleichzeitigen. Möbel auf Rädern sind oftmals nicht nur multifunktional, sondern auch flexibel. Beispielhaft sei an dieser Stelle die Dinette erwähnt, die in funktionaler Hinsicht einen Fortschritt darstellte. Dieser Servierwagen ist faltbar und konnte so in den kleinen Nachkriegswohnungen platzsparend verstaut werden.

Falt- bzw. Klapptische sind ebenfalls keine Erfindung des 20. Jahrhunderts. So können Frühstückstische und der in der Mitte des 19. Jahr-

hunderts entwickelte Sutherland-Tisch als Vorfahren der Dinette gelten.[32] Im Umgang mit den Materialien kam es bei der Dinette jedoch zu einem Rückschritt: Hatten die Servierwagen der 1920er und 1930er Jahre ihre modernen Materialien offen gezeigt, so wurden die Kunststoffflächen der Dinette mit holzartigem Dekor beschichtet und täuschen einen vermeintlich edleren Werkstoff vor. Im Gegensatz dazu setzte Wolfgang Feuerbach 1965 für seinen stapelbaren Beistelltisch „fg 2001" Fiberglas ein und brachte das neue

Material in seiner Gestaltung voll zur Geltung.[33] Auf das vierräderige Grundmodul konnten beliebig viele, rollenlose Tischelemente aufgesetzt werden, sodass entweder ein Servierwagen oder ein Regal auf Rädern entstand, wodurch sich „fg 2001" flexibel an die unterschiedlichsten Wohnverhältnisse anpassen konnte. Den Grund für den Einsatz eines Servierwagens in den eigenen vier Wänden liefert 1965 die Zeitschrift „modellbau und basteln", die vom Zentralrat der FDJ über den Verlag Junge Welt herausgegeben wurde: „Nach statistischen Untersuchungen steht fest, daß die Hausfrau am Tage so einige Kilometer zu Fuß zurücklegt. Neben den Einkaufsgängen entfällt davon ein großer Teil auf Wege innerhalb der Wohnung, besonders dann, wenn Küche und Wohnzimmer nicht unmittelbar zusammenliegen. Da muß der Tisch gedeckt und das Essen aufgetragen werden. Und in einem Haushalt mit vier Personen und mehr kommt da ganz schön was zusammen an Geschirr, Bestecks, Schüsseln und Kannen. Um nun nicht zu oft den Weg von der Küche zum Eßtisch zurücklegen zu müssen, könnte die Hausfrau ihre gesamte Familie antreten lassen und als Karawane, beladen mit allen zum Essen nötigen Dingen, in Richtung Eßtisch in Marsch setzen. So geht's – aber es geht auch anders. Und zwar kann das größte Basteltalent der Familie den Auftrag erhalten, einen Servierwagen zu bauen, der das Auf- und Abtragen wesentlich rationalisiert."[34]

Anschließend liefert die Zeitschrift die Bauanleitung für einen praktischen Servierwagen, der jedoch stilistisch noch komplett den 1950er Jahren angehört und damit einmal mehr die westlichen Ländern gegenüber um circa zehn Jahre verzögerte Design-Entwicklung in der DDR dokumentiert. Der eingangs zitierten Definition eines Servierwagens am nächsten kommt der Rolltisch 7401 von Rolf Heide aus dem Jahr 1967. Er besteht aus vier Rahmen, zwei Platten, vier Rollen und wenigen Schrauben, die in einem kompakten Paket geliefert wurden und mit einem Inbusschlüssel vom Kunden selbst zusammengebaut werden konnten. Heide nahm hier einmal mehr das IKEA-Prinzip vorweg.[35] Zu einer künstlerischen Überhöhung des Themas Servierwagen kam es 1981 durch Javier Mariscal für den italienischen Hersteller Memphis. Mariscal setzte mit Metall und Glas inzwischen klassische Materialien für den Wagen ein, aber die Formgebung macht dieses Möbel zu einem modernen Klassiker. Die beiden Glasplatten des Wagens liegen nicht parallel übereinander, sondern sind versetzt angeordnet, sodass die untere ein wenig vorsteht und die obere nach hinten rückt. Zusammen mit den vier ebenfalls schräg nach hinten gestellten Stützen, welche die beiden Glasplatten miteinander verbinden, wird so eine Geschwindigkeit dargestellt, die im ironischen Widerspruch zum realen Tempo eines Servierwagens steht. Mariscal treibt das humorvolle Spiel mit dem Teewagen noch weiter, indem er unter den hinteren Stützen zwei Rollenpaare anordnet und somit die Assoziation der doppelten Hinterachse eines Schwerlasttransporters hervorruft. Wiederum stehen Formgebung und reale Lasten, die der Wagen zu tragen hat, in amüsantem Widerspruch. Hier reflektiert ein Möbel über das Thema Bewegung und rollt mit einem Augenzwinkern aus dem Bereich des Kunsthandwerks in die Kunst. Ein weiterer Servierwagen zum Selbstbauen findet sich in der Zeitschrift „selbst ist der Mann – Das Heimwerker-Magazin" vom September 1993.[36] Dieser Servierwagen konnte sogar in zwei Tischchen zerlegt werden, mit denen man im Bett frühstücken konnte. Allerdings waren die Rollen nicht abnehmbar, sodass das untere Tischchen mit den Rädern auf die Schlafstätte gestellt werden musste. Im IKEA-Katalog von 2008[37] wurden insgesamt vier Servierwagen angeboten.

Drei dieser Wagen verfügen über drei Ebenen, wobei die oberste als Schneidebrett beziehungsweise Arbeitsplatte ausgebildet ist. Diese Servierwagen sind deshalb im Gegensatz zu den vorher beschriebenen eher dem Küchenbereich zuzuordnen. Noch einen Schritt weiter gehen Grillwagen, wie sie zum Beispiel von der Firma Garpa angeboten werden.[38] Mit den wetterunempfindlichen Materialien Edelstahl, Aluminium, Granit und Teakholz eignen sich diese Wagen für den Außeneinsatz. Vom Erscheinungsbild entsprechen sie dem Servierwagen, werden jedoch durch eine komplett herausnehmbare Grillkugel ergänzt. Somit bildet der Grillwagen eine kleine fahrbare Kücheneinheit. Rollte der klassische Servierwagen noch innerhalb der Wohnung zwischen Küche und Ess- beziehungsweise Wohnzimmer, so vermittelt der Grillwagen zwischen Küche und Balkon, Terrasse oder Garten, also zwischen innen und außen und kommt damit der Mediterranisierung des Wohnalltags, der sich verstärkt ins Freie verlagert, entgegen.

Resümee

Gegenwärtig reicht der gestalterische Umgang mit Möbelrollen vom Verstecken der vermeintlich hässlichen Funktionalität über schlichten funktionalen Einsatz bis hin zur Überbetonung. Im letzteren Fall werden die Rollen größer produziert als die Funktion es erfordert. Teilweise werden die Rollen aus einer falsch verstandenen Ästhetik nicht optimal platziert, was zu Beeinträchtigungen der Funktionalität führen kann. Das Thema neigt also dazu, sich zu verselbstständigen. So werden Rollen an Möbeln angebracht, die eigentlich nicht beweglich sein müssen. In diesen Fällen geht es eher um eine funktionale Ästhetik als um wirkliche Funktionalität. Ursprünglich dienten die Rollen dazu, schwere

Abb. 14: Freilichtmuseum Hessenpark: Fotoalbum, 1960er Jahre

und voluminöse Möbel schnell und leicht bewegen zu können. Heute sind einige Entwerfer eher am Ausdruck von Leichtigkeit interessiert, da Möbel mit Rollen nicht fest auf dem Boden stehen, sondern zu schweben scheinen. Für die Möbelrollen stehen den Designern heute je nach Funktion und repräsentativem Anspruch die unterschiedlichsten Materialien wie Metall, Holz und Kunststoff zur Verfügung. In der Gegenwart existiert kaum noch ein Möbeltypus, den der Kunde nicht auch in einer Ausführung mit Rollen kaufen kann, sodass Wohnen in Bewegung aus unserem Alltag nicht mehr wegzudenken ist: Alles rollt! Zu fragen bleibt allerdings, wie oft Möbel auf Rollen tatsächlich bewegt werden und wie häufig auf einem Teewagen wirklich Tee serviert wird. Eine Wohnsituation, wie sie sich auf einem gestellten Foto in einem Album aus den 1960er Jahren findet, das im Freilichtmuseum Hessenpark aufbewahrt wird, war und ist vermutlich eher selten, auch wenn dieser Möbeltypus zurzeit anscheinend eine Wiedergeburt erlebt.[39] Vielmehr handelt es sich beim Servierwagen im privaten Wohnumfeld um ein repräsentatives Kleinmöbel. Funktional eingesetzt werden Servierwagen auch heute noch im professionellen Dienstleistungssektor wie zum Beispiel in österreichischen Kaffeehäusern sowie in Flugzeugen und Bahnen.

Anmerkungen

1 Biel 1985.
2 Kreisel 1968, 317 und Abb. 44.
3 Rumpf 1943, Abb. 52.
4 Miller 2000, 20.
5 Ehrlicher 1935, 75 ff.
6 ITRA 1959, 178.
7 md 8/1996, 40.
8 Plako 2007, 39.
9 Böth 2005, 23.
10 Miller 2000, 109.
11 Miller 2000, 56.
12 Miller 2000, 109.
13 Miller 2000, 108.
14 Schwenke 1881, 59, Taf. 51.
15 Krauth/Meyer 1902, 124/125.
16 Möbel und Zimmereinrichtungen der Gegenwart 1904/05, Nr. 10.
17 Gräff 1928, 28, Abb. 55 und 62, Abb. 102.
18 Votteler 1989, 44/45.
19 Bauhaus-Archiv 2002/03, 252.
20 Gebrüder Lohoff o. J.
21 Flemming o. J.
22 Forchheimer 1932.
23 Büttner 1996, 33.
24 Sembach/Leuthäuser/Gössel 2002, 124.
25 Armand 1939.
26 Payer 1953, 50.
27 Payer 1953, 50. Vgl. den Beitrag von Christina Heinz über die Frankfurter Küche in diesem Band.
28 Ilse o. J.
29 Voigt o. J.
30 Miller 2000, 108.
31 Votteler 1989, 50/51.
32 Miller 2000, 49 und 54/55.
33 Votteler 1989, 57.
34 modellbau und basteln 4/1965, 3.
35 Sembach 1989, 165.
36 selbst ist der Mann 9/1993, 88–92.
37 IKEA 2008, 120.
38 Garpa 2007, 184.
39 Manufactum 2009, 32.

Kisten und Umzugskartons – Hilfen für ein Leben in Bewegung

Thomas Schürmann

Die Geschichte des Wohnens ist auch eine Geschichte des Umziehens.[1] Während jedoch zum eigentlichen Wohnen unübersehbar viel veröffentlicht worden ist, sind Umzüge verhältnismäßig schlecht dokumentiert, und daran dürfte sich auch in Zukunft wenig ändern. Vielleicht ist das Umziehen, als Ausnahmefall im Vorgang des Wohnens, von zu geringer Dauer, um es in Schrift- oder Bildzeugnissen wiederzugeben. Zudem sind an Umzugstagen alle Kräfte beansprucht, so dass für umfassende Schilderungen und Bildaufnahmen wenig Zeit bleibt. Möglicherweise ist der Wohnungswechsel aber auch so sehr mit unangenehmen Gedanken behaftet, dass er weitgehend verdrängt wird. Denn es fällt doch auf, dass z. B. Urlaubsreisen im Gegensatz zu Umzügen häufig und gern beschrieben werden. Wo der Urlaub Erholung verheißt, ist der Umzug Plackerei. Überdies ist er häufig mit Verlusten verbunden. „Dreimal umgezogen ist so gut wie einmal abgebrannt", lautet ein weitverbreitetes Sprichwort.[2] Dazu birgt der Umzug die Gefahr der Unordnung, in der sich Wichtiges nicht wiederfinden lässt. So ging es schon Lessing, der 1773 einen Aufsatz nicht wiederfand und bekannte: „Ich hatte ihn bey dem Umziehen in meine gegenwärtige Wohnung verkramt."[3]

Sind schon die Umzüge spärlich dokumentiert, so gilt dies erst recht für die dafür gebrauchten Hilfsmittel. Allerdings gibt es solche Hilfsmittel, namentlich die für Umzüge gefertigten Verpackungen, in nennenswertem Umfang erst seit dem 20. Jahrhundert. Für die vorangegangenen Jahrhunderte kann die Truhe als das klassische Behältnis für Umzüge angesehen werden. Truhen, in Norddeutschland meist Kiste, Lade oder Kasten genannt, bildeten für viele Menschen, namentlich für Knechte und Mägde, den einzigen Möbelbesitz und wechselten mit der übrigen persönlichen Habe oftmals den Standort. Das klassische, für Ortswechsel geeignete Möbel ist die seit dem 17. Jahrhundert in wachsendem Maße verbreitete Koffertruhe, zu der stets auch Tragegriffe gehören. Diese Griffe erinnern daran, dass Möbel schon vom Wortsinne her mobil sind, und freilich helfen die Tragegriffe nicht nur der beabsichtigten Ortsveränderung, sondern auch der raschen Rettung des Möbels und seines Inhaltes bei Feuersgefahr.

Bis in die Zeit der Industrialisierung beherbergten eine Koffertruhe oder wenige Kisten und Koffer bei den Umzügen breiter Bevölkerungsteile den Großteil der Habe. Zwischen der Mitte des 19. Jahrhunderts und dem Ersten Weltkrieg waren es vor allem Arbeiter, die nicht nur in die Städte zogen, sondern auch innerhalb der Städte häufig die Wohnung wechselten. In den beiden Jahrzehnten vor

Abb. 1: Umzug einer Arbeiterfamilie um 1900, aus Sohnrey 1901, 39

Abb. 2: Umzug im Berliner Scheunenviertel, um 1900, Aufnahme von Heinrich Zille

dem Weltkrieg zogen Arbeiterfamilien, hauptsächlich wegen der Arbeits- und Wohnverhältnisse, innerhalb deutscher Großstädte etwa alle drei Jahre mit ihrem bescheidenen Hausrat um.[4] Diese nicht immer freiwillige Mobilität gehörte gleichsam zum Stadtbild, doch ist auch über sie von den Zeitgenossen wenig geschrieben worden. Eine Ausnahme bildet der 1916 entstandene, in der Schweiz spielende Roman „Flametti" des Schriftstellers Hugo Ball. Dort begegnet der Titelheld Bekannten, die innerhalb der Stadt ihren Wohnsitz wechseln: „Die Niedermeyers hatten Umzug heute. Auf ein Rollwägelchen hatten sie ihre Sachen gepackt; auch den Kanarienvogel. Der Mann schob. Die Frau half drücken. Die Kinder halfen auch drücken und der kleine Peter hob die Sachen auf, die vom Wagen herunterfielen."[5]

Mit der Industrialisierung erhöhte sich die Menge der vorhandenen Güter und damit auch die Zahl der Dinge, die bei einem Wohnungswechsel mitgenommen werden wollten. Und da in jener Zeit mit der fortschreitenden Spezialisierung alles zur Professionalisierung drängte, entwickelte sich auch das Umzugswesen zu einem eigenen Gewerbe. Mit der Menge der bewegten Güter wuchs der Bedarf an Verpackungsmitteln, die sich mit geringem Aufwand herstellen und transportieren ließen.

Eine wichtige Voraussetzung hierzu bildete die 1871 in New York erfundene und seit Ende des 19. Jahrhunderts auch in Deutschland hergestellte Wellpappe.[6] Seit wann die Wellpappe genutzt wurde, um speziell für Umzüge bestimmte Kartons herzustellen, lässt sich allerdings kaum ermitteln. Es sollte jedoch zumindest in Mitteleuropa bis lange nach dem Zweiten Weltkrieg dauern, bis sich Umzugskartons durchsetzten. Zunächst arbeiteten die Transportunternehmen mit hölzernen Umzugskisten; bis in die fünfziger Jahre bildeten sie die klassische Verpackungsart. Auch in gedruckten zeitgenössischen Ratgebern für die Haushaltsführung bilden Umzugskisten die Norm.[7]

Umzugskisten, so unterrichten uns die Haushaltsbücher, werden grundsätzlich von der mit dem Wohnungswechsel betrauten Spedition gestellt und nach dem Umzug wieder zurückgegeben. Wer es sich nicht leisten kann oder will, auch das Ein- und Auspacken der Kisten dem Spediteur zu übertragen, hat zunächst die Zahl der benötigten Kisten abzuschätzen. Vor allem aber geben die Bücher Empfehlungen zum Packen der Kisten. So wird eine Umzugskiste für Glas, Porzellan und andere zerbrechliche Dinge an den Seiten dick mit Zeitungspapier und unten mit Holzwolle oder Heu gepolstert. Zwischenräume zwischen den Ge-

Abb. 3: Dinge, die beim Umzug zuerst benötigt werden: eine Umzugskiste, Werkzeug, etwas Geschirr und Reinigungsmittel, aus Scheibenflug 1957, 19

Abb. 4: Umzug in Hamburg, 1949, vorn rechts drei Umzugskisten, Verschluss durch Scharniere und Überfallbügel, Foto: Germin (Gerd Mingram), Museum der Arbeit, Hamburg

Abb. 5: Umzugskiste des Unternehmens Max Herzke in Lüneburg nach jahrzehntelangem Gebrauch, Pfostenkonstruktion, Buche mit Absperrfurnier, Kanten durch Eisenbeschläge verstärkt, Höhe 56, Breite 80, Tiefe 50 cm, Fassungsvermögen ca. 171 Liter, Leergewicht 14 kg. Der an einer Längsseite eingesteckte Deckel wird mit zwei Riegeln am Korpus befestigt.

genständen werden mit zerknülltem Papier oder Holzwolle gefüllt, oben eine dicke Schicht Holzwolle aufgelegt, schließlich der Deckel aufgenagelt. Unter die Nägel gelegte Pappscheibchen erleichtern es, den Deckel vor dem Auspacken anzuheben. Textilien werden in Koffern oder in mit Papier ausgelegten Kisten transportiert. Zuvor müssen die Kisten auf herausragende Nägel untersucht werden. Eingekochtes in Gläsern wird zwischen viel Holzwolle in offene Kisten gestellt, damit sie beim Transport nicht gestürzt werden und die Träger gleich sehen, dass sie Zerbrechliches mit sich führen. Alle Kisten sollen mit Nummern oder anderen Beschriftungen, aus denen ihr Inhalt hervorgeht, versehen werden.[8]

Der von den Ratgebern beschriebene Verschluss durch Zunageln kann jedoch kaum allgemein üblich gewesen sein. Bild- und Sachzeugnisse deuten darauf hin, dass die Deckel durch Scharniere und Riegel festgehalten wurden. Dies wird vor allem dann der Fall gewesen sein, wenn Transportunternehmer auf die langjährige Verwendbarkeit ihrer Kisten und damit auch auf materialschonende wie praktische Arten des Verschlusses Wert legten.

Umzugskartons aus Pappe sind in den Haushaltsratgebern der fünfziger Jahre noch nicht erwähnt. Es deutet jedoch nichts darauf hin, dass die Verfasser veraltete Standards wiedergaben; vielmehr scheinen die Kartons noch keine bedeutende Rolle gespielt zu haben. Überdies hätte sich durch die Art der Verpackung an den Ratschlägen zum Umzug nur wenig geändert.

Bei dieser Gelegenheit erscheint ein Hinweis auf die Art der Kartons angebracht. In aller Regel sind es Verpackungen aus zweilagiger, stabiler Wellpappe. Boden und Deckel sind dergestalt geschnitten und gefalzt, dass sie zusammengesteckt und ohne Schaden wieder auseinandergefaltet werden können. Als große Standardkartons sind sie rund 37 cm hoch, 35 cm breit und 65 cm lang. Etwas kleiner sind die für Bücher und Akten bestimmten Kartons; in jüngster Zeit werden sie von Umzugsunternehmen zunehmend anstelle größerer Kartons auch für anderes Transportgut benutzt. Zu den Sonderformen des Umzugskartons gehört der zwischen 110 und 140 cm hohe und mit einer eingehängten Stange versehene Kleiderkarton.

Einige der für diesen Beitrag befragten Zeitzeugen haben bereits für die sechziger Jahre spe-

Abb. 6: Boden eines handelsüblichen Umzugskartons mit Faltanleitung, 2008

zielle, für Umzüge hergestellte Kartons in Erinnerung. Dies gilt jedoch, ebenso wie bei den hölzernen Kisten, nur für solche Umzüge, für die ein Unternehmer beauftragt wurde. Wer sich dies nicht leisten konnte oder wollte, musste sich andere Verpackungsmittel organisieren. Mitunter wurden mehr als ein halbes Jahr vor dem beabsichtigten Wohnungswechsel Kartons gesammelt. Vorausschauendes Sammeln war nicht zuletzt deshalb wichtig, weil Kartons in den sechziger Jahren grundsätzlich nicht so verbreitet waren wie um die Wende zum 21. Jahrhundert. Sie waren weniger leicht zu bekommen und wurden normalerweise auch nicht weggeworfen, wenn man sie noch gebrauchen konnte.

Am begehrtesten waren die verhältnismäßig großen und stabilen Bananenkartons und Apfelsinenkisten; für kleinere Gegenstände wurden gern auch größere Waschmittelkartons und andere Verpackungen genommen. Gesammelt wurde in erster Linie in Geschäften, doch wurden auch Freunde auf Kartons angesprochen. Wenn die nähere Bekanntschaft es erlaubte, konnte man einen Lebensmittelhändler bitten, Bananenkartons zurückzuhalten. Neben Kartons verschiedener Größe benutzte man in allen geschilderten Umzügen auch Waschkörbe und -wannen. Ein Zeitzeuge erinnert sich, dass er sich von einem Tischler Holzwolle zum Polstern geben ließ.

Erste Erinnerungen an selbst organisierte Umzüge, bei denen bereits eigentliche Umzugskartons benutzt wurden, reichen bis in die Mitte der siebziger Jahre zurück. Ein Gewährsmann war anfangs misstrauisch gegenüber diesen Kartons und vermied es, Zerbrechliches darin zu verstauen, nachdem der Boden eines Exemplars, sei es aus mangelnder Qualität, sei es durch fehlerhaftes Falten, aufgeklappt war.

Unabhängig davon, ob man mit oder ohne Unternehmer umzog, blieb die Zahl der benutzten Kartons zunächst vergleichsweise gering. So beschränkte sich eine vierköpfige Familie, die 1976 innerhalb des Landkreises Harburg umzog, auf weniger als zehn Kartons. Das begrenzende Moment waren vor allem die Kosten. Dies geht auch aus der Erinnerung an den Umzug einer vierköpfigen Familie aus dem Jahr 1981 hervor: „Die Umzugskartons waren teuer, die haben fünf Mark gekostet, egal ob man sie behalten hat oder zurückgab. Und wir hatten zwölf Stück!"

Wie die Erzählungen der Gewährsleute erkennen lassen, nimmt mit dem Alter der Umziehenden und der Größe des Haushaltes auch der Einsatz eigens für Umzüge hergestellten Materials und professioneller Umzugshelfer zu. Die ersten Wohnungswechsel fallen noch in die Bildung des eigenen oder gemeinsamen Hausstandes: Die jungen Leute haben weni-

Abb. 7: Einzug in Scheeßel (Niedersachsen), Februar/März 1952: Ein Schluck aus der Flasche war das Mindestmaß an Bewirtung, das während kleinerer Umzüge gewährt wurde

Abb. 8: Einzug in Scheeßel (Niedersachsen), Februar/März 1952: Die Aussteuermöbel werden ins Haus getragen

Abb. 9: Umzug in Scheeßel (Niedersachsen), Sommer 1954: Die Helfer standen unter Druck, weil ein Gewitter drohte und der Wagen für die Ernte gebraucht wurde

ger Geld, dafür aber mehr Körperkraft und häufig auch einen großen Bekanntenkreis, aus dem Helfer rekrutiert werden können. Dabei sind jedoch zusätzliche Rücksichten zu nehmen. Private Umzugshilfe gehört zu den sozialen Austauschbeziehungen, und grundsätzlich ist der Umziehende auch gehalten, seine Helfer zu verpflegen, und sei es nur durch das Reichen hochprozentiger Getränke. Heutzutage ist es üblich, die Helfer zum Essen einzuladen. Freilich gibt es auch bei der privaten Umzugshilfe Enttäuschungen. So berichtet ein Paar, das 1968 innerhalb der Nordheide umzog, dass sich sieben bis acht Leute zum Packen angesagt hatten, tatsächlich aber nur einer kam.

Aus der Sicht der Umzugsunternehmer gehört die mangelnde Disziplin der Helfer zu den großen Nachteilen privat organisierter Umzüge. Andere Nachteile sind fehlender Versicherungsschutz, ungeeignetes Umzugsmaterial und unsachgemäße Behandlung der beweglichen Habe. Freilich zeigen sich auch beim Verwenden der Umzugskartons unterschiedliche Grade der Professionalität. Ein Unterscheidungsmerkmal zwischen privat und vom Unternehmen gepackten Kartons ist z. B. die Lage der Teller. Im Gegensatz zu den Kunden stellen Spediteure sie grundsätzlich hochkant und kommen überdies mit deutlich weniger Packpapier aus. Vor allem aber neigen die Umziehenden dazu, die Kartons sehr schwer zu beladen, namentlich mit Büchern, so dass sich die Verpackungen nicht nur schwer heben lassen, sondern häufig auch die Grifflöcher ausreißen.

Schweres Verpacken wird indes nicht erst für die Umzugskartons, sondern auch bereits für die ältere Umzugskiste bezeugt. Ein Lüneburger Umzugsunternehmen ging daher dazu über, statt der großen Kisten kleinere hölzerne Weinkisten als Standardverpackungen zu nutzen. Hölzerne Umzugskisten behielt das Unternehmen neben den modernen Umzugskartons bis über das Jahr 2000 hinaus bei, da viele Kunden, vor allem wenn Geschirr und andere zerbrechliche Dinge transportiert wurden, auf die Stabilität der Verpackungen besonderen Wert legten.

Nach Auskunft eines schleswig-holsteinischen Umzugsunternehmers liegt die Zahl der für heutige Umzüge gebrauchten Kartons in normalen Haushalten bei etwa 40. Familien mit Kindern, bei denen auch entsprechendes

Spielzeug anfällt, benötigen oft 70 bis 90 Kartons. Einen größeren Bedarf haben Lehrer, Pastoren und Anwälte, deren private Haushalte häufig mit 150 bis 170 Kartons zu Buche schlagen. Unter den Kartons befinden sich bei Pastoren oft acht bis neun Kleiderkisten; in anderen Fällen sind dies meist zwei bis drei. Besonders groß ist die Zahl der Kartons bei Rechtsanwälten, deren Kanzleien einschließlich der Archive sich auf mindestens 500 Verpackungen verteilen. Junge Anwälte, bei denen auch die Kanzlei ein geringeres Alter hat, benötigen deutlich weniger Verpackungen. Mit meist nur zehn Kartons kommen Leute aus, die im Alter in Einrichtungen des betreuten Wohnens ziehen; sie haben bereits vor dem Umzug vieles weggegeben.

Bis in die sechziger Jahre gab es, zumindest in Norddeutschland, Umzugskartons nicht öffentlich zu kaufen. Ihr Gebrauch war an das Engagement eines Transportunternehmers gebunden. Erst allmählich wurde der Markt für private Kunden geöffnet. Der Seniorchef einer Kartonagenfabrik in Schleswig-Holstein erinnert sich, dass er um 1965 Umzugskartons in sein Programm nahm, nachdem er einen Karton erworben und in einer Stückzahl von zunächst weniger als 1000 Stück nachgebaut hatte. Diese Verpackungen waren im Wesentlichen die gleichen wie heute; inzwischen wurde aber vor allem die Griffstabilität verbessert.

Mindestens seit den neunziger Jahren und in großem Ausmaß seit Beginn des nachfolgenden Jahrzehnts sind Umzugskartons, zusammen mit anderen Umzugshilfen wie Seidenpapier, Luftpolsterfolie oder Halteverbotsschildern aus Pappe, für jedermann in Baumärkten zu kaufen. In der Falttechnik weichen diese Kartons oft von den bei den Speditionen gebrauchten ab, auch ist die Güte dieser Kartons bisweilen geringer, und Kartonagenhersteller, die auf Qualität achten, fürchten ob des Billigangebotes um Marktanteile. Einstweilen deutet jedoch nichts auf einen Einbruch des Geschäftes hin; vielmehr ist der Umzugskarton so verbreitet, dass das Hinzutreten billigerer Varianten als normale Erscheinung in einem sich auffächernden Markt angesehen werden kann. Es unterstreicht eher, dass der Umzugskarton zu einem Alltagsgegenstand geworden ist. Im Laufe weniger Jahrzehnte hat er sich so stark im alltäglichen Bewusstsein der Deutschen eingebürgert, dass er auch ohne Aufdrucke oder andere ergänzende Hinweise in seiner Art erkannt wird und symbolhaft für Übergänge schlechthin stehen kann (s. Abb. 10).

Die in Deutschland anzutreffende Allgegenwärtigkeit des gefalteten und mit Tragegriffen versehenen Umzugskartons sollte uns indes nicht zu dem Schluss verleiten, dass dieser Typ der Verpackung gleichermaßen auch in anderen Teilen der Welt verbreitet sei. Tatsächlich gibt es schon innerhalb Europas verschiedene Kartonagenkulturen. Einen Eindruck hiervon erhält, wer sich im Internet mit Hilfe einer Suchmaschine auf Bildersuche begibt und sich die Angebote der Kartonagenhändler und Transportunternehmen ansieht.[9]

So bilden im angelsächsischen Raum, sowohl in Großbritannien als auch in den Vereinigten Staaten und in Kanada, einfache Kartons ohne Grifflöcher die Regel. Boden und Oberseite bestehen aus einfachen Verlängerungen der Seitenwände; sie werden in der Mitte in Längsrichtung durch einen Streifen Klebeband zusammengehalten. Daher gehören Klebeband und Abroller zum Standardangebot der auf Umzugsmittel spezialisierten Firmen. Derartige Umzugskartons gibt es in allen Größen. Sie alle müssen beim Tragen an der Unterseite angefasst werden. Faltkartons mit Grifflöchern, die den mitteleuropäischen Umzugskartons entsprechen, scheinen jedoch zumindest in den USA für Aktenordner üblich zu sein und bilden als *office moving cartons* eine spezielle Variante.[10]

Auch in Frankreich werden für Umzüge normalerweise einfache Kartons zum Kleben verwendet; gelegentlich haben die Kartons Grifflöcher. Noch ausgeprägter ist die Beschränkung auf die einfachen Typen in Italien. Dort fiel im Jahr 2007 dem Schriftsteller Ingo Schulze, der sich als Stipendiat in der Villa Massimo zu Rom aufhielt, das Fehlen der ihm gewohnten Verpackungen auf: „Übrigens", bemerkt er, „mal ganz unter uns, wenn ich Ihnen einen Tipp geben darf: deutsche Umzugskartons, die sich falten lassen und Grifföffnungen haben, also ohne Klebeband halten, wäre das Geschäft in Italien, man glaubt es nicht, aber so was kennen die nicht."[11]

Im östlichen Europa scheint die Verbreitung des Faltkartons mit der Entfernung vom Westen des Kontinents abzunehmen. So überwiegen in Polen die einfachen Klebekartons, doch werden auch Faltkartons mit Grifflöchern angeboten. In Russland sind Klebekartons ohne Grifflöcher in noch eindeutigerem Maße der Regelfall. Allerdings werden auch, ebenso wie in den USA, für Aktentransporte Kartons mit Tragegriffen angeboten. Gelegentlich gibt es auch, ähnlich wie in Frankreich, Klebekartons mit Aussparungen zum Hineingreifen.

Gemischt erscheinen die Verhältnisse im nördlichen und nordwestlichen Kontinentaleuropa. So werden in den Niederlanden sowohl einfache Klebekartons ohne Griffe als auch Faltkartons mit Grifflöchern angeboten. In Skandinavien gibt es ebenfalls beide Varianten, doch überwiegen die gefalteten Typen mit Grifflöchern deutlich. Selten sind einfache Klebekartons in Finnland. Dort dominiert eindeutig der Faltkarton mit Tragegriffen. Neben ihm gibt es jedoch, mit dem gleichen Ausdruck wie der Umzugskarton bezeichnet, rechteckige, zum Stapeln eingerichtete Kunststoffwannen mit Tragegriffen.

Über die Ursachen der unterschiedlichen europäischen Kartonagenkulturen lassen sich nur Spekulationen anstellen. So könnten sich die Verschiedenheiten mit nationalen Stereotypen in Verbindung bringen lassen. Denn unabhängig davon, aus welchen Ländern die Erfinder des klassischen Umzugskartons stammen: Der Gedanke, sehr ausgefeilte und schon an Ingenieurskunst gemahnende Faltsysteme auf Pappkartons anzuwenden, um ihnen ein Maximum an Dauer und Leistungsfähigkeit zu verleihen, lässt auf ein sehr gründliches Vorgehen und damit auf eine Eigenschaft schließen, die als deutsche Gründlichkeit lange Zeit gerühmt wurde,[12] nach dem Zweiten Weltkrieg jedoch zusehends in Verruf geriet. Freilich wäre diese Gründlichkeit, wenn man sie denn an der Art der Umzugskartons ausmachen wollte, eine Eigenschaft nicht nur der Mittel-, sondern auch der Nordeuropäer.

Abb. 10: Umzugskartons als Symbole für Wechselsituationen des Lebens: Titelblatt einer Publikumszeitschrift, Dezember 2008

Ein anderer denkbarer Grund liegt in den Konzepten der Marktwirtschaft: Die systemgefalteten und meist kräftigeren Kartons sind von vornherein auf Wiederverwendung angelegt. Sofern der Kunde sie nicht leiht, erwirbt er sie zwar teurer, kann sie nach dem Umzug aber mit einem Erlös wieder abgeben oder aber zu Hause verwahren. Daher könnte man sie mit einer größeren Geltung nachhaltigen Wirtschaftens in Verbindung bringen. Dagegen entsprechen die billiger herzustellenden und auf geringere Dauer angelegten Kartonagen einem weniger gezügelten Kapitalismus, in dem finanzielle Vorteile möglichst bald verwirklicht werden sollen.

Zumindest in Deutschland dürfte nicht zuletzt die Bindung der Kartons an die Transportunternehmen maßgebend für die stabile und dauerhafte Konstruktion gewesen sein: Die Spediteure, die die Kartons ebenso wie vorher die Umzugskisten zunächst exklusiv benutzten, wollten sie möglichst oftmals wiederverwenden. Mit Klebekartons konnten und können sie nichts anfangen. Dagegen fächerte sich das Qualitätsspektrum der Kartons stärker auf, als der Markt später auch für private Verbraucher geöffnet wurde.

Unabhängig von der Frage nach den verschiedenen Kartonagenkulturen steht der Umzugskarton nicht nur für Mobilität; er gemahnt auch an das Verhältnis zwischen Wechsel und Dauer. Dies sieht man vor allem dort, wo in Kellern, auf Böden oder auch in Museumsdepots verschiedenste Dinge über Jahre hinweg in Umzugskartons gelagert werden. Durch die ursprünglich nicht beabsichtigte Dauerhaftigkeit des Standortes werden die Kartons gleichsam zu Möbeln. Da Umzugskartons das Bestreben verkörpern, der Pappe neben ihren Vorteilen der Leichtigkeit, der geringen Kosten und des geringen Platzbedarfs auch die Stabilität der alten hölzernen Kiste zu geben, ist eine solche Verwendung nur folgerichtig und gehört zur Dialektik des Gegenstandes.

Anmerkungen

1 Für Hinweise und Zeitzeugenberichte zum Thema danke ich Roland Ahrendt, Lüneburg; Theda Boerma-Pahl, Buchholz i. d. Nordheide; Tim Dunker, Rosengarten-Ehestorf; Heino und Susanne Gladen, Itzehoe; Gertrud und Christine Götze, Scheeßel; Gerhard Gohr, Max Herzke Spedition und Möbeltransport, Lüneburg; Maria Junker, Lichtenau-Atteln (Westf.); Marion Junker, Lüneburg; Firma Werner Kürsten, Hamburg; Karlheinz Freitag, Firma Clausen-Kartonagen, Tornesch; Henrich und Wichmuth Schäfer, Hannover sowie Hans-Joachim und Jutta Schmidt, Rosengarten-Neu Eckel.

2 Wander 4 (1876), 1420, mit Parallelen aus dem Englischen, Französischen und Dänischen. Ebd. 1 (1867), 118.

3 Lessing 1825, 192 (aus Wolfenbüttel, an seinen Bruder Karl Gotthelf Lessing, 3. August 1773); s. auch Grimm 11, 2 (1936), 1289.

4 Tabellen zur Umzugsfrequenz für Berlin, Hamburg, Breslau, Halle/S. und Königsberg bei Langewiesche 1977, 11; eingehend zur innerstädtischen Mobilität in Hamburg s. Wischermann 1983, 224–234.

5 Ball 1918, 37 f., Neuausg. 2005.

6 Fürst 1973, 207 f.

7 Empfehlungen zu Umzügen bei Scheibenflug 1957, 15–20, und Oheim 1959, 459–462. In einem Wohnungsratgeber aus der DDR bildet die von der Umzugsfirma gelieferte Kiste noch in den siebziger Jahren die Norm: Hirte/Soll 1973, 125.

8 Scheibenflug 1957, 18 f., Oheim 1959, 460 f.

9 Folgendes nach Recherchen mit Hilfe der Suchmaschine Google zu engl. moving carton, franz. carton de déménagement, ital. scatoloni da trasloco, niederländ. verhuisdoos, dän. und norweg. flyttekasse, schwed. flyttkartong, finn. muuttolaatikko, poln. karton przepowadzkowy, russ. korob und pereezd (6.12.2008).

10 So z. B. bei besterbros.com oder officemovers.com (6.12.2008).

11 Schulze 2007, 81.

12 Belege aus der Literatur bei Grimm 1854–1960, 4, 1, 6 (1935), 861.

Küche in Bewegung – Die Frankfurter Küche als Ergebnis der Haushaltsrationalisierung

Christina Heinz

Bewegung in der Küche – in den 20er Jahren des vergangenen Jahrhunderts war sie für die Planer und Architekten des Neuen Bauens einer der Dreh- und Angelpunkte ihrer Beschäftigung. Ausgehend von der Problematik der Wohnungssituation in den Großstädten entwickelten sie Kleinstwohnungen für Arbeiterhaushalte, die als Bestandteil der großen städtischen Siedlungspläne dem Wohnungselend sowohl quantitativ wie qualitativ entgegenwirken sollten.

Für den aufkommenden Massenwohnungsbau und die Entstehung neuer Siedlungen in Frankfurt am Main waren die Entwürfe der österreichischen Architektin Margarete Schütte-Lihotzky maßgebend.[1] Die von ihr bis ins Detail nach Gesichtspunkten der Rationalisierung entwickelte Einbauküche wurde tausendfach gebaut – und als „Frankfurter Küche" weltberühmt.

Lihotzky entwickelte ihr Konzept nach Theorien des Taylorismus, indem sie versuchte, alle Bewegungen in der Küche auf ein Minimum zu reduzieren und in ihrem Ablauf zu optimieren. Unter Ernst May als Siedlungsdezernent der Stadt Frankfurt wurden zwischen 1926 und 1930 verschiedene Formen der von ihr entwickelten Kleinstküchen mit vielen damals innovativen Ausstattungselementen zum ersten Mal seriell gefertigt und eingebaut.

Somit setzte sich – zumindest auf der planerischen Ebene – auch in Arbeiterwohnungen die Trennung der Räume nach ihren Funktionen durch. Deren übliche Überlagerung wurde gerade bei den verbreiteten Wohnküchen als problematisch erachtet. Die sogenannte Frankfurter Küche lebt als „Mutter der Einbauküchen" bis in die heutige Zeit fort, in der es schon längst wieder einen Trend zur offenen Küche gibt. Bewegung, Platz und Raum sind wieder

Abb. 1: Gesamtaufnahme der Frankfurter Küche 1927

erlaubt und gewünscht, dennoch sind die variablen Einbauteile, seriell gefertigt, aus kaum einer Küche wegzudenken. Eine Neuaufnahme alter Konzepte stellen Elemente der Frankfurter Küche bei IKEA dar. Ausziehbare Bügelbretter und Schütten aus Glas werden als neue und modische Komponenten der heutigen Küchen angeboten. Am Beispiel der Frankfurter Küche und ihrer vielfachen, wechselhaften, aber in jedem Fall wegweisenden Bedeutung, lassen sich die Veränderungen in einem zentralen Bereich des Wohnens über ein ganzes Jahrhundert exemplarisch nachvollziehen.

Von der Wohnküche zur Einbauküche – Lebenssituationen in der Weimarer Republik

„Dringendste und größte Bauaufgabe unserer Zeit ist es, die vielen Wohnungen zu schaffen, die den minder bemittelten Schichten unseres Volkes fehlen. Das Wohnbauproblem ist das kulturelle Kernproblem unserer Zeit", schreibt der Architekt und Möbeldesigner Franz Schuster 1927 über die Kleinstwohnung.[2] Die Industrialisierung führte nicht nur zu einer ökonomischen Veränderung der Gesellschaft, sondern bedingte auch eine radikale soziale Neuschichtung, zu welcher auch die Auflösung der traditionellen Hauswirtschaft zählt. Die vermehrte Abwanderung in die Städte und das dort verbreitete System von Untervermietung sowie Schlaf- und Bettgängertum waren Ausdruck dieser Veränderungen, die die Gesellschaft vor enorme Herausforderungen stellten. Vielen Menschen war es nicht möglich, einen eigenen Haushalt zu führen. Besonders in den „Mietskasernen" genannten großen Wohnanlagen der städtischen Arbeiterviertel waren Wohnungen überbelegt und die hygienischen Verhältnisse bedenklich. Die Zunahme der Arbeitslosigkeit und die Verelendung breiter Bevölkerungsschichten verstärkten die prekäre Wohnsituation, welche von der Politik als Gefahr für die Gesundheit der Bevölkerung, als Ursache für zunehmende Kriminalität, aber auch als Bedrohung tradierter Formen des Zusammenlebens und erwünschter Familienkonzepte gesehen wurde.

Nach dem Ersten Weltkrieg verschlimmerte sich die Wohnungsknappheit durch das Stillstehen der Bautätigkeiten bei gleichzeitigem Zuzug in die Städte. So fehlten in den 20er Jahren etwa 800 000 Wohnungen[3], insbesondere Klein- und Kleinstwohnungen. Hinzu kam, dass selbst vorhandener Wohnraum für die wohnungslosen Bevölkerungsgruppen nicht bezahlbar war. Somit stand bei allen neuen Bauprojekten der Siedlungsplanung die Finanzierbarkeit der Wohnungen gerade für arbeitslose oder gering verdienende Menschen im Vordergrund.

Auch in den Haushalten selbst gab es weitreichende Veränderungen. Während die Doppelbelastung der Frau durch Erwerbsarbeit und Führung des Haushalts für Arbeiterfamilien nichts Neues war, sahen sich nun auch Frauen aus der Mittelschicht und dem Bürgertum gezwungen, durch eigene Berufstätigkeit zum Überleben der Familie beizutragen. Oder sie mussten, da das Personal in Fabriken abwanderte, die anfallende Hausarbeit ohne Mithilfe von Hausangestellten erledigen.

Die geschilderten Veränderungen wurden von gesellschaftlichen Interessensgruppen wie Parteien oder Frauenverbänden wahrgenommen, die unterschiedliche Aspekte der Problemlage thematisierten und nach Lösungen für die Aufgaben suchten, die ihnen als die wichtigsten erschienen.[4] Dies führte zu einer Konzentration auf die Wohnform, das Familienbild und die Ernährungslage der Familie. Im Vordergrund stand ohne Zweifel die Auseinandersetzung mit der Haushaltsführung und der Rolle der Frau in diesem Kontext. Zur Lösung der allgemein als verbesserungsbedürftig erachteten Lage im Haushalt wurden vermehrt Ideen

der Rationalisierung und des Funktionalismus in die Planungen miteinbezogen.
„Wohnreformer, Sozialhygieniker, Architekten, Stadtbauräte und andere waren davon überzeugt, das Verhalten der Menschen steuern und zum Besseren hin verändern zu können", beschreibt Fuhrmann treffend.[5] Davon überzeugt, mit einer Art „Menschenökonomie" die gesellschaftliche Rationalisierung auch zum nationalen Aufbau nutzen zu können, widmete man sich konsequent verschiedenen Lebensbereichen, die es umzugestalten galt.

Der Lösungsansatz: Rationalisierung der Hausarbeit

Den Problemlagen der (Doppel-) Belastung der Frau versuchte man mit Arbeitserleichterung durch die Optimierung von Arbeitsabläufen beizukommen. Von passgenau geplanten und ausgeführten Abläufen versprach man sich Arbeitserleichterung und Zeitersparnis. Besonders Wegstrecken beim Verrichten bestimmter Tätigkeiten und Bewegungsabläufe im Allgemeinen standen im Vordergrund. Bezogen auf die Umstrukturierung der Arbeitsplätze und Abläufe durch die Industrialisierung sollten auch alle Hausarbeiten durch effektiven Einsatz von Technik und Material, Geld, Zeit und Kraft rationalisiert werden. Der Haushalt wurde als Arbeitsplatz betrachtet.[6]
Ausgangspunkt für die Überlegungen war der in den USA entstandene Taylorismus. Frederick Taylor entwickelte mit der wissenschaftlichen Betriebsführung ein System, mit dessen Hilfe die real vorhandenen Kapazitäten der Fabriken und das Leistungspotential der Arbeiter optimal genutzt werden sollten. Dazu diente die Aufteilung eines Produktionsvorganges in kleinstmögliche einzelne Arbeitsschritte. Die Schritte wurden genau festgelegt, kontrolliert und gesteuert. Danach reihte man die einzelnen Vorgänge aneinander, so dass das Produkt mit dem geringsten zeitlichen und körperlichen Aufwand hergestellt werden konnte.[7]
Die Prinzipien Taylors wurden von Christiane Frederick konsequent auf den privaten Haushalt übertragen. Sie erstellte eine genaue betriebswirtschaftliche Analyse der Abläufe im Haushalt, aufgrund derer sie eine optimale Anordnung der Gegenstände betreffend des Arbeitsablaufes aufstellte.[8] In den theoretischen Abhandlungen setzten sich folglich langsam die Vorzüge der Arbeitsküche gegen die Wohnküche durch, was die Umsetzung der Rationalisierungsbestrebungen und der arbeitsökonomischen Abläufe erst ermöglichte.
Fredericks Ergebnisse waren auch Grundlage für die Küchenentwürfe Lihotzkys. Seit sie 1923 „Die rationale Haushaltsführung" von Frederick gelesen hatte, beschäftigte sie sich mit der Frage, wie man durch den richtigen Wohnungsbau den Menschen die Hausarbeit erleichtern könne.[9]
Die soziale Rationalisierung der Menschen durch Erziehung zum „richtigen" Wohnen wurde auch in Frankfurt von einer Architekten-Avantgarde vollzogen. Klare Trennung von Arbeiten und Wohnen sowie festgelegte Grundrisse und Raumausstattungen, die das Wohnen von allem Überflüssigen befreien sollten, hielten bereits in den 1920er Jahren Einzug in die Wohnungsplanung. Die strikten finanziellen Beschränkungen im Massenwohnungsbau der Zeit hatten Einfluss auf Gestaltung und Materialwahl sowie auf die Nutzungszuweisung der Räume selbst. In den Klein- und Kleinstwohnungen im Frankfurt der Weimarer Republik wurden so etwa Küche und Bad neben- oder übereinander angeordnet, um den nötigen Anschluss mit fließend warmem und kaltem Wasser einfach führen zu können. Die durchgängig normierten Wohneinheiten der 1920er Jahre wurden nach dem Zweiten Weltkrieg zur Grundlage des sozialen Wohnungsbaus.
Die Thematik der Verbesserung der Wohnsituation der städtischen Arbeiter war Margarete

Abb. 2: Margarete Lihotzky als junge Architektin 1927

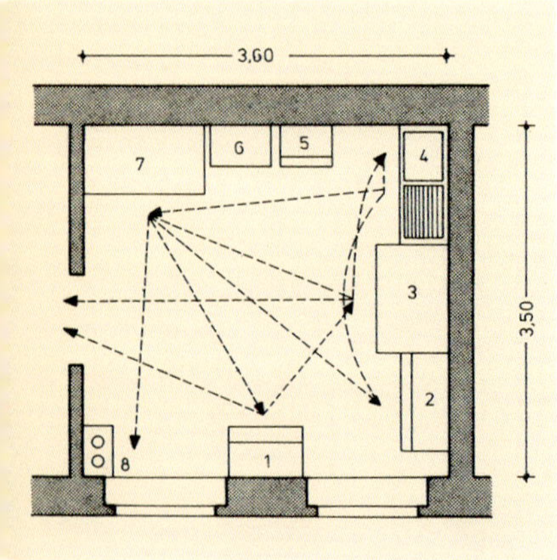

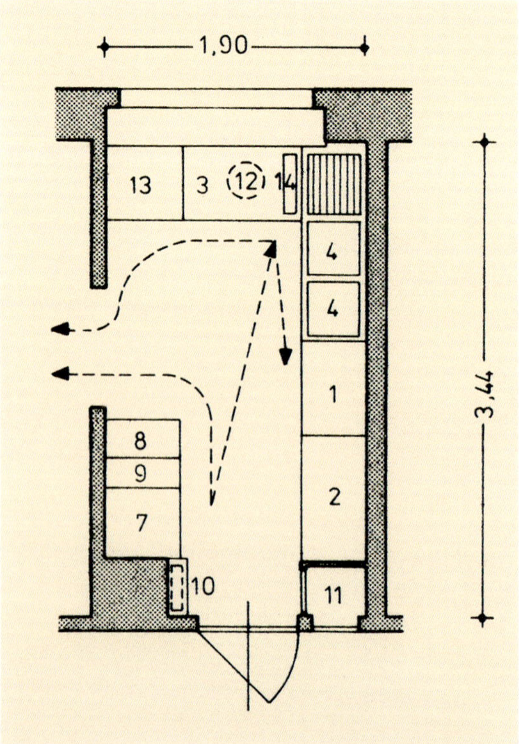

Abb. 3: Schrittfolgestudien Lihotzkys für eine (fiktive) Wohnküche

Abb. 4: Wegstrecken in der Frankfurter Küche

Abb. 5: Mitropa-Speisewagen, Herdseite

Lihotzky vertraut. In Wien, das eine ähnliche Wohnsituation aufwies wie viele deutsche Städte, hatte sie an Projekten zur Schaffung modernen, funktionalen und bezahlbaren Wohnraums mitgewirkt.[10] 1925 wurde sie von Ernst May nach Frankfurt geholt.[11] Hier umfasste die geplante Stadterweiterung große Siedlungsprojekte, die von den Reformideen der Sozial- und Wohnungspolitik beeinflusst waren.[12] Im Rahmen der Siedlungsplanung und Strukturveränderungen durch Neubauten war es unter anderem Lihotzkys Aufgabe, ein Küchenkonzept zu erstellen, das den genannten Anforderungen gerecht wurde. Dazu gehörten die schon erwähnten finanziell bedingten Vorgaben bezüglich Gestaltung und Materialwahl. Sie bezogen sich auf die Wohnfläche und damit auch auf die der einzelnen Räume sowie den Zwang zum kostengünstigen effizienten Bauen durch die Auswahl der Materialien.

Lihotzky ging das Problem konsequent strategisch an. In einer Vergleichsstudie hatte sie ermittelt, dass die Schrittfolgen und Wegstrecken für die Erledigung küchenspezifischer Aufgaben aufgrund der nicht rationalen Kriterien folgenden Aufstellung der Möbel und des Grundrisses in einer Wohnküche unverhältnismäßig kompliziert und lang sind. Über die Modellierung einer fiktiven Küche kam sie zu der Erkenntnis, dass eine funktionale Küche konstruiert werden kann, in der alle Positionen mit ein bis zwei Schritten erreichbar sind. „Wir müssen erkennen, daß es für jede Arbeit einen besten und einfachsten Weg geben muß, der daher auch der am wenigsten ermüdende ist."[13] Der Weg von der Küche bis zum Esstisch im Wohnzimmer sollte nicht mehr als drei Meter betragen.[14] Zudem bedurfte es ihren Studien zufolge einer genau überlegten Anordnung der einzelnen Komponenten, so dass ein Arbeitsvorgang vom ersten Handgriff bis zum letzten Schritt in der effizientesten Weise vollzogen werden konnte. Ihr Vorbild waren unter anderem die Mitropa-Eisenbahnküchen, die mit einem Grundriss von nur 2 m², der lediglich zwei Personen Platz zum Arbeiten bot, in kurzer Zeit die Verpflegung vieler Menschen gewährleisten konnten.

Das Ergebnis: Die Frankfurter Küche – Konzept auf 6 m²

Die Untersuchungen führten zu einem Konzept für Ausstattung und Gestaltung der Arbeitsküche, das zugleich auch ein Raumkonzept war. Damit schloss Lihotzky eine Lücke in der Küchenplanung. Größe und Form des Raums, dem die Funktion der Küche zugewiesen wurde, wurden im Hinblick auf die beste Verwirklichung der Rationalisierungskonzepte ausgewählt. Zur optimalen Koordinierung der Abläufe beim Verrichten der Küchenarbeit wurden Schrittfolge und Kraftaufwand untersucht und nach diesen Ergebnissen die einzelnen Elemente der Küchenausstattung so angeordnet, dass der gewünschte Rationalisierungseffekt in den Bewegungsabläufen eintreten konnte. Dies setzte natürlich voraus, dass sich die in der Küche arbeitende Person auch gemäß den ermittelten Vorgaben bezüglich der Abläufe verhielt.[15] Der Grundriss der Küche wurde genau auf die Ergebnisse abgestimmt, so dass eine längliche, schmale Küchenform entstand, die Platz für die Arbeit einer Person bot.

Es entstanden mehrere Küchentypen, abgestimmt auf die Form des jeweiligen Hauses, die Grundrisse und die angenommene finanzielle Situation des einziehenden Familientyps. Die Küchen weichen in Details der Anordnung und in der Größe voneinander ab, so dass es keinen eigentlichen Prototyp gibt.

Typisch und einmalig an sich ist das Konzept, das hinter den Planungen Lihotzkys steht. Der in der Literatur oft zitierte Grundriss der „Normalküche rechts ohne Haushaltshilfe für Stockwerkswohnungen“, auf den sich die folgenden Angaben beziehen, hatte eine Grundfläche von ca. 6,5 m² bei etwa 1,86 m x 3,44 m.[16]

Grundsätzlich sieht das Konzept keinen ungenutzten, freien Platz vor. Jeder Winkel wurde verplant und einer Funktion zugewiesen. Die beiden Schmalseiten wurden von Fenster, beziehungsweise Tür dominiert, auf den Langseiten waren die eingebauten Möbel nach ihrer Eingliederung in den Arbeitsablauf angeordnet. Dabei bildeten auf einer Langseite Heizkörper, Herd mit Rauchabzug, die eventuell vorhandene Kochkiste und das Gewürzregal eine Einheit. Eine Schiebetür schloss den Raum an das Wohnzimmer an. Die Fensterseite war neben dem belüfteten Speiseschrank mit einer den Rest der Breite einnehmenden Arbeitsfläche versehen, in welche ein Abfallbehälter eingelassen wurde. Der Raum unter der Arbeitsfläche war ausgespart, so dass man die Arbeiten sitzend vornehmen konnte. Das Fenster befand sich an etwas erhöhter Stelle, um es auch bei vollgestellter Arbeitsfläche öffnen zu können. Auf der Langseite war kurz vor dem Speiseschrank ein Bügelbrett befestigt, das parallel zur Fensterseite heruntergeklappt werden

Abb. 6: Grundriss der Normalküche rechts ohne Haushaltshilfe für Stockwerkswohnungen mit Bezeichnung der Einzelkomponenten

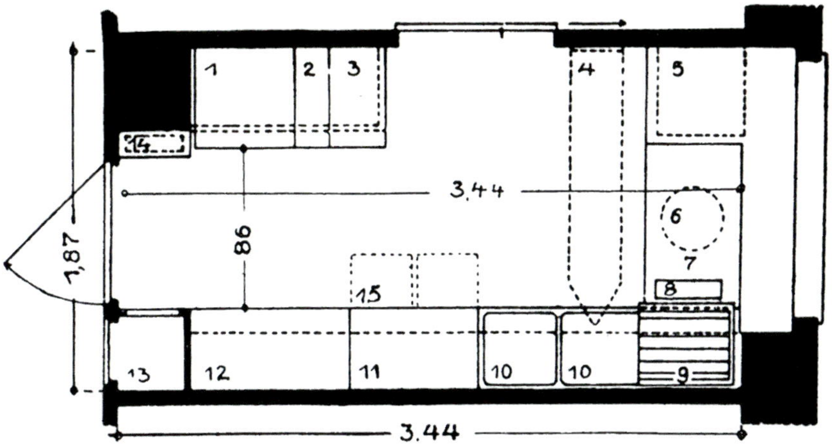

1 Herd
2 Abstellplatte
3 Kochkiste
4 Klappbares Plättbrett
5 Speiseschrank
6 Drehstuhl
7 Tisch
8 Abfalleinwurf
9 Abtropfbrett
10 Spülbecken
11 Vorratsschubladen
12 Topfschrank
13 Müll- und Besenschrank
14 Heizkörper
15 Herausziehbare Abstellplatten
16 Verglaster Geschirrschrank
17 Tellergestell
18 Müll und Besenschrank

Abb. 7: Belüfteter Speiseschrank an der Fensterseite, Frankfurter Küche aus der Ketteler Allee 67, Frankfurt 2002

Abb. 8: Heruntergeklapptes Bügelbrett vor der Fensterseite, Frankfurter Küche aus der Ketteler Allee 67, Frankfurt 2002

Abb. 9: Ansicht der Spülenseite, Frankfurter Küche aus der Ketteler Allee 67, Frankfurt 2002

konnte. Auf der zweiten Langseite folgten als funktionelle Einheit Abtropffläche, Tellergestell, eine zweiteilige Spüle, die bekannten Schütten zur Lebensmittelaufbewahrung sowie weitere Schränke und Schubladen. Spüle und Abtropfvorrichtung waren so angeordnet, dass der Abwaschvorgang reibungslos möglich war, ohne die Hände zwischen dem Abwaschen und dem Ablegen überkreuzen zu müssen.[17] Die Oberschränke waren aus Gründen der einfachen Handhabung mit Schiebetüren versehen. Sie hatten keine Rückwände und diejenigen für die Aufbewahrung der Töpfe statt durchgehender Einlegeböden ein Holzgitter, das die Möglichkeit zum Nachtrocknen bot. Die Schütten aus Aluminium verfügten über ergonomisch konzipierte Griffe und waren bereits bestimmten Lebensmitteln zugewiesen. Alle stehenden Elemente waren auf einem etwa zehn Zentimeter hohen, zurückversetzten Sockel montiert, der ohne weitere Kanten mit dem Fußboden abschloss, was der einfacheren Reinigung dienen sollte. Die Höhe der Möbel entsprach der Größe einer zur damaligen Zeit durchschnittlich großen Frau, was die geschlechtsspezifische Zuordnung auch in der arbeitstechnischen Umsetzung zum Ausdruck brachte. Es gab weiterhin eine an Schienen angebrachte Lampe, die auf den jeweiligen Arbeitsort fokussiert werden konnte.

Diese Beispiele verdeutlichen, dass die Rationalisierungskonzepte nicht nur Grundriss und Arbeitsablauf, sondern alle Details der Küchenausstattung betrafen und somit ganzheitlich waren. Die Arbeitsküche hatte einen Laborcharakter, in ihr sollte ausschließlich die nötige Arbeit verrichtet werden. Die Anwesenheit anderer Personen, ob zur Mithilfe oder zum Verweilen, war in dieser kleinsten Variante der Frankfurter Küche ausdrücklich nicht vorgesehen. Damit wurde durch die geringe Größe der Küche das zuvor verbreitete Wohnen in diesem Raum konsequent unterbunden. Obwohl das Konzept aus heutiger Sicht diesen Anschein haben kann, sollte die Frau nicht in die Küche verbannt werden. Die Schiebetür, die Küche und angeschlossenen Wohnraum miteinander verband, sollte die Kommunikation der Familie erleichtern und es ermöglichen, während des Kochens die Kinder zu beaufsichtigen.

Dennoch zielte die Kritik am Konzept der Frankfurter Küche gerade auf diese erneute, geschlechterspezifische Rollenzuschreibung, die die Aufgaben der Frau weiter eindeutig festlegte.[18]

Die Frankfurter Küche wurde ab 1926 in den einzelnen Frankfurter Siedlungsprojekten vielfach umgesetzt.[19] Bis die Wirtschaftskrise stärker um sich griff und May und Lihotzky 1930 Frankfurt verließen, wurden ca. 10 000 Wohnungen mit Typen der Frankfurter Küche ausgestattet. Durch die große Stückzahl und die durch die Standardisierung mögliche Vorproduktion vieler Teile konnten die relativ hohen Kosten der Produktion gesenkt werden. Die Angaben hierzu sind in der Literatur nicht eindeutig, je nach Ausführung soll der Preis zwischen 230 und 500 Reichsmark gelegen haben, was anteilig auf die Baukosten und die Mieten umgelegt wurde. Diese lagen für die in die Neubauten einziehenden Mieter im Vergleich zu den Altbauten um 2–3 Reichsmark höher. Ab 1927 warb man auch auf den großen Bauausstellungen für das neue Küchenkonzept. Zu nennen sind die Sonderausstellung der Stadt Frankfurt „Die neue Wohnung und ihr Innenausbau" und die Werkbundausstellung in Stuttgart. So zeigte etwa die Sonderschau des Frankfurter Hausfrauenvereins „Der neuzeitliche Haushalt", die an die Großausstellung der Stadt „Die neue Wohnung und ihr Innenausbau" angeschlossen war, fünf Küchentypen Lihotzkys.[20]

Leben mit der Küche – Einbauküche, Anbauküche, offene Küche

Durch den Massenwohnungsbau setzte sich – zumindest auf der planerischen Ebene – auch in Arbeiterwohnungen die Trennung der Räume nach ihren Funktionen durch.

Allerdings dauerte es noch einige Zeit, bis die Einbauküche flächendeckend Einzug hielt. Die vom Neuen Bauen zurückgewiesenen wuchtigen Möbel, wie etwa die Wohnküchenschränke, erfreuten sich auch weiterhin großer Beliebtheit und schienen dem allgemeinen Käufergeschmack eher zu entsprechen. Sie wurden industriell gefertigt, täuschten mit ihren Dekoren und Zierleisten handwerkliche Arbeit und Echtholz vor. Die Wohnschränke des „Gelsenkirchener Barocks" galten als Prestigestück bürgerlichen Antlitzes.[21] In den meisten Küchen herrschten bis in die 50er und 60er Jahre traditionelle Einzelmöbel vor. Die Möbelindustrie nahm den Stil der Vorkriegszeit wieder auf, die moderne Linie der klaren Formgebung und Funktionalität, wie sie von der Hochschule für Gestaltung in Ulm verfolgt wurde, setzte sich in der Bevölkerung nicht durch.[22] Besonders deutlich zeigte sich das in den späten 40er und frühen 50er Jahren. Während 1950 noch meist moderne Möbel ausgestellt wurden, überwogen ab dem Einsetzen des Wirtschaftswunders wieder Gegenstände, die sich an den ästhetischen Vorstellungen der breiten Masse orientierten.

Abb. 10: Topfschrank mit Holzgittern anstelle durchgezogener Einlegeböden, Frankfurter Küche aus der Ketteler Allee 67, Frankfurt 2002

Nach dem Zweiten Weltkrieg griff vor allem der staatlich geförderte Wohnungsbau auf die typologisierte und normierte Wohneinheit zurück, wobei man Küchenkonzepte aus Schweden und den USA verwirklichte, die sich jedoch selbst aus der Frankfurter Küche entwickelt hatten. Schon 1930 zeigte eine Stockholmer Ausstellung das Modell Lihotzkys, doch variierten die Weiterentwicklungen den strengen technischen Bauhausstil.

Die immobile Küche war und blieb Bestandteil dieser Wohnungen, so dass die Grundsätze der Rationalisierung und des Neuen Bauens hier ihre größte Verbreitung und Verwirklichung erfuhren und die Einbauküche zum Massenprodukt wurde. Aber auch in vielen Privathaushalten außerhalb des sozialen

Abb. 11: Moderne Küchen für jeden Haushalt, Verkaufsprospekt der Firma Bax um 1960 (siehe auch Abbildungen unten)

Wohnungsbaus setzten sich Einbauküchen ab den späten 60er Jahren durch und wurden von Architekten und Küchenherstellern als einzig wahre Küchengestaltung proklamiert. Ebenfalls in die neue Küche integriert wurden elektrische Haushaltsgeräte wie Kühlschrank, Waschmaschine, Elektroherd und viele kleine Geräte. Während die Frankfurter Küche sich allein auf das Zubereiten der Mahlzeiten beschränkte, nahm man durch das Aufkommen der Elektrogeräte immer mehr Funktionen in den Küchenraum mit auf, für die es früher eigene Plätze, wie die Spülküche, die Speisekammer oder den Hof, gegeben hatte. Damit war es möglich, den Platzbedarf für das Verrichten von hauswirtschaftlichen Tätigkeiten immer weiter zu verringern.[23] Die Firma Poggenpohl, die schon 1928 eine „Reformküche" realisierte, brachte 1950 die erste Einbauküche nach dem Zweiten Weltkrieg in der BRD auf den Weg. 1968 verfügten etwa 30 bis 40 Prozent der Haushalte über eine Einbauküche.[24] 1995 waren es nach Silbermann schon 50 Prozent in Westdeutschland.[25] Welche Größe die Küche jeweils hat, variierte in den 90er Jahren stark nach der Art der Wohnverhältnisse. So befinden sich in Mietwohnungen hauptsächlich die kleinsten Küchen mit bis zu 5 m^2 (69 %). Diese Zahl nimmt mit der Küchengröße weiter ab, so dass sich in Mietwohnungen nur noch 29 % der Küchen mit mehr als 15 m^2 befinden. In Eigentumshäusern sind es 52 % der Küchen mit mehr als 15 m^2.[26] Insgesamt blieb aber der Trend zur Minimalküche lange Zeit bestehen, die Grundrisse wie auch die DIN-Werte hielten sich an dieses Konzept.[27]

Was vor allen anderen Merkmalen der Einbauküche zum entscheidenden Element wurde, war der Punkt, dass man auf kleinstem Raum eine voll ausgestattete Küche unterbringen

konnte,[28] wie dies bereits im Konzept von Lihotzky der Fall gewesen war.
In den 70er Jahren kam vermehrt Kritik an den Einbauküchen auf. Sie bezog sich besonders auf Widersprüche zwischen der angeblichen Rationalisierung und der Realität des Küchenalltags. Schon die Architekten des Neuen Bauens hatten viel Energie darauf verwendet, die Bevölkerung von der Praktikabilität ihrer Laborküche zu überzeugen. Denn längst nicht alle waren von dem unwohnlichen, kühlen Charakter der Frankfurter Küche angetan.[29] In der Benutzung dieses Raumes in den Frankfurter Siedlungen wurde entgegen des eigentlichen Konzepts dennoch versucht, mit Tisch und Stuhl das Wohnen in der Küche möglich zu machen. Auch in Bezug auf die Einbauküchen der Nachkriegszeit regte sich ähnlicher Widerstand. „Seit der Frankfurter Küche ist im Grundsätzlichen nichts Neues mehr gedacht worden", schrieb Aicher 1982 im Vorwort seiner kritischen Schrift zum Umgang der Deutschen mit ihren Küchen.[30] Nachdem in der ersten Zeit die Küchen überwiegend in Weiß gehalten waren, setzten sich als erste Reaktion auf die Kritik mehr Farbigkeit sowie das Nachempfinden von Dekoren durch. Während die Funktionalität in den Einbauküchen der späteren Zeit erhalten blieb, so ist doch die Rationalisierung der Hausarbeit kein vorrangiges Thema mehr. Die Anordnung der einzelnen Komponenten nach den Schrittfolgestudien von Lihotzky spielte keine Rolle mehr. Einbauküchen seien unpraktikabel, lautete eine häufig geäußerte Kritik. Daneben wurde die Isolation der Frau in der Küche, die Unterbindung familieninterner Kommunikation und die Festschreibung des klassischen Rollenverständnisses kritisiert. Während Lihotzky die Verbindung von Küche und Wohnraum durch eine Schiebetür favorisierte, lagen im sozialen Wohnungsbau diese beiden Räume noch nicht einmal unbedingt in unmittelbarer Nähe zueinander.

Abb. 12: Die neuzeitliche Küche, Darstellung einer 50er-Jahre-Küche in einem Mondamin-Kochheft, 1956

Neuer Einzug alter Konzepte: Die Frankfurter Küche und IKEA

Die Küchenkonzepte der 1920er und 1930er Jahre haben nicht nur in veränderter Form Einzug in die Einbauküchen der 1960er und 1970er Jahre gehalten. Wie wegweisend die Ideen der Haushaltsrationalisierung waren und auch heute noch sind, zeigt die Integration verschiedener Elemente der Frankfurter Küche in die Konzepte der Küchenausstatter und Einrichtungsketten. So werden neben den Einbauelementen, deren freie Kombinationsmöglichkeiten nach den Bedürfnissen der Bewohner heute im Vordergrund stehen, einzelne Komponenten aufgegriffen und neu oder wiedervermarktet. Im Katalog 2008 des Einrichtungs- und Möbelhauses IKEA finden sich einige. So werden ein Unterschrank mit ausziehbarem Bügelbrett ebenso wie an der Wand zu befestigende Abtropfgestelle für Teller als Novum angepriesen. Schütten aus Glas bedienen gleichzeitig einen

Abb. 13: IKEA-Schütten 2008

Nostalgietrend. Interessant ist, dass gerade Teile des Konzepts der Frankfurter Küche neu entdeckt und vermarktet werden. Somit wurde aus der Idee der Minimalisierung der Bewegungen und der Optimierung von Arbeitsabläufen ein klassisches Küchenkonzept, dessen Teilelemente sich bis heute erhalten haben. Sie sind weiterhin aktuell und werden angenommen, auch wenn die Ursprungsidee der Frankfurter Küche als laborartiges Raumkonzept sich nicht dauerhaft durchsetzen konnte.

Resümee

Faszinierend an der Geschichte der Frankfurter Küche ist, dass ein Konzept, dessen Ziel es war, die Bewegungen auf das absolut Notwendige zu beschränken, die gesamte Wahrnehmung und Konstruktion von Küchen in Bewegung brachte und nachhaltig veränderte. Das Statische der Frankfurter Küche als Symbol und Vorgängerin der modernen Einbauküchen steht in völligem Gegensatz zu Bewegung im Sinn von Freizeit, Veränderungs- und Gestaltungsmöglichkeiten. Im Vordergrund der Entwicklung des damals revolutionären Küchenkonzepts steht die gedankliche und praktische Veränderung. Die wichtigsten Schlagworte sind hier die Übertragung der Rationalisierung der Bewegungsabläufe nach den Studien von Taylor und anderen auf den Bereich der häuslichen Küchenarbeit durch die Architektin Lihotzky.

Betrachtet man das Konzept, so ist zu überlegen, welche der angegebenen Gründe für die Realisierung der Frankfurter Küche mehr und welche weniger Gewicht hatten. Die Gegenüberstellung der Wegstrecken von Wohnküche und Frankfurter Küche ist nicht aussagekräftig. Die Berechnung der Strecken in der Wohnküche unterliegt nicht einem real existierenden Grundriss einer Wohnküche, sondern bezieht sich auf mehr oder weniger unsinnig eingerichtete Räume.[31] Selbst Lihotzky weist darauf hin, dass sich diese Wegstrecke in beiden Typen nicht besonders unterscheiden kann. Eher anzunehmen ist, dass die zu erzielenden Einsparungen bei der Grundrissgestaltung mit dem Modell der Frankfurter Küche für den kommunalen Wohnungsbau der 1920er Jahre so attraktiv waren, dass die darüber hinausgehenden Überlegungen, wie die Rationalisierung der Hausarbeit und die daraus resultierende Arbeitsersparnis, auch Erklärungsmodell für eine unübliche und neue Küchengestaltung gewesen sind. Zweifellos waren sie für Lihotzky Ausgangspunkt und bestimmendes Element ihrer Planungen. Sie waren wichtig, haben jedoch für die Realisierung in den Neubauten nicht an erster Stelle gestanden. „Es kommen also zusammen: der Zwang zur Verkleinerung der Wohnfläche, die gewachsenen Ansprüche an Hygiene und Komfort und die Unmöglichkeit, an einer kulturellen Tradition des Wohnungstyps festzuhalten."[32]

Abb. 14: IKEA-Unterschrank 2008

Abb. 15: Margarete Schütte-Lihotzky 1992 in Wien

Die Planung und Realisierung der Frankfurter Küche hat Margarete Schütte-Lihotzky ihr Leben lang begleitet. Nach der „Wiederentdeckung" ihres Werks ist es meist die Frankfurter Küche, auf die Bezug genommen wird. Sie stellt ihre weitaus umfangreichere Tätigkeit als Architektin in den Schatten. „Wenn ich gewusst hätte, dass alle immer nur davon reden, hätte ich diese verdammte Küche nie gebaut!", lautete ihr Urteil im Rückblick.[33] Das Konzept der Frankfurter Küche, der „Mutter aller Einbauküchen", bleibt ein Meilenstein der Gestaltung. Denn auch wenn es bereits vor Lihotzky andere Entwürfe für festeingebaute Küchen gab, und zeitgleich mit der Stuttgarter und Münchener Küche ähnliche Ansätze realisiert wurden, so ist die Frankfurter Küche doch die erste, die in dieser Konsequenz geplant und umgesetzt wurde, lange bevor die Einbauküchen, ohne den Gedanken der Rationalisierung, in die Wohnungen Einzug hielten.

Anmerkungen

1 Margarete Lihotzky (1897–2000) schloss als erste Frau die Kunstgewerbeschule in Wien (heute Universität für angewandte Kunst) und somit als erste Österreicherin ein Architekturstudium ab. Weitere Angaben zu ihrem Leben in: Noever 1996.
2 Schuster 1927, o. S.
3 Schätzung des Deutschen Städtetages. Kähler 2000, 315.
4 Zu den Vorstellungen der Hausfrauenverbände siehe Kötter 1995/1996, 94 f., 98–100.
5 Fuhrmann 2008 u. a., 134.
6 Für die Ziele der Hausfrauenbewegung, die eine Anerkennung der Hausfrauenarbeit als Berufsarbeit forderte, siehe Meyer 1898, 1–5.
7 Giedion 1982, 120–125.
8 Frederick (1913) 1922.
9 Schütte-Lihotzky 1992, 7.
10 Noever 1996, 17–69.
11 Dieser leitete von 1926–1930 das Dezernat für das gesamte Hochbauwesen und war Stadtrat für Bauwesen und Städtebau.
12 Huck 1992, 47.
13 Lihotzky 1926, 120 f.
14 Schütte-Lihotzky 1992, 8.
15 Zur Demonstration wurde ein Lehrfilm gedreht, in dem die Darstellerin die Arbeiten vorführt. Der Küchenentwurf wurde verstärkt durch die Öffentlichkeitsarbeit des Hochbauamtes kommuniziert. Neben den Ausstellungen gab es Vorträge, Aufsätze und Vorführungen in den Musterküchen, sowie eine Beratungsstelle am Hochbauamt.
16 Diesen Küchentyp zitiert Schütte-Lihotzky in ihren Aufsätzen zur Rationalisierung der Hausarbeit. In der Literatur wird ebenfalls auf diesen Küchentyp Bezug genommen, wobei die einzelnen Angaben zu Größe und Anordnung variieren. Meine Beschreibungen stützen sich auf die Angaben im Grundriss. Siehe Noever 1996, 93.
17 Schütte-Lihotzky 1992, 9, 12, 14. Dies galt nur für Rechtshänderinnen, siehe Kötter 1995/1996, 95.
18 Diese Kritik stammt hauptsächlich aus den letzten Jahrzehnten. Siehe Zwingl 1996, 264 f.; Kuhn 1998, 164.
19 Das Konzept entstand parallel zum Bau der Siedlungen Praunheim, Bruchfeldstraße und Ginnheim. Der Küchentyp, der in die Geschosswohnbauten in der Bruchfeldstraße integriert wurde, wird bis heute maßgeblich als die Frankfurter Küche zitiert.
20 Allmeyer-Beck 1992, 22.
21 Hardetert 1991, 18.
22 Petsch 1989, 73.
23 „Geräte im Format eines Küchenunterschranks ersetzten plötzlich ganze Nebengelasse. Die Küche wurde nun selbst zu einer Art Superhausgerät […]." In: Tränkle 1999, 758.
24 Tränkle 1999, 754.
25 Silbermann 1995, 66.
26 Silbermann 1995, 166.
27 Mielke 2004, 24.
28 Tränkle 1999, 756.
29 Krausse 1992, 99 f.
30 Aicher 1983, 6.
31 Krausse 1992, 105.
32 Krausse 1992, 105.
33 Zitiert nach http://www.ichbinkeinekueche.at/ (Zugriff 30.01.2007).

II. ERNÄHRUNG

Vom Kochen überhaupt – Aufgeschriebenes Kochwissen

Andreas C. Bimmer

Unlängst ging durch das Feuilleton deutscher Zeitungen die Meldung, dass die Universitätsbibliothek Frankfurt eine Sammlung von über 12 000 Kochbüchern als Sonderbestand übernommen und eingestellt hat, ein eigener Verein widmet sich der Tafelkultur und bietet sich zur Bearbeitung der Bücher an.[1]

Im Museum für Deutsche Volkskunde fand 1995 unter dem Titel „Geschmacksache" die Ausstellung von ca. 200 museumseigenen Kochbüchern statt, ein sorgfältiger Katalog, der alle Formen dieses Genres vorstellt, wurde zur Nachbereitung angeboten.[2]

Beide Sammlungen weisen mit dem Exponat Kochbuch auf eine seit mehreren Jahrhunderten gepflegte Buchgattung hin, deren Wandel im Folgenden exemplarisch betrachtet werden soll, und deren literatur- und kulturwissenschaftliche Beachtung eher in der Kenner- und Sammlerecke anzusiedeln ist.

Die o. a. Kochbuchsammlungen stehen stellvertretend für viele andere gleichartige, oder wieder andere, die sich durch Spezialisierungen – regional oder vom Gericht her (z. B. Pilzkochbuch) – unterscheiden. Die Vielfalt ist unübersehbar, und zwar nicht erst in den gegenwärtigen, nicht zuletzt durch die Medien potenzierten Zeiten der allgemeinen Kochfreude, thematische Bibliographien geben hiervon reichlich Kenntnis.

Wohl jeder Haushalt heute hat mehrere, wenn nicht sogar viele dieser Kochbücher in seiner Küche stehen – entweder zur direkten Anleitung – oder im Bücherregal, wo sie ebenso zur Belehrung wie heute auch zur kulturwissenschaftlichen Erbauung glänzen.

Ob, seit wann und für welche Bevölkerungsgruppen das auch im Rückblick so sicher festgestellt werden könnte, erforderte umfängliches wie sorgfältiges Quellenstudium.

Sicher ist, dass sich zahlreiche Autoren wie etwa Wiswe[3] darum bemüht haben, die Kulturgeschichte des Kochbuchs aufzuarbeiten, um dabei auch stets nach dem ersten nachweisbaren Kochbuch zu fahnden. Wahrscheinlich verlohnt sich diese Suche nach einem „Urkochbuch" – wie bei allen anderen Urformsuchen – aber wohl nicht sonderlich, vor allem, was gewinnt man da an Erkenntnis?

Worin zeigt sich nun am Objekt des Kochbuchs als Ratgeber von der einfachen bis zur höchst raffinierten Nahrungszubereitung ein Wandel, wo ist Bewegung in der alltagskulturellen Entwicklung?

Kochratgeber vermitteln zunächst einmal Erfahrungen und Fertigkeiten, wie die alltägliche und wie eine festliche Nahrungsversorgung zu erfolgen hat: von der Warenkunde und Vorratshaltung, über die Aufbereitung, die Behandlung mit den Kochwerkzeugen und dem Herd, das Garen – und damit Essbarmachen –, das Schmackhaftmachen der Speisen durch Gewürze bis zur vielleicht am stärksten schichtbezogenen jeweiligen Tischkultur. Diese unterliegt vor allem den zeitgenössischen Stilen, Geschmäckern und Moden. Das sind Anforderungen, die auf jedes Kochbuch – vom ältesten bis zum jüngsten – zutreffen, und sie orientieren sich zuerst eher an den Gegebenheiten und gewinnen ihre Differenziertheit dann durch den jeweiligen

soziokulturellen wie historischen Zusammenhang.
Die volkskundliche Kochbuchforschung hat vor allem im Zusammenhang mit der Nahrungsvolkskunde insgesamt einige gute Zugänge aufzuweisen. In Bezug auf Haushaltsführung, Familienleben oder Kochen als Freizeitverhalten – also der Rolle von Kochbüchern im Gebrauch und in ihrer Gestaltung – gibt es allerdings nur wenige Studien. Bestenfalls kommen Kochbücher in kulturhistorisch überlieferten lokalen und regionalen Rezeptsammlungen[4] als Genre zur Sprache. Dabei geht es mehr um die Speisenzubereitung und deren Zutaten als um den Vorgang der Tradierung und Belehrung selbst, der Aufschluss über Werte und Normen des jeweiligen Nahrungssystems liefern könnte.
In der jüngeren Literatur überwiegen die Abhandlungen über den gegenwärtig zu verzeichnenden Wandel der Ess- und Kochkultur,[5] der sich vor allem in einer „neuen" Regionalisierung und in einer Spezialisierung der Nahrungszubereitung und -aufnahme festmachen lässt. Die Rolle, die Kochen in den Kochbüchern spielt, also die Tradierung und Anleitung zu bestimmten Zubereitungsmethoden, findet dagegen seltener Beachtung. Das Kochbuch als kulturwissenschaftlich zu betrachtende Literaturgattung behandeln nur wenige Autoren. Hierzu zählen vor allem die in dem o. a. Ausstellungskatalog „Geschmacksache" versammelten Texte, die alle wichtigen Kochbuchgattungen[6] beschreiben. Aber auch die Arbeit von Inga Wiedemann[7], die sich mit der Bedeutung von Koch- und Haushaltsbüchern für die Sozialisation zu einer bürgerlichen Hausfrau auseinandersetzt, ist hier zu nennen. Von Kochbüchern einzelner sozialer Gruppen handeln Publikationen wie Rolf Schwendters „Arme essen – Reiche speisen",[8] das Münchner Ausstellungsheft „Studentenfutter"[9] oder Ingeborg Weber-Kellermanns Ausführungen zu Kochbüchern für Arbeiterinnen.[10]

Gedruckte Kochbücher sollten eine breitere Leserschaft erreichen; im Vordergrund stand praktische Lebenshilfe in einer Zeit, in der das Mitlernen der Haushaltsführung (z. B. Aufwachsen auf einem Hof) oder die eigene Erfahrung im bürgerlichen Milieu scheinbar nicht mehr ausreichten. Auch sogenannte Familienbücher (z. B. auch während der NS-Zeit) wurden jungen Paaren bei der Eheschließung im Auftrag des Staates überreicht. In ihnen waren alle Bereiche des Haushalts, vom Putzen bis zum Kochen, beschrieben und bestimmt nicht immer wertfrei erläutert.
Dem handgeschriebenen Kochbuch wird gerne immanent unterstellt, dass es eine Einwicklungslinie gäbe, vom ursprünglich handgefertigten zum darauf erst folgenden gedruckten Kochbuch. Das ist wohl falsch; beides gab und gibt es nebeneinander. Die Kundschaft war nur jeweils eine andere. Handgeschriebene Kochbücher betrafen einen eng begrenzten, genau bestimmbaren Leserkreis. Sie dienten der Schreiberin als eigene Erinnerungshilfe und waren in der Weitergabe meist auf die Familie beschränkt. Bei den Kochempfehlungen zeitgenössischer berühmter Persönlichkeiten war es auch nicht anders, zielten sie auch nur auf ihre eigene Klientel.
Im Sinne einer Quellenkritik ist die Behandlung handgeschriebener Kochbücher nicht unproblematisch, meist sind Autorenschaft und Datierung schwierig, wenn nicht gar unmöglich. Darüber hinaus ist ein handgeschriebenes Buch eigentlich kein Buch im literaturwissenschaftlichen Verständnis.
Vor dem Hintergrund des allgemeinen sozialen und kulturellen Wandels der Gesellschaft sind auch Kochbücher zu betrachten und zu bewerten.
Welches sind nun aber die wichtigsten Faktoren, die für den Bereich der Ernährung vermittelt durch Kochbücher Wandlungen unterworfen sind? Drei wesentliche Bezüge sind zu nennen:

Abb. 1: Titelblatt des Kochbuchs „Die Gelehrige Hauswirthin" von „einer Freundin der Kochkunst"

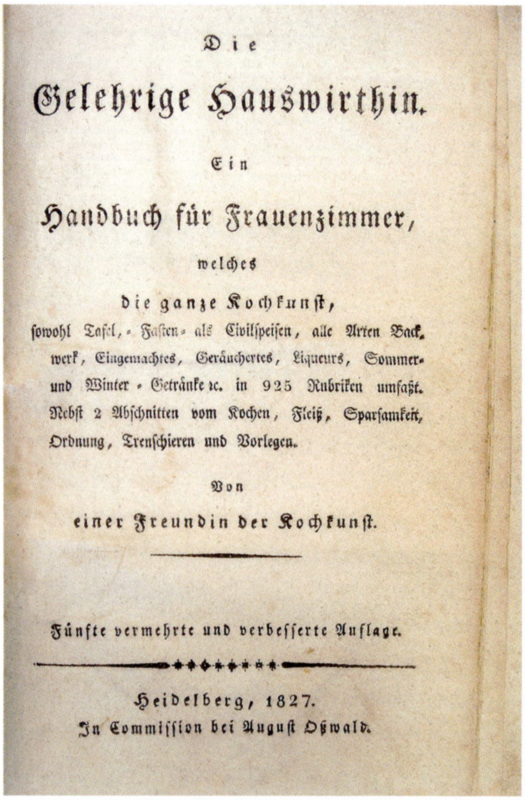

Die

Gelehrige Hauswirthin.

Ein

Handbuch für Frauenzimmer,

welches

die ganze Kochkunst,

sowohl Tafel-, Fasten- als Civilspeisen, alle Arten Backwerk, Eingemachtes, Geräuchertes, Liqueurs, Sommer- und Winter-Getränke ꝛc. in 925 Rubriken umfaßt. Nebst 2 Abschnitten vom Kochen, Fleiß, Sparsamkeit, Ordnung, Trenschieren und Vorlegen.

Von

einer Freundin der Kochkunst.

Fünfte vermehrte und verbesserte Auflage.

Heidelberg, 1827.

In Commission bei August Oßwald.

1. Die technischen Veränderungen und der Wandel der hausökonomischen Voraussetzungen

Hierzu zählen unter anderen:

- der Wandel der Energie *(Gas und Strom)* vom offenen Herdfeuer zur Mikrowelle,
- die Veränderung der Materialien für Töpfe, Pfannen und Bestecke,
- die Verfügbarkeit von Lebensmitteln *(Anbau, Markteinführung etc.)*,
- die Entwicklung der die Hausarbeit erleichternden Maschinen,
- Konservierung, Kühlung und Vorratshaltung, Vorfabrizierung einzelner Nahrungsmittel, deren Herstellung sehr zeit- und platzaufwändig ist: z. B. Sauerkraut in Dosen.

2. Der Wertewandel der Geschmäcker und Moden

Hierbei spielen vor allem regionale und soziale Aspekte eine wesentliche Rolle; natürlich erfolgt das im Rahmen eines allgemeinen alltagskulturellen Wert-Normsystems der jeweiligen Gesellschaft. Aber besonders im Bereich des Kochens bilden sich schnell Sub- und Gruppenkulturen, die eigene Wege gehen, vor allem da ästhetische und individuelle Intentionen wirken.

3. Der Wandel der (haushalts-) pädagogischen Vermittlungen in Kochbüchern

Vor allem bei zunehmender Professionalisierung der Koch- und Hauswirtschaftslehrer ist ein Gutteil der Kochbücher als zu lernende Anleitung und Vorschrift zu verstehen. Diese Einstellungen realisieren sich unterschiedlich und verändern ihren moralischen Anspruch zunehmend.

Diese drei Kategorien halte ich für die entscheidenden Indikatoren, an denen der Wandel der Kochbücher im kulturellen Wandel der Gesellschaft festzumachen ist.

Aus der Fülle verschiedener Kochbucharten sollen im Folgenden drei Beispiele herausgegriffen und vorgestellt werden, um an ihnen den jeweils besonderen Charakter herauszustellen. Sie stehen nicht jeweils stellvertretend für ihre Entstehungszeit, sondern sind nur sehr aussagekräftige Exponate, der durch sie abgedeckte Zeitraum von 1827 bis ca. 1940 ergibt sich eher zufällig.

Für ein sehr frühes Kochbuch von etwa 1820 soll das folgende als Beispiel gelten: „Die Gelehrige Hauswirthin. Ein Handbuch für Frauenzimmer, welches die ganze Kochkunst, sowohl Tafel-, Fasten-, als Civilspeisen, alle Arten Backwerk, Eingemachtes, Geräuchertes, Liqueurs, Sommer- und Winter-Getränke in 925 Rubriken umfaßt. Nebst 2 Abschnitten vom Kochen, Fleiß, Sparsamkeit, Ordnung, Tranchieren und Vorlegen. Von einer Freundin der Kochkunst."[11]

Schon der Titel ist umfassend, umständlich lang, die Autorin, „eine Freundin der Kochkunst", bleibt namentlich ungenannt. In der Vorrede zur ersten Auflage werben die Verleger um Begründung des Buches und Vorstellung seiner Verfasserin:

„Es sind zwar der Kochbücher so viele, dass es kein Verdienst zu sein scheint, ihre Zahl mit einem neuen zu vermehren. Wenn aber in Betracht gezogen wird, dass unter denselben einige nur für besondere Gegenden und Länder eingerichtet sind, andere hauptsächlich für die Tafeln sorgen, andere wohl unversuchte Speisenrezepte enthalten, die meistenteils in der Ausübung fehlschlagen [...] so glaubt man durch die Herausgabe des gegenwärtigen Kochbuchs, in welchem man oben angezeigte Mängel zu verhüten gesucht hat, keine überflüssige Arbeit zu unternehmen [...] Die Verfasserin ist selbst eine geübte Köchin, welche während ihres Aufenthaltes von mehreren Jahren in der Schweiz und in Wien Gelegenheit hatte, bei den besten fürstlichen Köchen ihre Kochkunst einzusehen und solche aufzuzeichnen. Was für den Civilstand angemessen ist, hat sie aus eigener Erfahrung aufgesetzt, dass man also auf ihre Vorschrift sicher rechnen darf [...]

Die Verleger"[12]

Man kann dieser Einführung entnehmen, dass bereits 1827 so viele Kochbücher auf dem zugänglichen Buchmarkt waren, dass es einer besonderen Rechtfertigung bedurfte, ein weiteres aufzulegen. Ebenso bemerkenswert bleibt die Tatsache, dass die Verfasserin nicht genannt werden konnte, durfte oder wollte. In zahlreichen Kochbüchern ihrer Zeit waren es vornehmlich die Männer, die als Köche ihr Können in Büchern vorlegten, Frauen kochten offenbar für den Alltag.
In elf Kapiteln mit über 900 Einzelrezepten werden die Zubereitungen von Gerichten vorgestellt, wobei auffällt, dass oft ein Bezug zu französischen Speisen gewählt wird, was offensichtlich der internationalen Erfahrung der Autorin zuzuschreiben ist, aber eben auch dem Renommee der französischen Küche als einer führenden. Die außerordentliche Vielfalt und Anzahl der Rezepte in einem allgemein zugänglichen Kochbuch lassen auf ein entsprechendes Bedürfnis der Leserschaft nach Differenzierung in ihrer Ernährung schließen. Dem heutigen Leser mögen manche Speisen als sehr ungewöhnlich erscheinen, etwa gebratener Auerhahn, Froschschenkel zu frikassieren oder Schildkrötensuppe als eine Fastenmahlzeit („Nimm 3 oder 4 Schildkröten, hacke ihnen Kopf, Pratzen und Schweif weg, röste sie, zertheile sie in Stücken [...]" usw., S. 25), geben aber auch Aufschluss über die entsprechende Verfügbarkeit der Waren auf den Märkten.
Im zwölften Abschnitt „Vom Kochen überhaupt" befasst sich die Autorin mit Ordnung, Reinlichkeit und Zierlichkeit im Anrichten, mit Fleiß und mit Sparsamkeit in der Küche und legt damit den normativen Rahmen des Wirtschaftens in ihrem Kochbuch fest. In einer Fülle von Anweisungen und Regeln entsteht so ein Lehrbuch für die bürgerliche Hausfrau ihrer Zeit.
Als ein zweites Beispiel soll die „Systematik der Kochkunst" von Louis Naumann[13] erörtert werden. Auch dieser Autor richtet sich mit seinem „Internationalen Koch-Lehrbuch für Haushaltungen aller Stände" (1900) an eine über alle sozialen Gruppen der Bevölkerung hinausgehende Leserschaft. Der Autor, ein in seiner Zeit offenbar berühmter Dresdner Koch, „betrieb die bedeutendste Gewürzfabrik der Zeit. Die ‚Naumannschen Gewürze' wurden von zahlreichen Autoren in ihre Kochbücher übernommen"[14] (Weiss). Das ist dem Buch auch durchaus anzumerken, gibt es doch am Ende ausführliche Verkaufslisten seiner Gewürze, auch mittendrin fehlen Hinweise darauf nicht. Auffallend sind auch die eingangs aufgeführten, ausführlichen Widmungen, Eh-

Abb. 2: Titelblatt der Naumannschen „Systematik der Kochkunst“, 1900

Systematik der Kochkunst von Dr. L. Naumann.

Internationales Koch-Lehrbuch für Haushaltungen aller Stände.

Motto: Nil humani quin corrigi possit!

rungen und Anerkennungsschreiben seitens des Verbandes Deutscher Köche und zahlreicher hochgestellter adeliger und politischer Persönlichkeiten. Diese Verquickung von Kochen und Kommerz scheint neu und mutet an wie ein früher Dr. Oetker mit seinem Backpulver und seinen Büchern, in der späteren Kochbuchliteratur wird das aber nicht thematisiert. Das Buch muss recht verbreitet gewesen sein, dennoch ist über Auflagen und Resonanz nur wenig bekannt.

Eine Besonderheit stellen die dem eigentlichen Kochbuch vorangestellten sogenannten „Bromatologischen[15] Tabellen“ dar, die in „Systematisch geordneten Tabellen eßbare Thiere und eßbare Pflanzen aller Welttheile“[16] auflisten sowie ihre verwendbaren Teile und die Art ihrer Zubereitung vermerken. Es finden sich entsprechende Angaben z. B. zu Bär, Wildkatze, Esel, Pferd, Seehund, Murmeltier und anderen Exoten und einheimischen Tieren.

Im eigentlichen Kochbuch folgen in 20 Kapiteln insgesamt 3830 Einzelrezepte, aufgeschlüsselt nach Speisearten, oft versehen mit praktischen Hinweisen über den richtigen Umgang mit den betreffenden Nahrungsmitteln. Die große Anzahl von Rezepten ist aber genaugenommen ein Etikettenschwindel, denn häufig wird nur eine einzige veränderte Zutat oder Zubereitung des Grundgerichtes als ein neues Rezept gezählt. Ein ausführliches Register beschließt den inhaltlichen Teil des Buches.

Charakteristisch für dieses Kochbuch ist neben der wohl nicht zu verallgemeinernden kommerziellen Komponente vor allem der Anspruch auf Vollständigkeit und Systematik. Dieser ganzheitliche Anspruch – wie wir heute sagen würden – galt sicher nicht nur für Naumann, sondern entsprach dem allgemeinen Bedürfnis, aber mindestens dem der Köche, das Kochen gleichsam zu verwissenschaftlichen und mit enzyklopädischer Bedeutung zu versehen. Von einer anderen Warte her, und dafür sprechen schon die Zuweisungen im Titel „für Haushaltungen aller Stände“, galt es auch, aus der engen Sicht einer reinen Fachveröffentlichung herauszukommen und ein die Allgemeinheit betreffendes und geltendes Kochbuch vorzulegen, das dann auch gekauft werden konnte und sollte. Heute würde man vom Versuch einer „Demokratisierung“ des Kochwesens sprechen, allein das Wort war um 1900 doch noch nicht so wohlgefällig.

Naumanns Systematik der Kochkunst taucht m. W. in der bisherigen Kochbuchliteratur nicht auf, das sollte sich ändern. Vor allem der Kommerzialisierungsaspekt mit dem bedeutendsten Gewürzhandel seiner Zeit als Hintergrund könnte wichtige Aufschlüsse zur Wirtschafts- und Sozialgeschichte des Nahrungswesens liefern.

Als drittes Beispiel soll ein handgeschriebenes Kochbuch vorgestellt werden, an dem vor allem die Problematik der Quellenkritik verdeutlicht

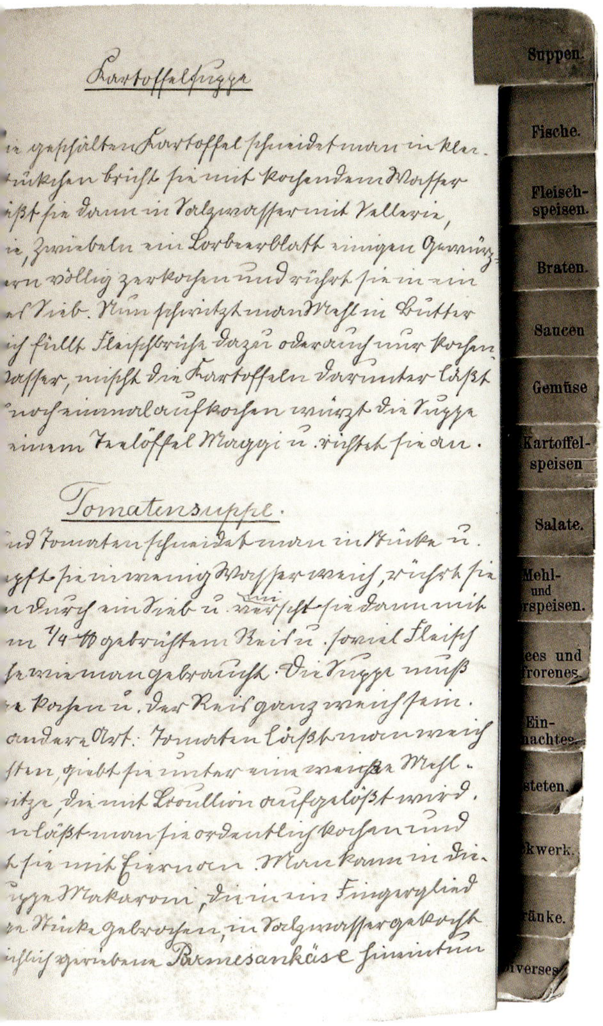

Abb. 3: Handgeschriebenes Kochbuch einer unbekannten Autorin aus den 1930er und 1940er Jahren

werden kann. Rein äußerlich ist es im Albumformat verfasst. Im Inneren fällt vor allem ein gedrucktes Register auf, wie in einem Telefonbuch, mit 16 aufzuschlagenden Abteilungen, die mit „Suppen“ beginnen und über „Fische“ „Fleischspeisen“, „Braten“ usw. bei „Backwerk“, „Getränken“ und „Diverses“ enden. Die linierten Seiten sind in deutscher Schrift und nur zum Teil ausgefüllt, offenbar je nach Gelegenheit und Anlass. Eine Datierung, wann das Buch begonnen wurde fehlt, einzelne Rezepte sind aber mit Datum und Ort versehen, z. B. „Bonn, den 31. Mai 15“. Es finden sich zahlreiche Rezepte mit genau diesem Datum, was auf einen eifrigen ersten Eintragstermin schließen lässt. Einige wenige Rezepte, diesmal nicht mit Tinte, sondern mit Bleistift geschrieben, sind mit „Bonn, den 22.9.40“ datiert, andere sind in den dreißiger und vierziger Jahren aufgenommen worden. Ein möglicher Autorinnenname mit Ortsangabe ist auf dem inneren Deckblatt vermerkt, aber durchgestrichen.

Es lässt sich also sehr wenig Konkretes zu diesem Kochbuch und seiner Autorin sagen, und dennoch steht es stellvertretend für unzählige ebenso geartete und ausgestattete Kochbücher. Die vorgefertigte Form, fester Einband mit erhabenem Kochmotiv und gedrucktem Register, gekauft um 1917, lässt vermuten, dass es sich möglicherweise um ein im Hauswirtschaftsunterricht verwendetes Buch handeln könnte, dafür spräche vor allem das gedruckte Register oder aber, dass Eltern es im Sinne eines Albums für ihre Töchter kaufen konnten. Insgesamt deckt diese Kochkladde fast 35 Jahre privaten Kochens ab, eine sorgfältige Analyse der einzelnen Rezepte und ihrer Zutaten könnte mehr Aufschluss über die Köchin und ihre Kochweisen verraten. Erika Karasek schreibt über den möglichen Erkenntnisgewinn handschriftlicher Kochbücher, „sie lassen Rückschlüsse über die Entwicklung der Nahrungsgewohnheiten seit dem 18. Jahrhundert bis zur Mitte des 19. Jahrhunderts zu. Dabei handelt es sich oft um Notate, deren territoriale und zeitliche Einordnung nur gelegentlich aufgrund der im Text verwendeten unterschiedlichen Maßeinheiten, der beschriebenen Gerichte und Zutaten oder der historischen Schreibweisen und Begriffe erschlossen werden k(ann).“[17]

Der Zeitraum, in dem die drei vorgestellten Kochbücher erschienen sind, erstreckt sich über rund hundert Jahre. Offenbar gab es in dieser Zeit außerordentlich viele weitere Kochbücher. Die sorgfältige Bibliographie von Weiss umfasst mehrere Tausend Titel, wobei allerdings auch Werke Beachtung finden, deren Verbreitung nicht so weitreichend war, wie etwa das später wohl berühmteste (Volks-) Kochbuch (1845) von Henriette Davidis.[18] Auch sie meint eine Rechtfertigung anführen zu müssen, wenn sie in einem Vorwort ausführt: „‚Schon wieder die Zahl der Kochbücher vermehrt?' – wird Mancher fragen, der die Anzeige dieses Buches erblickt. Wohl gibt es deren recht viel, und einigen, die mir bekannt sind, fehlt es an Vielseitigkeit keineswegs; dennoch wird manche praktische Hausfrau und Köchin sich davon überzeugt haben, daß viele nur theoretisch bearbeitet sind und die darin befindlichen Recepte sich nicht immer mit Sicherheit anwenden lassen, indem dieselben oft auf Unkunde gegründet, oft auf guten Glauben zusammen getragen, oft nur aus kostbaren, fremdartigen Theilen bestehen, die sich nicht für jede Küche eignen und die nur in der Hand einer geübten Köchin gelingen, nicht aber zugleich Anfängerinnen als Anleitung zur Bereitung dienen können. Ich bin weit davon entfernt, dieses Buch, als eine eigene Arbeit hoch stellen zu wollen; allein das darf ich sagen, daß mit Ausnahme einiger Recepte, Alles von mir selbst nach und nach erprobt, verbessert und zusammengesetzt ist und daß ich nur solche aufgenommen, von deren Richtigkeit ich überzeugt bin [...]."[19]

Eine sehr ähnlich rechtfertigende Argumentation trugen bereits in der 5. Auflage von 1827 die Verleger des oben vorgestellten Kochbuches „Die Gelehrige Hauswirthin" vor. Der Bedarf und die Nachfrage nach Kochbüchern waren offensichtlich so groß, dass sich auch zahlreiche schlechte, minderwertige und unvollständige Kochbücher einen Markt sichern konnten. Dies alles spielte sich in einem historischen Zeitraum ab, in dem im politischen wie im sozialen Deutschland große Bewegungen, Kriege und Umbrüche stattfanden. Es kann hier nicht erörtert werden, inwieweit sich das auch in den Inhalten und Konzeptionen der Kochbücher realisierte. Besonders Kriegs- und Notzeiten erforderten auch auf dem Gebiet der Ernährung und seiner Vermittlung (Kochbücher) Anpassungen und Reaktionen. Weitere kulturwissenschaftliche Untersuchungen unter dem Aspekt anderer Fragestellungen erscheinen sehr sinnvoll.

Für einen kurzen, eher kursorischen Überblick, der vor allem Wandlungen in Konzeption und Funktion von Kochbüchern im Auge behalten soll, ist eine chronologisch orientierte Gedankenführung nicht weiterführend. Daher sei ein großer Sprung in unsere Zeit nachgesehen, wohl wissend, wie interessant eine historische Weiterverfolgung, etwa während des Nationalsozialismus, auch sein kann.

In der Gegenwart führt die weitere Entwicklung des Kochbuchs zu einer kaum noch zu übersehenden Flut von Ausgaben in den unterschiedlichsten Formen und Spezialisierungen. Dafür mögen zwar auch die verbesserten und vereinfachten Publikationsmöglichkeiten stehen, vor allem scheint es aber den Autoren und Verlegern gelungen zu sein, das schon seit dem 19. Jahrhundert herrschende große Interesse an Kochinformationen weiter zu schüren und zu entwickeln.

Eine Übersicht zu behalten scheint unmöglich, führt wahrscheinlich auch nicht weiter. Alle Arten von Printmedien haben derzeit ein oder mehrere Kochangebote, seien es monatlich erscheinende Zeitschriften, oder als Karten herausgegebene Einzelseiten eines Kochbuchs, sei es als Taschenbuch, Paperback oder Prachtausgabe, das Kochbuch existiert heute in allen nur denkbaren Erscheinungsformen. Auch inhaltlich hat sich eine so breite Palette von Spezialisierungen herausgebildet, dass es praktisch möglich ist, zu jedem Gericht, zu jeder Zutat und zu jeder landschaftlichen Region das dazugehörige Kochbuch zu kaufen. Auch für die unterschiedlichen Ansprüche der Leser steht das entsprechende Kochbuch bereit, vom einfachen Rezept für eine Zwischenmalzeit bis zum mehrgängigen Menü in festlicher Umgebung, von der simplen Aufzählung der Zutaten bis zur kulturgeschichtlich-regionalen Herleitung und Einbettung der Speisen.

Besonders bemerkenswert, weil in jeder Hinsicht sehr aufwändig konzipiert, sind die großformatigen und mit exzellentem Photomaterial versehenen Bildbände zur Kochkunst. Als Beispiel hierfür mag die Culinaria-Reihe des ehemaligen Könemann-Verlags dienen. Nach dem Grundprinzip einer sehr weit gefassten Regionalität werden die Speisen, die Herstellung und die Essgewohnheiten von Land und Leuten im kulturgeschichtlichen Kontext vorgestellt. Neben Produktion, Anbau, Jagd und Fischfang, Warenkunde, Zubereitung und Rezepten finden sich auch Erklärungen über Herkunft und Bedeutung, Literaturangaben und manchmal auch schöngeistige Beigaben. Die implizite Intention der einzelnen Bände ist zwar der Anspruch, zu zeigen wie es wirklich ist, wie der Franzose kocht und isst und wie man einen Froschschenkel zubereitet, die Verpackung ist aber mehr als ansprechend.

Vor allem die Funktion der Kochbücher scheint sich geändert zu haben: die Belehrung tritt in den Hintergrund, die Kochbücher sind längst weit weg von der bloßen Rezeptvermittlung, sie sind schön, teils wunderschön aufgemacht, mit Fotos, mit dem regionalen und oft auch traditionellen Hintergrund versehen und dienen so eher der unterhaltenden Kochinformation als der vorrangigen Belehrung und Anweisung.

Ganz eindeutig entwickeln sich moderne Kochbücher weg vom klassischen Allround-Anspruch (von der Vorspeise bis zum Dessert) zu differenzierten Spezialdarstellungen, seien sie regional, oder auf einzelne Gerichte und Zubereitungsweisen wie auch auf ethnografische Besonderheiten ausgerichtet, oder seien sie diätisch, vegetarisch, leber- und magenschonend oder wie auch immer orientiert. Oftmals sind sie einfach nur schöne Bücher, denen die Rezepte als Beigabe angefügt wurden. Kurz, es gibt für jeden Anlass und jedes Bedürfnis auch das zugehörige Kochbuch.

Kommen wir auf die eingangs angeführten Beurteilungskriterien für Kochbücher unter dem Aspekt des soziokulturellen Wandels zurück, so ergeben sich folgende Verschiebungen für die Kochbücher der Gegenwart:

1. Die technischen Veränderungen und der Wandel der hausökonomischen Voraussetzungen stellen bei der Haushaltsführung trotz raschem technischen Wandel bei weitem keine so radikalen Veränderungen mehr dar, wie es etwa durch die Einführung der Rührmaschinen, des Tiefkühlens und der Mikrowelle noch der Fall war. Gegenüber den Bedingungen um 1900 – dem Geltungsbereich der vorgestellten Kochbücher – wurden durch den Einsatz von Küchenmaschinen die wichtigsten Arbeiten mechanisiert und damit auf grundlegend andere Voraussetzungen gestellt. Diese Veränderungen realisieren sich auch in den Kochbüchern.

2. Der Wertewandel der Geschmäcker und Moden hat allerdings besonders heute eine nicht zu vernachlässigende große Bedeutung. Zubereitungsstile, bestimmte Gerichte und ihre Zutaten, Aspekte einer sogenannten gesunden Ernährung oder die bewusste Wahl fettfreier Lebensmittel, die Rohkostwelle oder die Nouvelle Cuisine, um nur einige zu nennen, bestimmen in manchmal sehr rascher Folge den jeweils aktuellen Essensplan. Diesen schnellen Veränderungen können die Autoren der Kochbücher naturgemäß nicht zeitgleich folgen, vieles von dem spielt sich zunächst in den Illustrierten und Esszeitschriften ab. Dennoch ist es erstaunlich, wie schnell etwa Spezialkochbücher zum aktuellen Niedrigtemperaturkochen oder zum makrobiotischen Kochen erscheinen können.

Die große Vielfalt der Möglichkeiten hat einen geringeren Grad an Verbindlichkeit und bietet daher auch für individuelle Kochstile, für Ess-

Geschmäcker und -Moden kleinerer Gruppen reichlich Raum.
3. Der Wandel der (haushalts-) pädagogischen Konzeptionen in den frühen Kochbüchern basierte auf der Vermittlung von Kochwissen und war eingebettet in das Erlernen der gesamten Haushaltsführung, so sie den Bereich der Ernährung betraf. Viele der damals noch notwendigen Arbeiten, z. B. Schlachten und Rupfen eines Huhnes, bedürfen heute keinerlei Erwähnung mehr. Fast alle Nahrungsmittel sind inzwischen so weit vorgefertigt, dass sie auch sofort zubereitet werden können. Außer in Lehrbüchern von Haushaltsschulen wird in den gegenwärtigen Kochbüchern nicht mehr der richtige oder einzig mögliche Weg propagiert, es gibt ihn wahrscheinlich auch gar nicht.
Im Zuge der rasanten Entwicklung der Massenmedien haben sich in der Zeit nach dem Zweiten Weltkrieg auch die Formen der Vermittlung von Kochwissen, aber auch die Funktion dieses Transfers stark verändert. Presse, Rundfunk und vor allem das Fernsehen bestimmen das Geschehen immer nachhaltiger. In letzter Zeit ist auch das Internet als Informationsforum hinzugekommen und auch dieses wird in immer disparatere Möglichkeiten differenziert, wie neuerdings z. B. durch sog. foodblogs. Es erhebt sich allerdings die Frage, ob damit die traditionellen Formen des Kochbuchs ersetzt werden können und ob damit die Zeit der Kochbücher tatsächlich zu Ende gehen wird?
Der erste Fernsehkoch in Deutschland, Clemens Wilmenrod,[20] stand in den 60er Jahren noch allein. Sein Erfolg beruhte auf der Spektakularität des Sujets im Fernsehen und darauf, dass er Rezepte aus den neuen Reiseländern der Deutschen, z. B. Italien, vorstellte.
Nun waren nicht nur Kochsendungen im Fernsehen ein neues Projekt, insgesamt begannen die sogenannten Ratgebersendungen nur sehr zögerlich, meist auf die Dritten Programme beschränkt. Noch 1979 gab der Journalist Hans Mohl in einem Aufsatz „Hobbytips und Lebenshilfe. Ratgebersendungen in den Fernsehprogrammen"[21] dieser Sendeform erst dann größere Erfolgsaussichten, wenn das 24 Stunden-Fernsehprogramm Wirklichkeit würde. Eine Wirklichkeit, die wir heute kennen und oft erleiden, die aber auch die Richtigkeit von Mohls Prognose im speziellen Fall bestätigt: Ratgebersendungen aller Art können heute zu jeder Zeit und auf allen Kanälen nachgefragt werden.
Seit einigen Jahren tun sich die Kochsendungen aber besonders hervor, einige von ihnen erobern allerbeste Sendeplätze im Abendprogramm. Sei es, dass sich sogenannte Spitzenköche vor ihren Fernsehkochgeräten präsentieren, sei es, dass Kochwettbewerbe – wer gegen wen – stattfinden. Irgendeine Kochsendung läuft bestimmt zu jeder beliebigen Zeit. Eine systematische Übersicht ist nahezu unmöglich.[22]
Der Erfindungsgabe der Fernsehmacher sind offenbar keine Grenzen gesetzt und wahrscheinlich stimmen auch die Einschaltquoten. Offensichtlich hat sich aber auch die Funktion der Kochbelehrung, wie sie das Anliegen der Nur-Kochbücher war und manchmal noch ist, seither erheblich gewandelt: Es geht eigentlich überhaupt nicht mehr um die Weitergabe von Koch-Know-how, um die Anregung und Anleitung zum Nachkochen besonderer Speisen. Die Kochsendungen der Gegenwart dienen vielmehr immer stärker der Unterhaltung, wie einem Schauen in ferne Welten, die mit dem Speiseplan im eigenen Kochalltag nicht mehr allzu viel zu tun haben.
Analog zur übrigen Bedürfnisentwicklung in Unterhaltung (aber leider auch in der Bildung) gerät das Stilelement des Events immer stärker in den Vordergrund, so werden also auch Kochsendungen immer mehr zu Events (z. B. Kocharena, aber vor allem auch die Kerners und wie sie alle heißen).

Vielleicht liegt darin die Chance der Kochbücher. Vor allem zur Bewältigung der alltäglichen eigenen Aufgaben am heimischen Herd haben diese Sendungen selten etwas beizutragen und möglicherweise ist dann der Griff zu einem manifesten, stets verfügbaren Helfer und Ratgeber in Form eines Kochbuchs weiterhin gewünscht.[23]

Anmerkungen

1 In: Niedersächsisch-Hessische Allgemeine vom 7.8.2008; die große Anzahl ist mit Vorbehalt zu nehmen, die UB Frankfurt informiert über einen Bestand von 2000 Kochbüchern; vgl. auch Schwarz 1989.
2 Verk u. a. 1995.
3 Wiswe 1970.
4 Z. B. Weber-Kellermann 1958, 190–197; vgl. auch: Krift 1986.
5 Köstlin 2006; Mohrmann 2006; Bendix/Wierlacher 2008.
6 Verk u. a. nennen: Ratgeber und Lehrkochbücher, Kochbücher für die einfache bis feine Küche, Kochbücher zur Vorratshaltung und zur regionalen Küche, Kochbücher aus Kriegs- und Krisenzeiten, zur natürlichen Ernährung, handgeschriebene Kochbücher und andere mehr.
7 Wiedemann 1993.
8 Schwendter 1995.
9 Gajek 1993, 21–25.
10 Weber-Kellermann 1998, 191 f.
11 Fünfte ergänzte und verbesserte Auflage, Heidelberg 1827.
12 Aus dem Vorwort III-V.
13 Zum Anspruch der Systematik der Kochkunst nimmt der Autor in einem Vorwort ausführlich Stellung, er differenziert Grundformen und daraus folgende Rezepte und entwickelt ein System der Nahrungsmittel in Tabellenform.
14 Angaben nach Weiss 1996, Nr. 2694; zu historischen Kochbüchern vgl. auch Bibliographie unter www.mittelalterlich-kochen.de.
15 Bromatologie: Lehre von der Zubereitung der Nahrungsmittel; Broma (gr.) = Speise.
16 Naumann 1900, 1–77.
17 Karasek in Verk u. a. 1995, 128.
18 Zur Einordnung von Davidis vgl. auch Schwendter 1995, 95–109; Kap. 5.
19 Zitiert nach Wikipedia, Artikel: Henriette Davidis, Version am 2.2.09.
20 Wilmenrod 1960; zu Fernsehköchen vgl. auch: Allweier 2002, 89–100.
21 Mohl 1979, 376.
22 Eine Übersicht über laufende Kochsendungen ist abrufbar über Wikipedia Art. Kochsendung, Version vom 21.1.2009.
23 Im Übrigen streben offensichtlich auch die Fernsehköche danach, ihr Kochwissen in Buchform zu manifestieren, wovon zahlreiche Beispiele zeugen. Vgl. auch Ehlert 2008, 247–262.

Essen in extremer Bewegung – Militärverpflegung im Ersten Weltkrieg

Peter Lummel

Essen kann verknüpft sein mit einer guten Unterhaltung, einem angenehmen Rahmen, Stil beim Auftischen verschiedener Menübestandteile und dem Bereithalten entsprechenden Geschirrs und Bestecks. Essen kann aber auch sehr kurz und knapp gehalten sein, der reinen Sättigung dienen und in funktionalen Räumen oder an einem Imbiss stattfinden. Militärverpflegung ist sicher eher dem zweiten Bereich zuzuordnen. Essen im Krieg stellt nochmals eine Besonderheit dar. Jederzeit kann das Essen unterbrochen werden. Auch der gesamte vorgelagerte Bereich der Bäckereien und Schlachtereien, der Feldküchen und der Essensausgaben ist stets labil und gefährdet. Verpflegung im Krieg hat jederzeit mobil zu sein – „Essen in extremer Bewegung"!

Existentieller Hunger hatte in den Jahrzehnten vor dem Ersten Weltkrieg in Deutschland keine Rolle mehr gespielt. Auch auf den Tellern von Arbeiterfamilien gab es mittlerweile dank deutlich gestiegener Einkommen eine relativ große Auswahl an Lebensmitteln. Selbst Fleisch und Wurst wurde zu bestimmten Tagen konsumiert. Das komplizierte Geflecht von gewachsenem Wohlstand und sich verändernden Lebensgewohnheiten lässt sich noch am ehesten mit den Stichworten „Industrialisierung" und „Urbanisierung" zusammenfassen. Deutschland gehörte am Vorabend des Ersten Weltkriegs zu den weltweit führenden Industrienationen und Exportstaaten. Auch Nahrungs- und Genussmittel wurden industriell hergestellt. Eisenbahn, Dampfschiff, Großmarkthallen mit Kühlhäusern, Konsumvereine, Handelsketten, Warenhäuser und Versandgeschäfte sorgten für einen modernen Handel.[1]

In diese Entwicklungen eingebettet sind auch die Veränderungen der Militärverpflegung in den Jahrzehnten vor Ausbruch des Ersten Weltkriegs. Im 19. Jahrhundert hatte die Verantwortung der Heeresleitung gegenüber den Soldaten lange nur in der Ausgabe von Brot und in der Auszahlung von Verpflegungssätzen gelegen. Die Soldaten waren für ihre Versorgung selbst zuständig. Erst mit der Friedens-Verpflegungsvorschrift aus dem Jahr 1898 wurden die damals rund 600 000 Soldaten in den Kasernen weitestgehend aus zentralen Küchen versorgt. In Analogie zu den damals entstehenden Betriebskantinen konnten damit auch beim Militär die „Beschäftigten" kontrollierbar mit ausreichenden Kalorien und Nährstoffen versorgt werden. Doch mit Ausbruch des Weltkriegs im Jahr 1914 mussten mehrere Millionen Soldaten verköstigt werden. Es zeigte sich, dass die vor-

Abb. 1: Porzellanschwein 1914–1918: Das Sparschwein aus Porzellan stand während des Ersten Weltkriegs in einem Privathaushalt und erinnert mit seiner Aufschrift „Fleischnot" an die schlimmen Hungerjahre, Stiftung Domäne Dahlem

handenen Lebensmittel für die Heimat und die kämpfenden Soldaten nicht ausreichten. Mangel und Krieg brachten gezwungenermaßen eine große Bewegung in tradierte Nahrungsgewohnheiten und in die Suche nach Lebensmitteln. Auch dies soll in dem Beitrag betrachtet werden.
Das Leiden der Zivilbevölkerung während des Ersten Weltkriegs, der Hunger und das Verhungern von vielen Tausend Menschen in Deutschland zu dieser Zeit, gehört zu den bedrückendsten Kapiteln des 20. Jahrhunderts. Zu diesen Themen gibt es durch diverse Quellensammlungen und vor allem regionale Studien aufschlussreiche Erkenntnisse.[2] Der vorliegende Beitrag blendet diesen Themenkomplex weitestgehend aus und konzentriert sich vielmehr auf die Soldatenverpflegung. Dabei soll nicht die Frage nach möglichen Engpässen und Schwierigkeiten in den Mittelpunkt gestellt werden, sondern dem Veränderungsdruck und Innovationspotential durch den Ersten Weltkrieg nachgegangen werden. Zur Militärverpflegung im Ersten Weltkrieg gibt es bislang keine zusammenhängende wissenschaftliche Untersuchung. Zur Verfügung stehen Abhandlungen aus dem Kriegsernährungsamt, militärische Vorschriften, Kriegserinnerungen, Studien und Autobiographien von Protagonisten der Verpflegungsbürokratie, gesundheitliche und medizinische Evaluationen, ernährungswirtschaftliche Analysen und Aufsätze zu einzelnen Sachthemen, die helfen können, das komplexe Thema aufzuhellen. Der hier vorgelegte Beitrag gliedert sich in vier Kapitel. Zunächst soll einleitend auf den Ersten Weltkrieg als „Urkatastrophe des 20. Jahrhunderts“ eingegangen werden. Das zweite Kapitel widmet sich der Versorgung des Millionenheers als vorher nicht gekannte Herausforderung. Im dritten Kapitel wird der Frage nach neuen Produkten und veränderten Nahrungsgewohnheiten der Soldaten nachgegangen, um schließlich die Frage zu stellen, inwieweit und bis zu welchem Grad der Erste Weltkrieg Innovationsschub für die moderne Ernährung gewesen sein mag.

1. Der Erste Weltkrieg

Der Erste Weltkrieg von 1914 bis 1918 gilt als „Urkatastrophe“ des 20. Jahrhunderts.[3] Ihm voran gingen mehrere Jahre, die man durchaus als ersten Kalten Krieg bezeichnen kann. Im Zeitalter des Imperialismus bestimmten gegenseitiges Misstrauen, Aufrüsten und Propaganda das Verhältnis der europäischen Mächte: Deutschland, Österreich-Ungarn und Italien auf der einen, Frankreich, Großbritannien und Russland auf der anderen Seite. Deutschland war am Vorabend des Weltkrieges eine wirtschaftliche Weltmacht und strebte nach Expansion und Anerkennung. Als Deutschland am 1. August 1914 mit dem Einmarsch in Luxemburg und Belgien in den Krieg eintrat, war man auf deutscher Seite von einem kurzen Krieg überzeugt. Der sogenannte Schlieffenplan sah vor, Frankreich schnell zu besiegen, um dann gegen Russland im Osten vorgehen zu können. Doch der Kriegsverlauf war ein völlig anderer. Deutschland wurde in viele Kämpfe verstrickt. An der Westfront kam es zu einem jahrelangen Stellungskrieg mit immensen Verlusten auf beiden Seiten. Die britische Seeblockade schnitt Deutschland vom Import von Industrierohstoffen, Lebensmitteln und anderen Gütern des täglichen Gebrauchs weitestgehend ab. Als die Amerikaner 1917 in den Krieg eintraten, konnte Deutschland den Krieg nicht mehr gewinnen, denn es war ein Krieg, der durch Truppenstärken und wirtschaftliche Ressourcen entschieden wurde.
Für die damaligen Menschen unvorstellbar war die Industrialisierung und Anonymisierung des Krieges. An der Front eingesetzt wurden neue, hoch technisierte, in Massen hergestellte Waffen: Maschinengewehre, Flammen-

Abb. 2: Feldpostkarte „Durchhalten!, 11.4.1917“: Durchhalteparolen und Militarisierung der landwirtschaftlichen Produktion an der „Heimatfront“, Stiftung Domäne Dahlem

werfer, Minen, Giftgas, Granaten, Panzer, Luftschiffe, Flugzeuge. Eine von Strategien und militärischen Formationen geprägte kriegerische Auseinandersetzung, so wie man es vom letzten Krieg 1870/71 aus Erzählungen und Berichten noch kannte, fand nicht mehr statt. Stattdessen befanden sich die Soldaten in einem endlosen Stellungskrieg. Man lag im Schützengraben und kämpfte gegen Nässe und Kälte, gegen Krankheiten und gegen anonym abgeschossene Industriewaffen wie Giftgas und Granaten, denen man wehrlos ausgeliefert war und die im Verlaufe des Krieges zu millionenhaftem Sterben und Verstümmelungen führten.[4]

Kein Krieg vorher hatte derartige Verluste aufzuweisen. Auf den Kriegsschauplätzen in Europa, Asien und Afrika starben über neun Millionen Menschen. Hinzu kam eine weitaus größere Zahl an Verwundeten und Kriegsversehrten. Alleine in der Schlacht an der Somme starben über eine Million Menschen.[5] Das Wesen dieser neuen Art des Kriegs, in welcher der Soldat austauschbarer Bestandteil einer komplexen Kampfmaschinerie war, erkannten offensichtlich als Erstes diejenigen, die an der Front fürs Vaterland kämpften. „Das ist kein Krieg mehr, sondern gegenseitige Vernichtung mit technischer Kraft, was soll da der zarte Menschenleib dabei", schrieb der Soldat Hugo Frick im Oktober 1916 an seine Mutter.[6]

Abb. 3: Flugblatt, 1916: Die Deutsche Landwirtschaft greift das Hindenburg-Programm zur Mobilisierung der letzten Kräfte in der Heimat auf, Stiftung Domäne Dahlem

Aufruf

an die

deutschen Landwirte und Landwirtsfrauen.

Deutsche Landwirte! Hindenburg ruft!

Hindenburg ruft uns und mit uns alle Stände unseres Volkes auf zur äußersten Hingabe und Kraftentfaltung im Dienste des Vaterlandes. — Mit tiefem Verständnis für die schweren Aufgaben unserer Landwirtschaft erhofft er von der hohen vaterländischen Gesinnung der deutschen Landwirte, daß sie ihm helfen werden bei der siegreichen Ueberwindung der in immer größerem Umfange von der ganzen Welt gegen uns aufgebotenen Kriegsmittel.

Ungeheures haben unsere herrlichen Truppen im Felde geleistet. Gewaltiges ist von Landwirtschaft und Industrie daheim geschaffen. Wir können nicht unterliegen, wenn wir alle zusammenstehen, um mit vereinter Kraft die in immer größerem Maße erforderlich werdenden militärischen und wirtschaftlichen Kriegsmittel zu schaffen.

Zugleich griff der Krieg weitaus stärker als bislang auf die Zivilbevölkerung über. Beispiele sind der Umgang deutscher Truppen mit der Bevölkerung in eroberten Gebieten, die Auswirkungen der britischen Seeblockade auf die deutsche Bevölkerung und das Hindenburg-Programm, mit dem 1916 die letzten Menschen- und Materialreserven mobilisiert werden sollten. Der Wille zum totalen Krieg war zumindest in der obersten deutschen Heeresleitung mit den Generälen Ludendorff und Hindenburg bereits immanent.[7]

2. Versorgung eines Millionenheeres als neue Herausforderung

Mit enormem Aufwand wurde in Deutschland in den Jahren vor Kriegsausbruch militärisch aufgerüstet. Doch wie wurde im Vergleich dazu die Verpflegung der Soldaten vorbereitet? Unter Soldatenverpflegung verstand man damals „die Beschaffung, Bereitstellung und Zuführung aller Nahrungs- und Genussmittel, deren das Heer für Mensch und Tier benötigt, um damit die ungeheuren körperlichen Anstrengungen im Kriege zu überwinden".[8] Doch waren es im vorausgegangenen Krieg gegen Frankreich 1870/71 noch 560 000 Soldaten gewesen, so standen 1914 fünf Millionen und 1918 sogar elf Millionen Deutsche unter Waffen.[9] Welche Voraussetzungen waren also zu schaffen, um Lebensmittel aus dem eigenen Land bereitstellen, lagern und rasch in die Kriegsgebiete transportieren zu können?

a) Voraussetzungen im eigenen Land

Zu Kriegsbeginn blieb die Wirtschaftspolitik wie in den Friedensjahren zuvor auffällig liberal. Erst als irrationale Hamsterkäufe und die spekulative Zurückhaltung von Lebensmitteln durch Händler zu eklatanten Preissteigerungen führten, griff der Staat mit einer gesetzlichen Regelung festgeschriebener Höchstprei-

Abb. 4: Publikationsfoto einer Konservenfabrik 1917: Wurstherstellung

Abb. 5: Anzeige Trockenapparate 1918: Unzählige Fabriken entstanden neu, in denen Gemüse getrocknet wurde, Stiftung Domäne Dahlem

se ein. Die Tatsache, dass im weiteren Kriegsverlauf ständig neue Höchstpreisgesetze verabschiedet wurden, ist ein Indiz dafür, warum die damalige Wirtschaftspolitik von kritischen Zeitgenossen als unsystematisch, nicht präventiv und oft wirkungslos bewertet wurde.[10]
Erst 1915 wurden drei grundsätzliche ernährungswirtschaftliche Schwerpunkte umgesetzt, die man mit staatlichen Eingriffen durchsetzte:
1. die Reduzierung der Zuckergewinnung (zugunsten des Anbaus von Brotgetreide),
2. die Reduzierung der Bier- und Branntweinproduktion (da entbehrlich) und
3. die Reduzierung des Schweinebestands (Nahrungskonkurrent zum Menschen).[11]
Subventioniert wurden hingegen neu errichtete Nahrungsmittelfabriken, die benötigt wurden, insbesondere um für das Militär Konserven und Trockengemüse herzustellen.[12]
Darüber hinaus gab es eine Vielzahl staatlicher Beschränkungen, die vorrangig das Ziel hatten, die Ernährung des Heeres sicherzustellen. Nur was übrig blieb, kam – so das Urteil des führenden deutschen Ernährungsphysiologen Max Rubner[13] – an die Zivilbevölkerung. In diesem Sinne wurde seit Herbst 1914 das Brot mit Kartoffelmehl gestreckt, Anfang 1915 das Brotgetreide verstaatlicht. Es folgten 1915 Rationierungen für Brot, Milch, Zucker und Fett, 1916 folgten Eier und Fleisch. Seit 1915 wurden Zinn- und Dosenbleche zentral bewirtschaftet mit dem Ziel, diese vor allem für die Heeresverpflegung zu nutzen. 1916 gründete man den „Kriegsausschuss für Kaffee, Tee und deren Ersatzmittel GmbH", um den Hauptteil des noch vorhandenen Kaffees und Tees für die Soldatenverpflegung zu beschlagnahmen. Gegen Ende des Krieges flossen so 60 bis 70 Prozent der in Deutschland hergestellten Hauptlebensmittel an das Heer.[14]
Doch wie sah die Organisation aus, um im Inland produzierte Waren zu sammeln, zu lagern und auf Bedarf für den Transport in Kriegsgebiete bereitzustellen? Zuständig war das Preußische Kriegsministerium, und damit das Militär.[15] Die Verpflegungsabteilung des Kriegsministeriums gab – nachdem versäumt worden war, rechtzeitig die Speicher zu füllen – zu Kriegsbeginn die Losung aus, Lebensmittel zu beschaffen, koste es, was es wolle. Das Kriegsministerium wurde unterstützt durch ein kompliziertes Geflecht aus Intendanturen und

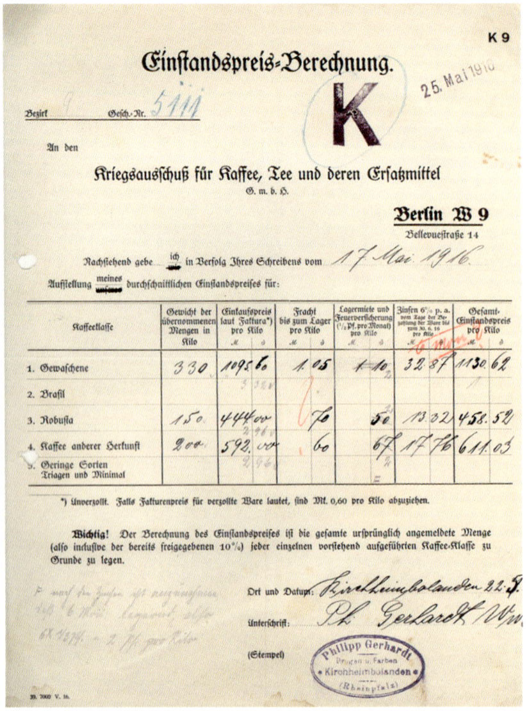

K 9

Einstandspreis-Berechnung.

25. Mai 1916

K

Bezirk 9 Gesch.-Nr. 5111

An den

Kriegsausschuß für Kaffee, Tee und deren Ersatzmittel
G. m. b. H.

Berlin W 9
Bellevuestraße 14

Nachstehend gebe ich in Verfolg Ihres Schreibens vom 17. Mai 1916.
Aufstellung meines durchschnittlichen Einstandspreises für:

Kaffeeklasse	Gewicht der übernommenen Mengen in Kilo	Einkaufspreis laut Faktura*) pro Kilo M	₰	Fracht bis zum Lager pro Kilo M	₰	Lagermiete und Feuerversicherung (½ Pf. pro Monat) pro Kilo M	₰	Zinsen 6% p. a. vom Tage der Bezahlung der Ware bis zum 30. 6. 16 pro Kilo M	₰	Gesamt-Einstandspreis pro Kilo M	₰
1. Gewaschene	330	1095	60	1	05	1	10	32	87	1130	62
2. Brasil											
3. Robusta	150	444	00		70		50	13	32	458	52
4. Kaffee anderer Herkunft	200	592	00		60		67	17	76	611	03
5. Geringe Sorten Triagen und Minimal											

*) Unverzollt. Falls Fakturenpreis für verzollte Ware lautet, sind Mk. 0,60 pro Kilo abzuziehen.

Wichtig! Der Berechnung des Einstandspreises ist die gesamte ursprünglich angemeldete Menge (also inclusive der bereits freigegebenen 10%) jeder einzelnen vorstehend aufgeführten Kaffee-Klasse zu Grunde zu legen.

Ort und Datum: Kirchheimbolanden 22.5.

Unterschrift: Ph. Gerhardt Wwe.

(Stempel) Philipp Gerhardt Drogen u. Farben Kirchheimbolanden (Rheinpfalz)

Abb. 6: Brief 22.5.1916: Im Frühjahr wurde der Kriegsausschuss für Kaffee, Tee und deren Ersatzmittel gegründet, um die Restbestände an Kaffee und Tee vom Handel aufzukaufen und für die Soldatenverpflegung zu nutzen, Stiftung Domäne Dahlem

Abb. 7: Publikationsfoto Feldbäckerei 1914: Im Feld gebackenes dunkles Kommissbrot gehörte zu den Grundnahrungsmitteln im Heer

Abb. 8 (S. 73 oben): Feldpostkarte 1915: Heinrich Mann schickte diese von ihm selbst gezeichnete vergnügliche Karte an die bekannte Berliner Schokoladenmanufaktur „Erich Hamann – Bittere Schokolade“. Schokoladenlieferungen wie diese bereicherten die eintönige Kost. Stiftung Domäne Dahlem

über 100 ihnen unterstellten Proviantämtern. Demzufolge verwundert es nicht, dass die ersten Wochen alles andere als koordiniert abliefen. Ohne statistische Grundlagen des vorhandenen Bestands und des eigentlichen Bedarfs wurden schnell und zugleich überteuert Waren für den Nachschub aufgekauft. Erst nach den ersten Wochen reagierte das Kriegsministerium und führte zur besseren Koordinierung eine „Zentralstelle zur Beschaffung der Heeresverpflegung“ ein. Diese organisierte fortan den Großteil der benötigten Versorgung. An Viehsammelstellen wurde mit Unterstützung des deutschen Viehhandelsverbands geeignetes Vieh ausgewählt. Der Zentralstelle ebenfalls untergeordnet waren über das Reich verteilte Proviantämter und Proviantdepots und speziell für den Krieg eingerichtete Reserve- und Ersatzmagazine. Von diesen Sammelstellen aus wurde der gesamte Nachschub zu nahe an der Grenze gelegenen Punkten gebracht, um bei Bedarf abrufbar zu sein.

b) Logistik im Kriegsgebiet

Im Kriegsgebiet waren für die Verpflegung sogenannte Intendanten zuständig, entsprechend der Heereshierarchie gegliedert in General-, Armee-, Korps- und Divisionsintendant mit ihren jeweiligen Intendanturen. Für die Umsetzung der täglichen Versorgung der einzelnen Truppenteile trugen Verpflegungsoffiziere Verantwortung.[16] Mit dieser personellen Struktur wurde der Nachschub aus den grenznahen Sammelpunkten organisiert. Was die Soldatenverpflegung[17] anbelangte, so hatte jeder Mann eine eiserne Ration für drei Tage bei sich zu führen. Deren Tagesmenge bestand aus 200 Gramm Eier- oder Feldzwieback, 200 Gramm Fleischkonserve, 150 Gramm Gemüsekonserve und je 25 Gramm Salz und Kaffee. Die eiserne Ration war leicht transportierbar, relativ schnell zuzubereiten und entsprach annähernd aktuellen ernährungsphysiologischen Vorgaben für eine ausreichende Zufuhr an Fetten, Kohlenhydraten und Proteinen. Die Grundverpflegung bestand hier wie in der täglichen Zuteilung immer aus Brot, Fleisch und Gemüse sowie Gewürzen und Heißgetränk.

Im Kriegsalltag erhielt jeder Soldat pro Tag 750 Gramm Brot, 375 g frisches, gesalzenes oder gefrorenes Fleisch, 125 Gramm Reis, Graupen oder Grütze sowie 25 Gramm Salz und 25 Gramm Kaffee. Abhängig davon, was im jeweiligen Gebiet erhältlich war, konnten diese Verpflegungssätze variieren. Anstelle des dunklen, groben Kommissbrotes wurden auch 400 Gramm Eierzwieback oder 500 Gramm Feldzwieback ausgeteilt. Fleisch wurde alternativ in 200-Gramm-Portionen geräuchert oder als Fleischwurst, Dauerwurst, Speck und Fleischkonserven ausgegeben. Die Gemüseportion konnte ersatzweise aus 250 Gramm Hülsenfrüchten, aus 1,5 Kilo frischen Kartoffeln, aus 150 Gramm Gemüsekonserven oder 60 Gramm Dörrgemüse bestehen, jeweils mit verschiedenen Kombinationsmöglichkeiten. Kaffee konnte ersetzt werden durch 3 Gramm Tee mit 17 Gramm Zucker. Vor Kriegseinsätzen oder nach besonderen Anstrengungen oblag es den Generälen, die vorhandenen Rationen zu erhöhen oder besondere Genussmittel zu verteilen.

1916 vergrößerte sich die Bandbreite der verteilten Lebensmittel. Als Fleischalternative kam frischer, geräucherter, gesalzener oder in Konserven eingelegter Fisch hinzu, an getrockneten Produkten wurden nun Kartoffelflocken[18] angeboten, das Gemüseangebot wurde erweitert um Mohrrüben, Kohlrüben, weiße Rüben, Kohlrabi, grüne Bohnen und Spinat. Vermutlich erst jetzt kamen auch Wirsing, Weißkohl, Grünkohl und Rotkohl in die Verteilung, ergänzt um Nudeln und Backobst. Als Fettration wurden Butter, Schmalz und Schweinefleisch in Konserven zugeteilt, als möglicher Ersatz galten Wurstsorten, Käse und immer wieder Marmelade als Brotaufstrich. An Gewürzen bestand mittlerweile eine breite Vielfalt und in die Feldkostration wurde wegen der großen Anstrengungen des Schützengrabenkriegs als „Nervennahrung“ nun auch Kakao mit viel Zucker genehmigt.[19] Zu diesen Rationssätzen kamen vor allem in den ersten Kriegsjahren von den Angehörigen die sogenannten „Liebesgaben“ mit Leckereien aus der Heimat oder es wurde ein ausgewähltes Sortiment an Lebens- und Genussmitteln sowie anderen Waren des täglichen Bedarfs von Marketendern an die Soldaten verkauft.[20]

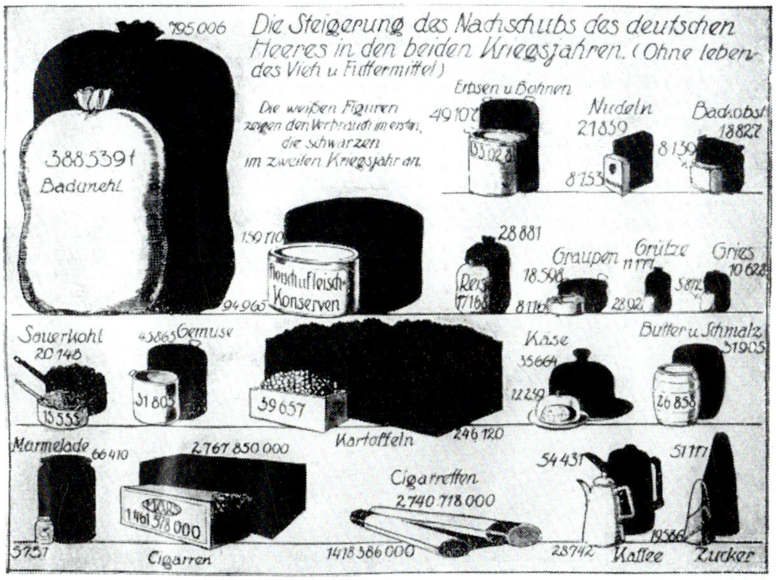

Abb. 9: Publikationsfoto 1917: Die Graphik verdeutlicht die Zunahmen an Lebensmittellieferungen aus dem Inland für das Heer im Vergleich der beiden ersten Kriegsjahre, Stiftung Domäne Dahlem

Um diese Versorgung zu gewährleisten, mussten aus dem Inland Unmengen von Lebensmitteln bereitgestellt werden. Aus Unterlagen des Kriegsernährungsamts geht hervor, dass allein in den ersten beiden Kriegsjahren aus der Heimat 23,5 Millionen Zentner Mehl, eine Million Rinder, eine Million Schweine und 570 000 Hammel sowie 5,5 Millionen Zentner in Konserven abgefülltes Fleisch, aber auch Genussmittel in erstaunlicher Höhe, wie 1,25 Millionen Zentner Kaffee, 300 000 Zent-

ner Kakao und Tee, 2,7 Millionen Hektoliter Bier, über 8,5 Milliarden Zigarren und Zigaretten, und insgesamt 160 Millionen Zentner Lebens- und Genussmittel an das Heer geliefert wurden.[21]
Dies stand in eklatantem Gegensatz zu den Ernährungsverhältnissen im Inland. Einem Soldaten stand im Winter 1916/17 an Fett und Fleisch pro Tag ebenso viel zur Verfügung wie dem Großstädter pro Woche.[22] Allerdings wurden gegen Kriegsende auch im Militär die zur Verfügung stehenden Rohstoffe geringer.[23]
Diese Massen zur Versorgung der Soldaten ließen sich nur mit Möglichkeiten, welche die Eisenbahn bot, in der gebotenen Geschwindigkeit transportieren.[24] Zum Teil war es erforderlich, neue Teilstrecken zu bauen.[25] Meist am Ende der Bahnlinien legte man große Etappenmagazine[26] an, in denen der Nachschub aus der Heimat entladen wurde: Hülsenfrüchte, Mehl, Kaffee und Zwieback in Säcken, Fleisch- und Gemüsekonserven in Kisten, Brot in Stapeln, Heu und Stroh auf Holzunterlagen, Körner, Gemüse, Salz und Zwieback in Säcken oder Gefäßen.[27] Von den großen Etappenmagazinen aus wurden die Waren in Kolonnen per Fuhrwerk oder LKW oft hunderte von Kilometern bis zu den Feldmagazinen der Divisionen gefahren. Eine Kolonne konnte bis zu 54 000 kg Last befördern und übernahm quasi die Aufgabe eines beweglichen Magazins. An den Feldmagazinen holten die einzelnen Truppenteile die täglich benötigten Mengen ab und transportierten diese auf Futter- und Lebensmittelwagen.
Soweit möglich, versuchte das Heer den kontinuierlich benötigten Nachschub aus der Heimat zu reduzieren, und zwar über die Versorgung aus den besetzten Gebieten.[28]
Die in früheren Kriegen häufigste Verpflegungsart war die Unterbringung der Soldaten in Häusern der Feinde gewesen. Doch war das Heer für diese Quartiersverpflegung mittlerweile zu groß geworden und nutzte sie nur in Ausnahmen. Wesentlich häufiger angewandt wurden neuere Methoden wie die Konfiszierung überschaubarer Mengen an Lebens- und Genussmitteln durch Verpflegungsoffiziere oder das Aufkaufen von Lebensmitteln bei Privaterzeugern und -händlern, nachdem vorher im Feindesland entsprechende Mittel durch eine Geldsteuer eingetrieben worden waren.
Auch konnten in den besetzten Gebieten Privatbäckereien unter militärischer Aufsicht zur Brotherstellung herangezogen werden. In der Regel kam jedoch Brot wie die anderen Grundnahrungsmittel Fleisch und Wurst aus

Abb. 10: Publikationsfoto Feldbäckerei 1914: Die Backöfen waren 24 Stunden in Betrieb und wurden für den modernen Bewegungskrieg konzipiert, Stiftung Domäne Dahlem

Abb. 11: Publikationsfoto Feldschlachterei 1914: Seltenes Bild einer Feldschlachterei, Stiftung Domäne Dahlem

Abb. 12: Publikationsfoto Feldküche 1908: Stolz präsentiert die Fa. Senking die erste hergestellte Feldküche, die nach dem Gewinn eines Wettbewerbs 1914 in 1000 und 1918 in 4000 Exemplaren im Heer eingesetzt wurde, Stiftung Domäne Dahlem

Abb. 13: Publikationsfoto Feldküche 1914: Auch per Schiene wurden Feldküchen transportiert. Selbst in Vorwärtsbewegung konnte mit Feldküchen gekocht werden. Stiftung Domäne Dahlem

den eigenen Militärbetrieben.[29] Geschlachtet wurde das mitgetriebene Vieh in mobilen Militärschlachtereien. Und Brot konnte ebenfalls mobil in fahrbaren Backöfen gebacken werden, mit denen das Heer seit 1896 ausgestattet war. In diesen Feldbacköfen, die speziell für den modernen Bewegungskrieg konzipiert waren, ließen sich bei einem 24-stündigen Dauerbetrieb 1920 Brote herstellen, was bei einer Feldbäckerei-Kolonne mit 12 Backöfen eine maximale Kapazität von 23 000 Broten pro Tag ergab. Kommissbrot und Fleisch gelangten schließlich wie der übrige Nachschub über die Feldmagazine in ihrer Funktion als Verteilerstation an die Truppen.

Dort war jede Einheit mit modernen Feldküchen ausgestattet.[30] Die Firma Senking hatte in Zusammenarbeit mit der Firma Magirus einen 1905 ausgeschriebenen Wettbewerb für Feldküchen gewonnen, die 1907 in Erprobung gingen und zu Kriegsbeginn in immerhin 1000 Exemplaren als pferdegezogene Küchen für eine mobile Massenverpflegung zur Verfügung standen. Gekocht werden konnte selbst in Bewegung, wenn auch die Feldküchen nie zu nahe am Feind haltmachen durften. Hülsenfrüchte, Rind- und Hammelfleisch brauchten in den 200-Liter-Kesseln nach zweistündigem Anfeuern zwei Stunden, Kartoffeln, Reis und Schweinefleisch nur etwa eine Stunde, um fertig gekocht zu sein. Parallel dazu ließ sich in einem 70-Liter-Kessel Kaffee kochen. Die Feldküche eignete sich besonders zur Herstellung von Suppen und Eintöpfen. Zur Zubereitung verwendete man neben frischen Produkten auch Trocken- oder Dosenkonserven. Waren die Suppen und Eintöpfe fertig gekocht, so hielten sich die Gerichte ohne weitere Befeuerung bis zu acht Stunden warm, dank einer Doppelwandung des Kessels mit dazwischen befindlichem Glycerin. Da direkt an der Front das Kochen verboten war, mussten den kämpfenden Truppen Tagesvorräte bis hin zum warmen, in Kochkisten temperiert gehaltenen Essen unter großer Gefahr überbracht werden.[31] Dass dies nicht immer gelang, wird vom Generaloberstabsarzt Dr. Merkel kritisch kommentiert: „Oft war es von Zufall abhängig, ob die Feldküchen überhaupt in die Nähe der Grabenfront gelangten und ob die Essensträger von ihnen aus mit den Kesseln bis in die vorderste Linie vordrangen. Gelang das in Feuerpausen, so war das Essen alt und kalt."[32]

Abb. 14: Kochkiste: Mit Kochkisten wie diesen konnte Essen durch kurzes Ankochen fertig gestellt oder warm gehalten werden. Kochkisten wurden in der Heimat wie auch im Militär während des Ersten und auch Zweiten Weltkriegs häufig eingesetzt. Stiftung Domäne Dahlem

c) Bilanz

Die Aufgabe der Militärverpflegung erreichte eine vorher nie dagewesene Dimension. Die Heeresstärke war bis zu zwanzig Mal größer als im vergangenen Deutsch-Französischen Krieg. Gegen Kriegsende galt es täglich 11 Millionen Soldaten in ausreichender Menge und Qualität zu verpflegen. Im Vergleich zum Krieg von 1870/71 hatten sich nicht nur die wissenschaftlichen Ernährungserkenntnisse, sondern auch die Ernährungsgewohnheiten der Soldaten erheblich gewandelt. Wie also sind Vorbereitungen und Umsetzungen, gesetzliche und organisatorische Anpassungen, Logistik, Verpflegungssätze, Ausnutzung von Ressourcen, technische und personelle Voraussetzungen in ihrem Zusammenspiel zu bewerten, wie sah die Positiv- und Negativbilanz der militärischen Massenverpflegung des deutschen Heeres aus?

Um die immer knapper werdenden Lebensmittel in ausreichender Menge an das Militär verteilen zu können, wurden diese staatlicherseits rationiert. Gleichzeitig wurde intensiv daran gearbeitet, vorhandene Lebensmittel und deren Rohstoffe besser verwerten zu können und gegebenenfalls neue zu entwickeln. Der deutsche Staat förderte das Wissen um diese Fragen und die Wissensverbreitung. Finanziell unterstützt wurden Fabrikneugründungen für die Herstellung kriegsnotwendiger Erzeugnisse. Im Feld hatte sich die Position des Verpflegungsoffiziers für die operative Arbeit bewährt. Nach Startschwierigkeiten erwies sich auch die verwaltungsorganisatorische Zentralisierung des aus dem Inland benötigten Nachschubs durch das Kriegsministerium als richtige Entscheidung. Die Verpflegungssätze für Soldaten waren bis Kriegsende dergestalt, dass im Heer kein Hunger gelitten werden musste und auch Mangelkrankheiten wie Skorbut ausblieben. Die Investition in moderne Backöfen und Feldküchen erwies sich als richtig. Ausreichend Nahrungsmittel waren im Kriegsgebiet auch deswegen vorhanden, weil mit Hilfe pekuniärer Anreize Lebensmittel bei ansässigen Bäckern, Fleischern und Lebensmittelhändlern aufgekauft werden konnten.

Auf der anderen Seite stehen jedoch große Versäumnisse und Fehleinschätzungen. Vermutlich der folgenreichste Fehler war es, dass Deutschland zwar militärisch massiv aufgerüstet hatte, jedoch in seiner Wirtschaftspolitik völlig unvorbereitet in den Krieg eintrat.[33] Der Staat hatte weder für eine entsprechende Vorratshaltung vorgesorgt noch existierte ein Plan zur Organisation der Ernährungswirtschaft im Kriegsfall. Fast schon erschütternd entnimmt man der Biographie des für Innere Angelegenheiten zuständigen Politikers Delbrück die Ignoranz der höchsten politischen Stellen um den unglücklich agierenden Reichskanzler Hollweg und den Reichsschatzsekretär Kühn, die noch wenige Tage vor Ausbruch des Weltkriegs aus politischen bzw. finanziellen Gründen den Aufkauf eines in Amsterdam angebotenen riesigen Getreidevorrats abgelehnt hatten.[34] Auf einer ganz anderen Ebene zeigt sich gleichfalls die Geringschätzung der Verpflegungsfrage durch die politische und militärische Leitung Deutschlands. Im gesamten Verpflegungswesen, von der Magazinierung über

Abb. 15: Foto Berliner Schulspeisung 1917: Nur ein kleiner Teil der städtischen Bevölkerung konnte bei Massenspeisungen eine warme Mahlzeit bekommen, Stiftung Domäne Dahlem

die Verarbeitungsbetriebe bis hin zur Feldküche, wurde zunehmend unqualifiziertes Personal bis hin zu Gefangenen eingesetzt. Die Kritik an der Qualität der Speisen[35] führte jedoch nicht dazu, obligatorisch zum Beispiel Schulungen für das Personal anzubieten. Diesbezüglich bleibt es bis Kriegsende bei den oft in Feldbriefen beschriebenen Mängeln.

Ein weiterer grundlegender Fehler lag in der Annahme, für militärische Bedürfnisse aus der Wirtschaft das herausziehen zu können, was benötigt wurde, um dann mit dem Rest die Zivilbevölkerung versorgen zu können. Diese Rechnung ging nicht auf. Es kam spätestens im Winter 1916/17 zu katastrophalem Hunger in der Heimat, den auch die erst gegen Kriegsende eingezogenen Soldaten erleiden mussten, was sich nicht zuletzt in deren Gesundheitszustand niederschlug.[36] Gegen Kriegsende benötigte das Militär 30 Prozent des gesamten Brotgetreides und sogar 60 Prozent der Gesamtmenge des Rind- und Schweinefleisches. Hier erwies es sich als besonders fatal, dass das Militär in seiner Festlegung des Fleischverpflegungssatzes nicht die neuen Erkenntnisse des führenden deutschen Ernährungsphysiologen Max Rubner berücksichtigt hatte. Diesem war es in seinen Forschungen gelungen, den Zusammenhang zwischen dem Umfang und der Schwere körperlicher Arbeit und dem davon abhängigen Nahrungsmittelbedarf herauszuarbeiten. Diesbezüglich hatte Rubner festgestellt, dass der in der Soldatenverpflegung vor allem durch Fleischkost befriedigte Proteinbedarf um einiges zu hoch lag.[37]

Für eine zusammenfassende Bewertung der Versorgung eines Millionenheeres darf gewiss nicht vergessen werden, dass zum Teil gänzlich neue Anforderungen auf alle daran Beteiligten zukamen. Wissenschaftliche Kenntnisse, technische Errungenschaften und neue logistische Lösungen schufen Möglichkeiten, die während des gesamten Krieges Hunger im Feld und Mangelkrankheiten unter den Soldaten vermieden. Dennoch wiegen die Fehler in der Versorgung schwer, insbesondere der Raubbau, der zur Hungerkatastrophe der Zivilbevölkerung führte. Unbeantwortet bleibt, warum der Verpflegungsfrage kein Gewicht beigemessen wurde, warum ein Land wie Deutschland es nicht schaffte, im Vorfeld angesichts einer sich abzeichnenden Blockade abzufragen, welche Mengen an Lebensmitteln sich in den Magazinen der Ernährungswirtschaft befanden, warum es keinen Plan gab für den Fall eines längeren Kriegsverlaufs. Fehler in der Situationseinschätzung, falsche Schlussfolgerungen und mangelnder Rückhalt auf der Ebene der politischen und militärischen Führung führten zu den oben beschriebenen folgenreichen Mängeln.

3. Soldatenkost im Ersten Weltkrieg: Veränderte Nahrungsgewohnheiten und neue Produkte

Im vorausgegangenen Kapitel wurde der Weg der Soldatenverpflegung von den grenznahen Sammelstellen über die großen Etappenmagazine und Nachschubkolonnen bis hin zu den Feldmagazinen, Feldbäckereien und -fleischereien und letztendlich von der Feldküche bis hin zum Frontsoldaten nachgezeichnet. Es handelte sich um einen Weg, der schnell zurückgelegt werden musste, um Millionen Soldaten zur rechten Zeit versorgen zu können. „Essen in extremer Bewegung" hieß in diesem Kontext auch, abhängig zu sein von vielen mit dem Krieg zusammenhängenden Unwägbarkeiten. Im folgenden Kapitel soll ein anderer Aspekt des Essens in Bewegung betrachtet werden. In Deutschland herrschte Hunger, zugleich musste ein im Laufe des Krieges immer größer werdendes Heer versorgt werden. Sowohl von Konsumenten- als auch von Produzentenseite her stand Essen auf dem Prüfstand,

Abb. 16: Foto Mittagsrast an der Feldküche 1914–1918: Gemeinsames Essen an der Feldküche führte zwangsläufig zu Veränderungen und zu Angleichungen der Nahrungsgewohnheiten, Stiftung Domäne Dahlem

war „Essen in extremer Bewegung". Ein nochmaliger Blick auf die Teller der Soldaten will den Blick für Veränderungen und Innovationen schärfen.

Vor Ausbruch des Ersten Weltkriegs waren Ernährungsgewohnheiten zwischen Stadt und Land und mehr noch zwischen den Regionen Deutschlands sehr unterschiedlich.[38] Die Truppenteile des deutschen Heeres waren im Ersten Weltkrieg keineswegs homogen. Junge Soldaten mit akademischem Hintergrund, katholischer Religionszugehörigkeit und der Herkunft aus einer süddeutschen Großstadt standen älteren Soldaten protestantischen Glaubens gegenüber, die ihr Geld bislang als Landarbeiter in kaum besiedelten ostpreußischen Gutsdörfern verdient hatten. Tranken die einen eher Wein und die anderen vor allem Bier und Branntwein, verspeisten die einen eher Mehlspeisen und die anderen Kartoffelgerichte, kannten die einen die raffinierten Gerichte moderner Restaurants und die anderen vor allem einförmige Getreidespeisen, so waren beide in einer Truppe über Jahre der gleichen Militärverpflegung ausgeliefert. Unabweislich änderten sich damit Nahrungsgewohnheiten, zum Teil werden sie sich einander angeglichen haben. So mancher Soldat wird in den Kriegsjahren das erste Mal gesüßten Kakao getrunken oder Marmelade als Brotaufstrich, frischen Seefisch und Fertigprodukte aus der Konserve gegessen haben.

Auf der Seite der Produzenten war die deutsche Lebensmittelindustrie in den Kriegsjahren intensiv auf der Suche nach neuen Erzeugnissen, was aufgrund des Rohstoffmangels – bedingt durch die britische Seeblockade und den deutlichen Rückgang der eigenen Agrarproduktion – nur begrenzt gelingen konnte. Die Unternehmen beschäftigten sich im Wesentlichen mit drei Fragen: 1. Wie ist es möglich, bekannte Lebensmittel besser zu verwerten? 2. Welche bislang für die menschliche Nahrung kaum vorgesehenen Rohstoffe können zur Herstellung von Lebensmitteln benutzt werden? 3. Welche Nahrungsmittel lassen sich künstlich herstellen?[39]

Zur ersten Frage wurden insbesondere Trocknungsverfahren weiterentwickelt, nicht nur für Kartoffeln und anderes Gemüse, sondern auch für Flüssigkeiten wie Milch und Blut, die man in Pulver verwandelte, um daraus sogenannte „Dauerwaren" herstellen zu können. Auch bislang als Abfallprodukt angesehene Bestandteile wurden mit neuen Verfahren verwertet, erfolgreich z. B. Molke in pulverisierter Form als Grundbestandteil für Brotaufstriche, oder Schlachtviehknochen, Obstkerne, Rosskastanien- und Sonnenblumensamen zur Öl- und Fettgewinnung. Zur zweiten Frage nach bereits bekannten, aber vorher kaum genutzten Rohstoffen wurden für Fleisch und Wurstwaren bislang wenig genutzte Tierarten geschlachtet, allen voran Pferde und Kaninchen. Die Wicke, bislang nur als Tierfutter gebräuchlich, konnte in einem Prozess entbittert werden und ließ sich als Basis für Suppenpulver verwenden. Erfolgreiche künstliche Lebensmittel wurden in den Kriegsjahren kaum entwickelt. Eine Ausnahme bildete künstliche Hefe, die mit Hilfe rein minerali-

scher Nährstoffe als eiweißreiches Nahrungsmittel gezüchtet wurde und breite Verwendung fand. Andere bereits bekannte Kunstprodukte wie etwa Kunsthonig, dessen Honigaroma mit dem Zusatz von Phenylessigsäure zusammenhing, nahmen in den Kriegsjahren erheblich zu.
Ein besonderes Kapitel der Lebensmittelherstellung waren Ersatzlebensmittel.[40] Bereits vor 1914 existierten viele Surrogate; am bekanntesten waren Margarine, Kaffee-Ersatzstoffe, Brühwürfel, künstliche Süßstoffe und der bereits genannte Kunsthonig. Während des Ersten Weltkriegs wurden ständig neue Produkte und Produktvarianten entwickelt, über 11 000 Produkte waren behördlich erfasst, es dürften im Alltag wesentlich mehr gewesen sein. Die meisten von ihnen waren auf schnellen Gewinn angelegte minderwertige Erzeugnisse bis hin zu betrügerischen Lebensmittelfälschungen in einer Phase des Hungers.
Es hat demzufolge in den Kriegsjahren in der Ernährungswirtschaft an Neuerungen nicht gefehlt, insbesondere wenn man die Fülle von Ersatzlebensmitteln vor Augen hat. Bahnbrechende Innovationen mit einer nachhaltigen Wirkung bis in die Gegenwart scheinen jedoch eher selten gewesen zu sein. Hierzu gehört sicherlich die Erfindung der künstlichen Hefe, aber auch die ersten industriell hergestellten Marmeladen, Sonnenblumenöl und Kartoffelflocken, die sich durch ihre breiten Einsatzmöglichkeiten in der Militärverpflegung bewährt hatten. Innovationshemmend waren gewiss die oben zum Teil schon beschriebenen Mängel. Der Konservenindustrie fehlten geeignetes Dosenmaterial und das Fachpersonal, um in breiter Masse Qualitätsprodukte herstellen zu können. Die Trocknungsindustrie konnte insbesondere mit getrocknetem Gemüse nicht überzeugen. Versuche zum Schnellgefrieren von Fischen, Fleisch, Obst und Gemüse brachten keine befriedigenden Ergebnisse.[41] Somit lag das Hauptaugenmerk der Ernährungswirtschaft auf der Suche nach nutzbaren heimischen Rohstoffen zur Herstellung von Ersatzlebensmitteln.

Abb. 17: Postkarte 1914–1918: Trotz der Durchhalteparolen ging die Produktionsleistung der deutschen Landwirtschaft durch den Mangel an Personal, Düngemittel und Futter stark zurück, Stiftung Domäne Dahlem

4. Der Erste Weltkrieg als Innovationsschub für die moderne Ernährung?

Aus dem oben Gesagten lässt sich vermuten, dass auch die Frage, ob der Erste Weltkrieg einen Innovationsschub hin zur modernen Ernährung angestoßen hat, eher zu verneinen ist. Kein geringerer als Max Rubner schreibt als Mitautor an dem vom ehemaligen Präsidenten des Kaiserlichen Gesundheitsamts Franz Bumm 1928 herausgegebenen Sammelband über „Deutschlands Gesundheitsverhältnisse unter dem Einfluss des Weltkrieges" folgendes: „Man hat in der Periode der Kriegsernährung behauptet, es werde nach dem Kriege ein völliger Umschwung der Ernährung bestehen bleiben. Dies ist nicht eingetroffen. Mit jedem im freien Handel erscheinenden Nahrungsmittel hat sich der gleiche Vorgang vollzogen. Die Essensformen haben sich immer mehr an die frühere Friedenskost angenähert. Die traditionelle Kost ist im

Abb. 18: Prospekt der Fa. Weck 1914–1918: Bereits im Ersten Weltkrieg nahm in den Städten die Tendenz zu, Gartenland zu bewirtschaften und die Ernte „einzuwecken". Der Prospekt zeigt die Militarisierung der „Heimatfront". Stiftung Domäne Dahlem

Volksbewusstsein so fest verankert, dass die Rückkehr in die alten Bahnen nicht wundernehmen kann."[42]

Die Feststellung Rubners scheint eindeutig zu sein: Festhalten an Bewährtem anstelle Fortführung der aus der Not geborenen Neuerungen des Weltkriegs. Und wer im gleichen Buch den Beitrag des Reichsgesundheitsamtsdirektors Kerp aus Berlin über die „Versorgung mit Ersatzlebensmitteln" mit vielen Details zur Kenntnis nimmt,[43] kann nur zu gut verstehen, warum sich diese Praktiken im freien Handel selten gehalten haben. Dennoch sei an das vorliegende Material die Frage nach dem Innovationsschub des Ersten Weltkriegs gestellt und nach langfristig sich durchsetzenden Veränderungen im gesamten Ernährungssystem gesucht. Hierfür soll als Erstes die Ebene der gesetzgebenden Politik und der für die Vorbereitung und Umsetzung verantwortlichen Behörden betrachtet werden.

Während des Ersten Weltkriegs wusste sich der Staat gegenüber der Flut neuer und oft unseriöser Ersatzlebensmittel lange nicht weiterzuhelfen, als immer nur reaktiv mit einzelnen Verordnungen, Bekanntmachungen, Kontrollen und Strafandrohungen vorzugehen – nicht selten ohne die erhoffte Wirkung.[44] Erst sehr spät wurden in der „Bekanntmachung vom 18.4.1918" Ersatzlebensmittel gesetzlich definiert und war fortan deren Zulassung genehmigungspflichtig. Nun mussten neue Produkte nicht erst in den Handel kommen, um nach Beschwerden oder Stichproben verboten werden zu können; ein Problem, was auch schon vor 1914 existierte und als solches erkannt worden war. Fortan galt, dass die Ernährungsindustrie dazu verpflichtet war, in der Etikettierung Produktname, Hersteller, Zeit der Herstellung und Inhalt zu benennen.

Eindeutig wurden hiermit Verbraucherinteressen in den Vordergrund gerückt. Es dauerte allerdings noch bis 1927, bis das veraltete Lebensmittelgesetz aus dem Jahr 1879 durch ein auch im europäischen Kontext vorbildliches Gesetz ersetzt wurde. Betrachtet man dessen Vorgeschichte, an welcher insbesondere das Kaiserliche und spätere Reichsgesundheitsamt in Berlin-Dahlem mitgewirkt hatte,[45] so wird klar, wie sehr Anstöße durch Erfahrungen des Weltkrieges das Gesetz mitgeprägt haben. Insbesondere die Obenanstellung des gesundheitlichen Verbraucherschutzes bedeutete ein wichtiges Signal in Richtung Ausgleich zwischen der Fürsorgepflicht des Staates, Interessen der Ernährungswirtschaft und berechtigten Bedürfnissen der Verbraucher.[46] Damit hatte sich, mit Auswirkungen bis auf den heutigen Tag, die Situation der Verbraucher eindeutig verbessert. Wenn Rubner urteilt, dass die Konsumenten gerne zu der Vorkriegsernährung zurückkehrten, hatte er sicher nicht den gesetzlich vor 1914 nur sehr lückenhaften Verbraucherschutz im Kopf.

Die nächsten Beispiele beschäftigen sich mit einzelnen Lebensmittelgruppen, bei denen es

Hinweise gibt, dass sich Verzehrsgewohnheiten, durch den Ersten Weltkrieg ausgelöst, nachhaltig verändert haben. Kakao mit Zucker wurde im Laufe des Krieges allen kämpfenden Truppen an der Front als Extra-Ration und beruhigendes Genussmittel verabreicht, bereits in den ersten beiden Kriegsjahren wurden fast 300 000 Zentner Kakao an die Soldaten verteilt.[47] Schokolade war als „Liebesgabe" der Angehörigen an die Soldaten ebenso beliebt wie als Handelsware der Marketender. Bis Kriegsende kannte jeder Soldat den Genusswert von Kakao und Schokolade. Dies war vor 1914 noch nicht der Fall. Zwar war zu dieser Zeit der Pro-Kopf-Verbrauch im Vergleich zum späten 19. Jahrhundert bereits deutlich gestiegen, aber vollständig etabliert hatte es sich in den sozialen Unterschichten noch nicht. Sobald die Rohstoffe wieder eingeführt werden durften, kam es nach dem Ersten Weltkrieg zu einem raschen und erstaunlichen Produktions- und Konsumanstieg von Kakao und Schokolade, und dies in Jahren der Inflation und größter wirtschaftlicher Schwierigkeiten. Ebenso wie das Rauchen von Zigarren und Zigaretten quasi ein Erkennungsmerkmal der „Generation Krieg" wurde, breiteten sich Kakao und Schokolade offensichtlich ebenfalls durch Konsumgewohnheiten beim Militär endgültig in allen Bevölkerungsschichten als leicht transportierbares, sättigendes Genussmittel aus. Dies wird indirekt auch dadurch bestätigt, dass die Schokoladenindustrie in den 1920er Jahren ihr Vermarktungs-Hauptaugenmerk auf die breiten Massen richtete.[48]

Eine weitere, bis heute sich haltende Veränderung des Nahrungsverhaltens scheint die Wertschätzung frischen Gemüses und der Vielfalt von Gemüsesorten gewesen zu sein. Auf den Tellern der Soldaten gab es seit 1916 wesentlich mehr Gemüseauswahl, als dies vielen aufgrund regionaler Verzehrsmuster geläufig gewesen war.[49] Während industriell hergestelltes Trockengemüse aufgrund teilweise erbärmlicher Qualität oft schlichtweg verweigert wurde, sind keinerlei Klagen über frisches Gemüse bekannt. Es dürfte daher neben den Hungererfahrungen in der Heimat auch mit diesen Erfahrungen der Truppenverpflegung zusammenhängen, dass es nach dem Krieg gerade in den deutschen Großstädten zu einem wahren Boom neuer Kleingärten kam. Kleingärten wurden zu dieser Zeit bevorzugt von der einfachen Bevölkerung gepachtet, mit der bis vor wenigen Jahrzehnten noch aktuellen Zielsetzung, frisches eigenes Gemüse wie auch Obst anbauen zu können. Die Zahlen sprechen für sich: Die Anzahl an Kleingärten konnte sich in mehreren Städten zum Teil mehr als verhundertfachen! Sie wuchsen zwischen 1912/13 und 1927 in Berlin von 1 841 auf 138 000 an, in Hamburg von 253 auf 35 269 und in Köln von 578 auf 36 900, um nur einige Städte zu nennen.[50] Es war zu dieser Zeit eher die Regel als die Ausnahme, dass Kleingärtner versuchten, die Erzeugnisse über die Erntezeit hinaus haltbar zu machen, durch eigenes Trocknen, aber vor allem auch durch Einwecken. Es ist zu vermuten, dass die vor dem Krieg noch übliche Zurückhaltung gegenüber Gemüse und der oft nur in bestimmten Regionen bekannte Genuss heute völlig geläufiger Gemüsesorten sich nicht zuletzt durch gemeinsame Esserfahrungen der Soldaten einander angeglichen haben. Gemüse wurde fortan zu einem wichtigen Bestandteil des Essens, zusätzlich unterstützt durch neue, wissenschaftlich gestützte Informationen zu dessen Vitamingehalt.[51]

Wie beim Gemüse scheinen sich auch im Fischverzehr, durch Erfahrungen gemeinsamer Militärverpflegung, Nahrungsgewohnheiten angeglichen zu haben. Seit 1916 wurde den Soldaten Fisch als Alternative zu Fleisch in großer Vielfalt frisch, geräuchert, gesalzen und in der Dose eingelegt ausgeteilt. Waren Fisch-

Abb. 19: Eingelegter Spargel aus Berlin-Pankow 1916: Das Spargelglas wurde 1916 inmitten größter Not gefüllt und stand als Symbol des Überlebens über Jahrzehnte im Vorratskeller

gerichte vor 1914 nur an der Küste und in bestimmten Regionen geläufig, so wurde Fischessen nach 1918 gerade aufgrund des wertvollen Eiweißgehalts zu einem regelmäßigen Bestandteil insbesondere der Freitagskost.

Welche Hinweise geben die vorgestellten Beispiele für die Frage nach dem Innovationsschub des Ersten Weltkriegs für die moderne Ernährung? Auf der einen Seite führten offensichtlich gerade die Mängel, nämlich Versorgungsengpässe und Versäumnisse in der Kontrolle neuer Nahrungsmittel nach Kriegsende zu nachhaltigen Veränderungen. Im neuen Lebensmittelgesetz aus dem Jahr 1927 erhielt der gesundheitliche Verbraucherschutz erstmals einen zentralen Stellenwert. Zugleich lassen sich mehrere Belege finden, dass gemeinsame Verpflegungserfahrungen der Soldaten zumindest ein wichtiger Faktor für Veränderungen auch im privaten Konsumverhalten nach 1918 waren. Ein Vergleich mit anderen europäischen Ländern wäre an dieser Stelle sicherlich lohnenswert.[52] Insbesondere wäre es interessant zu beobachten, ob Innovationen in Ländern, die von keinen Rohstofflieferungen des Weltmarkts ausgeschlossen waren, anders, schneller und deutlicher vonstattengingen als in Deutschland. Auch ein Vergleich mit der Militärverpflegung im Zweiten Weltkrieg steht noch aus. Es ist zu vermuten, dass während des Nationalsozialismus, wo man die Mängel in der Militärverpflegung des Ersten Weltkriegs genau ausgewertet hat, die langfristig angelegten Vorbereitungen auf eine wirtschaftliche Autarkie und den Krieg zu erheblich größeren Umwälzungen führten, als dies im Ersten Weltkrieg möglich war. Die Bedeutung des Veränderungsschubs im und durch den Ersten Weltkrieg liegt demzufolge nicht zuletzt darin, dass sowohl in der Heimat als auch im Feld auf verschiedenen Ebenen das gesamte Ernährungssystem in Frage gestellt wurde und auch in diesem Sinne Essen sich „in extremer Bewegung“ befand.

Anmerkungen

1 Mit diesen Fragen beschäftigte sich wiederholt v. a. Hans Jürgen Teuteberg. Die wichtigste Literatur findet sich in Teuteberg (Hg.) 2004. Speziell zu Berlin vgl. Lummel, ebenda 84–100.

2 Siehe z. B. Bott 1981; Offer 1989; Roerkohl 1999.

3 Der Begriff wurde von dem amerikanischen Historiker Kennan geprägt. Siehe Neugebauer 2007, 4 ff., dort auch mit aktueller Literatur zum Ersten Weltkrieg.

4 Neugebauer 2007, 30–36 sowie Wehler 1993, Berghan 2003, Hirschfeld 2003, 2006.

5 In dieser Schlacht feuerten alleine britische und französische Truppen innerhalb einer Woche aus 1 537 Geschützen mehr als 1,5 Millionen Granaten ab, vgl. Hirschfeld 2006, 81.

6 Hirschfeld 2006, 89, 147.

7 So an mehreren Stellen auch die Sichtweise in Neugebauer 2007.

8 Hartmann 1917, 1.

9 Zu den Zahlen vgl. Feldmann 1996, 1–5; Neugebauer 2007, 22.

10 Zu den gesetzlichen Eingriffen s. Delbrück 1924, 104; kritisch bewertet von Skalweit 1927, 115–145; Diekmann 1937, 80 ff. Der scharfsinnige Wirtschaftsanalytiker Skalweit schildert anschaulich, wie in einer Art Kriegspsychose völlig unrealistische wirtschaftspolitische Maßnahmen wie z. B. eine für alle zwangsweise anzuordnende Massenspeisung diskutiert wurden.

11 Ausführlich beschrieben bei Skalweit 1927, 62–114 und Rubner 1928, 8–14.

12 Innerhalb kürzester Zeit vervielfachten sich z. B. Konservenfabriken von 25 vor Kriegsbeginn auf über 500. Vgl. Kittel 1939, 231 ff.

13 Ebenda.

14 Zu dieser Schätzung kam Gesche 1926, 74 f.

15 Vgl. hierzu und zum Folgenden Hartmann 1917. Hartmann konnte noch zu Kriegszeiten wichtige Akten des Kriegsministeriums einsehen und wissenschaftlich auswerten. Vgl. auch Gesche 1926, 32 ff. und Diekmann 1937, 77 ff.

16 Balck 1915, 153 f.

17 Balck 1915, 151 f. Hartmann 1917, 22 ff.; vgl. auch aus den Jahren vor dem Weltkrieg Schneider 1910, 25–35.

18 Bei Kartoffelflocken handelte es sich um fein zerriebene Kartoffelknollen, denen durch schonendes Trocknungsverfahren Wasser entzogen wurde.

19 Hartmann 1917, 22 ff. Die Erkenntnis, dass der moderne Soldat weit mehr Vielfalt benötige als noch vor wenigen Jahrzehnten, hatte sich auch im

Generalstab durchgesetzt, s. Generalstab 1913, 300. Zur Einführung von Kakao mit viel Zucker als Nervennahrung für die Schützengrabensoldaten s. auch Gesche 1912, 49 f.

20 Laut Kriegsverpflegungsvorschrift von 1909 gehörten in das Sortiment: Butter, Schmalz, Dauerwurst, Schinken, Käse, Bier, Kakao, Schokolade, Tee, kondensierte Milch, Wein, Zucker, Essig, Gewürze sowie Rauchwaren, Schreibmaterial, Besteck, Körperpflegemittel, Kleidung und Putzmittel, s. Feldmann. Bereits nach dem ersten Kriegsjahr wurde der Marketenderhandel vom Militär übernommen, um Spionage und unkoordinierten Bahnüberlastungen vorzubeugen, vgl. Gesche 1926, 54 ff.

21 Hartmann 1917, 4 ff.

22 Ebenda, 22 ff.

23 Gesche 1926, 76 ff., s. auch Merkel 1928, 163 ff.

24 Hierzu s. Schneider 1910, 36–47; Preussischer Generalstab 1913, 300 f., Hartmann 1917, 4 ff., 29 f.; von 1913 bis 1916 steigerte sich der Personenverkehr der Bahn um über 700 Prozent, der Güterverkehr um über 5000 Prozent, hierzu ebenda, 29 f.

25 Dem Militär gelang es mit ca. 3 000 Arbeitern pro Tag bis zu drei Kilometer Schienen zu bauen.

26 Ein Experte aus dem Kriegsministerium beschreibt den Begriff „Etappe" wie folgt: „Jede Truppe legt vom Heimatort bis zu ihrer jeweiligen Kampfstellung einen Weg zurück, der als Etappe bezeichnet wird. Auf diesem Weg wird alles, was der Soldat zu seinem Unterhalt braucht, nachgeführt." Vgl. Hartmann 1917, 28 f.

27 Schneider 1910, 141 ff.

28 Hierzu s. Balck 1915, 154 f.; Hartmann 1917, 1 ff.; Feldmann 1996, 12 ff.

29 Zu den Militärbäckereien und Militärschlächtereien s. Schneider 1910, 129–140; Hartmann 1917, 34 f.; Feldmann 1996, 40–47.

30 Zur Feldküche s. vor allem Schneider 1910, 77; Balck 1915, 157 f. sowie http://www.lkw-infos.eu/fw-magirus-geschichte.htm (28.1.2009), wo hervorgeht, dass sich von 1914–1918 die Anzahl der Feldküchen von 1000 auf 4000 vergrößert hatte.

31 Der als Fahrer von Munition, Bauteilen und Essen eingesetzte Otto Maute berichtet hiervon in einem Brief an seine Familie vom 6. Juli 1916 aus dem französischen Warlencourt: „Gestern musste ich auch mit zum Essen tragen in die vorderste Stellung. Da sieht man erst was Krieg ist. Bis Courcelette fuhr man die Lebensmittel, und dann mussten es wir im Laufgraben tragen, 2 Stunden weit. Was das heißt, habt ihr keine Ahnung, denn stellenweise ist der Graben so voll Wasser, dass es uns bis an die Hosentaschen ging. [...] Der Luftdruck der einschlagenden Granaten warf uns jedes Mal mit unserem Sack auf den Rücken auf den Boden. Wir sprangen einer hinter dem andern drein und schwitzten, dass der Schweiß förmlich herunterfloss. Auf einmal sauste eine Granate heran, dass wir schon meinten, wir seien alle kaputt, aber es war zum guten Glück ein Blindgänger. Die Stellen, die zusammengeschossen waren, mussten im Laufschritt überwunden werden, denn schon schossen die Engländer mit Maschinengewehren zu uns herüber. Endlich kamen wir bei dem Küchen-Unterstand an, wo wir unsere Sachen abgeben mussten." Das Zitat ist veröffentlicht in Hirschfeld 2006, 93 f.

32 Bumm 1928, 186–193.

33 Eindrucksvoll belegt und mit Hintergründen aufgeklärt bei Delbrück 1924, Skalweit 1927, 5 ff. und Bumm 1928, 3 ff.

34 Delbrück 1924, 101.

35 Siehe z. B. Roland 1918; Bumm 1928, 163 ff.; Kittel 1939, 93 ff., 196 ff. sowie Soldatenbriefe z. B. in Hirschfeld 2006.

36 Rubner belegt in Bumm 1928, 20–41 mit Zahlen die Gewichtsabnahmen, die in Deutschland in Anstalten während des Ersten Weltkriegs festgestellt wurden. Männer nahmen dort durchschnittlich 33 Prozent, Frauen 25 Prozent ab, Rubner ergänzt die Zahlen um seine eigene Gewichtsabnahme um über 20 Prozent. Tausende von Menschen kamen durch Hunger zu Tode. Vgl. ebendort 172 auch Merkel.

37 Atkins/Lummel/Oddy 2007, dort im Vorwort 4 sowie der Beitrag von Treitel, 51–61.

38 Grundlegend Lesniczak 2003.

39 Hierzu und zum Folgenden vgl. Auerbach 1920, 502–514 und Rubner 1928, 3 ff.

40 Zum Folgenden grundlegend Kerp 1928, 77–122.

41 Spiekermann 1997, 33.

42 Rubner 1928, 40 f.

43 Kerp 1928, 77–122.

44 Vgl. hierzu die Jahresberichte des Kaiserlichen Gesundheitsamts aus den Jahren 1914–1918.

45 Die Stiftung Domäne Dahlem – Landgut und Museum wird 2009 als Teil der Dauerausstellung ein Labor des Kaiserlichen Gesundheitsamts inszenieren, in welchem Lebensmitteluntersuchungen nachgestellt werden und damit auf den frühen Verbraucherschutz in Deutschland Bezug genommen wird.

46 Auch die Entscheidung, aus dem Kriegsernährungsamt bzw. späteren Reichsernährungsamt ein Ministerium für Ernährung und Landwirtschaft

werden zu lassen, weist auf den Bedeutungszuwachs der staatlichen Ernährungsfürsorge hin.

47 Hartmann 1917, 4 ff.

48 Lummel 2007, 63–70.

49 Allerdings gilt einschränkend zu bedenken, dass Gemüse wegen der Transportverluste oft nur aus den feindlichen Gebieten eingetrieben und angekauft werden konnte. Zu Veränderungen des Gemüsekonsums vergleiche auch Teuteberg 1986, 257 ff.

50 Zu diesem Aspekt s. Spiekermann 1997, 37.

51 Die noch sehr junge Vitaminforschung ließ sich nicht zuletzt durch Untersuchungen von Massenverpflegungen im Ersten Weltkrieg weiter verifizieren.

52 Vor diesem Hintergrund darf man gespannt sein auf die Ergebnisse der im Herbst 2009 in Paris stattfindenden Tagung der International Commission for Research into European Food History (ICREFH) zum Thema „Food and War".

Fast Food in Deutschland im historischen Rückspiegel

Hans Jürgen Teuteberg

Zunächst ist hier eine scheinbar einfache Frage zu beantworten: Was bedeutet überhaupt die Bezeichnung „Schnelles Essen", wofür sich weltweit und auch bei uns der für den einfachen Konsumenten zunächst oft unverständliche angelsächsische Ausdruck „Fast Food" eingebürgert hat? Lexika zeigen, dass hierunter nicht nur der eigentliche Verzehr gemeint ist. Es geht hier zugleich auch um Zubereitung, Angebot, Präsentation sowie Dienstleistungen, ebenfalls anglisiert „Service" genannt. Diese besondere Art des schnellen Essens betrifft also mehrere Stufen unserer Nahrungskette. Als weitere Merkmale sind hier der öffentliche Charakter und damit ein gewisser Schaueffekt hervorzuheben. Schnelles Essen geschieht fast immer im Kreis fremder Mitesser, oft sogar vor passiven Zuschauern. Es fehlt jede häuslich-private Intimität. Im Grunde ist es ein „Essen auf der Straße", was früher einmal in tonangebenden Gesellschaftskreisen als höchst unfein galt. Im Gegensatz zur herkömmlich geregelten Mahlzeit im Kreis der Familie oder eines normalen Restaurants wird hier bezweckt, möglichst rasch lediglich Hunger und Durst zu stillen. Beim Fast Food wird die Funktionalität des Arbeits-, Verkaufs- und Verzehrsablaufs betont und für jeden sichtbar auf den bloßen materiellen Akt der körperlichen Nahrungsaufnahme ausgerichtet, alles andere wird auf das Notwendigste reduziert. Der ambulante Verkauf und das Stehen beim Nahrungskonsum, die häufig eine Rolle spielen, sollen ebenfalls primär den Verzehr beschleunigen. Beim Schnellimbiss fehlt der gemeinschaftliche Tisch als Kommunikationsort. Der Esstisch wird vielmehr oft durch die Theke ersetzt, doch ist hier langes Stehen oder Sitzen gerade nicht vorgesehen. Schnelles Essen bedeutet eine optimale Standardisierung auf allen Stufen, die sich nicht nur im Warenangebot, sondern auch in einem möglichst einfachen Verhältnis vom gastronomischen Anbieter zum Käufer und Konsument ausdrückt. Es herrscht eine betont verkürzte Sprache für Angebot und Bestellung vor. So wird die Bestellung von zwei großen Currywürsten mit Pommes frites und Tomatenketchup zum Mitnehmen zum Insider-Code als „2 Riesen mit Pommes rot außer Haus" verkürzt, gleich der Preis genannt und mit der Warenausgabe sofort das Geld einkassiert. Ein Kurzdialog findet zwar statt, doch dient er nur dazu, ungenaue Bestellungen zu präzisieren. Einprägsame Schlagworte und bunte Bildchen von den bereitgehaltenen Fertigspeisen über der Theke ersetzen langatmige Beschreibungen auf Speisezetteln.

Vor allem muss sich jeder Gast selbst bedienen. Das Warenangebot entspricht ebenfalls höchster Zweckrationalität und besteht fast

Abb. 1: Automatenrestaurant am Berliner Alexanderplatz bei Nacht, Deutsches Bundesarchiv Koblenz

nur aus industriellen Fertig- oder Halbfertigprodukten, die in kürzester Zeit verzehrsfertig gemacht werden können. Durch das Höchstmaß der Standardisierung der Geräte und Zubereitungsarten bei großen Fast-Food-Ketten wird in der Regel gewährleistet, dass die angebotenen Nahrungsprodukte und Getränke hygienisch einwandfrei hergestellt werden, was aber wohl nicht für alle einfachen „Imbissbuden" gilt. Der Konsum von Fast Food, dessen Angebot in den letzten Jahrzehnten immer mehr global anstieg, ist bis heute aber nicht nur bei den Deutschen gesellschaftlich etwas umstritten geblieben.

Die Kontroversen haben zum Teil damit zu tun, dass der Begriff „Fast Food" unscharf geblieben ist. Nicht nur die großen Schnellrestaurantketten als Systemgastronomie, sondern auch die vielen kleinen ambulanten Händler und Imbissbuden müssen nämlich hier dazugerechnet werden. Alle bieten die verschiedensten Produkte an. Sie reichen vom „Hamburger" mit Pommes frites über die Pizza und andere ausländische Spezialitäten bis zu Joghurtbecher, Eis und „Schokoriegel". Ob „Junk Food" (wörtlich „schmutziges Essen", d. h. kalorienreiche, aber ernährungsphysiologisch minderwertige Nahrungsmittel), die kleinen „Snacks" (Zwischenmahlzeiten) und „Fun Food" (d. h. zu Munterkeit und Spaß anregende Knabbereien) zum Bereich des schnellen Essens gehören, ist unklar und erschwert eine objektive Gesamtbewertung.

Bei der Einnahme von Fast-Food-Produkten handelt es sich meistens nur um gelegentliche Zwischenmahlzeiten ohne den Charakter, eine „anständige Lust" beim Essen zu befriedigen. Aber es gibt hier einen entscheidenden Unterschied: Essen aus reinem Spaß geschieht wie bei allen Snack-Produkten meistens nicht wegen des natürlichen biologisch vorgegebenen Hungers, sondern weil der situationsgebundene und emotionell erzeugte Appetit, der ja kein Hunger ist, die Hauptrolle spielt. Ohne vorheriges Planen wird in geselliger Runde oder unterwegs spontan zu solchen kleinen Naschereien gegriffen, um gute Laune zu erzeugen und sich und anderen eine Freude zu bereiten. Allerdings ist das beim Schlemmen in einer Gaststätte auch oft der Fall, wo gerade betont nicht schnell gegessen wird. Eine wirklich präzise Definition des schnellen Essens ist unmöglich, da die physiologisch-medizinischen, ökonomisch-technischen sowie die psychosozialen und damit kulturellen Bewertungen nicht auf einen generellen Nenner zu bringen sind. Kurz gesagt – modernes Schnellessen hat wegen der großen Angebotspalette und verschiedenen Verzehrssituationen mannigfache Gesichter, deren Vor- und Nachteile jedesmal abwägend zu bewerten sind.

Der Zerfall der traditionellen familiären Mahlgemeinsamkeit

Nach dieser Merkmalsbestimmung der Imbisskultur muss gefragt werden, wie die Menschen ihre Mahlzeiten in früheren Jahrhunderten mit welchen Zeitvorstellungen gestaltet haben. Kulturgeschichtlich ist bekannt, dass die häusliche Tischgemeinschaft, zu der auch meist das im Haushalt lebende Dienstpersonal gehörte, bis zum Ende des 19. Jahrhunderts der Ort war, wo die für alle damals geltenden christlichen Wertnormen von Generation zu Generation überall weitergegeben wurden. Die Essenszeiten richteten sich allein nach dem Tageslicht und Kirchengeläut sowie dem Rhythmus der Jahreszeiten. Da Arbeit und Freizeit noch untrennbar vermischt waren, wurde ohne Zeitdruck die Suppe aus der einen gemeinsamen Schüssel gelöffelt und bei den zahlreichen kirchlichen wie familiären Festtagen stets besonders lange getafelt und natürlich besonders viel getrunken. Je länger – desto höher der soziale Ranganspruch.

Beginn und Ende der Haupt- wie Nebenmahlzeiten wurde in der patriarchalisch altständischen Welt vom „Hausvater“ durch die Tischgebete laut angesagt. Pfarrer klagten damals, die Gebete würden zu schnell und gedankenlos heruntergeleiert. Aber es handelte sich moralisch um eine ernste Sache: Kam ein Kind zum gemeinsamen Tischgebet zu spät, dann musste es sich zum Schämen in eine Ecke stellen und laut nachbeten, bei mehrmaliger Disziplinlosigkeit griff der „Hausvater“ zum bereitliegenden Stock. Bestraft wurde die Verletzung des Rituals einer noch tiefreligiös verankerten Tischgemeinschaft. Der von dem Amerikaner Benjamin Franklin in der Revolutionszeit des späten 18. Jahrhunderts geprägte Ausspruch „Time is money“ als Zeichen der heraufziehenden verweltlichten und ausgeklügelten Zeiteinteilung spielte überhaupt noch keine Rolle.

Die im 19. Jahrhundert einsetzende Industrialisierung mit der sich immer mehr verstärkenden Trennung von Wohnung und Arbeitsplatz brachte hier eine weltweit entscheidende Umstellung. Die Fabrikarbeit mit festen Arbeitszeiten an laufenden Maschinen zerteilte erstmals in der Geschichte den Tag in einen Arbeits- und einen Freizeitraum, erhöhte die menschliche Produktivität und veränderte dadurch die seit ältesten Zeiten fest eingeschliffenen Mahlzeitstrukturen in ihrem Kernbereich. Das Frühstück musste nun am frühesten Morgen oder während der Arbeitszeit hastig eingenommen werden, da die nach der Uhr ausgerichteten neuen Arbeitsordnungen nur eine kurze Mittagspause kannten. Da auch die Einführung des künstlichen Lichts die Arbeitszeiten noch weiter ausdehnte und auch zur Schichtarbeit führte, wurden die gewohnten Termine zur Nahrungsaufnahme hinfällig. Wenn auch die Frau noch gewerblich mitarbeitete, reichte die Zeit nicht mehr aus, stundenlang eine warme Mahlzeit über dem offenen Feuer zu kochen.

Die zunehmende Mechanisierung der Arbeit gestattete nirgendwo mehr den Luxus langer Essenspausen. Konnte man in der alten ländlichen Welt zwei Stunden bei Tisch zubringen und gemächliche Zwischenpausen auch mit einem Nickerchen einlegen (wenn nicht gerade Erntezeit war), so wurden die Zeiten der Mahlzeitaufnahme nun immer strenger verstandesmäßig durchrationalisiert und dem neuen „Maschinenzeitalter“ technisch angepasst. Das Wurstende, das Stückchen Speck und der Schluck aus der Branntweinflasche mussten nach Berichten der staatlichen Gewerbeaufsicht um 1900 oft Frühstück und Mittagessen bei großstädtischen Fabrikarbeitern ersetzen. Die schnelle Einnahme von kleinen mitgebrachten Mahlzeiten am Arbeitsplatz und dann der Besuch von erstmals entstehenden Betriebskantinen haben die traditionellen Essweisen strukturell im Kern verändert.

Durch die sich gleichzeitig beschleunigende Verstädterung Deutschlands wurden ferner altgewohnte Tätigkeiten in Haus und Küche entwertet, die alten sozialen Rollen- und Identifikationsmuster von „Hausvater“ und „Hausmutter“ gingen dadurch verloren. Vor allem konnten immer weniger Haushalte die notwendigen Lebensmittel wie früher selbst erzeugen und gerieten nun in die große Abhängigkeit anonymer städtischer Märkte und ihrer Preisbewegungen. Die neue Kommerzialisierung des Lebens mit dem Übergang zu einer immer größeren Geldwirtschaft beendete freilich auf der anderen Seite die alte örtliche Nahrungsmonotonie und förderte den Zug zum auswärtigen Essen und Trinken, so dass die Zahl der deutschen Gaststätten im Gleichschritt mit der Urbanisierung steil anstieg.

Die Auflösung der altständischen Familienstruktur, die nun zunehmenden sozialpolitischen Forderungen nach Begrenzung der Arbeitszeit und die Orientierung an einer davon unabhängigen Freizeit haben nicht nur den

Wert der individuell genutzten Zeit gesteigert und neue Vergnügungsgewerbe entstehen lassen, sondern dem alltäglichen Lebenslauf auch gleichsam ein stark beschleunigendes Tempo verliehen. Die ständigen Versuche der Unternehmer, die einzelnen Arbeitsvollzüge durch Maschinen oder neue Organisation zeitlich kostensparend zu verkürzen sowie die durchschnittlich steigenden Realeinkommen verbunden mit neuen Formen regionaler wie sozialer Mobilität der Menschen mussten sich daher ebenso tiefgreifend auf die Nahrungsgewohnheiten auswirken.

Eine schnelle Versorgung städtischer Märkte durch neue Eisenbahnen, zentrale Markthallen, Warenbörsen und das Netzwerk neuer Lebensmittelgeschäfte, die schnellere Zubereitung der häuslichen Mahlzeiten durch neue Küchentechniken (Kohlen-, Gas- und dann Elektroherde, zentrale Trinkwasserversorgung, neue Konservierungsformen) haben den Trend zur Beschleunigung des Verzehrs der Mahlzeiten ständig gefördert und bildeten elementare Grundlagen für die Ausbreitung des „Schnellen Essens", das damit als ein wichtiger Aspekt der industriellen Nahrungsrevolution anzusehen ist. Auswärtig eingenommenes Fast Food kann somit als eine spezielle Form der Auslagerung der Mahlzeit aus dem Haushalt angesehen werden, nachdem sich dort die alte Tischgemeinschaft aufzulösen begann.

Garküchen, Brezelträger und Selterswassermänner

Wie immer in der Geschichte gibt es auch hier gewisse Vorläufer, die an dem späteren Durchbruch zur Moderne beteiligt waren. In den mittelalterlichen Städten gab es frühzeitig neben Wirtshäusern, Gasthöfen, Gesellenherbergen, Bierschenken und Weintavernen zur Beköstigung schon kleine „Garküchen", die einfaches warmes Essen zum Mitnehmen feilhielten. Dies waren oft städtische Fleischer, welche die billigen und minderwertigen Teile des Fleisches wie z. B. „Kutteln" (Innereien) oder aus Knochen gekochte Fleischsuppen meist an Ärmere verkauften.

Die städtischen Fleischerzünfte, die sonst alles auf der Marktbank angebotene Fleisch streng auf die Qualität hin überprüften, fühlten sich bei dieser unehrenhaften Abfallverwertung nicht zuständig. Aus dem Verkauf solcher zur Kräftigung besonders für Kranke geeigneter Bouillonsuppen entstand im späten 18. Jahrhundert in Paris ein erstes Speiselokal, das sich „Restaurant" nannte, d. h. es wollte die Kräfte seiner Besucher wieder „restaurieren", also wiederherstellen. Auch in Berlin gab es unter Friedrich Wilhelm III. um 1820 in der Jägerstraße bereits ein solches vornehmes Restaurant mit französischer Küche.

Auf den größeren Jahrmärkten, auf denen sich die von auswärts kommenden Besucher drängten, tauchten frühzeitig als Variante zu den Garküchen auch Stände auf, wo auf dem Rost mit Holzkohle gebratene Würste oder Fische angeboten wurden. Der Verkauf geschah in aus Holz gefertigten „Buden", welche wegen der nicht vorhandenen Verkaufsläden auf dem Markt rings um die Kirchen errichtet wurden. Besonders die Würste wurden regional und lokal ganz unterschiedlich hergestellt und gewürzt. Manche sind deshalb unter ihrem Herkunftsort weithin bekannt geworden und haben diese handwerkliche Produktbezeichnung sogar in das moderne Industriezeitalter hinübergerettet. Den Thüringer und Nürnberger Bratwürsten, aber auch den bayerischen Weißwürsteln gelang es beispielweise, den guten Ruf ihrer besonderen Schmackhaftigkeit bis in die Gegenwart zu bewahren.

Als sich die im 16. Jahrhundert in den südamerikanischen Anden entdeckte Kartoffel endgültig im Feldanbau bis 1800 in einigen deutschen Regionen durchgesetzt hatte, tauchten zuerst im Rheinland auf den Märkten die Anbieter von „Reibekuchen" (Rievkooche, Kartoffelpuffer) auf, wobei die Verkäufer von Pfannkuchen aus Buchweizen Vorbilder gewesen sein können. Der Verzehr dieser älteren Mehl-Eierspeisen war auch in Nordwestdeutschland beliebt.

In Süddeutschland gab es dagegen auf den Märkten den bekannten Brezelträger, der frisch aus dem Bäckerofen kommende Brezeln in einem Korb auf dem Rücken und aufgereiht auf einem Stock herumtrug. Inzwischen weiß man, dass dieses mannigfach geformte und gewürzte Weizengebäck, aus dem ursprünglichen römischen Ringbrot entwickelt, seit dem 10. Jahrhundert eine der wichtigen Fasten- und Festtagsspeisen gewesen ist. Die Brezel, die meistens nur in der zünftig privilegierten Bäckerei hergestellt werden durfte, eignete sich wie die Bratwurst und der geräucherte Fisch besonders gut für ein schnelles Essen zwischen den Mahlzeiten der übrigen „Hausmannskost". Wegen des hohen Arbeitsaufwandes und des großen Brennholzverbrauches wurden Brezeln oft nur zur Fastenzeit hergestellt. Die einfache mit Salz bestreute Laugenbrezel war frühzeitig als Zwischenspeise sehr beliebt, da ihr Natrongehalt gut zum herben einheimischen Wein und selbstgebrauten obergärigen dunklen Bier passte und sich in getrockneter Fladenform länger aufbewahren ließ. Die Brezel wurde nicht nur durch Ausrufen auf Märkten und in Gassen, sondern auch in der Bäckerei direkt schnell verkauft, wobei man einen Fensterladen herunterklappte und als Verkaufstisch benutzte. Kein Wunder, dass die Brezel zum Markenzeichen des Bäckerhandwerks wurde und in regional verschiedenen Rezepten überliefert ist.

Bei den Getränken finden sich zunächst nur wenige Vorläufer für das heutige Fast-Food-Zeitalter. Goethe berichtet, er habe auf seiner Italienreise 1788 ambulante Händler getroffen, die auf dem Rücken ein Fässchen mit Zitronenwasser trugen, das sie auf der Straße in Gefäße abgefüllt verkauften. In Frankreich gab es sogar eine besondere Zunft der „limonadiers", welche ein solches Erfrischungsgetränk im 17. Jahrhundert ambulant anpriesen. Kaffee und Tee sind, wie zeitgenössische Abbildungen zeigen, in dieser Form ebenso in Paris, London, Wien und Amsterdam frühzeitig verhökert worden.

Als in Deutschland, erstmals zur Zeit Napoleons nach 1800, zeitweise die Zunftprivilegien aufgehoben und Zollgrenzen verändert wurden, begannen die Besitzer von verkehrsmäßig abgelegenen „Gesundbrunnen", natürliche Mineralwässer in glasierten Tonkrügen in einem näheren Umkreis bei Apothekern abzusetzen. Als es dann Chemikern gelang, Mineralwasser auch künstlich herzustellen, entstanden zuerst in Sachsen besondere „Trinkgärten" und dank einer Fülle neuer Erfindungen nach 1840 immer mehr kleine „Mineralwasserfabriken". Wandernde „Selterswassermänner" mit einem Fässchen auf dem Rücken wie die „limonadiers" begannen mit dem Straßenverkauf. Das Wasser wurde mit Zitronen, Zucker und Kräuteressenzen noch schmackhafter gemacht und im Sommer mit Natureis gekühlt. Die Mineralwasserfabrikanten erkannten dann schnell, dass man durch den Ersatz des früher schalen Limonadenwassers durch das prickelnde Mineralwasser mit allerhand neuen Zusätzen und Farbstoffen eine Marktlücke entdeckt hatte. Die „Brauselimonade", die nicht mehr unter die von der Obrigkeit zu kontrollierenden Lebensmittel fiel, trat nun einen rasanten Siegeszug an. Aber auch der Versand des natürlichen Mineralwassers nahm seit 1900 explosionsartig zu, als sich die Verkehrsverbindungen zu den fast immer sehr abgelegenen „Gesundbrunnen" verbesserten.

Die Antialkoholismusvereine und die Naturheilbewegung halfen mit, das Trinkverhalten der Deutschen seit dem späten 19. Jahrhun-

Abb. 2: Bratwürstchenverkäufer in der Frankfurter Innenstadt 2009 (Heinz, Wehrheim)

Abb. 3: In einer Frankfurter Kantine läuft die vom Käufer selbst belegte Pizza vor dessen Augen durch den vollautomatischen Backofen (Heinz, Wehrheim)

dert zu verändern. Reformgaststätten, Volkskaffeehallen und vor allem die überall emporschießenden neuen „Selterswasserbuden" (auch „Trinkhallen" genannt) spielten hier eine Rolle. Sie waren 1911 bereits in 18 Städten zu finden. Die Liste wurde von München (192), Düsseldorf (163) und Dortmund (144) an der Spitze angeführt, während Berlin mit 54 Selterswasserbuden erst an fünfter Stelle lag. Dieser Rückstand ist damit zu erklären, dass die Reichshauptstadt, inzwischen eines der Zentren der modernen Großbrauereien geworden, um 1900 besonders viele damit in Pacht verbundene kleine Bierkneipen besaß. Die kleinen Gastwirte konnten neben dem inzwischen erfundenen Flaschenbier wegen des harten Wettbewerbs selbst hergestelltes künstliches Mineralwasser auch zum Mitnehmen anbieten. Dies waren alles erhebliche Beschleunigungen für das Stillen des Durstes.

Bei der Bewertung dieses Trinkkonsums ist zu beachten, dass die Selterswasserbuden meistens nur einige Monate im Sommer geöffnet hatten. Da sie im Gegensatz zu den Gaststätten keine polizeiliche Gewerbeerlaubnis besaßen, durften sie nur die Flaschen verkaufen, aber keinen Ausschank betreiben. Die Zahl der Trinkbuden mit alkoholfreien Getränken (darunter auch die ersten „Milchhäuschen") blieb im Vergleich mit den normalen Gaststätten bis zum Ersten Weltkrieg 1914 noch sehr gering. Da die staatliche Gesundheitspolitik wie die Mäßigkeitsvereine das Trinken von Mineralwasser, Malzkaffee, Milch und Obstsäften aber unterstützten, konnte der Umsatz der nichtalkoholischen Erfrischungsgetränke immer weiter gesteigert werden, so dass die Bundesrepublik im Jahr 2000 mit Belgien/Luxemburg an der Spitze des Pro-Kopf-Konsums in der Europäischen Union lag. Der Konsum der natürlichen wie künstlichen Mineralwässer hat im Jahr 2000 den von Bier wie Kaffee mengenmäßig überrundet und dominiert am deutschen Getränkemarkt.

Das schnelle Essen im Spiegel des Außer-Haus-Verzehrs

Im Jahr 2000 nahmen 76 Prozent der deutschen Bevölkerung an einer der Formen des auswärtigen Essens teil und gaben dafür 160 Mrd. DM oder 2.164 DM pro Kopf aus. Die Gastronomie mit 1 Million Beschäftigten hatte dabei einen Gesamtumsatz von 60 Mrd. DM. Im Durchschnitt nahm jeder Bundesbürger dreimal in der Woche sein Essen nicht zuhause ein und gab in Gaststätten, Kaffeehäusern und Imbissständen aller Art wöchentlich 42 DM oder 13 DM pro Mahlzeit aus. Das Mittagessen nahm dabei 35,8 Prozent und das Frühstück 24,2 Prozent ein. Restaurants aller Art wurden von 32,11 Prozent besucht, was 51,8 Prozent aller Ausgaben des Auswärtsessens ausmacht. Die kleinen Zwischenmahlzeiten, womit auch in erster Linie das schnelle Essen gemeint ist, wurden von 37,9 Prozent bevorzugt, wofür 20,6 Prozent der Ausgaben auswärts gemacht wurden. Interessanterweise waren davon wiederum 76,9 Prozent Nahrungsprodukte zum Mitnehmen, so dass die Rolle der Imbissstände wie der Fast-Food-Ketten volkswirtschaftlich nicht unterschätzt werden darf.

Wie eine repräsentative EVA-Studie über den Außer-Haus-Verzehr in der Bundesrepublik 1998 schon vorher nachgewiesen hatte, besuchten durchschnittlich wöchentlich zwar nur 1,8 männliche und 1,4 weibliche Personen eine Schnellgaststätte oder Imbissbude (inkl. Kiosk). Aber betrachtet man die Jugendlichen zwischen 15 und 25 Jahren getrennt, dann erkennt man sofort, dass diese Altersjahrgänge beider Geschlechter hier die Besuchshäufigkeit mit weitem Abstand vor den älteren Menschen anführten. Die jungen Männer zwischen 19 und 25 Jahren gingen z. B. 3,6 Mal und die jungen Mädchen und Frauen zwischen 15 und 19 Jahren sogar 4,1 Mal wöchentlich zum „schnellen Essen". Kantinen,

Abb. 4: Bier und Bratwurst am Stehtisch (Domäne Dahlem Berlin, Toma Babovic)

Gaststätten, Mensen, Schulen sowie andere außerhäusliche Verzehrsorte blieben dagegen weit zurück. Fast Food außerhalb der eigenen vier Wände ist damit ganz im Gegensatz zur älteren Generation längst zur wichtigsten Lokalität täglicher Nahrungseinnahme geworden. Die weit verbreitete Kulturkritik an der „McDonaldisierung" unserer Gesellschaft hat bisher stets nur die großen Konzerne als Anbieter attackiert, die Ursachen der offenbar außerordentlich hohen Akzeptanz gerade bei den jüngeren Menschen aber noch nicht in den Blick genommen.

Die Ursachen der angestiegenen „McDonaldisierung"

Wie ist es zu diesem statistisch messbaren Aufstieg des schnellen außerhäuslichen Essens gekommen? Zweifellos haben Kaffeehäuser, Bäckereien, Konditoreien und Fleischereien, ferner der Fisch- und Milchhandel auch fertig zubereitete und portionierte Nahrung zum sofortigen Verzehr auch im Stehen oder eingepackt zum Mitnehmen frühzeitig angeboten. Ähnlich wie in England, wo schon im späten 19. Jahrhundert „fish and chips" in Zeitungspapier eingewickelt hauptsächlich von Frauen in kleinen Eckläden oder vom Wagen her auf der Straße verkauft wurden, verbreiteten sich die Imbissbuden in Deutschland. Einkaufende Frauen und Touristen einer Großstadt, Kinobesucher und Reisende in Bahnhöfen waren bereits in den 1920er Jahren die meisten Imbisskunden. Bei den beliebten Wurstständen kam das neue Grundprinzip vom schnellen Imbiss bereits deutlich zur Geltung: völlig standardisierte Wurstformen, vorgefertigte wenige Beispeisen (Kraut- oder Kartoffelsalat, Brötchen), Zutaten (Senf, Mayonnaise), einfachste Präsentation, Selbstbedienung und oft Essen im Stehen ohne Geschirr und Besteck. Gegenüber der Gaststätte wurde ein wesentlich geringerer Preis verlangt, so dass die Gewinnspannen viel kleiner blieben, was aber mit den niedrigeren Investitions- und Produktionskosten in Relation gesetzt werden muss. Viele Inhaber von Wurstständen, darunter vornehmlich Frauen, waren wie die Betreiber der Selterswasserbuden und Brausehersteller oder Fischbräter gewerbliche Kleinstunternehmer, deren Zahl und Umsatz saisonal und witterungsmäßig sehr schwankte und sich in großstädtischen Ballungsgebieten auf jene Punkte konzentrierte, wo viel Laufkundschaft bestand. Dazu gehörten Werkstore, Ausstellungen, Vergnügungsparks und die seit den 1920er Jahren erstmals entstehenden großen Sportplätze.

Nach dem Ende des Ersten Weltkrieges 1918 hatte sich die schon zuvor erfundene künstliche Kühlung bei Lebensmitteln so weit durchgesetzt, dass sie nun auch in die schnelle Gastronomie eindrang. Nicht nur in Kaffeehäusern und feinen Restaurants, sondern auch im ambulanten Handel wurde der Verkauf von künstlich hergestelltem Eis in kleinen Portionen große Mode. Der „Eismann", der auf einem Dreirad mit seiner Eiskiste herumfahrend mit lauter Schelle in den Wohnvierteln sein Kommen ankündigte oder aber einen günstigen festen Standort besaß und mit seinen geringen Preisen besonders Kinder anlockte, wurde eine öffentliche Kultfigur. Da für das Eisschlecken frühzeitig im Kino Reklame gemacht wurde, ergab sich ein ganz neues Absatzfeld für diesen schnellen Konsum. Ein

Netz von „Eisdielen", oft von Italienern gegründet, ist bereits bis 1939 entstanden. Es lag nahe, nach 1950 auch eisgekühlte Milchmixgetränke mit verschiedenen Geschmacksrichtungen zur Erweiterung des Sortiments in festen „Eisdielen" anzubieten.

Die Süßwarenindustrie, welche bereits um 1900 mit Schokoladeriegeln und Dropsrollen in Automaten ihren Absatz auszudehnen versuchte, folgte dem erfolgreichen Eisverkauf in den Kinosälen und entwickelte für den Zwischenimbiss im Dunkeln ganz neue Produkte. Die Kartoffelchips, in den angelsächsischen Ländern unter dem Namen „french-fried potatoes" schon länger bekannt, wurden in der Bundesrepublik erst im Gefolge der Amerikanisierungswelle seit den 1950er Jahren zum beliebten Knabbergebäck, für das geschätzt weltweit heute rd. 30 Mrd. $ ausgegeben werden. Seit 1962 gibt es auch eine eigene deutsche Produktion mit verschiedenen Sorten, die vor allem zuhause vor dem Fernseher oder bei Partys verzehrt werden. Die Deutschen liegen mit 0,88 kg pro Kopf und Jahr aber erst an 14. Stelle der europäischen Nationen, während England mit 3,63 kg den Konsum anführt.

Wie entstanden die ersten Schnellrestaurants?

Parallel zu diesen Entwicklungen sind die größeren Schnellrestaurants entstanden. Als erstes Beispiel ist das Berliner Restaurant Aschinger hier anzuführen, das einen neuen großstädtischen Konsumbedarf im großen Stil befriedigte und bei der Bevölkerung viel Resonanz fand. Die Gebrüder Carl und August Aschinger, der eine Koch und der andere Kellner, hatten 1892 zunächst im Zentrum Berlins mit ihrer kleinen Gaststätte „Bierquelle" zugleich einen besonders billigen Mittagstisch eröffnet. Diese Kombination erwies sich als so erfolgreich, dass sie schon neun Jahre später 29 Lokale in Berlin im Rahmen einer Aktiengesellschaft besaßen. Dieser Erfolg basierte auf dem geschickten Angebot einer beliebten kalten Küche, die in neuer Form angeboten wurde. Zum Bier servierte man anfangs nur belegte halbe Schrippen mit „Hackepeter" (Schweinefleisch mit Zwiebeln) zu 10 Pfennig. Da diese sofort reißenden Absatz fanden, fügte man nun einfache warme Gerichte als größere Delikatesse zu 30 Pfennig hinzu, z. B. Erbsensuppe mit Speck, Bierwürste mit Kartoffelsalat und Gänsebrust mit Apfelmus. Auch verschiedene Biersorten wurden zu dem damals niedrigsten Preis von 10 Pfennig pro Glas ausgeschenkt.

Am attraktivsten waren aber die billigen belegten Brötchen, die auch dann beibehalten wurden, als die Speisekarte sich erweiterte. Sobald man ein Bier bestellte, bekam man ein ganzes Körbchen Schrippen umsonst und konnte sich so schon satt essen. Nahm man beides mit an den Stehtisch, dann ließ sich selbst das Trinkgeld sparen. Die beiden „Gastwirte des Volkes", wie sie in der Presse genannt wurden, passten sich ganz dem Rhythmus der Großstadt an: Morgens kamen besonders eilige Gäste, mittags Büroangestellte, kleine Beamte sowie Studenten, abends Fabrikarbeiter, Schneiderinnen, Ladenmädchen, aber auch Soldaten und Geschäftstreibende. Es gab billiges schnelles Essen für alle sozialen Klassen und jeden Geschmack ohne den Geruch damals üblicher Armenspeisungen.

Die Aschingers nutzten konsequent die Vorteile einer Massenproduktion, erwarben z. B. eigene Fleischereien und eine Wurstfabrik, welche die Komponenten der billigen Gerichte bereits vorfertigten. Alles wurde nach gleichem Rezept angefertigt. Die Gäste wussten bald, dass sie überall die gleiche Aschinger-Qualität erhielten. Das Unternehmen band so auch andernorts eine feste Kundschaft an sich. Wichtig war auch die vollkommene Öffent-

lichkeit: Vorübergehende konnten durch das Schaufenster blickend schon erkennen, welche Gerichte sie auf dem Teller erwarteten. Normalerweise konnte ein Gast sonst nicht sehen, was in der Küche geschah. Als die Aschingers weitere gastronomische Betriebe wie den „Wintergarten", „Weinhaus Rheingold", den Vergnügungspark „Luna" und „Haus Vaterland" am Potsdamer Platz in ihren Konzern aufnahmen, wurde diese sichtbare Zurschaustellung auch bei teureren Essensspezialitäten beibehalten.
Alle diese Restaurants wurden mit der neuesten Technik ausgestattet (Gas- und dann Elektroherde, Kühlschränke, Leuchtreklame usw.). Die Verluste in den höheren Preissegmenten versuchte man durch die Erschließung neuer Märkte für die billigeren alten Produkte wettzumachen. Am Ende der 1920er Jahre gehörten fast alle renommierten Hotels der Stadt Berlin zum Aschinger-Imperium, das den größten Teil seines Gewinns stets aus den kleinen „Bierquellen" mit rationeller Schnellbedienung geschöpft hatte.
Eine interessante Variante bot der deutsch-jüdische Restaurantbesitzer Berthold Kempinski, der 1872 in Berlin-Mitte eine kleine Weinkellerhandlung eröffnete, in der seine Frau Schrippen, kalte Buletten mit Senf und Soleier zu ungarischem Rotwein servierte. Er fand mit seinen billigen Preisen ebenfalls so viel Zulauf, dass er schon 1899 ein luxuriöses vierstöckiges Restaurant eröffnen konnte. Nicht nur die vielen Touristen und Berlins „feine Gesellschaft", sondern sogar Kaiser Wilhelm II. speisten bei ihm, was ihm den Ehrentitel eines Königl. Preußischen Kommerzienrates einbrachte. Die Gäste konnten in der obersten Etage zwischen acht Gängen wählend teuer speisen, während sonst relativ billige und auch ganz einfache Gerichte mit 50 Prozent Preisermäßigung angeboten wurden, wie z. B. Schnitzel mit Bratkartoffeln und Apfelkompott für 3 Reichsmark. Die moderne Küchentechnik erlaubte allerschnellste Bedienung großer Menschenmassen. 1913 bereiteten in Kempinskis Riesenküche 200 Köche täglich 10 000 Essensportionen zu, wozu 1 250 kg Fleisch, 400 kg Fisch, 150 kg Hummer, 100 kg Kaviar, 20 000 Austern und 1 800 frische Schrippen aus der eigenen Bäckerei verbraucht wurden.
Kurz nach 1900 hat das amerikanische Unternehmen „Quisiana" mit einem ersten „Automatenrestaurant" den deutschen Schnellrestaurants Konkurrenz zu machen versucht. Nach Vorbildern in New York konnte der Kunde nach dem Einwurf einer Münze aus dem Automatenfach ein kleines Päckchen herausziehen, das ein gekühltes „Sandwich" (zwei Weißbrotscheiben mit Belag) enthielt oder ein bis an den Rand gefülltes Glas Bier ohne Schaum. Alle Speisen und Getränke hatten den absolut gleichen Geschmack und die gleiche Temperatur. Man konnte diese im Freien verzehren oder mit nach Hause nehmen, ohne Kellner oder Gastwirt zu benötigen. Aber das in den USA so erfolgreiche, total mechanisierte Restaurant konnte sich in Berlin nicht durchsetzen. Das lag nicht nur an dem für Berliner falschen Speise- und Getränkeangebot.
Ähnlich wie die ersten englischen Fast-Food-Betriebe Lyons und ABC hüteten sich die Aschingers davor, den eigentlichen Verzehrsbereich dem Maschinenwesen völlig anzugleichen. Sie kleideten z. B. ihre Kellnerinnen in bekannte deutsche Landestrachten, um den Schaueffekt zu verstärken. Die kalkulierte Mischung von ökonomisch-technischer Rechenhaftigkeit, billigem und zugleich differenziertem Angebot und dem wenngleich geringen Ambiente eines üblichen Auswärtsessens erwies sich als erfolgreicher. Als die in den 1950er Jahren in den USA entstandenen großen Fast-Food-Ketten McDonald's und Burger King in den 1970er Jahren auch in der Bundesrepublik erstmals Fuß fassten, wurde der Fehler des völlig anonym und rein mechanisch arbeitenden Automatenrestaurants nicht wie-

derholt, obwohl dies eigentlich das Maximum einer totalen Anpassung des Essens an die Technik bildete.

Die von dem „Hendl-König" Friedrich Jahn 1955 ins Leben gerufene erste deutsche Fast-Food-Kette „Wienerwald AG", die 1982 bei ihrem ersten Besitzerwechsel 1600 Betriebe mit 2 Mrd. DM Umsatz umfasste, hat diese Automatenausgabe ebenfalls wohlweislich nicht akzeptiert. Der berühmte Hähnchenbrater scheiterte nicht an seinem Konzept des Schnellrestaurants (Motto „Heute bleibt die Küche kalt, wir gehen in den Wiener Wald"), sondern am riskanten Einstieg in andere Geschäftsfelder. Trotz neuer Geschäftskonzepte (z. B. Angliederung an Tankstellen, Heim-Service) musste sich der letzte Nachfolger daher als insolvent erklären.

Die fortschreitende Expansion des schnellen Essens im Rahmen der Fast-Food-Systemgastronomie hatte wesentlich mit der Motorisierung in der Bundesrepublik zu tun. Mit dem Ausbau der Autobahnen wurde es notwendig, immer mehr Raststätten für die Millionen Autofahrer zu errichten, die im Abstand von etwa 40 Kilometern ein billiges und doch schmackhaftes Essen mit möglichst schnellem Service erwarteten. Die von Schnellrestaurants erprobten Standardtechniken fanden hier nun breiten Eingang und haben die rapide wachsende Mobilität der Menschen wie den ebenso steigenden Güterverkehr auf den Fernstraßen erheblich gefördert. Die Zweckrationalität, die Überschaubarkeit der Funktionsbereiche, das übersichtlich ausgestellte und standardisierte Speisen- und Getränkeangebot mit festen Preisen, der Selbstservice und nicht zuletzt die hygienischen Kunststofftische bis hin zur sichtbar aufgestellten Entsorgung für das Geschirr sind hier überall selbstverständlich geworden. Auch die Passagierverpflegung (Catering) im Bahn-, Schiffs- und Flugverkehr hat sich weitgehend diesem Trend zur „McDonaldisierung" aus Kostengründen angeschlossen.

Das schnelle Essen zwischen Anhimmelung und Verteufelung

Will man das schnelle Essen an den Imbissbuden und in den Fast-Food-Restaurants abschließend bewerten, dann stößt man auf recht verschiedene Meinungen. Die Ernährungsphysiologen können diesen Trend nur eingeschränkt empfehlen und sagen: Zu viel Fett und tierisches Eiweiß, zu wenig Ballaststoffe, Vitamine und Mineralstoffe (vor allem Kalzium). Das Angebot der Imbissstände schneidet bei der Nahrungsqualität und Hygiene insgesamt schlechter ab. Um den kritisierten zu hohen Salz- und Fettverbrauch zu senken, haben McDonald's wie Burger King deshalb auch inzwischen einige fleischlose und sogar möglichst fettarme Gerichte in ihre Angebote aufgenommen. Einigkeit besteht darin, dass Fast Food nur dem gelegentlichen Verzehr dienen sollte und eine mehr abwechslungsreiche Ernährung nicht ersetzen kann. Eine Zwischenmahlzeit, um die es sich hier meistens handelt, dürfte nur etwa 10 Prozent der täglichen Energiezufuhr einnehmen. Abhängig von Alter, Geschlecht und körperlicher Belastung sollten das nicht mehr als 200–300 kcal sein; aber eine Bockwurst mit Schrippe hat bereits 470 kcal und eine Portion Pommes frites rotweiß 353 kcal, was schon eine Hauptmahlzeit darstellt.

Wie die Nationale Verzehrsstudie der „Deutschen Gesellschaft für Ernährung" zeigt, nahm das schnelle Essen in allen Formen in den letzten Jahrzehnten wie überhaupt das Auswärtsessen trotz dieser Mängel tendenziell ständig zu. Nach einer Umfrage der Zeitschrift „Der Feinschmecker" vom April 2003 hat seit 2000 mit dem Beginn des Konsumrückgangs der Besuch der Fast-Food-Restaurants allerdings erstmals um 12 Prozent der Befragten abgenommen (14 Prozent Frauen, 11 Prozent Männer), aber der Rückgang des Restaurantbesuches war mit 23 Prozent (25 Prozent Frauen, 12 Prozent Männer) noch wesentlich höher. Es handelt sich also um eine konjunkturell bedingte ökonomische Abwendung, bei der die Fast-Food-Betriebe etwas besser abschnitten. Entscheidend blieb aber wohl die Besuchsfrequenz der jungen Konsumenten. Qualität, Geschmack, Service, Speisen- und Getränkeangebot werden gerade dort immer noch hoch positiv bewertet, nur die Essensatmosphäre als weniger schön empfunden.

Das Fast-Food-Essen ist von einigen Kulturkritikern und Gourmet-Päpsten verächtlich als „Plastikfraß" bezeichnet und von Wolfram Siebeck in der Wochenzeitung „DIE ZEIT" das Rindfleisch eines „Hamburgers" mit dem Aussehen und Geschmack eines Bremsbelages verglichen worden. Das schnelle Essen erscheint ihm als eine aus den USA stammende Bedrohung der europäischen Esskultur, als historisch vorübergehende Erscheinung. Der Lebensmittelchemiker Udo Pollmer, bekannt durch seine Bücher „Iß und stirb – Chemie in unserer Nahrung" und „Prost Mahlzeit! Krank durch gesunde Ernährung", hat den „Hamburger" sogar als teuflische Produkterfindung bezeichnet, weil er nur den Speichelfluss und damit zum Mehrverzehr anregt. Solche harsche Kritik erklärt nicht, warum Fast-Food-Nahrung weltweit seit den 1970er Jahren ständig mehr Anhänger selbst in Russland und China gefunden hat und allein McDonald's 1989 bereits 9 400 Filialen in 45 Ländern besaß, die zusammen einen Umsatz von 13 Mrd. Dollar erzielten. Seit der Gründung hat allein der außeramerikanische Umsatz etwa um ein Drittel zugenommen. Der Ernährungspsychologe Iwer Diedrichsen erklärt diese imposant gestiegene Beliebtheit damit, dass die Schnellimbisslokale offenbar Werte ausdrücken, die in einer Industriegesellschaft geschätzt werden: technische Effizienz, Sauberkeit, schneller Service, niedrige Preise. Der Kunde ist wie bei Markenartikeln vor unliebsamen Überraschungen sicher, weil er

Abb. 5: Multitasking: trinken und telefonieren unterwegs (Domäne Dahlem Berlin, Toma Babovic)

überall die gleiche Qualität voraussetzen kann. Wie die amerikanischen Sozialanthropologen Farb und Armelagos in ihrem Buch über die Konsumleidenschaft schon 1980 behauptet haben, sind alte religiöse und soziale Rituale in der modernen Gesellschaft tendenziell im Schwinden begriffen und dafür neue aus der modernen Technik und Wirtschaft entstanden, welche auch beim Essen andere soziale Gruppierungen schaffen. Der früher am Europa-Kolleg in Brügge tätige Geschichtsphilosoph Léo Moulin hat sogar behauptet, McDonald's habe mit seinem global bekannten gelben M-Emblem ein neues quasi-religiöses Ritual geschaffen, das einen „Hort neuer Freiheit" konstituiert hat.

Wiederholt haben sich Wissenschaftler schon mit dem Phänomen beschäftigt, warum sich gerade Kinder und Jugendliche von Fast-Food-Filialen so magnetisch angezogen fühlen und dort eine neue Subkultur entwickelt haben. Die Überschaubarkeit des Warenangebots, die Autonomie, mit einfachsten Kurzformeln nach einem Bild selbst etwas bestellen zu können, und die Abwesenheit erzieherischer Kontrolle sind zur Erklärung hier vorgebracht worden. In einem Fast-Food-Lokal gibt es außer Zechprellerei in der Tat kaum eine Gefahr, gegen Regeln der „guten Sitte" zu verstoßen. Alle diese Argumente treffen auch für die kleine Imbissbude zu, die das Prinzip des rationalisierten Schnellessens nur auf einer unteren

Stufe realisiert. Junge Menschen können, überspitzt gesagt, durch das schnelle Essen neue gesellschaftliche Rituale gewinnen, welche mit der heutigen Lebenswelt durchaus im Einklang stehen. Die überhebliche Kritik am angeblich „unzivilisierten schnellen Essen“ kann man bei näherer Besichtigung nicht teilen, zumal es auch noch andere neue Trends in unserer Ernährung gibt. Etwas ernster ist die europäische „Slow-Food“-Bewegung zu nehmen. Sie ist zwar als Protest gegen ein neues McDonald's-Restaurant an der Spanischen Treppe in Rom entstanden, jedoch geht es hier eigentlich nur um die stärkere Besinnung auf regionale Kost, kleine Gastronomie und alte Rezepte als regionales Kulturerbe zur Wahrung alter Geschmackstraditionen, also damit um eine andere neue Identitätssuche im Zeitalter der unübersichtlichen Globalisierung. Über diesen neuen Historismus in der Nahrungskultur als Gegenpol zur rasanten Beschleunigung des Essens muss in der Tat ernsthaft weiter diskutiert werden, sofern nicht damit eine nicht mehr mögliche Rückkehr zur vorindustriellen Lebensform gemeint ist.

Die Slow-Food-Bewegung – Zur Entwicklung einer Entschleunigung im Nahrungsalltag

Carsten Sobik

Essen ist für die Kulturwissenschaften ein soziales Totalphänomen: Essen ist allgegenwärtig, wurde und wird von allen Menschen und zu allen Zeiten praktiziert. Aus diesem Grund eignet sich die Esskultur als sozialer Akt auch hervorragend für Kulturvergleiche. Keine Gesellschaft konnte eine einheitliche Esskultur herausbilden, immer gab es und gibt es ein großes Nebeneinander, große Unterschiede in Regionen, sozialen Schichtungen, zwischen Geschlechtern und Altersgruppen. In der Entscheidung sind wir frei, doch unsere kulturelle Umwelt, die Gesellschaft, in der wir leben, bestimmt unsere Handlungen meist, ohne dass wir es bewusst bemerken. Essen und Trinken sind nicht nur Instrumente, mit denen und an denen wir uns orientieren, sie sind auch Kommunikationsmittel. Essen formt einen gemeinsamen Erlebnishorizont. Ein Küchensystem schafft kulturelle, soziale und nicht zu vergessen nationale, regionale und lokale Identität, maßgeblich mitgeprägt durch Tradition.[1]

Kaum ein Schlagwort ist heute so populär wie die vielzitierte Globalisierung, kaum ein Thema so vieldiskutiert wie die damit verbundenen kulturellen Zusammenhänge und der Verlust von Identitäten. Zum Aspekt der Identität der Esskultur meinte der Volkskundler Gunther Hirschfelder 2004: „Europa verliert seine spezifischen Identitäten nur dann, wenn die regionalen Besonderheiten der Nahrungskultur verloren gehen."[2] Genau diesem Verlust entgegenwirken will die so genannte Slow-Food-Bewegung.

Obwohl es diese Bewegung mittlerweile seit über 20 Jahren gibt, hat der Begriff und vor allem der Gedanke, der dahintersteht, längst nicht so viele Menschen erreicht, wie es Fast Food besonders in den letzten Jahrzehnten vermochte.[3] Einige von denen, die von Slow Food als eine Art geflügeltes Wort für eine „neue Kultur des Essens", „eine neue Gastronomie"[4] bereits gehört haben, verbinden mit der Wortbedeutung meist die hohe Kochkultur – gehobene und damit in der Regel sehr teure Mehr-Sterne-Küche, wie sie im Michelin, dem Gault Millau oder dem Aral-Schlemmer-Atlas genannt wird. Ist das wirklich richtig? Was ist nun Slow Food genau? Was soll bezweckt, wer erreicht werden?

Fast Food in seinen vielfältigen Formen hat während seiner langen, vielschichtigen Entwicklung einen globalen Siegeszug angetreten, ist heute buchstäblich in – fast – aller Munde. Die Diskussionen über mögliche Vor-, aber maßgeblich über nachgewiesene Nachteile des schnellen Essens sind zahlreich. Die Politik und ein Großteil der Medien lassen sich in erster Linie darüber aus, wie sich der regelmäßige Konsum von Schnellgerichten auf unser Wohlbefinden auswirkt. Nährwerte und Fettgehalt der Speisen werden hinterfragt. Die Gesundheit und die Vermittlung gesunder Ernährung sind die zentralen Stichworte.[5] Sicherlich ist der Gesundheitsgedanke auch bei Slow Food sehr wichtig. Doch er ist zweitrangig. Sehr viel bedeutsamer ist die Erhaltung regionaler Esskultur und die Bewahrung alter Geschmackstraditionen sowie der Schutz der biologischen Vielfalt. Slow Food möchte versuchen, einen Gegenpol zur rasanten Beschleunigung des Alltags im Allgemeinen und des Essens im Speziellen zu bilden und will Genuss lehren, ohne dabei auf eine agrarromantisch verklärte Rückbesinnung auf vergangene, vorindustrielle Lebensformen aus zu sein.[6] Dass dies trotzdem in vielen berichtenden Medien anklingt, liegt häufig an der Art der Informationswiedergabe des Journalismus, der den Leser mit griffigen Umschreibungen wie „aus Großmutters Zeiten" oder „wir atmeten das Aroma von Wein und Geschichte" begeistern und mitreißen möchte.[7]

Zum Werdegang

Der Weg der Slow-Food-Bewegung begann 1980 in Bra im norditalienischen Piemont. Hier gründete sich der „Libera e Benemerita Associazione Amici del Barolo", der „Freie und wohlverdiente Verein der Freunde des Barolo". Die Gründung erfolgte im Versuch, Neugier gegenüber Nahrungsmitteln und besonders Wein zu wecken und bewussten, überlegten Konsum anzuregen. Dies sollte erreicht werden durch Verkostungskurse, Weinproben, Organisieren neuer Vertriebskanäle für Kleinproduzenten etc. Eine eher zweitrangige Überlegung hierzu war, dass längerfristig mit den kulinarischen Vorzügen der Region auch mehr Touristen angelockt werden sollten. Die Mitglieder des Vereins stammten aus der Region um Bra und der Stadt selbst, einem Ort mit langer Tradition politisch motivierter Vereinigungen und Verbände. Viele von ihnen standen der Vereinigung „ARCI" nahe, einer linken landesweiten Freizeitvereinigung, der „Associazione ricreativa communista italiana". Relativ schnell bildete sich ein Kontaktnetz in ganz Italien auf der Basis eines gemeinsamen Interesses für das kulturpolitische Ziel einer genussvollen Esskultur.

Abb. 1: Europäische Kartoffelvielfalt auf der Slow-Food-Messe in Stuttgart 2007, Foto: © Slow Food/ Stefan Abtmeyer

Im März 1986 kam es zu einer beispiellosen Protestaktion: Das global arbeitende Hamburger-Imperium McDonald's eröffnete im Herzen Roms an der Spanischen Treppe eine weitere seiner Filialen, nach Bozen 1985 erst die zweite in Italien überhaupt zu dem damaligen Zeitpunkt. Der Fast-Food-Multi brauchte in Italien länger, um Fuß zu fassen. Man ging hier einen anderen Weg als in vielen anderen Staaten Nord- und Westeuropas: Sonst startete man mit Filialen in der Provinz und arbeitete sich in die Großstädte vor. In Italien begann man in den Städten, weil sich auf dem Land die kleinen Osterien und Lokale erfolgreich gegen die Filialgründungen zu wehren wussten. Leider wird in der Literatur nicht näher ausgeführt, wie genau dies vonstatten ging.[8] Zurück zum Protest an der Spanischen Treppe: Italienische Köche servierten auf der Piazza di Spagna Speisen der traditionellen italienischen Küche, um sich so gegen die Verbreitung von Fast Food aufzulehnen. Maßgeblich unterstützt wurde die Aktion von den Freunden des Barolo und ihren im regen Zuwachs begriffenen Mitstreitern.

Dieses vielfach beachtete Großereignis war der Anlass, dass sich im Juli 1986 der Verein auch aufgrund wachsender Unterorganisationen und Interessengruppen neu gründete und unter dem Namen „Arcigola" formierte. Von den 62 Gründungsmitgliedern wurde der

Journalist und Mitbegründer Carlo Petrini zum Präsidenten der Vereinigung gewählt. Er ist es ununterbrochen bis heute. Die Triebfeder der Gründung war die sehr kritische Haltung der Vereinigung gegenüber der Globalisierung, auch wenn es diesen Ausdruck zu dem damaligen Zeitpunkt noch nicht gab. Der Name der Vereinigung war auf die Nähe vieler Gründungsmitglieder zur Mailänder Zeitschrift „La Gola" zurückzuführen, die von 1982 bis 1989 erschien und sich mit der „önogastronomischen" – einem Kunstwort aus Önologie, Weinkunde, und Gastronomie – Kultur in philosophischen, literarischen, soziologischen und anthropologischen Themen auseinandersetzte. Mitglieder von Arcigola bezeichneten sich selbstironisch als „Neo-Gourmands", „demokratische und antifaschistische Feinschmecker" und „neue Hedonisten". Sie wurden lange Zeit von Italiens Linksintellektuellen sowie von der konservativen Gastronomie-Presse mit einigem Argwohn betrachtet. Für die intellektuelle Linke war man mit dem Wunsch nach genussvoller Esskultur zu bourgeois, die Gastro-Presse fürchtete eine kommunistische Unterwanderung in den eigenen Reihen.[9] Durch Veröffentlichungen zahlreicher Gastronomietipps in Form von Besprechungen über Restaurants und Wein, Reisevorschläge, öffentliche Diskussionen über Themen wie Langsamkeit bei Tisch und Geselligkeit machte man jedoch in immer weiter werdenden Kreisen positiv auf sich aufmerksam und verdrängte Vorurteile. 1983 hatte man 500 Mitglieder vorzuweisen, 1986 waren es 8 000, 1989 waren es bereits 11 000 nur in Italien.[10] Im Dezember 1989 wurde schließlich in Paris die internationale Bewegung „Arcigola Slow Food" gegründet, mittlerweile „Slow Food International", eine gemeinnützige Organisation mit geschütztem Markennamen, die in lokale Vereinsgruppen aufgeteilt ist, die so genannten „Convivien", Tafelrunden. Delegationen aus der ganzen

Abb. 2: Slow-Food-Mitbegründer und Präsident Carlo Petrini auf der Slow-Food-Messe in Stuttgart 2007, Foto: © Slow Food/ Stefan Abtmeyer

Welt unterzeichneten das so genannte „Slow-Food-Manifest":

„Die Industriegesellschaft hat zuerst die Maschine erfunden und nach ihr das Leben modelliert. Mechanische Geschwindigkeit und rasende Beschleunigung werden zur Fessel des Lebens. Wir sind alle von einem Virus befallen: ‚Fast life!' Unsere Lebensformen sind umgestürzt, unser häusliches Dasein betroffen – nichts kann sich der ‚Fastfood Bewegung' entziehen. Aber der Homo sapiens muss sich von einer ihn vernichtenden Beschleunigung befreien und zu einer ihm gemäßen Lebensführung zurückkehren. Es geht darum, das Geruhsame, Sinnliche gegen die universelle Bedrohung durch das ‚Fast life' zu verteidigen. Gegen diejenigen – sie sind noch die schweigende Mehrheit –, die die Effizienz mit Hektik verwechseln, setzen wir den Bazillus des Genusses und der Gemütlichkeit, was sich in einer geruhsamen und ausgedehnten Lebensfreude manifestiert. Fangen wir gleich bei Tisch mit Slow Food an. Als Antwort auf die Verflachung durch Fast Food entdecken wir die geschmackliche Vielfalt der lokalen Gerichte. Fast life hat im Namen von Produktivität und Rendite unser Leben verändert und bedroht unsere Umwelt. Slow Food ist die richtige Antwort darauf. In der Entwicklung des Geschmacks, und nicht in seiner Verarmung liegt die wahre Kultur. Und hier kann der Fortschritt dank einem internationalen Austausch von Geschichten, Wissen und Projekten sei-

Slow Food®
Deutschland e.V.

Abb. 3: Logo von Slow Food Deutschland mit der Schnecke als Zeichen für Langsamkeit, Foto: © Slow Food/Stefan Abtmeyer

nen Anfang nehmen. Slow Food sichert uns eine bessere Zukunft. Slow Food ist eine Idee, die viele befähigte Anhänger braucht, damit aus der (langsamen) Regung eine weltweite Bewegung wird, deren Symbol eine kleine Schnecke ist."[11]

Das Logo der Schnecke wählte man, weil sie bei Feinschmeckern als Delikatesse gilt, vordergründig aber auf die Idee der Langsamkeit hinweisen soll. Mittlerweile hat Slow Food International über 80 000 Mitglieder, organisiert in ca. 800 Convivien in über 100 Ländern. In Deutschland gründete sich die Sektion 1992 mit Sitz in Münster. Es gibt bei uns derzeit 58 Convivien mit ca. 7 500 Mitgliedern, unter anderem in größeren Städten wie Frankfurt am Main, aber auch in regional übergreifenden Convivien wie Hamburg-Lübeck-Lüneburg-Kiel. Gewählter Vorsitzender der deutschen Vereinigung ist seit 2006 der Gastronom Otto Geisel vom 4-Sterne-Hotel Victoria in Bad Mergentheim, Baden-Württemberg.[12]

Laut einer Studie des so genannten deutschen Zukunftsinstituts im hessischen Kelkheim-Ruppertshain, das sich zu künftigen Strömungen und Veränderungen unserer Gesellschaft äußert, ist Slow Food einer von 18 Trends, die auf dem Gebiet der Ernährung das Leben von morgen maßgeblich mit beeinflussen werden.[13]

Zur Intention

Slow Food versteht sich als Gegenbewegung zum Trend des Fast Food, wendet sich generell gegen schlechtes, hektisches Essen und Leben. Es wird intensive Aufklärungsarbeit betrieben: zur Geschmacksbildung und -sensibilisierung für regionale Spezialitäten und regionale Küche; zu Risiken des Fast Food und industriell erzeugter und vor allem veränderter Lebensmittel wie künstlichen Geschmacksverstärkern und Gen Food; zu Massentierhaltung und Gefahren monokulturisierter Agrarwirtschaft mit vermehrtem Chemikalieneinsatz und erhöhtem technologischen Aufwand. Man leistet politische Lobbyarbeit für den Verbraucherschutz im Lebensmittelbereich und engagiert sich im Umweltschutz.

Die zur traditionellen Produktion notwendige materielle Kultur soll untersucht, erhalten und das erworbene Wissen um lokale Anbau- und Verarbeitungsmethoden verbreitet werden.

Das landwirtschaftliche Erbe will man bewahren, vor allem die spezielle Eigenart der Nahrungsmittel, die ansonsten mehr und mehr Geschmack einbüßen. Hersteller traditioneller Produkte nach regionalen Eigenheiten, wie zum Beispiel Cafés, Konditoreien, Bäckereien, Fleisch, Käse oder Wein verarbeitende Klein- und Kleinstbetriebe sollen vor der Flut von Fast-Food-Ketten geschützt werden.

Geselligkeit und Genuss will man ebenso fördern wie Lebensfreude und soziale Verantwortung des Einzelnen. Slow Food sieht sich als Diskussionsplattform für Geschmack: Geschmack gilt nicht als Geschmackssache, sondern wird als eine historische und kulturelle, individuelle, soziale und ökonomische Dimension betrachtet, über die gestritten werden muss.

Slow Food International will keinen globalisierenden Grundgedanken besitzen. Im Zentrum stehen vielmehr die typischen Produkte und Traditionen von einzelnen Regionen. Slow Food ist immer auf diese einzelnen Regionen hin ausgerichtet. Erstaunlich ist meiner Meinung nach aber schon, dass eine Vereinigung, die sich eindeutig gegen Globalisierung ausspricht, mittlerweile weltweit vernetzt ist und global operiert. Ein Zeichen dafür, dass das scheinbar gegensätzliche Beziehungspaar Globalisierung und Regionalisierung im Alltag praktizierender Esskulturen nicht so weit voneinander entfernt ist wie man denken könnte.

Abb. 4: Campus der Slow-Food-Universität der gastronomischen Wissenschaften im norditalienischen Pollenzo, Foto: © Slow Food

Zu Projektbeispielen

2003 gründete Slow Food zusammen mit den Regionen Piemont und Emilia-Romagna die „Università degli Studi di Scienze Gastronomiche", eine private Universität der gastronomischen Wissenschaften im norditalienischen Pollenzo. Man bietet Studiengänge mit Abschlüssen in den Bereichen Gastronomie und Nahrungskommunikation an und bindet hierbei auch geisteswissenschaftliche Forschung in das Lehrprogramm ein. Zum Lehrstoff gehören unter anderem Kurse in Önologie, Zoologie, Botanik, Geschichte, Landesgeschichte, Agrarwirtschaft, Nahrungsmittelproduktion und Ökotrophologie, alles mit der Ausrichtung auf Ernährung.

In Deutschland betreibt Slow Food in Zusammenarbeit mit verschiedenen Universitäten interdisziplinäre Kolloquien und Seminare. Aktuell wird der Studiengang „Kulinaristik und Food Management" der Berufsakademie Mosbach/Bad Mergentheim angeboten. Die Deutsche Akademie für Kulinaristik in Bad Mergentheim ist derzeit inaktiv.

Seit 1996 gibt es das Slow-Food-Projekt „Arca del gusto", die Arche des Geschmacks. Man sammelt und bewahrt vom Verschwinden bedrohte regionale Nahrungsspezialitäten, hauptsächlich Käse und Wurstsorten, genauso wie Nutzpflanzen und Nutztierrassen. Gerade die letzten beiden Punkte sind heute auch von grundlegender Bedeutung in diversen europäischen Freilichtmuseen. Aufgenommen werden in der „Arche" nur Produkte und stark bedrohte Vertreter der Flora und Fauna, die eine Bindung an die jeweilige Region aufweisen und ökologisch einwandfrei in kleinerem Maßstab gezüchtet bzw. produziert werden. Die deutsche „Arche des Geschmacks" listet z. B. die Champagner-Bratbirne auf, aus der ein Birnensekt hergestellt wird, den „Würchwitzer Milbenkäse" und das

Abb. 5: Sicher nicht jedermanns Geschmack: der Würchwitzer Milbenkäse, ein in die „Arche" aufgenommenes Produkt aus Sachsen-Anhalt, Foto: © Slow Food/Arche

Abb. 6: Ein „Arche"-Passagier: die Champagner-Bratbirne, Foto: © Slow Food/ Arche

Abb. 7: Und noch ein „Arche"-Passagier: das Bunte Bentheimer Schwein, Foto: © Slow Food/Arche

Abb. 8: Gemüsestand auf der Slow-Food-Messe in Stuttgart 2007, Foto: © Slow Food/Stefan Abtmeyer

laut Roter Liste der bedrohten Nutztierrassen in Deutschland extrem gefährdete „Bunte Bentheimer Schwein".[14]

Slow Food veranstaltet seit seiner Gründung weltweit diverse Nahrungs- und Ernährungs-Messen. In Deutschland fand beispielsweise erstmalig vom 15. bis 17. Juni 2007 die Messe „Slow Food – Markt des guten Geschmacks" in Stuttgart statt. Seit 1998 bereits zum elften Mal erfolgte am 01. Juni 2008 der Slow-Food-Markt „Käse aus dem Norden" im Freilichtmuseum am Kiekeberg in Hamburg-Harburg.

Ende 2007 setzte sich Slow Food Deutschland in der von Brüssel begonnenen „Äppelwoi-Diskussion" um die Benennung „Apfel-Wein" für die Beibehaltung des Namens ein. Man betonte in dem Zusammenhang die Notwendigkeit, dass hessischer Apfelwein auch nur aus hessischen, nicht importierten Äpfeln bestehen dürfe. Damit einher ging die Forderung nach Erhaltung der immer seltener werdenden Streuobstwiesen.[15]

Vom 22. bis 24. August 2008 veranstalteten Schwäbisch Haller Bauern in Zusammenarbeit mit Slow Food das für ökologische Landwirtschaft und gegen Gentechnik gerichtete Open-Air-Festival „Rock for Nature" im hohenlohischen Wolpertshausen – das laut Medien erste Öko-Open-Air-Festival mit „Woodstock-Feeling", bei dem unter anderem Joe Cocker, die „Scorpions", Nena und „Wir sind Helden" vor mehr als 60 000 Zuschauern auftraten.[16]

Zum Fortgang

Wo sind Grenzen zwischen Fast Food und Slow Food zu ziehen? Im ersten Moment erscheint die Frage leicht zu beantworten, aber unser heutiges Nahrungsangebot ist so vielfältig, dass die Übergänge teilweise fließend sind. Fast Food ist ja nicht nur der Klischee-Hamburger. Immerhin zählen zu Fast Food auch japanisches Sushi, selbstgemachte Bratwürstchen an der Mittagstheke des lokalen Metzgermeisters oder Pizza mit marktfrischen Belägen beim Italiener um die Ecke. Die erfragte Trennung der beiden vermeintlichen Extreme bei den hier genannten Beispielen würde sich auf die Frage reduzieren, wo man diese Speisen zu sich nimmt. Trotz einwandfreier Produkte: Ist Sushi nur in Japan Slow oder gar Fast Food, sind es die Rostbratwürstchen nur in Nürnberg und die Pizza nur in einem Ort der Emilia Romagna?

Abb. 9: Käsemarkt im Freilichtmuseum am Kiekeberg in Rosengarten-Ehestorf 2008, Foto: © Freilichtmuseum am Kiekeberg/Petra Diehl

Ist Slow Food wirklich neu? Warum nannte es sich Anfang der 1990er Jahre „neue Esskultur"?[17] Im Endeffekt ist der Slow-Food-Gedanke zu großen Teilen eine Art neuer Historismus der Nahrungskultur. Die Bewegung basiert zu einem großen Teil auf dem Rettungs- und Bewahrungsgedanken für regionale Esstradition. Rettungsgedanken, die die Volkskunde sehr gut aus anderen Bereichen und Zeiten kennt – Lied, Sage und Märchen seien hier nur als die Bekanntesten genannt. „Neu" ist hier vermutlich so zu verstehen, dass Altes zwar erhalten werden soll, aber in einen neuen Kontext gestellt wird – die moderne Küche. Denn Slow Food will nicht auf Althergebrachtem stagnieren oder gar zu vorindustriellem Leben zurückführen, sondern die traditionellen Lebensmittel auf der Basis von Genuss und Gesundheit mit den neuen Möglichkeiten unserer Zeit verbinden.

Ein Problem ist, was von der breiten Masse der Konsumenten noch nicht wahrgenommen wird: der Vorteil von kleineren und teureren, jedoch umso geschmacksintensiveren und gesunden Slow-Food-Produkten gegenüber einer deutlich größeren Menge an Discounter-Lebensmitteln zum kleinen Preis, die sich nur durch künstliche Geschmacksverstärker „auszeichnen". Auseinandersetzungen mit Slow Food sind von Anfang an mit Missverständnissen einhergegangen. Slow Food sei nur etwas für so genannte Gourmets mit einem dicken Geldbeutel. Zeitgleich zur Gründung der deutschen Sektion 1992 kam auch das von zwei Ernährungswissenschaftlern verfasste Buch „Fast food – Slow food – Plädoyer für eine neue Esskultur" heraus. Hier implizierten, gegen die Intention der Aussage, teilweise ungeschickt gewählte Formulierungen Fehlinterpretationen beim Leser, die neue Esskultur sei offenbar nur für Eliten bzw. besser Begüterte. So hieß es zum Beispiel „Slow Food, das neue Credo der Crème de la Crème unter den Feinschmeckern"[18] oder „Ist die Edelküche im Vergleich zum Fast Food-Angebot wirklich so viel ausgeglichener wie sie teuer ist?"[19] Slow Food ist jedoch mitnichten als elitär-teure Mehr-Sterne-Küche geplant. Sie ist nicht mit der um 1960 entstandenen Nouvelle Cuisine von Paul Bocuse, Henri Gault oder Christian Millau gleichzusetzen, sondern will vielmehr die regionalen kleinen Küchen fördern. Dafür stehen zum Beispiel in Italien die Osterien, wo nach Carlo Petrini edel-einfaches Essen, hergestellt aus den allerbesten örtlichen Produkten, zu einem annehmbaren Preis angeboten wird.[20] Die Wahrung des Rechtes auf Genuss und Lebensfreude sollte nicht vom Inhalt des Geldbeutels abhängen. Es muss nicht zwangsläufig heißen, dass Niedrig-Verdiener rein des Geldes wegen nur auf Fast Food und Discounter-Ware zurückgreifen, während Mehr-Verdiener Slow Food und Sterne-Restaurants bevorzugen. Die Vielfältigkeit des Nahrungsangebots lässt es zu, dass ein und derselbe Esser zu unterschiedlichen Gelegenheiten Gesundheitstrends, Anspruch an Bequemlichkeit oder Schnelligkeit sowie den Wunsch nach Genuss beim Essen und Trinken fast widerspruchslos praktizieren kann.[21]

Slow Food wird vorgeworfen, teuer zu sein, und dass es sich nicht jeder leisten könnte, sich mit den Slow-Food-Produkten zumindest gelegentlich zu ernähren. Hier ist der Preis die eine oder andere Überlegung wert. Jürgen Dollase, Journalist und Gastro-Kritiker, fordert in seinem Buch „Kulinarische Intelligenz" seine Leser dazu auf, hin und wieder Geld zu sparen, um statt zu heute meist teuren Musikkonzerten zu gehen, lieber zum Geschmacksvergleich mehrfach Sterne-Restaurants aufzusuchen.[22] Das ist eine interessante Idee. Denn genussvolles Essen der Nouvelle Cuisine ist ebenso ein Event wie ein Konzert und im Vergleich sein Geld sicher auch wert, wenn man es hat. Dem durchschnittlichen Hartz-IV-Empfänger bleibt die Wahl erspart. Der kann sich keines von beiden leisten. Wenn aber der Gering-Verdiener sich einmal mit seiner Familie einen Besuch bei McDonald's gönnt, sieht die Sache schon ein wenig anders aus. Wie schnell ist man in einer Fast-Food-Filiale mit vier Personen zum Sattessen locker 30 bis 40 Euro oder sogar mehr los? Für das gleiche Geld könnte man sich marktfrische, geschmacksintensive und ökologisch korrekt produzierte Lebensmittel kaufen, um sich damit ein richtiges Deluxe-Essen zu kochen, wenn man kochen kann und will und sich die nötige Zeit dafür nimmt.

Eines darf man bei der Betrachtung der Slow-Food-Bewegung, ihrer Entwicklung und vor allem ihren Intentionen keinesfalls vergessen: Slow Food ist Teil unserer Marktgesellschaft, hat sich erfolgreich im Alltag des Nahrungsmittelangebots etabliert und baut weiter aus. Die Slow-Food-Bewegung will finanziell erfolgreich sein, ist von Produzenten aufgebaut und geleitet und somit fraglos produzentenorientiert. Damit geht einher, dass man weit weniger konsumentenzielgerichtet ist, als es im ersten Moment den Anschein haben mag bzw. dargestellt wird. Zudem erkannte der Volkskundler Konrad Köstlin eine geschlechtsspezifische Ausrichtung der Slow-Food-Zielgruppe: „Slow Food zelebriert die – vor allem nachdrücklich männliche – Gemeinschaft beim Planen und dann weiter beim Einkauf regionaler Produkte auf dem Markt, bei der Zubereitung in einer oft edel-altartig, aber doch perfekt ausgestatteten Küche und schließlich beim gemeinsamen, lange währenden Essen am großen, dunklen Holztisch. Wenn Frauen (allein!) so verführen, hat das keinen Namen. Es ist gewöhnlich, ist Alltag, über den man nicht redet."[23]

Trotzdem oder gerade deswegen: Slow Food liegt im Trend. Bio-Produkte aus ökologischem Anbau und gesunde Ernährung sind in der Zeit der von den Medien in üppigen Details wiedergegebenen Lebensmittelskandale populär wie nie. Genussvolles Kochen und Essen ist, ebenfalls von den Medien forciert – siehe zum Beispiel Fernsehsendungen wie „Das perfekte Dinner" – eine Form der Repräsentation vor und Abgrenzung von anderen. Regionale Küche und ihre traditionellen Spezialitäten tragen auf der Suche nach einem eigenen Platz in einer europäisierten bzw. globalisierten Gesellschaft zur Identitätsfindung bei. Und warum ist Slow Food nicht so allumfassend erfolgreich wie Fast Food? Die Idee der Bewegung ist verhältnismäßig jung, muss sich noch in breiten Gesellschaftsschichten durchsetzen und ist längst nicht so allgegenwärtig wie die zahllosen Filialen der System-Gastronomie. Slow Food basiert immerhin auf Kleinproduzenten und -anbietern. Zudem wird Slow Food noch häufig von vielen mit der Nouvelle Cuisine verwechselt. Und die breite Masse der Konsumenten legt nach wie vor Wert auf günstige Preise, nicht auf Qualität. Dazu kommt, dass die übermäßige Nutzung von Geschmacksverstärkern in unserer Nahrung unsere Geschmacksnerven geprägt und abgestumpft hat. Ein Beispiel: Wir wissen gar nicht mehr, wie eine echte Erdbeere zu schmecken hat, wir erinnern uns nur an den vorgegaukelten Geschmack von Erdbeeren, zum Beispiel aus unserem Erdbeer-Joghurt. Europa wäre ganzjährig ein einziges Erdbeerfeld, wenn sämtliche so genannten Erdbeerjoghurts wirklich den Geschmack echter Früchte besäßen. Die Vielfalt unseres Nahrungsangebotes ist heute größer denn je. Slow-Food-Produkte sind ein Teil davon und erfreuen sich steigender Beliebtheit. Doch trotz globaler Vernetzung der Slow-Food-Bewegung und gekonnt eingesetzter Werbung für die eigene Sache, liegt die Entscheidung, was gekauft wird, nicht bei den Produzenten. Wie bemerkte der Sozial- und Wirtschaftshistoriker Peter Scholliers so treffend: „Der Verbraucher hat die Wahl."[24]

Anmerkungen

1 Hirschfelder 2004, 43 ff.
2 Hirschfelder 2004, 54.
3 Volkskundliche Untersuchungen zum Thema Fast Food sind zahlreich. Eine der aktuellsten ist der in diesem Band vorliegende Aufsatz von Hans Jürgen Teuteberg. Der relativ jungen Slow-Food-Bewegung hat sich die volkskundliche Forschung bislang kaum zugewendet. Wegweisend ist hier: Römhild u. a. 2008.
4 Arens-Azevedo/Hamm 1992; Petrini [2] 2007.
5 Zum Beispiel: Heindl 2004; Mühlemann 2005.
6 Petrini [2] 2007, 81 ff.
7 Als eines von zahllosen Beispielen sei hier genannt: Rübesamen 2008.
8 Petrini [1] 2007, 43 ff.
9 Petrini [1] 2007, 23 f., 27.
10 Petrini [1] 2007, 24.
11 Petrini [1] 2007, 15, 16.
12 www.slowfood.de, Zugriff am 05.04.2008.
13 www.zukunftsinstitut.de, Zugriff am 10.02.2008.
14 www.g-e-h.de, Zugriff am 28.11.2008. Rote Liste der bedrohten Nutztierrassen in Deutschland, Stand 2008 lt. Gesellschaft zur Erhaltung alter und gefährdeter Haustierrassen e. V. (GEH), Witzenhausen.
15 www.slowfood.de, Zugriff am 10.11.2007. Slow Food Deutschland, Pressemitteilung vom 06.11.2007.
16 http://www.slowfood.de/slow_food_tv/rock_for_nature_bilanz/, Zugriff am 17.06.2009.
17 Arens-Azevedo/Hamm 1992.
18 Arens-Azevedo/Hamm 1992, 162 (rückseitiger Kladdentext).
19 Arens-Azevedo/Hamm 1992, 2 (innerer Kladdentext).
20 Petrini [1] 2007, 67 f.
21 Arens-Azevedo/Hamm 1992, 15.
22 Dollase 2006, 91 ff.
23 Köstlin 2006, 16.
24 Scholliers 2007, 357.

Ehren-Urkunde

Frau Karoline Würzbürger

HEBAMME

aus Anlass des

40 jähr. Dienst-Jubiläum

der Gemeinde Anspach i/T gewidmet

Anspach i/T 24.I.36

Henrici Bürgermeister

Jäger

Stöckel

Beigeordnete

III. ARBEITEN

Hurdy-Gurdy-Girls – Arbeitsmigration in Hessen im 19. Jahrhundert

Martina Spies-Gehrig

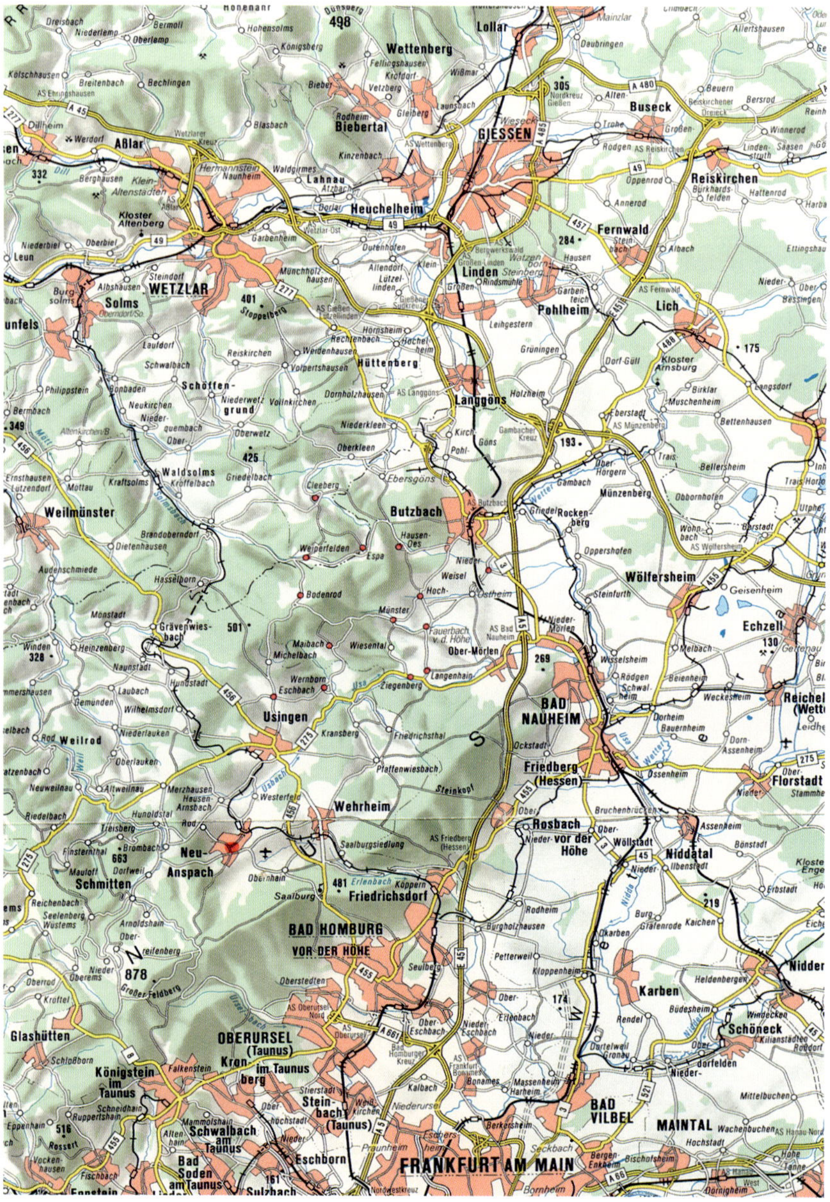

Abb. 1: Der Vordertaunus am Rande der Wetterau

„Hurdy-Gurdy" bedeutet zunächst einmal Drehleier oder auch Leierkasten. Die Landgängerei – der Handel mit im Winter in Heimarbeit gefertigten Produkten wie Reisigbesen oder Fliegenwedel in Verbindung mit dem Musizieren – entstand in den Taunusdörfern Espa, Münster, Maibach, Bodenrod, Fauerbach, Hoch- und Niederweisel am Rande der Wetterau aus wirtschaftlicher Not. Von den Taunusdörfern aus hat sich diese Landgängerei und der damit verbundene Kinderhandel dann zum Westerwald hin verbreitet. Hier war besonders das Amt Rennerod und das Amt Hadamar betroffen. Die Espaer zogen als Erste über die alte „Wellerstraße" (= Westerwälder) nach England, später nach Nordamerika. Für einige Gemeinden bildeten sich spezielle Zielorte heraus. So ging man von Hoch-Weisel in der Regel nach Paris, von Münster aus nach Kalifornien und Russland, von Nieder-Weisel nach Kalifornien, wenige auch nach Australien und Neuseeland, von Fauerbach aus nach Kalifornien und Kuba. Die Anspacher gingen nach England, Frankreich, Nordamerika, Algier, Marokko, Kuba, Russland, Australien und in die Hafenstädte um das Mittelmeer. „Es sind sämmtlich Landgemeinden, dicht an der Eisenbahn zwischen Nauheim und Butzbach, Amt Friedberg, Provinz Oberhessen."[1] Espa und andere Orte im Amt Usingen lässt Wilhelm Kayser, Pfarrer von Nieder-Weisel, in seiner Aufzählung aus, weil sie nicht zu seinem Verwaltungsbezirk gehören.

Folgende Faktoren waren für Armut und Hunger ausschlaggebend: zum einen die Besitzzersplitterung bei steigender Bevölkerungszahl; zum anderen hohe Schulden der feudalen Herrschaftshäuser, die aus den Böden möglichst viel Pacht erwirtschaften wollten. In Espa lag auf der Hälfte der Gemarkung der Cleehof, der zur Domäne Nassau gehörte. Steuern und Pacht auf Äcker und Ernteertrag waren sehr hoch. Espa hatte keinen eigenen Wald. Arbeitsplätze fielen weg, als zu Beginn des 19. Jahrhunderts das Silberbergwerk nichts mehr abwarf. Hinzu kam eine Hungerkatastrophe in den Jahren 1816/17 nach dem Ausbruch des Vulkans Tambora auf Sumbawa/Indonesien, als gewaltige Staubschleier um die Erde zogen und 1816 Nordeuropa erreichten. Damals schneite es mitten im Sommer, Kartoffeln und Korn verfaulten auf den Äckern.[2] Nicht zufällig nahm der genannte Handel mit Fliegenwedeln 1816 von Espa seinen Ausgang. Als Verkaufshilfe wurde beim Hausieren musiziert und die Mädchen tanzten zum Spiel der Drehleier. Das steigerte einerseits den Absatz, andererseits wurde Geld durch Betteln eingenommen. Ab 1820 hat sich diese Landgängerei auf England, Frankreich, Holland, Russland und in die USA ausgedehnt. Daraus entwickelte sich ein Mädchenhandel, der die Schulabgängerinnen aus den genannten Orten am Rande der Wetterau an „Mägdehalter" zunächst zum Straßenverkauf, bald aber zum Singen, Tanzen, Geldeinsammeln und schließlich in die Wirtshäuser (Saloons), Tanzhäuser und Bordelle der Neuen Welt vermietete. Ein Teil von ihnen kam reich und fein angezogen zurück, andere als „gefallene Mädchen", erschöpft und mittellos, einige blieben verschollen. Bereits 1836 wurde der Handel mit Fliegenwedeln nach England und das Mitnehmen schulpflichtiger Kinder und lediger Frauen verboten – nur mit mäßigem Erfolg. Die Verhältnisse verbesserten sich erst durch Bodenreformen und bessere Beschäftigungsmöglichkeiten im Zuge der Industrialisierung. Der letzte Fall von Mädchenhandel ist in den Taunusdörfern 1877 vorgekommen.

Hausierhandel und Landgängerei hat es zu allen Zeiten gegeben. Freilich unterscheidet sich das Landgehen sowohl vom althergebrachten Hausieren als auch von den Auswanderungen im 19. Jahrhundert. „Unter ‚Landgängern' werden diejenigen periodisch Auswandernden verstanden, die sich außerhalb der Heimat zu ernähren suchen, ohne eine eigentliche gewerbliche oder landwirtschaftliche Arbeit draußen zu betreiben."[3] Hausierhandel und Wandergewerbe wie das der Scherenschleifer, Schirmflicker, Kesselflicker, Korbmacher, Bürstenmacher und Besenbinder entsprangen aus dem Bedürfnis der Kunden auf dem Land. In erster Linie waren es die ärmeren Gebirgsgegenden wie z. B. der Westerwald, wo das Hausieren einen willkommenen Erwerbszweig bildete. Mit der Einführung der Gewerbefreiheit zu Anfang des 19. Jahrhunderts wurden auch bestehende Hausierverbote aufgehoben. Allerdings machte man den Gewerbebetrieb im Umherziehen konzessionspflichtig, so im Preußischen Edikt über die Einführung der allgemeinen Gewerbesteuer von 1810. Hier heißt es: „Zu den Gewerben, bei deren ungeschickten Betriebe gemeine Gefahr obwaltet, oder welche eine öffentliche Beglaubigung oder Unbescholtenheit erfordern, können nur dann Gewerbe-Scheine ertheilt werden, wenn die Nachsuchenden zuvor den Besitz der erforderlichen Eigenschaften auf die vorgeschriebene Weise nachweisen." 1811 folgte eine lange alphabetische Liste ebendieser Gewerbe, worin sich neben Marionettenspielern, Seiltänzern und Tierführern auch umherziehende Musikanten finden. Die Herzogliche Landesregierung in Wiesbaden untersagte jedoch schon 1812 den Beamten im Amt Usingen, den genannten „unnützen Künstlern" eigenmächtig Konzessionen zu erteilen.[4] Die Reichsgewerbeordnung von 1869 machte dann die Zulässigkeit des Hausierens zur Regel. Sie legte fest, dass man im Umkreis von 15 Kilometern vom Wohnort für diese gewerblichen Leistungen und für

Abb. 2 (rechts): Fliegenwedel-Nachbau aus dem Museum der Stadt Butzbach

Abb. 3: Fireplace-Nachbildung aus dem Museum der Stadt Butzbach

Abb. 4: Ooalemännche-Nachbildung aus dem Museum der Stadt Butzbach

selbst gefertigte Waren, die zu den Gegenständen des Wochenmarktes gehören, keinen Wandergewerbeschein brauchte. Der Wandergewerbeschein galt nur für das Gebiet des Staates, in dem er ausgefertigt wurde. Die Hausierer benötigten in jedem Land also einen besonderen Gewerbeschein. So gab es im Großherzogtum Hessen 1895 2788 Hausiergewerbetreibende, aber es wurden zwei Jahre zuvor 7644 Wandergewerbescheine ausgestellt.[5]

Wenn man die Bettelmusikanten zu den Hausierern zählen will, so stehen sie auf der untersten Stufe, noch unter den Lumpensammlern. Der Wert der Waren bestimmte die soziale Stufe der Hausierer. Bei den Landgängern aus den Taunusdörfern sind die Produkte von geringem Nutzen, austauschbar: Man handelte mit in Heimarbeit hergestellten Reisigbesen, Fliegenwedeln, Schmuckkästchen aus Bast, Spanschachteln und Dekorationsartikeln. Hier sind besonders das „Ooalemännche", ein mobile-artiger Deckenanhänger mit bemalten Hobelspänen und Papierblumen, sowie der „Fireplace", ein Holzteller als Wand- und Kaminschmuck, ebenfalls mit bemalten Holzspänen und Papierblumen, zu erwähnen.

Was war zuerst und was stand überhaupt im Vordergrund: der Handel mit Besen und Fliegenwedeln oder das Musizieren und Betteln? Hier gehen die Meinungen auseinander: Während die meisten Autoren wie Bingel und Kayser den Fliegenwedelhandel vor das Musizieren setzen, sieht Plenge die Musik als Wandergewerbe in den hessischen und nassauischen Gemeinden schon länger heimisch. In Anspach scheint eindeutig die Musik im Vordergrund gestanden zu haben. Hier sind auch selbstständige Musikantengruppen nachgewiesen, die ohne Agenten oder „Seelenverkäufer" agierten.[6] Vermutlich haben sich in den meisten Gemeinden zwei alte Traditionen in der Not verbunden. Von alters her wurden in Espa, Münster und anderen Orten aus Birkenreisern und Ginster Besen gemacht, die zum Verkauf in die Wetterau und nach Frankfurt getragen wurden. Ein Espaer Besenfabrikant namens Ulm soll dann die Fliegenwedel mit den Farbverzierungen erfunden haben. Dafür wurde von einem geraden Weidenholz, manchmal auch Tannenholz, die Rinde abgemacht, der Stock dann bemalt und mit bunten Hühnerfedern verziert. In den hessischen und nassauischen Gemeinden waren aber auch Musikantengruppen weit verbreitet. In Zeiten der wirtschaftlichen Not haben sich dann zwei alte Wurzeln – die Herstellung und der Handel mit Besen u. ä. einerseits und die Musik andererseits – mit der temporären Auswanderung verbunden. Auch diese Verbindung ist nicht einzigartig in der Geschichte. So sind im 18. Jahrhundert Kinder und Jugendliche aus Savoyen aus extremer Armut heraus mit ihrem Leierspiel und Vorführungen dressierter Murmeltiere durch die Städte Europas gezogen. Noch heute gehört das Lied „Avec la marmotte" – mit dem Murmeltier – von Ludwig van Beethoven

Abb. 5: Savoyarden-Kinder, Maler: Francois Dronais

Abb. 6: Le Retour des petits Savoyards – Heimkehr der Savoyarden, unbekannter Maler

zur gängigen Spielliteratur in der Drehleierszene. Der Text stammt von Johann Wolfgang von Goethe. Dieses Lied ist vor 1793 entstanden und bezieht sich auf die Landgängerei der Savoyarden. Unzählige romantisierende Darstellungen zeigen die kleinen Savoyarden in anrührender Weise mit ihren Tieren und Instrumenten. Aber auch hier gab es Agenten, die vorgaben, auf die Kinder aufzupassen und für sie zu sorgen, die ihnen letztendlich aber alles abnahmen, was sie verdienten. Das Umherziehen von Musikanten in Europa ist schließlich auch aus der Pfalz bekannt.

Die so genannten „Seelenverkäufer" nutzten die wirtschaftliche Not der Taunusbevölkerung aus, indem sie Kinder, Jugendliche und Erwachsene für die Landgängerei anwarben und mit einem Kontrakt verpflichteten. Agenten saßen zum Beispiel in Nieder-Weisel und in Münster, wo der berüchtigte Peter Sänger beheimatet war. Aus Anspach ist der Wortlaut eines solchen Kontraktes durch den Landgänger Friedrich Henrici überliefert: „Am 30ten Februar 1843 habe ich mich veraccordirt, mit nach Frankreich zu gehen um Musizieren mit Peter Sänger von Münster Kreisbezirk Friedberg im Darmstetischen. Ich erhalte 105 fl baarem Gelde. Paß frei Schuh frei. Ein Hemd oder 2 fl dafür. Ein leinen blauen gefärbten Kittel. Auf 14 Tage kranke liegen, wird kein Abzüge gemacht. Saiten frei auf die Instrumenten. Der Abmarsch geschieht im März 1843 und die Ankunft im November d. J. Zeugen Franz Schneider, Gemeindediener Friedrich Datz – Johannes Lux."[7] Der Verdienst ist nicht üppig, deswegen sind alle zusätzlichen Ausgaben wie Reisekosten frei. Der Bericht eines Westerwälder Bergarbeiters, der als fünfzehnjähriger Junge von 1863–1870 nach Russland gegangen war, bestätigt diese Gepflogenheiten. Er erhielt sogar sein Instrument, eine Harmonika, gestellt. Er bekam festen Lohn, musste aber das eingespielte Geld abliefern und es wurde täglich eine bestimmte Summe erwartet, sonst gab es Prügel. Schon auf der Reise nach Russland wurde in einigen Städten aufgespielt.[8] Von Nieder-Weisel berichtet Kayser jedoch, dass man sich die Reisegelder von 300 (Australien) bis 500 Gulden (Kalifornien) von wohlhabenden Leuten borgen musste, was jedoch ohne Probleme möglich war. Dafür sahen die Kontrakte dort ein Kaufgeld von 600–1000 Gulden für die Eltern vor; für das Mädchen gute Kost, schöne Kleidung und einen Lohn von etwa 100 Gulden.[9]

Das Phänomen der Landgängerei ist in den Taunusdörfern von Anfang an mit der Aura eines Geheimnisses und der Geheimhaltung umgeben. Die einen profitieren von dem Mädchenhandel als Rechtsbeistand und als Zeugen der Kontrakte: das sind die Lehrer und Bürgermeister; andere profitieren, weil sie als

Angehörige Geld nach Hause geschickt bekommen. Wieder andere schweigen, weil ihnen der Ruf der Heimatgemeinde wichtiger ist als das Schicksal der verkauften Mädchen. Aus Angst um die Dorfehre von Cleeberg wird 1849 sogar die Pfarrchronik manipuliert und einige Seiten daraus entfernt. Als in Zeitungsartikeln verbreitet wird, dass in England 5000 Besenmädchen ihre Herkunft mit Butzbach angeben,[10] gibt es viele Stimmen, die die Missstände anprangern. Andererseits fürchteten viele Butzbacherinnen nun um ihren guten Ruf und vermieden es fortan, Butzbach als ihren Herkunftsort zu benennen. Es gab natürlich keine 5000 Besenmädchen aus Butzbach, hier lebten doch kaum 3000 Einwohner – die vielen kleineren Dörfer der Umgebung hätte aber niemand lokalisieren können. Außerdem war Butzbach Sammelplatz für die Auswanderer. Eine Agentur der Norddeutschen Lloyd und der Hapag, die die Überfahrten vermittelte, hatte ihren Sitz in Butzbach. Mit der Einführung der Dampfschifffahrt um 1850 war die Überfahrt, die ja auch immer das Risiko von Krankheiten und Seuchen barg, schneller und gefahrloser geworden. Die Eisenbahn brachte die Reisenden sicher bis an die Häfen. Bei der Ankunft im Hafen wurden die Einwanderer ärztlich untersucht. Ab 1850 sorgte der Staat New York mit seinen „Commissioners of Emigration" für einen reibungslosen Ablauf der Einwanderung.[11]

Das Kreisamt entschied über die Gesuche auf Auswanderung, nachdem es zuvor Bürgermeister und Pfarramt um Rat gefragt hatte. Einige Pfarrer führten schließlich einen erbitterten Kampf gegen den Mädchenhandel, so z. B. Pfarrer Kayser in Nieder-Weisel und der junge Pfarrer Ottokar Schupp, der 1860 nach Espa kam. Er schrieb den hochmoralischen Roman „Hurdy-Gurdy". Jung hat ganz richtig bemerkt, dass Pfarrer Schupp als Schriftsteller fasziniert war von der Landgängerei, als Pfarrvikar aber auf Sitte und Anstand halten wollte. Schupp gelang es schließlich, bei der Obrigkeit durchzusetzen, dass Äcker und Wiesen, die bisher an den Kleehof vergeben waren, gegen niedrige Pacht unter den Dorfbewohnern aufgeteilt wurden.[12] Die gesetzlichen Grundlagen gegen den Handel mit Fliegenwedeln nach England und die Mitnahme schulpflichtiger Kinder und Frauen (außer Ehefrauen) waren ja von den hessischen und nassauischen Behörden schon 1836 geschaffen worden. Um die empfindlichen Geldstrafen für Schulversäumnisse zu umgehen, beantragten viele Familien nicht den Reisepass, sondern einen Auswanderungspass. „Sie rechnen so: bleiben wir im Ausland, so brauchen wir für nichts zu bezahlen, so unsere Kinder draußen in die Schule gehen oder nicht, kehren wir wieder einmal zurück, so kostet es uns nur das einfach Einzugsgeld (75fl.), während die Schulstrafe allein (abgesehen von anderen Gemeindelasten) weit mehr ausmacht …"[13] Der Strafsatz für Schulversäumnisse betrug in Cleeberg im Jahr 1843 32 Taler und 46 Kronen, in Espa 58 Taler und 56 Kronen. Der Rechenschaftsbericht über die evangelische Schule im Kreis Grünberg weist 1833/34 113 unerlaubte Schulversäumnisse von 13 Kindern auf, „hauptsächlich durch den Bettel dazu verleitet".[14]

Eine Petition des Cleeberger Pfarrers Schellenberg gegen den Mädchenhandel wurde sogar in der Nationalversammlung behandelt: die Sache wurde allerdings an einen Ausschuss verwiesen, wo sie versandete. Auch Deutsche in Kalifornien nahmen den Kampf gegen den Mädchenhandel auf, so dass 1863 in San Francisco ein Gesetz zur Regulierung und Besteuerung der öffentlichen Vergnügungsplätze erlassen wurde. Nach diesem Gesetz werden alle Personen, die Frauen gegen Lohn zum Tanzen, Herumwandern und Spielen eines Instrumentes veranlassen, zu Strafen bis zu 500 Dollar verurteilt. Den Frauen selbst wird eine Strafe bis zu 100 Dollar angedroht. In den Minenge-

Abb. 7/8: Biann von 1855/60, für das Museum der Stadt Butzbach 1983 in Amsterdam ersteigert

genden änderte sich dadurch nichts. Überhaupt brachten die Gesetzesinitiativen wenig Erfolg. Die Mädchen in der Heimat stritten ab, überhaupt vom Mädchenhandel zu wissen und wenig später war ein Großteil eines Jahrgangs verschwunden. Alle scheinen freiwillig gegangen zu sein. Von der Landgängerei ging eine Faszination aus: Dahinter steckt der amerikanische Traum – vom Tellerwäscher zum Millionär. Nur: wie finden sich überhaupt Abnehmer für die wenig nützlichen Produkte? England ist mit seiner Industrie zu dieser Zeit, als Deutschland noch als Agrarstaat bezeichnet werden kann, das attraktivste Einwanderungsland. Später (nach 1851) lockt dann das Gold nach Nordamerika. Die Leute kaufen, weil die Mädchen ihnen gefallen, weil die Musik so fremd und sonderbar und faszinierend ist, vielleicht sind es die Verkaufsartikel auch.

Es bleiben Fragen: Welche Instrumente wurden verwendet? Welche Lieder kamen zum Vortrag? Es ist in der Literatur und in einigen Dokumenten die Rede von Drehorgeln. Dieser Begriff scheint auf alles angewendet worden zu sein, was eine Kurbel hat: Drehleier, Drehorgel und das Biann.

Das Biann hat seinen Namen von einer Verballhornung des Begriffs Piano. Es ist ein mechanisches Musikinstrument, das zwischen Spieldose und Pianola anzusiedeln ist. In einem Kasten sitzt eine Holzwalze, auf der in einer gewissen Reihenfolge Nägelchen angebracht sind. Die Walze wird über ein Holzgetriebe bewegt. Elfenbeinhämmerchen schlagen auf Metallstäbe, die über ihre Länge, wie sie eingespannt sind, gestimmt werden können. Es gibt Dokumente, dass Landgänger aus Espa und Bodenrod 1845 in Butzbach ein Biann bestellt haben. Es konnte wegen Krankheit des Instrumentenmachers jedoch nicht rechtzeitig geliefert werden. Auf diesem Biann konnte man 6 „Musikstükger" spielen und es wurde auf 77 Gulden taxiert.[15]

Dass Drehorgeln verwendet wurden, ist unwahrscheinlich: sie sind zu sperrig, zu schwer, zu teuer, nicht gut zu reparieren unterwegs. Die Drehleier hat eine lange Tradition als Bettlerinstrument, meist von den Frauen gespielt – daher wird sie bei Michael Praetorius in seiner Beschreibung der Musikinstrumente (Syntagma Musicum) 1619 auch als „Bawren- und umblauffende Weiber Leyre" bezeichnet, also ein Instrument der ländlichen Bevölkerung und der umherziehenden Frauen. Grimms Wörterbuch kennt mehrere Beispiele von „Leierinnen" u. a. schon aus dem 15. Jahrhundert und auch in Grimmelshausens Roman „Der seltsame Springinsfeld" wird 1670 als eine der Hauptfiguren die Tochter eines Bettlers geschildert, die sich als Leierspielerin ihr Geld verdient. Deutsche Leierspielerinnen müssen im 18. Jahrhundert bis nach Italien gekommen sein, denn der Italiener Filippo Bonnani stellt 1723 in seinem

Abb. 9: „Lira Tedesca" aus dem Gabinetto armonico, 1723

Der Branntewein, der Branntewein!
Das ist so mein Vergnügen.
Da fang' ich frisches Leben ein
In langen, langen Zügen.
Gluck, Gluck, Gluck,
Gluck, Gluck.

Des Morgens, wenn ich früh aufsteh',
Tu ich mein Gläschen trinken,
Und wo ich bin und wo ich geh' —

Abb. 10: Liedtext aus Schupps Roman „Hurdy-Gurdy"

Abb. 11 (rechts): Das „Cimbria-Lied"

Gabinetto armonico eine wandernde Leierspielerin dar und bezeichnet ihr Instrument als „Lira Tedesca", als deutsche Leier. Die Drehleier ist leicht zu tragen und sie wurde von daher schon im Mittelalter als Pilgerinstrument verwendet.[16] Obwohl die Drehleier ein Instrument der Volksmusikanten war, blieb sie von einem Hauch der Exotik umgeben. Einerseits steht sie für etwas eintönig Wiederholtes, „die alte Leier", andererseits blieb sie immer etwas Besonderes: „Jede Leier hat ihre eigene Weise". Das hängt damit zusammen, dass sie – außer seit dem 18. Jahrhundert in Frankreich – nie serienmäßig hergestellt wurde.[17] Auch in der künstlerischen Darstellung wird ihr Charakter sehr unterschiedlich gezeigt: Auf einer Ofenplatte des 16. Jahrhunderts im Universitätsmuseum Marburg ist der Tod mit einer Drehleier dargestellt, während auf dem Thomasaltar (um 1470–1510) im Wallraf-Richartz-Museum in Köln ein Engel die Drehleier zu Füßen des auferstandenen Christus spielt.[18]

Der bereits erwähnte Kontrakt eines Landgängers aus Anspach enthält den Passus „Saiten frei auf die Instrumenten", was für die Verwendung der Drehleier bzw. der Fiedel spricht. Weitere Instrumente der hessischen Landgänger sind nachgewiesen: die Ziehharmonika, die Fiedel, die Harfe, Hackbrett, Mundharmonika und das Tamburin. Im Museum der Stadt Butzbach ist ein Hackbrett ausgestellt, ein Original und Eigenbau, der vermutlich von Espaer Landgängern hergestellt wurde. Dazu gehört eine diatonische Richter-Mundharmonika, eine der ältesten erhaltenen Mundharmonikas Deutschlands. Und natürlich wurde auch gesungen: oberhessische und andere deutsche Volkslieder, „schwermütige Weisen" werden erwähnt. Pfarrer Ottokar Schupp hat in seinem Roman „Hurdy-Gurdy" auch ein Lied überliefert: „Der Branntewein, der Branntewein, das ist so mein Vergnügen". Hinzu kamen Lieder, die speziell als Verkaufshilfe eingesetzt wurden. So ist für Westerwälder Buben in London

● DAS „CIMBRIA-LIED" oder „Lied der Landgänger" wurde in Spinnstuben, bei Hochzeiten oder sonstigen Festlichkeiten gesungen und durch Ernteschnitter oder Dreschmaschinenarbeiter durchs Land getragen.

1. Zwei Brüder wollten wandern, wohl nach Amerika. Sie fuhren mit viel andern wohl auf der Cimbria.
2. Die Nacht, die war erst helle. Dann stieg der Nebel auf. Das Schiff verfolgte langsam den vorgeschriebenen Lauf.
3. Da sahen sie plötzlich blinken zur Seit ein grünes Licht. „Hilf Himmel, wir versinken. Die Cimbria, sie bricht!"
4. „So leb denn wohl, mein Bruder, ich fühl das Wasser schon! Wir müssen all ertrinken! Wir alle sind verlorn."
5. Und mußt du nicht ertrinken. Und wirst gerettet hier, dann ziehe in die Heimat und grüße sie von mir.
6. Der Bruder aber schweiget, sein Mund war schon verstummt. Da zogen auch die Wasser den andern in den Grund.

bekannt, dass sie Fliegenwedel mit diesem Lied verkauften: „a little one for the baby, a great one for the lady".[19] In der Heimat haben sich infolge der Landgängerei Auswandererlieder verbreitet, beispielsweise „Jetzt ist die Zeit und Stunde da, wir ziehen nach Amerika" oder „Zwei Brüder wollten wandern", das den Untergang des Auswandererschiffes „Cimbria" zum Inhalt hat. Bei dem Unglück am 19. Januar 1883 kamen bei Borkum nach einem Zusammenstoß mit dem englischen Dampfer Sultan neben vielen anderen auch zwei Espaer ums Leben. Das Cimbria-Lied wurde von der Espaer Pfarrersfrau Lydia Schmittborn verfasst und in den heimatlichen Spinnstuben, bei der Arbeit sowie bei Festlichkeiten gesungen und wurde damit zum Volkslied.[20]

Wie wirkte sich die Landgängerei insgesamt auf die Heimat aus? Und wie erging es zurückgekehrten Tanzmädchen und ihren Familien? Schauen wir zunächst auf drei Biografien, die aus Hochweisel-Münster überliefert sind. Eine Frau, die als Tanzmädchen nach Amerika gegangen war, wurde schwanger und fuhr wieder zurück. Das Kind wurde auf der Überfahrt geboren und in Münster in Pflege gegeben. Die Mutter ging wieder nach Amerika und kam nie mehr zurück. Eine andere blieb zunächst in Amerika, heiratete und kehrte als Witwe mit einem Sohn von 5 Jahren wieder zurück nach Münster, nachdem ihr Mann beim Eisenbahnbau ums Leben gekommen war. Sie schlug sich als Tagelöhnerin in der Landwirtschaft durch oder mit Wäsche waschen, Schafe scheren, Gänse rupfen, Wolle spinnen und Strümpfe stricken. Wenn gar keine Arbeit für sie da war, ging sie singen und betteln. Eine dritte Biografie erzählt von einem Tanzmädchen, das 1858 in England als Tochter einer Landgängerfamilie aus Münster geboren wurde. Sie heiratete 1880 in Philadelphia einen Mann aus der Heimat. 1887 kam das Ehepaar zurück und kaufte ein Haus in Münster. Da er als Pflasterer arbeitete, musste sie die kleine Landwirtschaft mit den größeren Kindern zusammen alleine bewältigen. An einem Tag in der Woche ist sie „hocken gegangen“. Eines ihrer Kinder ist sogar während eines Hockegangs in Usingen geboren und in der „Hockemaan“ heimgetragen worden.[21] Die „Hockeweiber“ verkauften Überschüsse aus der bäuerlichen Wirtschaft in umliegenden Orten und Städten, indem sie auf Märkten oder zentralen Plätzen hockten. Dabei legten sie zum Teil große Fußwege zurück und mussten schwere Lasten tragen. Die Wetterauer Bauersfrauen trugen Butter, Käse, Eier und Obst bis nach Bad Nauheim, Bad Homburg oder nach Frankfurt.[22] Den Frauen fiel eben häufig die Tätigkeit der Vermarktung zu, ob es sich nun um Fliegenwedel oder landwirtschaftliche Produkte handelte.

Insgesamt schienen uneheliche Geburten durch die Landgängerei zuzunehmen. Bei den Rückkehrern war meist ein gewandteres Benehmen und erhöhte Sprachkompetenz festzustellen. Sie prahlten häufig mit ihrem Geld in den Wirtschaften, selbst die Kinder konnten

Abb. 12: Hockefrau Lina Klaus auf dem Weg von Münster nach Bad Homburg, um 1930

mehrere Fremdsprachen und bei den zurückgekehrten Frauen beobachtete man eine Scheu vor Haushaltsarbeit, jedoch ein Hang zu mehr „Putz“ und zu Kaffeekränzchen. Die Ortstracht wurde (vorübergehend) verdrängt. Andererseits sollen die Landgänger und Auswanderer lange am oberhessischen Dialekt und an heimischen Sitten festgehalten haben. So aßen die (katholischen) Elzer Harfenspielerinnen auch in der Fremde freitags kein Fleisch.[23] Es bleibt schwierig festzustellen, ob sich die beschriebenen Auswirkungen in der Heimat auf Dauer oder nur für die Zeit der Landgängerei zeigten. In den Taunusdörfern setzte sich zunächst das Wanderfieber mit folgender Überzeugung durch: „Wär näit drauß woar, där hoat naut!“. Die Rückkehrer hielten das mühsam erworbene Geld meist gut beisammen, vergrößerten und verbesserten ihre Landwirtschaft, zum Teil durch den Einsatz rationeller Methoden. Die Häuser von endgültig Ausgewanderten wurden verkauft und durch den Zuzug von Fremden veränderte sich die Bewohnerstruktur.[24]

Abb. 13: Gemälde von Nathanael Sichel (1843–1907)

Abb. 14 (unten): „Zigeunerin mit Gitarre“, Holzstich für die Gartenlaube nach einem Gemälde von Nathanael Sichel

Die Geschichte der Hurdy-Gurdy-Girls begann als verschwiegene. Nach den Berichten in Pfarrchroniken und den Untersuchungen von Plenge, Kayser und Bingel ließ man das Thema für Jahrzehnte ruhen. Doch man flüsterte sich weiterhin Geschichten zu. Erst in neuester Zeit besinnt man sich wieder auf diesen Teil der Heimatgeschichte und steht auch zu ihm. Eine Künstlergruppe machte 1992 mit dem Projekt „Hurdy-Gurdy-Girls“ in einer Ausstellung auf das Thema aufmerksam: „... auch ein Stück hessische Geschichte des 19. Jahrhunderts“.[25] Das Museum der Stadt Butzbach hat die Geschichte der Landgänger längst in seine Dauerausstellung integriert. 2004 brachte in Espa eine Theatergruppe der Region das Stück „Hurdy Gurdy – die verkauften Mädchen von Espa“ im ausverkauften Bürgerhaus mehrmals auf die Bühne.

Nur warum sind die Drehleiermädchen so stark in Erinnerung geblieben, wo es doch auch viele Jungs oder ganze Familien gab, die als Landgänger unterwegs waren? In Elz waren es die Harfenmädchen, die in die Fremde zogen. Die Savoyarden wurden nach ihrer Herkunft benannt, obwohl sie ebenfalls Drehleier spielten. Für die verkauften Mädchen aus den Taunusdörfern sind auch Namen überliefert wie „hessian broom girls“, also hessische Besenmädchen. Was war das Besondere an der Hurdy-Gurdy, dass sich dieser Name für das gesamte Phänomen durchgesetzt hat? Schauen wir genauer nach der Wortbedeutung: Vom Wortstamm her ist der Name „Hurdy-Gurdy“ mit Aufruhr und Tumult verbunden.[26] Der Name ist Lautmalerei über das typische Schnarren der Drehleier, welches durch das rhythmische Drehen der Kurbel entsteht. Die Drehleier war in England spätestens im 18. Jahrhundert über die Savoyarden gut bekannt und die Mädchen aus den Taunusdörfern wurden dann „Hurdy-Gurdy-Girls“ genannt, auch wenn sie später gar kein Instrument mehr spielten. Im „Oxford English Dictionary“ wird „Hurdy-Gurdy-Girl“ als Tanzmädchen definiert, das in einem „Hurdy-Gurdy-House“ arbeitet. Tanzmädchen sind keine Prostituierten. In den Goldminengebieten Nordamerikas herrschte Frauenmangel und die Mädchen bzw. letztlich ihre Agenten konnten in den Tanzhäusern für jeden Tanz kassieren. In Kalifornien gab es 1859 etwa 300 solcher Tanzmädchen aus Deutschland. Natürlich gab es auch Hurdy-Gurdy-Girls, die schließlich in Bordellen arbeiteten. Solche Extreme bleiben am stärksten in Erinnerung. So kamen auch die Tanzmädchen und der gesamte Fliegenwedelhandel in Verruf. „... wenn aber jemand erfährt, daß man getanzt hat, nimmt er einen nicht in den Dienst, so verachtet sind in ganz Amerika die Tanzmädchen.“ So schrieb ein Mädchen 1869 aus Amerika an ihre Eltern.[27] Mit den Hurdy-Gurdy-Girls kam

schließlich auch die Drehleier in Verruf, nicht nur in Amerika, sondern auch in der Heimat. Der Maler Nathanael Sichel aus Mainz hat in Frankfurt viele Mädchen als Hurdy-Gurdy-Girls mit Drehleier gemalt. Diese Bilder wurden dann häufig von anderen Malern kopiert. Sie tragen jedoch Titel wie „Zigeunerin mit Gitarre", obwohl auf dem Bild eindeutig eine Drehleier zu erkennen ist.[28] Die Drehleier in Verbindung mit schönen Mädchen weckte eben ganz bestimmte Assoziationen.
Als der Drehleierbauer Kurt Reichmann, der übrigens aus Oberhessen stammt, in den 1960er Jahren mit seiner Pionierarbeit, dem Nachbau von Drehleiern nach Originalen, begann, sagte sein Onkel zu ihm: „Was, Du baust eine Hurenleier?" Neben dem Instrumentenbau ist Reichmann auch künstlerisch tätig. Er macht Neonfotografien von modernen Hurdy-Gurdy-Girls, natürlich mit Drehleier.[29] Die Models haben die Geschichte der Hurdy-Gurdy-Girls des 19. Jahrhunderts nach ihren eigenen Vorstellungen mit fluoreszierenden Makeups und Accessoires in die heutige Zeit versetzt. Diese Models stammen häufig aus Osteuropa und sind aus Armut gezwungen, ihr Glück in der Fremde zu suchen. Die alte Leier halt!

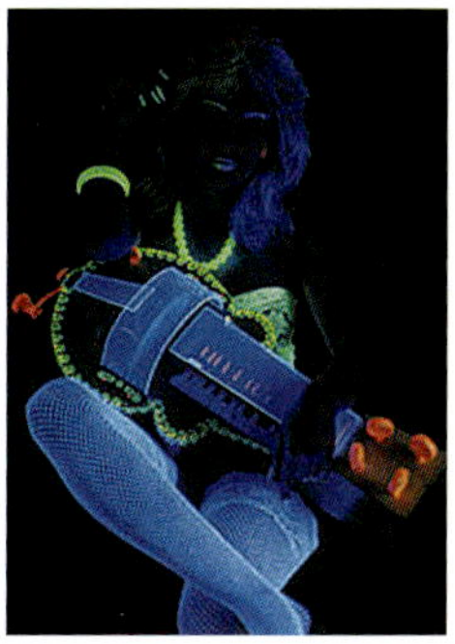

Abb. 15: Neonfotografie von Kurt Reichmann

Anmerkungen

1 Kayser 1865, 172 f.; zu Anspach vgl. Ernst 1974, 383.
2 Stadtarchiv (Sta) Butzbach, Manuskript des im Museum der Stadt Butzbach gehaltenen Vortrags „Hurdy-Gurdy" von Reinhardt Jung, 2 f.
3 Bingel 1935, 3; zuvor schon Plenge 1898, 104.
4 Hessisches Hauptstaatsarchiv Wiesbaden (HHStA) 242/869, 14. Juli 1812.
5 Zum Hausierhandel und seinen gesetzlichen Grundlagen vgl. Plenge 1898, 34 f.; Stieda 1899, 15 f. und 20 f.; Zeraschi 1978, 168 ff.
6 Bingel 1935, 6 und 40; Kayser 1865, 171; Plenge 1898, 126; Ernst o. J., 384.
7 Original gedruckt bei Ernst o. J., 384.
8 Der Bericht findet sich in Auszügen bei Plenge 1898, 139 ff.
9 Kayser 1865, 176. Ähnliches schildert auch Schupp in seinem Roman aus Espa.
10 In Oregon haben viele Mädchen auf die Frage ihrer Herkunft „from Nassau on the Rhine" angegeben. Vgl. hierzu Heuche 1933, 46.
11 Bingel 1935, 28 und 57; Sta Butzbach, Materialien zu „Hurdy-Gurdy-Girls", 3 f.; Wagner 1983, 504.
12 Zu Pfarrer Kayser vgl. Wagner 1983, 487 ff.; zu Pfarrer Schupp vgl. Sta Butzbach, Manuskript Jung, 8; Wolf 1992, 8.
13 Chronik der Pfarrei Nieder-Weisel, zit. nach Wagner 1983, 498.
14 Bingel 1935, Anhang, o. S.; zu Cleeberg und Espa vgl. Sta Butzbach, Manuskript Jung, 12.
15 Sta Butzbach, Altes Archiv, Abt. XVX, Abschn. 1, Beh. nr. 213, 387, 265.
16 Zur Drehleier als Instrument von Frauen vgl. Bröcker 2000, 59–62.
17 Vgl. hierzu Bröcker 1973, 349, nach Wander III, 24.
18 Höck 1969, 122.
19 Schupp o. J., 26; Plenge 1898, 132 und 135.
20 Wagner 1983, 503 f.
21 Handschriftliche Aufzeichnungen von Hedi Fett, in: Sta Butzbach, Materialien zu „Hurdy-Gurdy-Girls".
22 Wagner 1989, o. S.
23 Wagner 1983, 505; Braun 1875, 101.
24 Zu den Auswirkungen der Landgängerei auf die Heimat vgl. Sta Butzbach, Materialien zu „Hurdy-Gurdy-Girls", 4 f.; Schupp o. J., 36 f.; Plenge 1898, 232 f.; Braun o. J., 101; Bingel 1935, 18 und 48.
25 Hurdy-Gurdy-Girls 1992.
26 Vgl. hierzu den Artikel „hurdy-gurdy", in: Oxford 1989, 502.
27 Wagner 1983, 502.
28 Reichmann 2000, 26. Nach mündlicher Information von Kurt Reichmann ist die Zeitschrift „Gartenlaube" für die irreführenden Titel der Bilder verantwortlich.
29 Zu Kurt Reichmann und seinen Neon-Fotografien vgl. Joosten 2000, 26; Reichmann 2000, 24.

Terrazzoleger im Norden – Italienische Wanderarbeiter und Migranten

Ulrike Looft-Gaude

Das Thema „Terrazzo"[1] ist in einigen Bundesländern bereits vereinzelt aufgegriffen worden. In Schleswig-Holstein und Hamburg jedoch, wo sich ebenfalls sehr schöne Beispiele dieses Handwerks erhalten haben, gab es bisher mit Ausnahme regional begrenzter Abhandlungen[2] noch keinen zusammenfassenden Überblick. Bei Terrazzo handelt es sich um gefärbten Estrich mit Steinkörnungen in unterschiedlicher Größe und Farbe, der durch sorgfältiges Abschleifen – der mühsamste Prozess innerhalb des Arbeitsablaufs – eine glatte Oberfläche erhält. Der älteste erhaltene Terrazzo wurde in Anatolien (Türkei) ausgegraben und ist ca. 9 000 Jahre alt. In der klassischen Antike wie auch in der italienischen Renaissance erfreute er sich großer Beliebtheit. Nach Norddeutschland gelangte Terrazzo erst, nachdem im 19. Jahrhundert Zement als Bindemittel entdeckt und industriell hergestellt wurde. Er machte den Bodenbelag sehr viel fester, wasserunempfindlich und benötigte zum Austrocknen nur noch wenige Tage statt Wochen. Um 1900 wurde Terrazzo durch Mosaikeinlagen in der Mitte und Mosaikbänder am Rand ergänzt. Das Freilichtmuseum Molfsee griff das Thema 2008 im Rahmen der Ausstellung „Bunte Steine – buntes Glas" über Boden- und Wanddekorationen in schleswig-holsteinischen Häusern der Zeit um 1900 auf.

Zum Thema italienischer Arbeiter in Deutschland ist viel geforscht worden, überwiegend aber zu historischen, begrenzten Gruppen, wie den lippischen Zieglern, oder der Arbeitswanderung in die Bundesrepublik nach dem Zweiten Weltkrieg. Zwei Ausstellungsprojekte in den Freilichtmuseen Bad Windsheim und Cloppenburg beschäftigten sich mit dem Themenkomplex im hier behandelten Zeitraum, dem 20. Jahrhundert.[3]

Die für den Molfseer Ausstellungskatalog[4] vorgenommenen zeitlich begrenzten Untersuchungen zu den italienischen Terrazzohandwerkern wurden für diesen Beitrag ausgeweitet. Dabei ergab die Quellensuche in den Archiven nur wenig Material, die Suche nach Nachkommen ehemaliger Terrazzounternehmer sowie Kontakte zu noch bestehenden Firmen mit entsprechender Vorgeschichte erwiesen sich dagegen als erfolgreich. Die Generation der Enkel ist zwar überwiegend nicht mehr aktiv im Beruf, besitzt aber noch direkte Erinnerungen an die Großeltern und deren Erzählungen und kann zur Entwicklung des Handwerks im 20. Jahr-

Abb. 1: Historischer Terrazzo in Delos auf Delos, Theaterquartier, spätes 2. Jh. v. Chr. (Joachim Raeder, Kiel)

Abb. 2: Terrazzoschwelle einer ehemaligen Drogerie in Bredstedt, 1901 (Ulrike Looft-Gaude, Molfsee)

Abb. 3: Terrazzo mit Mittelmosaik in der Küche eines großen Hofs in Bokholt-Hanredder bei Elmshorn, 1908 (Ulrike Looft-Gaude, Molfsee)

hundert eigene Erfahrungen beitragen. Einen Überblick über den Bestand erhaltener Terrazzoarbeiten im ländlichen Bereich erhielten wir durch die Zusammenarbeit mit dem schleswig-holsteinischen Landfrauenverband.

Italiener in Deutschland bis zum 18. Jahrhundert

Heute leben weltweit mehr als 150 Millionen Menschen, bzw. ca. 3 % der Weltbevölkerung, als Migranten. In Deutschland liegt der Prozentsatz noch höher: Hier leben sieben Millionen Ausländer (9 %)[5], von denen etwa ein Zehntel Italiener sind.[6] Auf Schleswig-Holstein entfallen von ihnen knapp 5 000. Der größte Teil dürfte im Gastgewerbe tätig sein.[7] Bei den Italienern, die seit dem Mittelalter nach Deutschland kamen, handelte es sich zunächst überwiegend um Kirchenvertreter, Händler, Bankiers und Münzmeister, die aus den zu jener Zeit florierenden Stadtstaaten stammten. Wie viele von ihnen den Weg in den Norden fanden, ist unbekannt. Im Zuge der Renaissance zog es dann viele Künstler nach Norden an die Fürstenhäuser, um dort zu arbeiten. Erste Spuren italienischer Händler und Arbeiter finden sich in Hamburg ab 1589.[8] Seit etwa 1650 gab es im gesamten norddeutschen Raum italienische Musiker, Maler, Maurer und Stuckateure. Besonders den Stuckateuren, die ausnahmslos aus Norditalien stammten, gelang es, eigene Werkstätten zu gründen. Sie waren über einen Zeitraum von etwa 100 Jahren sehr erfolgreich. Einer der bekanntesten war der 1739 gestorbene Joseph Mogia. Er wohnte in Hamburg, arbeitete aber auch viel im benachbarten Schleswig-Holstein und ging über die Landesgrenze nach Altona zum katholischen Gottesdienst. Im Laufe des 17. und 18. Jahrhunderts hatten verbesserte Verkehrsmöglichkeiten zudem eine Ausweitung des Handels mit Früchten und Galanteriewaren zur Folge, der weitere italienische Händler und Hausierer in den Norden zog.

Arbeits- und Armutswanderung in der 2. Hälfte des 19. Jahrhunderts

Im 19. Jahrhundert entstand unter österreichischer Herrschaft in Oberitalien eine nationale Befreiungsbewegung, in deren Folge viele politische Flüchtlinge nach Deutschland gelangten.

Als am 17. März 1861 das italienische Königreich proklamiert wurde, stellte das Land noch keine politische oder wirtschaftliche Einheit dar. So stand Venetien weiter unter österreichischer Herrschaft. Italien konnte es erst 1866 nach einem gemeinsam mit seinem Bündnispartner Preußen gewonnenen Krieg gegen Österreich eingliedern. In der Folgezeit setzte in vielen Gegenden eine Industrialisierung ein, die auch die Landwirtschaft in den fruchtbaren Niederungen erfasste. Ausgenommen davon blieben die bergigen Regionen Venetiens mit ihren kargen Böden. Die wirtschaftlichen Möglichkeiten waren dort ausgesprochen schlecht und die Armut sehr groß.[9] So erzählte Luigi Toffolo[10] seinen Kindern später, dass sie nichts anbauen konnten und demzufolge nicht einmal Einstreu für ihr Stallvieh hatten. Sie waren deshalb gezwungen, zu diesem Zweck Laub im Wald zu sammeln.

Derartige wirtschaftliche Probleme bestanden seit Jahrhunderten und waren für viele Männer der Grund, während der Saison vom Frühjahr bis zum Herbst als Wanderarbeiter in die südlich gelegenen Städte oder Richtung Norden zu ziehen, um Geld zu verdienen. Auch im letzten Viertel des 19. Jahrhunderts, als viele Europäer dauerhaft nach Übersee auswanderten, handelte es sich hier hauptsächlich weiterhin um temporäre Wanderungen. So erklärten in der Provinz Udine zwischen 1876 und 1903 immerhin 94,8 % aller Auswanderer, dass sie bald zurückkehren wollten.[11]

Der Weg nach Deutschland hatte sich 1867 mit Eröffnung der Eisenbahnlinie über den Brenner stark vereinfacht. 1873 wurden zudem Reisebestimmungen zwischen Deutschland und Italien festgelegt, nach denen statt eines Visums nur noch ein Pass notwendig war. Um ins Ausland gehen zu können, mussten die Reisewilligen sich vom Bürgermeister ihres Wohnortes die „nulla osta" ausstellen lassen, eine Bescheinigung, die besagte, dass der Auswanderung nichts im Wege stehe. Um sie zu erhalten, waren zum Beispiel angefallene Steuern vorher zu bezahlen. Erst danach stellten die Sicherheitsbehörden einen Pass aus. Gewöhnliche Reisende hatten dafür eine Gebühr von 12.40 Lire zu bezahlen, Auswanderer jedoch nur 2.40 Lire.[12] Es gab auch Männer, die ohne Pass reisten, vermutlich weil sie keine Chance sahen, die „nulla osta" zu bekommen oder sie die Gebühr einsparen wollten. All jene aber, die offiziell ausreisten, wurden ab 1876 in Italien zahlenmäßig erfasst. Außerdem gab es in der Provinz Udine Zählungen der erworbenen Eisenbahnbillets.[13] Ab 1901 entfiel die Gebührenzahlung und es gab den Pass unentgeltlich für drei Jahre. Zwischen 1873 und 1915 wanderten offiziell insgesamt 1 286 465 Arbeitswillige von Italien nach Deutschland aus, von denen 811 347, also etwa zwei Drittel, aus Venetien stammten.[14] Die meisten wollten ihren Unterhalt mit Saisonarbeiten im Baugewerbe verdienen. Im Jahr 1900 gaben 81,7 % der in Deutschland gezählten Italiener als Beruf „Maurer" an.[15] 1914 gab es in ganz Deutschland etwa 325 000 Italiener.

Die „Terrazzieri"

Die ersten Terrazzoleger kamen in den 1870er Jahren auf der Suche nach besseren Arbeits- und Lebensbedingungen in den Süden Deutschlands, um dort vom Frühjahr bis zum Herbst zu arbeiten. Durch den wirtschaftlichen Aufschwung nahm ihre Zahl in kurzer Zeit zu und die Bewegung weitete sich in der Folgezeit kontinuierlich nach Norden aus. Diejenigen, die nach Schleswig-Holstein kamen, stammten alle aus dem Friaul, einer Landschaft am Südostrand der Dolomiten im Norden Venetiens. Die meisten von ihnen kamen sogar aus demselben Ort, aus Fanna. Es

Abb. 4: Sternmotiv im Dielenterrazzo eines Hofs in Großenwiehe, Angeln, 1920/21 (Ulrike Looft-Gaude, Molfsee)

Abb. 5: „Der Auswanderer“, Mosaik an einem Privathaus in Italien, 1950er Jahre, Handwerksmuseum Suhlendorf, Niedersachsen

handelte sich also um eine typische Kettenwanderung, bei der einer den anderen nachzog. Der Mangel an beruflichen Alternativen zwang die Männer dort, ihr Geld in einem der vielen Steinbrüche zu verdienen. Oder sie arbeiteten im Stein verarbeitenden Gewerbe, wozu das Terrazzohandwerk gehörte.

Beispielhaft für andere Gemeinden Schleswig-Holsteins kann das Melderegister der Stadt Meldorf[16] zur Erfassung eingereister Terrazzoarbeiter gelten. Es verzeichnet zwischen Februar 1904 und August 1908 insgesamt 17 gemeldete Personen mit dieser Berufsbezeichnung, die alle italienischer Herkunft waren und von denen zwölf Personen aus dem „Veneto“ stammten. Die meisten kamen in Gruppen. Etwa die Hälfte war direkt aus Italien angereist, die anderen hatten zuvor bereits in anderen Orten Norddeutschlands, in Tondern, Husum, Brunsbüttel, Hamburg oder Bremen, gearbeitet. Der 34-jährige Pietro Biban hatte 1904 nicht nur seine Frau und drei Kinder, sondern auch eine 64-jährigen Witwe, vermutlich seine Mutter, nach Meldorf mitgebracht. Sie waren zuvor in Husum gewesen und gingen im September 1905 nach Italien zurück, weil das Visum Bibans nur noch bis zum Januar 1906 lief. Überwiegend handelte es sich jedoch um junge Handwerker, die wohl in jedem Winter in ihre Heimat zurückkehrten. Dreizehn von ihnen waren ledig, nur drei besaßen in Italien eine Familie. Wohin die Männer aus Meldorf nach getaner Arbeit reisten, ist nur in wenigen Fällen notiert, weil die meisten sich nicht wieder abmeldeten.

Grundsätzlich ist um die Zeit der Jahrhundertwende ein Stabilisierungsprozess der Italiener in Deutschland zu beobachten.[17] Vielen gelang es, von einfachen in qualifiziertere Positionen aufzusteigen, was längerfristige Aufenthalte notwendig machte. Wer bleiben wollte, konnte das zunächst nur für maximal drei Jahre, denn so lange besaß die Einreisegenehmigung Gültigkeit. Es kamen nun auch mehr Familien und weitere Kinder wurden hier geboren. Waren 1900 noch 81 % der Italiener in Deutschland Männer und 29 % von ihnen verheiratet, so ergab die Zählung 1910 einen

Männeranteil von 69,9 %, von denen wiederum 36 % verheiratet waren.

Einigen gelang es, sich als Terrazzoleger selbstständig zu machen. Rechtliche Beschränkungen oder einen Zwang zur Einbürgerung gab es dabei nicht. Der eigentliche Vorgang war unkompliziert, denn er bestand in der Beschaffung eines Gewerbescheins bei der Gemeinde. Aus Hamburg wissen wir, dass für das Fahren einer Schottschen Karre auf öffentlichen Straßen ein solcher notwendig war. Um also größere Mengen Material zu den Baustellen schaffen zu können, hat beispielsweise Vittorio Toffolo 1889 dort seine Firma gegründet.

Abb. 6: Terrazzounternehmer aus Schleswig-Holstein, Anfang 1920er Jahre (Angelo Santus, Eckernförde)

Abb. 7: Wohn- und Werkstattgebäude von Luigi Toffolo in Bredstedt, ca. 1914 (Reinhard Toffolo, Klintum)

Größere Schwierigkeiten als die Anmeldung bereitete zweifellos das Beschaffen von Aufträgen. Die Terrazzoleger suchten entsprechende Kontakte nicht in der breiten Bevölkerung, sonst hätten sie zum Beispiel Anzeigen in den zeitgenössischen Zeitungen aufgegeben. Stattdessen pflegten sie Beziehungen zu ansässigen Baufirmen, die ihnen ihre Arbeitsstellen vermittelten. Auch die Wahl des Werkstattstandortes erfolgte meistens wohl unter dem Aspekt, möglichst kurze Wege zu den Auftragsgaranten herzustellen. So folgte Luigi Toffolo in Bredstedt dem Unternehmer, mit dem er zusammenarbeitete, bei dessen Umzug innerhalb des Ortes mit seinem eigenen Wohn- und Werkstattgebäude.

Wie viele Terrazzoleger kurzfristig ein eigenes Gewerbe begannen, es langfristig aber nicht aufrechterhalten konnten, ist nicht bekannt. Im gesamten Schleswig-Holstein soll es Anfang des 20. Jahrhunderts aber etwa 20 italienische Firmen mit festem Standort gegeben haben, die sich auf die Herstellung von Terrazzo spezialisiert hatten.

Die Italiener sollen bemüht gewesen sein, ihr spezielles Wissen möglichst geheim zu halten, um keine zusätzliche Konkurrenz aufkommen zu lassen. Dino Sfreddo, ein ehemaliger Terrazzounternehmer aus Neumünster, gab die Erinnerungen seines Vaters wieder, der erzählt hatte, dass die Handwerker die Fenster der Häuser, in denen sie arbeiteten, teilweise verhängten, damit niemand von außen hineinschauen konnte. Trotzdem gelang es nach 1900 auch einigen Deutschen, in diesem Handwerk Fähigkeiten zu erwerben und eigene Firmen zu eröffnen. Der Kieler Friedrich Ohle war ein Sonderfall, weil er mit dem Italiener Firmo Lovisa als Fachkraft eine gemeinsame Firma hatte.

Zu Beginn des Ersten Weltkriegs im August 1914 beanspruchte das Militär das gesamte deutsche Eisenbahnnetz für Truppentransporte. Daher organisierten die italienischen Konsulate in Deutschland den Einsatz von Sonderzügen, um die hier lebenden Italiener in ihre Heimat bringen zu lassen. Viele blieben jedoch, weil die Bedingungen in der Heimat für sie nicht besser gewesen wären. Die deutsch-italienische „Maivereinbarung" von 1915 gewährte ihnen zunächst auch weiterhin dieselben Rechte hinsichtlich der Aufenthalts-, Bewegungs- und Sozialversicherungsansprüche, die ihnen vor dem Krieg zugestanden hatten. Erst als Italien im August 1916 Deutschland den Krieg erklärte, änderte sich die Situation, denn nun waren sie rechtlich gesehen feindliche Ausländer. Claudia Martini schreibt hierzu, dass: „... die verbliebenen Italiener in Deutschland als Kriegsgefangene behandelt" worden seien. Für alle traf das so pauschal allerdings nicht zu. Inwieweit die Einzelnen unter Druck gerieten, hing von den jeweiligen Lebensumständen ab. Dabei spielte beispielsweise die Größe des Wohnortes eine Rolle, weil in kleineren Gemeinden schneller persönliche Beziehungen aufgebaut worden waren. Auch Ehen mit deutschen Frauen hatten die soziale Einbindung gestärkt. Als großer Vorteil wurde es von vielen zumindest im Nachhinein empfunden, weder für Italien noch für Deutschland in den Krieg eingezogen worden zu sein. Von zwei schleswig-holsteinischen Terrazzolegern, die während des Ersten Weltkrieges freiwillig in die Heimat zurückgingen, ist bekannt, dass sie ihren Patriotismus mit dem Leben bezahlten.

Nach dem Ersten Weltkrieg litt auch die italienische Wirtschaft unter Beschäftigungsproblemen und hoher Arbeitslosigkeit. Das Kabinett unter Mussolini sprach sich für uneingeschränkte Auswanderung aus, denn das Land sei zu klein für 40 Millionen Italiener. In Wirklichkeit stand die Überlegung dahinter, dass andernfalls die großen Ersparnisse, die die im Ausland Arbeitenden mit nach Hause brachten, der heimischen Wirtschaft verloren gingen.[18] 1927 beschloss Mussolini, die „Ausblutung" zu verhindern, indem er allen, die einen Arbeitsplatz besaßen, die Ausreise verweigerte. Allerdings beendete die Weltwirtschaftskrise die Wanderungen wenig später ohnehin.

Abb. 8: Türschwelle am Manarinhaus in Husum mit lateinischem Gruß, ca. 1907 (Ulrike Looft-Gaude, Molfsee)

Die Entwicklung seit den 1950er Jahren

Die Terrazzofirmen, die nach dem Zweiten Weltkrieg noch existierten, erlebten in den 50er Jahren einen neuen Aufschwung. Allerdings mussten sie zunächst die unmittelbare Nachkriegszeit überstehen. Auf die alten Facharbeiter, die italienischen Saisonkräfte, die ihr Metier kannten, musste allerdings erst einmal verzichtet werden, weil ihnen die Einreise nach Deutschland bis 1952/53 nicht erlaubt war. Mangel an Arbeitswilligen herrschte in jener Zeit jedoch nicht, so dass Flüchtlinge und Vertriebene, also deutsche Staatsbürger, angelernt wurden. Hauptsächlich handelte es sich bei Ihnen um ehemalige Steinmetze, aber auch um andere Handwerker. Die Firma Toffolo in Bredstedt beschäftigte z. B. einen Steinmetz und einen Bildhauer. Beide hatten sich schließlich so gut eingearbeitet, dass sie auch blieben, als Italiener wieder einreisen durften. Terrazzoböden waren als praktisch bekannt und in schlichten Ausführungen ohne Mosaikeinlage jetzt relativ günstig. Sie wurden als Fließestriche eingebracht, so dass die Handarbeit entfiel. Man erreichte natürlich bei Weitem nicht die dekorative Qualität der alten Böden, aber für Flure, Küchen und Bäder wurden sie zum Standard. Um sich ein weiteres Standbein zu schaffen, stellten die Firmen nun in verstärktem Maß Terrazzofliesen her. Auf diese Weise war der Preis für einen Bodenbelag noch weiter reduzierbar, wenngleich einer der großen Vorteile des klassischen Bodens, die Fugenlosigkeit, damit aufgegeben wurde. Die günstige Herstellung hatte logischerweise nach einiger Zeit eine veränderte Bewertung zur Folge. Im Laufe der 60er/70er Jahre nahm die Wertschätzung von Terrazzo rapide ab und die Aufträge gingen dementsprechend zurück. Fertigprodukte wie Treppenstufen und Fliesen fanden zwar noch Verwendung, aber die Handwerksbetriebe gerieten stark unter wirtschaftlichen Druck und waren gezwungen, zusätzlich neue Wege zu suchen.

Für viele, wie für Angelo Santus in Eckernförde oder Oskar de Paoli in Eutin, lag der Ausweg im Handel mit Naturstein, den sie in ihrer alten Heimat bezogen. Andere konzentrierten sich weiterhin auf Kunststeinprodukte. Grabsteine hatten beispielsweise seit Beginn der Entwicklung zum Angebot vieler Firmen gehört. Seit den 50er Jahren warb auch Luigi Toffolo verstärkt für seine Grabsteine. Als in den 60er Jahren die Aufträge nicht mehr ausreichten, begannen seine Söhne die neuen modernen Waschbetonplatten herzustellen. Der technische Vorgang unterscheidet sich von dem der Terrazzofliesen: Da die Besonderheit dieser Platten darin bestand, dass die Trittflächen die grobe Steinstruktur der Kiesel aufweisen sollten, entfiel das aufwändige Schleifen. Stattdessen wurden die Kiesel in Rahmen auf einem weichen wasserlöslichen Untergrund ausgebreitet und der Beton darübergegossen. Nach dem Aushärten konnten die Platten gedreht, die Unterlagen eingefeuchtet und abgezogen werden. Etwa zwei Jahrzehnte später hat sich die Produktion von Waschbeton in großem Umfang in Fabriken durchgesetzt. Mit dieser Entwicklung konnten die Terrazzoleger nicht mehr mithalten. Für einige Jahre konzentrierten Toffolos Enkel sich noch auf den Handel mit Naturstein, bis sie ihre Firmen aus Altersgründen aufgaben.

In den 80er Jahren stieg allerdings die Nachfrage in einigen Gebieten wieder an. Im medizinischen und pharmazeutischen Bereich gab man wegen ihrer besonderen Vorteile verstärkt Terrazzoböden in Auftrag. Zum einen lässt sich die glatte, fugenlose Oberfläche leichter keimfrei halten als die anderer Bodenbeläge. Zum anderen können durch Terrazzo mögliche Kriechströme abgeleitet werden, was insbesondere in Operationssälen wichtig ist. Moderne Terrazzoböden werden heute beispielsweise in Italien weiterhin hergestellt.

Abb. 9: Die Mitarbeiter der Toffolofiliale auf Sylt, 1913/14, links Luigi, neben ihm sein Bruder Pietro, daneben drei Mitarbeiter (Toffolo)

Die Terrazzofamilie Toffolo in Bredstedt – ein Beispiel

Hier soll stellvertretend für die Geschichten vieler Familien nur die der Toffolos in Bredstedt angeführt werden: Der Firmengründer Luigi[19] wurde 1879 in Fanna geboren. Als er elf Jahre alt war, grassierte im Dorf angeblich eine Epidemie, der zwei seiner Geschwister zum Opfer fielen. Es ist allerdings bekannt, dass damals die auf Ernährungsmangel zurückgehende Krankheit Pellagra vielen Kindern das Leben kostete. Um Luigi davor in Sicherheit zu bringen, gaben ihn die Eltern einem Onkel mit, der zum Terrazzolegen nach Norddeutschland ging. Damit endete für ihn die ohnehin kurze Schulzeit noch früher. Es war üblich, größere Kinder bei der Wanderarbeit mitzunehmen. Sie halfen in der ersten Zeit im Quartier beim Putzen, Einkaufen oder Kochen. Erst später, wenn sie kräftiger waren, kamen sie als Lehrjungen mit auf die Baustellen. Im ersten Jahr führte der Weg zunächst nach Elmshorn, wo ausgewanderte Italiener bereits eine Firma hatten. Dort erlernten mehrere junge Männer das Handwerk, bevor sie an anderen Orten im Land arbeiteten. Noch im selben Jahr zog Luigis Arbeitstrupp weiter nach Kiel. Hier verbrachte er auch in den folgenden Jahren einen Teil seiner eigenen Arbeitszeit. In den Wintern allerdings kehrte Luigi so wie alle anderen wandernden Arbeiter bis 1905 regelmäßig in seine Heimat zurück.

Später ging er auf Arbeitssuche nach Nordfriesland. Dort lernte er mit 26 Jahren seine spätere Frau Auguste Köthe aus Bordelum kennen. Als sich Nachwuchs ankündigte, heirateten die beiden und Luigi blieb von nun an in Nordfriesland. Im folgenden Jahr eröffnete er in Bredstedt eine eigene Firma. Zum Haus gehörten Ställe, in denen Auguste, die aus der Landwirtschaft stammte, Kühe, Schweine und ein Pferd hielt. Außerdem war Platz zum Unterbringen der Arbeitskräfte vorhanden, die jedes Jahr zur Arbeitssaison aus Italien kamen.

Luigi lebte sich in Bredstedt gut ein. Die Freundschaft mit einem Dorfpolizisten half ihm, behördliche Angelegenheiten zu bewältigen. Sein Deutsch jedoch wurde nie besonders gut. Er arbeitete sehr viel, trotzdem konnte sich die Familie kaum größere Anschaffungen leisten. Aber Sparsamkeit war er ja seit seiner Kindheit gewöhnt, wie sein Enkel Reinhard meint. In der knappen Freizeit liebte Luigi es, an die Nordsee zum Fischen zu gehen. Zum Leidwesen seiner Familie hat er sich viel-

Abb. 10: Terrazzowerbung für Grabsteine von Toffolo, 1950er Jahre (Toffolo)

Abb. 11: Werbung von Toffolo, u. a. für das Trockenlegen von Kellern, ca. 1910 (Toffolo)

fach auf den Wunsch von Bauern eingelassen, in Naturalien zu zahlen. Eine seiner beiden Töchter musste deshalb über längere Zeit die Milch von einem so weit entfernten Hof holen, dass sie hin und zurück jeweils eine Stunde ging.

Auch auf Sylt übernahm Toffolo Aufträge. Deshalb richtete er in Westerland vor dem Ersten Weltkrieg eine Filiale ein und ließ seinen jüngeren Bruder Pietro kommen, um die Leitung zu übernehmen. Pietro führte den Betrieb nur kurze Zeit. Während des Krieges ging er freiwillig nach Österreich, um dort für seine in Gefangenschaft geratenen Landsleute zu dolmetschen. Er wurde jedoch selbst gefangen genommen und starb im Lager. Die Bredsted-

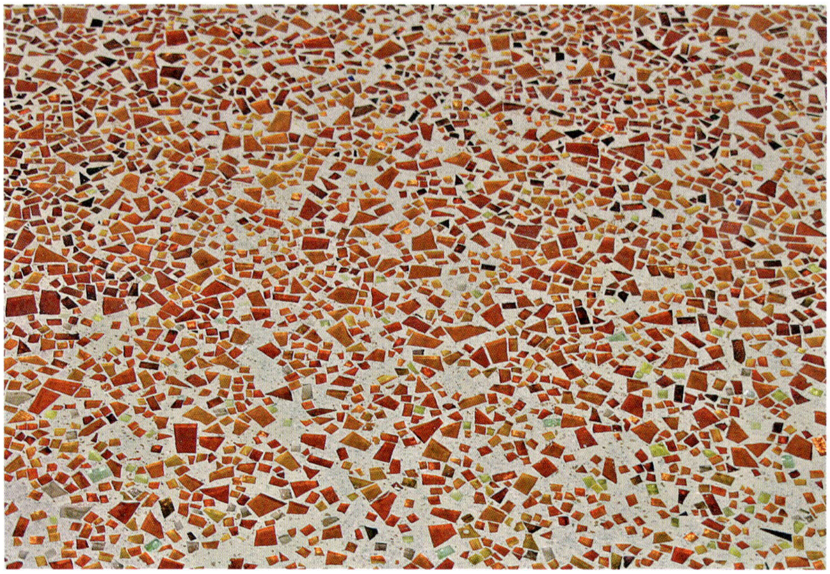

Abb. 12: Moderner Terrazzo mit plastischer Wirkung aus unterschiedlich gefärbtem Estrich. Mosaikschule in Spilimbergho, Aufnahme 2008 (Dino Sfreddo, Neumünster)

Abb. 13: Moderner Terrazzo, der als Einlage rote Glassteine enthält. Mosaikschule in Spilimbergho, Aufnahme 2008 (Sfreddo)

ter Toffolos blieben während der Kriege in Deutschland. Als „feindliche" Ausländer mussten sie auch nicht damit rechnen, eingezogen zu werden.

Als Ende der 1920er Jahre die Bauarbeiten im Sönke-Nissen-Koog stattfanden, übernahmen die Toffolos dort nicht nur die Herstellung von Terrazzo. Sie spezialisierten sich außerdem auf die Trockenlegung von Kellerräumen, denn eintretendes Grundwasser stellte im neuen Koog ein Problem dar.

Während der Inflationszeit, von etwa 1927 bis 1932, herrschte große wirtschaftliche Unsicherheit, so dass die Aufträge stark zurückgingen. Außerdem gab es für geleistete Arbeit manchmal gar kein Geld, weil es dem Bauherren ausgegangen war. In dieser Zeit verdiente sich Luigi seine Zigaretten durch Skatspielen, weil der Verdienst dafür nicht ausreichte.

Luigis 1906 geborener Sohn Antonio Johannes nannte sich selbst nur Toni und sprach Plattdeutsch. Er lernte bei seinem Vater ebenfalls das Handwerk des Terrazzolegers und Betonbauers. Anfang der 30er Jahre führte er aus Italien eine Schleifmaschine ein, die die Arbeit von da an erheblich erleichterte. Antonio bildete später auch selbst junge Leute aus. Ab 1955 nahm er als Meisterbeisitzer an den Gesellenprüfungen der Handwerkskammer teil.

Die Integration

Die Integration der ersten Generation verlief zwar offensichtlich ohne größere Hindernisse, aber oft gab es noch sprachliche Schwierigkeiten. Hilfreich für die Eingliederung war in jedem Fall die Heirat mit einer deutschen Frau. Auch die Gründung einer eigenen Firma dürfte häufig im Zusammenhang mit einer Ehe und dem Wunsch gestanden haben, der jungen Familie einen festen, konstanten Rahmen zu geben.[20] Von anderen sozialen Problemen wird nichts erzählt. Die nächste Generation, die hier aufwuchs, sprach als erstes deutsch und spielte mit einheimischen Kindern. Die meisten trugen deutsche Vornamen oder deutschten die italienischen Namen ein, um ihre Zugehörigkeit zum Lebensumfeld deutlich zu machen.

Schwierigkeiten gab es am ehesten in wirtschaftlicher Hinsicht. In schlechten Zeiten, wie der Weltwirtschaftskrise in den 1920er Jahren, wurde bei Neubauten zuerst an dekorativen nebengewerblichen Arbeiten gespart. Die Italiener scheinen jedoch mit den sich wandelnden Situationen recht gut zurechtgekommen zu sein. Für alle gilt wahrscheinlich, was der Enkel Luigi Toffolos über seinen Großvater sagte: „Er war schließlich Armut gewohnt.“[21] Die schwierigen Bedingungen in der Heimat hatten dort zu flexiblen Lebensformen gezwungen, um den Alltag zu meistern. Und diese Erfahrungen wirkten sicherlich auch später noch nach. Zudem boten sie Relationen, die manches vielleicht in einem weniger aussichtslosen Licht erscheinen ließen. Im Laufe der letzten 30 Jahre gerieten mindestens zwei der Firmen akut in existentielle Schwierigkeiten, aber in beiden Fällen schafften die Familien einen Neuanfang. Die meisten stellten ihren Betrieb ein, als der letzte Besitzer das Rentenalter erreichte. Zusammenfassend ist die offensichtliche berufliche Flexibilität festzuhalten, die den italienischen Terrazzounternehmern das Auskommen sicherte.[22]

Die Mehrzahl der Arbeiter, die sich nur saisonal hier aufhielt und von ihren Arbeitgebern Quartiere zur Verfügung gestellt bekam, hatte vielleicht das Bedürfnis, unter sich zu bleiben und sich überwiegend in ihrer Arbeits- und Wohngruppe aufzuhalten. In Hamburg hatte sich in St. Georg sogar eine ethnische Kolonie herausgebildet,[23] in der jeder neu Hinzugezogene Aufnahme fand. Der Weg in die deutsche Gesellschaft erfolgte dort mit einer gewissen Verzögerung, zumeist wohl dann, wenn größere Räumlichkeiten für Werkstatt und Lager notwendig wurden. In Schleswig-Holstein waren die Gruppen dagegen relativ klein und kleine Gruppen brachten zwangsläufig einen höheren Anpassungsdruck mit sich. Die Terrazzounternehmer, die dauerhaft auch über die Winter blieben, zeigten einen deutlichen Eingliederungswillen. Für sie bedeutete Deutschland nicht die Heimat, aber doch ein neues Zuhause, auch wenn es vielleicht auf mehrere Jahre begrenzt sein sollte. Daher waren sie bemüht, sich in der deutschen Gesellschaft zu organisieren.

Viele der Familien haben bis heute ihre italienische Staatsbürgerschaft beibehalten und heben das im Gespräch auch stolz hervor. Sie pflegen untereinander Kontakte und sprechen zumindest in der dritten Generation noch italienisch. Gelegentlich besuchen sie auch die alte Familienheimat Fanna in Oberitalien.

Anmerkungen

1 „Terrazzo“ geht auf „terra“ für „Erde“ und „radere“ für „glatt machen“ zurück.
2 Kühnast 1999, Drews 1996 u. 1999, Dahms 2006, 92–95.
3 Meiners/Reinders-Düselder 1999, Heidrich et al. 2000, May 2000.
4 Gaethke u. a. 2008.
5 www.tatsachen-ueber-deutschland.de, 10.06.2008.
6 www.italianieuropei.de/ds/comunicati/20020206fes.html, 17.06.2008.
7 Quelle: Statistisches Bundesamt, Stand 31.12.2003; www.isoplan.de/aid/2004-4/zuwanderer.htm; 17.06.2008.
8 Morandi 2004, 33.
9 Britschgi-Schimmer 1996, 23 ff.
10 Zu Luigi Toffolo siehe S. 124–126.
11 Del Fabbro 1996, 42.
12 Britschgi-Schimmer 1996, 13.
13 A. a. O.
14 Morandi 2004, 66.
15 A. a. O.
16 Dithmarscher Landesarchiv, Dithmarscher Landesmuseum, 24704 Meldorf, Bütjestraße 2–4.
17 Morandi 2004, 55.
18 A. a. O., 141.
19 Kühnast 2000, 395 f.
20 Siehe auch Del Fabbro 1996, 197.
21 Auch Del Fabbro weist wiederholt auf die Sparsamkeit der italienischen Migranten hin. Del Fabbro 1996, 196.
22 Siehe auch Morandi 2004, 130: „Es lässt sich also festhalten, dass die italienischen Migranten eine ausgeprägte Anpassungs- und Eingliederungsbereitschaft zeigten.“
23 Heckmann 1993, 97.

Maulkörbe und Arbeitsscheinwerfer – Vom Beschleunigen in der Landarbeit

Siegfried Becker

Ein Foto, Ende der fünfziger Jahre in einem Dorf des hessischen Hinterlandes aufgenommen, verdeutlicht mehr als wortreiche Schilderungen den rasanten Wandel der Landwirtschaft in den seither vergangenen fünf Jahrzehnten: ein Jugendlicher hat sich mit durchaus erkennbarem Stolz zwischen zwei Fahrkühen ablichten lassen, mit denen er auf staubigen Feldwegen entlang blühender Kartoffeläcker zum Futterholen unterwegs war. Er hätte sich vielleicht noch weitaus stolzer mit einer Vespa, dem Traum neugewonnener Freiheiten und Beweglichkeiten oder gar in der Gruppe Gleichaltriger mit einem Cabrio fotografieren lassen. Dass er es dennoch zwischen den beiden Kühen tat, lässt ahnen, dass das langsame, ja gemächliche Gefährt des Kuhgespanns noch nicht veraltet war.[1] Wenige Jahre später wurde diese Technik dörflichen Lastentransports bereits als überholt, abständig, ja als peinlich empfunden. Sie geriet zunehmend in Kollision mit dem allmählich wachsenden Autoverkehr: aufgeregtes Hupen, schimpfende Autofahrer, aufwirbelnde Staubwolken der rasant überholenden Kraftwagen haben den letzten Kuhbauern das Fahren mit dem geduldigen Spannvieh verleidet.

Doch das Fuhrwerk auf diesem Foto zeigt auch Innovationen, die in den Jahren seit dem Ende des Zweiten Weltkrieges durchaus noch in diese kleinbäuerliche Transporttechnik investiert worden waren: die beiden Kühe vom Schlag des Vogelsberger Rotviehs und des Simmentaler Viehs tragen ein Dreipolsterkumt, das im Dialekt „Hamen“ oder „Klammer“ genannte, aus zwei beweglichen Hälften bestehende, unterm Hals mit einer Kette verschließbare und oben von einem Lederpolster auf dem Ansatz des Widerrists gehaltene Kummet aus Buchenholz. Der Druck des gezogenen Ackerwagens ruhte nun auf den Schultern der Fahrkühe, von zwei dicken Polstern abgefedert. Ein zweites Foto, etwa zwanzig Jahre früher aufgenommen, zeigt die inzwischen überholte, schon im Reichstierschutzgesetz von 1933 verworfene,[2] aber noch längst nicht aufgegebene Technik der Rinderanspannung. Traditionelle Anschirrung der Rinder war das hölzerne Doppeljoch[3]; seit 1841, als das „Zusammenjochen der Ochsen“ als grausame Tierquälerei gebrandmarkt und die ersten eisernen Halbjoche über die landwirtschaftliche Zeitschrift für das Großherzogtum Hessen empfohlen wurden, ist das Doppeljoch allmählich zugunsten des Einzeljochs verdrängt worden. Gesetzlich geregelt wurde die Abschaffung der Jochanspannung durch § 1 des Tierschutzgesetzes von 1933; im Kriegsjahr 1943 „wegen Materialmangels“ aufgehoben, erging dann 1955 ein Runderlass des Bundesministeriums für Landwirtschaft, der die Joche endgültig verbot.

Der Übergang zum Dreipolsterkumt ist freilich nicht nur per Gesetz erzwungen, sondern vielfach auch freiwillig erfolgt; zu ihrer Verbreitung hat sicherlich auch die Einsicht beigetragen, dass sie für die Zugtiere schonender waren. Herrmann Schneider in Breidenbach erzählte mir 1982 von den beiden letzten Fahrkühen, die in seinem Betrieb in den fünfziger Jahren eingespannt wurden – eine davon mit dem Joch, die andere im Kumt. Die mit dem Joch gefahrene Kuh habe vor dem Einsetzen des Pfluges immer erst den Kopf mehrfach hin- und herbewegt, bis der Wirbel richtig saß, sie sei zwei Jahre früher „fertig" gewesen. Die mit dem Kumt eingespannte Kuh aber habe immer sofort angezogen.

So ist die Verbesserung der Kuhanspannung durch das Kumt, die erst wenige Jahre vor dem Ende der Fahrkuhepoche erfolgte, durchaus als Zeugnis eines Bemühens um Erleichterungen für das Vieh zu sehen, für einen sorgsamen Umgang mit den Tieren. Den Kühen die Arbeit zu erleichtern, war auch beim Fahren Prinzip: „Uffen Wâ sassd mer sich blûß wann de Wâ liarich woar, hiegsdens beim Fourerlange, diss mer sich dô uffen Wâ sassd, owwer beim Measdfoahrn nie"[4] – nicht wegen des Geruchs, sondern wegen des Zuggewichtes, um die Fahrkühe zu schonen. Solche Überlegungen haben auch zu technischen Lösungsversuchen beigetragen, wie der Verwendung großer Wagenräder, die das Anziehen erleichterten und das Ausschlagen der Deichsel verringerten: „Die Wêje wornn katastrophal; dâ schlugg die Geisel de Koih wearren Kobb. Dô kann ich nit vestieh diss die Leu däi Vierrichdung mirrem Zieje nit ânischder moachde. Wer mit Goil fouwer, der langd als en Klafder Holz uff êm Wâ ausem Schelder Wâld, ean mit Koih konnde ên Meter lange, dâ hasde genuch. Owwer doas bei den Wêje! Dô hatt inner en Wâ mit so ûveninftich hûhe Rerrer, owwer doas woar inn ausgeklüjelter Bursch. Kearn ze foahrn owwer Hâ ze foahrn, doas woar joa wackelicher, owwer Meast ze foahrn doas woar doch laichder fier die Koih."[5]

Solche Erinnerungen verdeutlichen den Stellenwert, den die Kühe für die kleinbäuerliche Landwirtschaft hatten. Das Eingehen auf das Vieh und das Verstehen seiner Bedürfnisse wie auch das Erkennen seiner Leistungsanlagen wurden darin immer wieder hervorgehoben, jener „Viehverstand" als gesellschaftlich geachtete Tugend ausgedrückt, wie ihn etwa Heinrich Seipp in Breidenbach bereits als Kind besessen hatte: „Äich hun schun als Schûljonge die Kuh immer fordgedô bein Bulle, doas woar mer immer läib. So im neuzehhonnerddrâi [als er zehnjährig war] hun äich schun geguckd wer schiene Kieh hatt eam Dorf. Dô harrich mer emôl e schienes Fesselkalb aus gemôchd; sär äich wearre die Modder doas lange mer sich. Dô sei mer hie, doas Kalb woar eam Hâkerb gewôche, ean äich huns hêmgedô. Ean die Kuh hun mer gehett bis neuzehhonnerdzwâenzwanzich"[6] (also ein Beweis für die glückliche Auswahl).

Abb. 1: Auf dem Weg zum Futterholen: Fahrkuhgespann mit Kummetanschirrung und Maulkörben, Aufnahme um 1958, Sammlung S. Becker

Zu diesem „Viehverstand" gehörte besonders der pflegliche, vertraute und dem Tier Vertrauen schenkende Umgang mit dem Vieh, die Fähigkeit, Geduld und Einfühlungsvermögen auch in außergewöhnlichen Situationen zu behalten. Von einem solchen Vorfall wusste wiederum Heinrich Seipp zu berichten: „En äimôl, dô harre mer âch e Reand, dô wolld ich fort zum Eggern. Dô woar ich âch noch so en Springer, ging noch en die Schûle. En frieher koame doch so Dibbeminner ausem Wesderwâld, so mit Klingeln oam Wâ, en wie mer degäi herwollde, dô gabbs so Bewejung oam Wâ, en dô ging mersch durch en dô – en Holzstall! Doas kräigd owwer kê extroa Schlêje dabâi wie doas ânern moachde."[7] Von dem gegenseitigen Vertrauen profitierten Mensch und Tier; die Ruhe, die von den Kühen ausging, wenn sie abends das Futter fraßen und geduldig beim Melken ausharrten, wurde nach der anstrengenden Feldarbeit auch vom Menschen als Erholung genossen. Den Kopf an die warmen Flanken des Tieres gelehnt, ließ das Melken Zeit zum Ausspannen und Abschweifen der Gedanken: „Dô woar ea noch gemolgke, wann mer de ôwed voa de Earwed hêmkûme; wann de dâ moih wäi de woarschd inner die Koih kûmst, dâ rouhsde dich noch aus debâi. Aich hû des Mealgke immer gern gemoichd."[8]

Mit der Einführung der Dreipolsterkumte entstand allerdings ein Problem. Was in der Jochanschirrung für die Kühe von Nachteil gewesen war, stellte sich im Nachhinein als ein Vorteil für das Vorankommen heraus. Ein Teil der Rotviehkühe im Hinterland wurde auch in den vierziger und fünfziger Jahren noch im Stirnjoch gefahren; zwei Formen des Einzeljochs waren gebräuchlich, zumeist das sogenannte rheinische Stirnjoch aus einem gepolsterten und lederummantelten Bandeisen, oft auch mit Lederfransen gegen die Fliegen und mit Zierrat aus roten Wollbommeln oder Meerschneckenhäusern besetzt. Auch das hölzerne Nackenjoch wurde noch verwendet, das hinter den Hörnern saß und mit Lederriemen vor der Stirn befestigt war. Während die Tiere Pflug oder Wagen zogen, war der Kopf durch die Zugkraft belastet und konnte nicht bewegt werden; waren während der Heuernte die Fahrkühe mit dem Joch angeschirrt, mussten Kinder zum Vertreiben der Fliegen mitgehen, damit das Zugvieh nicht unruhig wurde.

Das Dreipolsterkumt hatte gegenüber dem Joch den Vorteil, dass der Kopf frei beweglich blieb und die Tiere sich besser gegen die Fliegen wehren konnten: „Vierm earschde Krigg woar noch alles eam Juch gefoahrn. De Hâme woar hernôch bequemer fiersch Vieh, wann se des Juch uff harre, dâ woar de Kobb immer fest, dâ konndese nit hie ean her die Flieje wiehrn."[9] Der Nachteil freilich war, dass sie auf den Fahrwegen nun links und rechts des Weges Gras und Kräuter zupften und damit das Fahren verzögerten. Mit der Einführung des Dreipolsterkumts kamen daher auch die aus Draht geflochtenen Maulkörbe auf; die beiden Fahrkühe auf dem Gespannbild tragen folglich nicht nur das Kumt, sondern auch Maulkörbe. Sie hinderten die Tiere am Fressen und ermöglichten so das schnellere Vorankommen: eine Objektivation der Beschleunigung, die sich aus der letzten Innovation der tierischen Anspannung ergab. Sie zeigt, wie sehr nun die Kuhanspannung mit einer wachsenden Ökonomie der Zeit, mit den Beschleunigungsprozessen in der mobiler werdenden Gesellschaft der späten fünfziger und sechziger Jahre in Kollision geriet.

Denn die Fahrkühe bestimmten den Arbeitsrhythmus: Gerade weil man sie um der Milch willen schonte, die sie noch zusätzlich geben sollten, gaben sie das Tempo der Arbeit vor. Die gemächlich schreitenden Fahrkühe aber haben damit auch dem Menschen eine Zeiterfahrung vermittelt, Geduld abverlangt und die Einsicht zu geben vermocht, auch mit Ausdauer und vorausschauendem Blick das gesteckte Ziel erreichen zu können. Diese Zeiterfahrung war ganz wesentlich geprägt durch das Arbeiten mit Dreiviertelkraft, ein Maßhalten mit Ressourcen, mit der Körperkraft und im Arbeitsrhythmus, das Edith Fél und Tamás Hofer in ihrer gehaltvollen Átány-Studie für viele Lebensbereiche erschließen konnten.[10] Die Gemächlichkeit der Tiere und die Rücksichtnahme des Menschen haben einander ergänzt; und Heinrich Seipp in Breidenbach, dem ich viele weise Erinnerungen aus der alten Zeit verdanke, hat auch dieses Einüben des Geduldigseins und das Gewährenlassen des arbeitenden Viehs in eine schöne Erzählung gefasst: „En Dreißich kiff ich mer die erschde Mehmaschine, dô harrese hie rim noch nit so vill, blûß däi en Gaul hearre. Aich fuhr se mit de Kieh, doas woar dôfier schun e grûße Maschin, e Lanz-Werig. Äich hun âch nie en Maulkerb oagedô, däi nûhme sich immer e Maul voll en dâ wornn se zefriere en harre immer woas ze kewweln en moachde so Schlich fier Schlich en wann äich hêm moachd wornn se soad. Die Âner lachde joa dô dröwwer, bei denn mußd doas schneall gieh en dô dorfde die Kieh naut emôl robbe. Wannse woas sâre, da hun ichen gesâd: Wäi stitts en de Biwel: Du sollst einem Ochsen, der da drischt, das Maul nicht verbinden. Doas willsd du nit en äich âch nit en dâ soll mersch de Kieh âch nit so mache."[11] Der Verzicht auf das Objekt des Maulkorbs war damit eine bewusste Entscheidung gegen die Objektivation der Beschleunigung – sie zeigt die Reflexion der Auswirkungen eines schneller werdenden Zeitgefühls, ein gewiss individuelles Bedürfnis nach Entschleunigung, das aber aus der fürs Vieh wie für den Menschen ambivalenten Preisgabe der Gemächlichkeit resultierte.

In den seit der Aufnahme des Gespannbildes vergangenen fünf Jahrzehnten, in einer im Blick auf die Geschichte des Landbaus insgesamt, ja selbst im Blick auf die Geschichte der Landtechnik[12] extrem kurzen Zeitspanne, hat die Arbeit in der Landwirtschaft Beschleunigungen in einem zuvor nie gekannten Ausmaß erfahren – Beschleunigungen in doppelter Hinsicht.

Die Abfolge der Innovationen in der Landtechnik bringt in immer kürzeren Intervallen verbesserte Maschinen auf den Markt, Anbaugeräte, Melktechnik (von der elektrischen Melkmaschine bis zum computergesteuerten Karussellmelkstand): die Mechanisierung hat in dem Maße Einzug in den Betrieben gehalten, wie die Höfe selbst weniger wurden und auch die Zahl der auf ihnen arbeitenden Menschen abnahm. Zwischen 1950 und 1985 halbierte sich in der Bundesrepublik Deutschland die Zahl der landwirtschaftlichen Betriebe, und auch seitdem wurden jährlich noch etwa 10 000 Betriebe aufgegeben. Auch wenn sich an den Kriterien, was denn bäuerliche Landwirtschaft sei,[13] ja auch an dem von der Agrarpolitik jahrzehntelang propagierten Leitbild des bäuerlichen Familienbetriebs[14] kaum etwas geändert hat, so haben sich doch die Produktionsverhältnisse rasant gewandelt.

Im gleichen Zeitraum, in dem sich die absoluten Betriebszahlen halbierten, verdoppelte sich die Zahl der Betriebe über 50 ha landwirtschaftliche Fläche, 1,3 Millionen hauptberufliche Landwirte produzierten 1984 doppelt so viel wie die 4,8 Millionen Bauern im Jahr 1950, die Produktivität pro Arbeitskraft erhöhte sich um das Siebenfache. Was 1956 mit den Aussiedlungen landwirtschaftlicher Betriebe begann,[15] setzte sich nach 1989/90 mit der Verlagerung von Betriebsstandorten in die Agrarlandschaften der DDR/der neuen Bundesländer fort. Diese Beschleunigung des Betriebsgrößenzuwachses und der Produktivität musste bei tendenziell sinkender Arbeitskapazität der bäuerlichen Familienbetriebe auf

Abb. 2: Kuhanschirrung mit dem Stirnjoch: eine Frau aus Oberweimar/Kreis Marburg beim Futterholen. Aufnahme um 1936, Bildarchiv, Institut für Europäische Ethnologie/Kulturwissenschaft Marburg

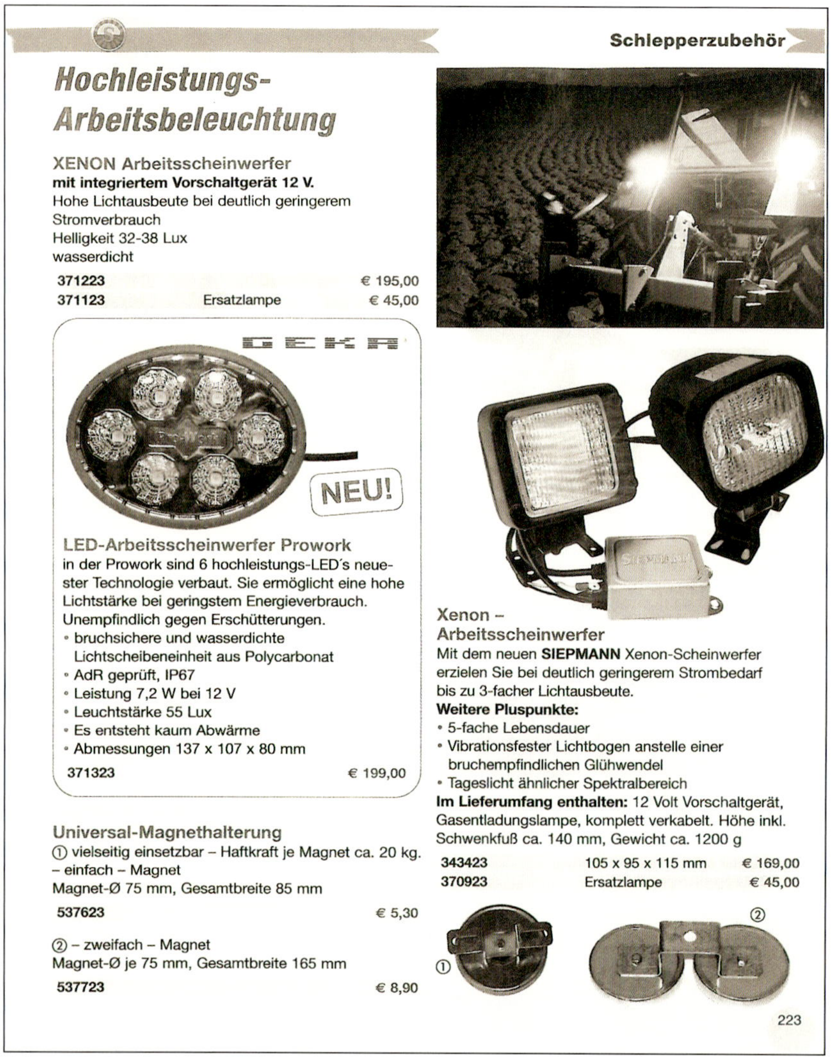

Abb. 3: Eine Seite aus einem Landhandel-Katalog mit Zubehör zur Ausstattung von Zugmaschinen, Fa. Siepmann, Katalog 2008

durchschnittlich 1,5 bis 2 Vollarbeitskräfte pro Betrieb aufgefangen werden durch die Mechanisierung, die in den letzten Jahren zunehmend auch den Einsatz elektronischer Datenspeicher zur Betriebsplanung und zur Steuerung von Produktionsabläufen (von der Rationierung der Milchviehfütterung bis zur Planung der Feldbestellung) umfasste.

In einer zweiten Hinsicht hat dieser Prozess der Strukturveränderungen in der Landwirtschaft Beschleunigungen erbracht. Schon zu Beginn dieser letzten fünf Jahrzehnte hat die Mechanisierung der Produktion das Tier als Zugkraft verdrängt; die Grenzen der Bewegung, die Langsamkeit des Fortkommens wurden ersetzt durch immer schnellere Zugmaschinen, denen auch die EU-Führerscheinverordnung angepasst wurde.

Zugmaschinen benötigen keine Ruhepausen mehr wie das Zugvieh. Sie zupfen sich ihren Brennstoff auch nicht am Wegrand und brauchen daher auch keine Maulkörbe. Zugmaschinen werden in Arbeitsspitzen oft rund um die Uhr eingesetzt, ja müssen zur Auslastung der Produktionsmittel im Dauereinsatz laufen: schnellere Maschinen, schnellere Arbeit, mehr Flächen, die bewirtschaftet werden können – und bewirtschaftet werden müssen, um die Investitionen (als Einsatz von Kapital zum Zweck der Gewinnerzielung) zu amortisieren. Früh schon sind diese Tendenzen und Folgen einer Ökonomie der Zeit als wesentlichste Dimension der Umbrüche gesellschaftlicher Arbeit,[16] der Arbeitsnormen und Arbeitsbedingungen auch in der agrarischen Produktion gesehen, die Folgen betrieblicher Rationalisierung und des Verdrängungswettbewerbs (des „Wachsens oder Weichens") kritisch reflektiert worden.[17] In diesem Prozess der zunehmenden Maschinen-, Markt- und damit Kapitalabhängigkeit gehen die modernen Maulkörbe (um im Bild zu bleiben), die Objektivationen der Beschleunigung nicht mehr (nur) zu Lasten der Tiere, sondern mehr und mehr zu Lasten der Menschen – sehen wir als moderne Maulkörbe etwa die Arbeitsscheinwerfer an, die heute sogar mit LED-Ausstattung an den Schleppern angebracht sind und bei der Nachtarbeit die Überwachung der Arbeitsgeräte, der Hydraulik und der Arbeitstiefe auf dem Feld erleichtern. Die Maschine ermöglicht ein Arbeitstempo und Arbeitszeiten, die nicht mehr wie Handarbeit und tierische Anspannung durch Ermüdung, Erschöpfung und Ruhepausen gegliedert sind.[18]

Mit ihnen haben sich auch lokale gesellschaftliche Normen verändert. Längst ist zur Selbstverständlichkeit geworden, was zur Zeit der Maulkörbe noch verpönt und höchstens jenen mitleidig belächelten „Mondscheinbauern" vorbehalten war, die nach der Fabrikarbeit noch ihren kleinen Landbesitz, ihr „Gerschdche", bewirtschafteten – heute gehören die Arbeitsscheinwerfer zur Standardausrüstung der Zugmaschinen, die „Flutlichtbauern" sind nicht mehr dem Spott der öffentlichen Meinung ausgesetzt, vielmehr gerät das Durcharbeiten fast schon zur Repräsentation (von Flächen, Ausrüstung, körperlicher Kondition). Die Ausbeutung (und Selbstausbeutung) des Körpers muss also gar nicht als solche empfunden werden, und den Arbeitsspitzen rund um die Uhr folgen ja auch wieder geruhsamere Zeiten. Und doch ist eine ganz fundamentale kollektive Erfahrung, ein über Jahrhunderte ausgebildetes empirisches Wissen bäuerlicher Arbeit dabei verloren gegangen – das Arbeiten mit Dreiviertelkraft. Landwirtschaft ist damit nicht nur technisch und ökonomisch, sondern auch mental und physiologisch im Kapitalismus angekommen.

Anmerkungen

1 Zu den Gespannbildern als Dokumenten der Repräsentation dörflicher Sozialstrukturen vgl. Becker, in: Lipp 1995, 406–416.
2 Zur Entwicklung des Tierschutzes und zum Gesetz von 1933, das erst 1972 abgelöst wurde, vgl. Pfeiffer 2004.
3 Jacobeit 1948.
4 Karl Plaum, Hartenrod, geb. 1895, Bericht vom 5.12.1983.
5 Karl Plaum, Hartenrod, geb. 1895, Bericht vom 5.12.1983.
6 Heinrich Seipp, Breidenbach, geb. 1893, Bericht vom 24.11.1983.
7 Ders., Bericht vom 30.11.1983.
8 Luise Runzheimer, Rüchenbach, geb. 1901, Bericht vom 14.03.1984.
9 Heinrich Happel, Sinkershausen, geb. 1906, Bericht vom 12.03.1984.
10 Fél/Hofer 1972.
11 Heinrich Seipp, Breidenbach, geb. 1893, Bericht vom 24.11.1983.
12 Franz 1969.
13 Neander 1983, 67–78.
14 Rösener 1965; Fleischhauer 1969, in: Möglichkeiten und Grenzen der Agrarpolitik in der EWG (1969), 193–226; Bergmann, in: Zeitschrift für Agrargeschichte und Agrarsoziologie 17 (1969), 215–230.
15 Ernst, in: Geographische Rundschau 19, 1967, 369–382; Schöck 1972.
16 Dazu Beckenbach/van Treeck 1994.
17 Vgl. etwa Neumann 1987; Wüthrich 1979, Neuausg. 1981.
18 Becker, in: Matter 1996, 55–71.

Internationale Migration und Landwirtschaft

Max Matter

Migrationsprozesse, das heißt längerfristige räumliche Verlagerungen der Lebensschwerpunkte vieler Menschen über eine große Distanz, sind nicht primär Erscheinungen der Gegenwart, wie dies die politischen Diskussionen vor dem Zustandekommen des „Einwanderungsgesetzes" vielfach zu vermitteln versucht haben. Wanderungsbewegungen großen Ausmaßes kennen wir seit den Anfängen unserer Geschichte, es scheint sie immer schon gegeben zu haben. Sie waren und sind auch nicht auf einzelne Weltregionen beschränkt, sondern stellen ein weltweites Problem dar. Weltweit leben und sterben zwar immer noch die meisten Menschen in der Region, in der sie geboren worden sind, doch halten sich gegenwärtig weit über zwanzig Millionen Menschen außerhalb ihrer Herkunftsländer auf, ungefähr 30% von ihnen ohne jede rechtliche Absicherung.

Gründe dafür, die Herkunftsregion zu verlassen, sind vielfältig. Meist geht es darum, dass Menschen, getragen von der Hoffnung, sie seien anderswo besser in der Lage, das eigene Leben und das der Familienmitglieder zu sichern, ihre bisherige Heimat verlassen. Wanderungen müssen als „Antworten auf mehr oder minder komplexe ökonomische und ökologische, soziale und kulturelle, aber auch religiös-weltanschauliche, ethnische und politische Existenz- und Rahmenbedingungen" verstanden werden. Bereits 1885 formulierte der Geograf Ernest George Ravenstein seine Gesetze der Migration (Laws of Migration), mit denen er Migrationsverhalten innerhalb und zwischen Nationalstaaten erklären und vorherbestimmbar machen wollte. Seine auf das Vereinigte Königreich bezogenen Studien erbrachten, dass es sich bei den aufnehmenden Regionen um die Zentren von Handel und Industrie, bei den abgebenden Regionen um solche, die weitgehend agrarisch geprägt waren, handelte. Für seine Zeit konnte Ravenstein noch feststellen, dass Menschen eher über kurze, als über weite Distanzen migrierten. Die Zentren, so zeigte er, zogen zuerst Menschen aus den unmittelbar angrenzenden Räumen an, die ihrerseits dort Lücken hinterließen, die dann von Menschen, die von weiter entfernt gekommen waren, eingenommen wurden. So entstand schließlich ein Migrationsstrom – gewissermaßen in Sprüngen – von der äußersten Peripherie hin zum Zentrum. Des Weiteren meinte er feststellen zu können, dass Städter weniger als Landbewohner, Männer weniger als Frauen geneigt seien, ihre Herkunftsorte zu Gunsten eines anderen Ortes zu verlassen. Ravensteins Thesen haben zum Teil in erweiterter Form bis heute Bestand, zu kritisieren ist aber, dass sie ahistorisch und zu individualistisch sind und staatliche Steuerungsversuche außer Acht lassen.

Seit dem Ende des 19. Jahrhunderts bis heute ist die Zahl der immer wieder neu und weiterentwickelten Modelle und Theorien der Wanderungsprozesse ins beinahe Unüberschaubare angewachsen. Migrationsbewegungen auf der Makroebene und Migrationsentscheide auf der Ebene der Individuen oder Haushalte wurden lange Zeit vorwiegend als wesentlich von ökonomischen Faktoren bestimmt gedeutet. Die Faktoren können nach der Richtung ihres Einflusses als Push- oder Pull-Faktoren bezeichnet werden. Push-Faktoren, etwa eine hohe Arbeitslosigkeit, fehlende Perspektiven usw. wirken abstoßend. Ein hohes Lohnniveau und eine hohe Beschäftigungsquote dagegen ziehen als Pull-Faktoren mögliche Migranten an. Weitere Pull-Faktoren können etwa eine erwartete positive Wirtschaftsentwicklung und/oder ein erwartetes besseres Leben im Zuzugsgebiet sein. Neben Defiziten im Wirtschaftsbereich wirken sich auch solche bezüglich demokratischer Freiheiten und Rechte oder bei der Ausübung der eigenen Religion als abstoßende (Push-) Faktoren aus. Die potentiellen Migranten dürften selten dazu in der Lage sein, diese Faktoren einigermaßen objektiv einschätzen zu können. Ihre Entscheidungen werden vielmehr durch subjektive Einschätzungen, Erwartungen und Hoffnungen bestimmt.

Neuere Ansätze gehen stärker auf die soziale Einbettung der Migranten in Migrationsnetzwerke ein und berücksichtigen, dass sich die Ketten und Netzwerke im Laufe längerfristiger Prozesse festigen. Damit stellt sich Migration zu Beginn eines Prozesses also anders dar als nach längerer Zeit.

Aus dem bisher Dargelegten kann abgeleitet werden, dass Migration dann auftritt, wenn Menschen aufgrund subjektiver Wahrnehmungen relativ große Disparitäten zwischen ihren Verdienstmöglichkeiten bzw. den Möglichkeiten der Lebenssicherung im bisherigen Wirkungsbereich und möglichen alternativen Orten meinen ausmachen zu können. Vielfach werden die Migrationsentscheidungen nicht von Einzelnen, sondern von einem ganzen Haushalt, vielleicht einer ganzen Mehrgenerationenfamilie und häufig in Absprache mit vorausgewanderten Familienmitgliedern getroffen. Die Nationalstaaten versuchen auf Migrationsprozesse steuernd Einfluss zu nehmen. Wie noch deutlich wird, gehen die Interessen der Wandernden, der sie aufnehmenden Wirtschaftssektoren und des Staates, in den die Zuwanderung erfolgt, nicht selten auseinander.

Im Folgenden soll gezeigt werden, wie in weit auseinander liegenden Zeitabschnitten – zum Ende des 19. Jahrhunderts, nach 1950 und heute – Gutsbesitzer, (Groß-) Bauern, agrarische Unternehmer usw. sich selbst gegen Staatsinteressen und -restriktionen dafür ein- und durchgesetzt haben, dass sie bei einer nur geringen Zahl von Einheimischen, die bereit waren in der Landwirtschaft zu arbeiten, durch Zuwanderer über ein möglichst großes Angebot an billigen und willigen Arbeitskräften verfügen konnten und können.

Der landwirtschaftliche Sektor wurde hier gewählt, weil zum einen die Museen, die die Ausstellung, zu dem dieser Begleitband verfasst worden ist, zeigen, Museen sind, die bevorzugt ländliches Wohnen und Arbeiten vermitteln. Zum anderen wenden wir uns hier dem primären Sektor zu, weil dieser sich schon seit Beginn des 19. Jahrhunderts einem starken Wandel unterworfen sieht.

Im 19. Jahrhundert erlebte die Landwirtschaft in Westeuropa einen enormen Anstieg der Produktivität, die durch neue Formen der Flurnutzung, neue Anbaumethoden, dem zunehmenden Einsatz von Düngemitteln und Fortschritten in der Tier- und Pflanzenzucht möglich geworden war. Die Produktivitätssteigerung war ganz wesentlich der Mechanisierung der Landwirtschaft geschuldet. Ab 1860 kamen immer mehr Landmaschinen auf den Markt, so dass bei immer mehr Arbeitsgängen ein zunehmend geringerer Einsatz menschlicher Arbeitskraft benötigt wurde. Die Abwanderung überzähliger Arbeitskräfte in die Industriegebiete und nach Übersee – bald als „Landflucht“ bezeichnet – machte weitere Mechanisierungsschritte notwendig. An Stelle eines vormals gegebenen Überangebots an billigen Arbeitskräften auf dem Land trat ein Mangel an einheimischen Landarbeitern, der von den Arbeitgebern als „Leutenot" bezeichnet wurde. Das zum Kauf von Landmaschinen benötigte Kapital musste sich nicht nur möglichst hoch verzinsen, sondern auch bald amortisiert sein. Dies förderte einen Wechsel von bäuerlichen zu agrarkapitalistischen Denkweisen. Dies wirkte sich unter anderem auch auf die Beschäftigungsverhältnisse der familienfremden Arbeitskräfte auf den Höfen aus. Bei dem saisonal sehr unterschiedlichen Arbeitskräftebedarf in der Landwirtschaft schien es nun vorteilhafter, statt ganzjährig beschäftigtes Gesinde und Landarbeiter nur noch auf ihre jeweilige Arbeit spezialisierte Saisonarbeiter einzustellen. Spätestens in der zweiten Hälfte des Jahrhunderts, als es durch massenhafte Exporte von billigem Getreide aus den USA, Kanada, Australien und Argentinien zu einem Verfall der Getreidepreise und damit zu einer Agrarkrise in Westeuropa kam, wurde klar, dass sich ein Weltmarkt entwickelt hatte, dessen Kräften man auch mit einer Schutzzollpolitik nur bedingt entgegenwirken konnte. Mit dem Aufkommen rascher und billiger Transportmittel hat sich die weltweite Verflechtung auch des Agrarmarktes noch verstärkt. Dies führte in den Industriestaaten des Westens einerseits zu einer Extensivierung, gleichzeitig aber auch zu einer Intensivierung und Spezialisierung der Landwirtschaft.

Seit rund zweihundert Jahren erleben die westeuropäischen Gesellschaften – die osteuropäischen mit einer gewissen Verzögerung – einen Übergang von einer einstmals agrarischen hin zu einer von der technisch-wissenschaftlichen Revolution geprägten Gesellschaft, bei dem die Landwirtschaft ökonomisch, sozial, kulturell und politisch, trotz auch gegebener Gegenbewegungen, langfristig massiv an Bedeutung verloren hat. Dennoch gelang und gelingt es Landwirten oder ihren Verbandsvertretern immer wieder, ihre Belange als im Interesse aller stehend auszugeben. So konnte und kann immer noch mit Verweisen auf eine „Leutenot", einem Fehlen einheimischer Arbeitskräfte, die Rekrutierung ausländischer Arbeiterinnen und Arbeiter durchgesetzt werden, obwohl es auch gute Gründe gegen eine solche Ausländerbeschäftigung gab bzw. geben mag.

Während in den ersten drei Vierteln des 19. Jahrhunderts rund vier Millionen Deutsche nach Amerika auswanderten, weil sie ihre Existenz in der Heimat aufgrund von direkter oder verdeckter Arbeitslosigkeit infolge eines rasanten Bevölkerungswachstums bedroht sahen, fehlten nach 1880 und insbesondere in den 1890er Jahren Arbeitskräfte in Industrie, Gewerbe und Landwirtschaft. Infolge dieses Arbeitskräftemangels kam es zu wesentlichen Verschiebungen auf dem Arbeitsmarkt. Menschen aus den östlichen Provinzen wanderten nach Westen, vom Land zog man in die Stadt oder in die Industrieagglomerationen. Vormals in der Landwirtschaft Beschäftigte suchten Stellen in den neu entstandenen Fabriken.

Dass viele Menschen vom Land eine gewerbliche oder industrielle Tätigkeit einer Arbeit auf einem Bauern- oder Gutshof vorzogen, wird mehr als verständlich, wenn man sich die Herrschafts- und Arbeitsverhältnisse, die dort galten, vor Augen hält. Die feudalen Herrschaftsverhältnisse auf dem Land waren erst seit ein paar Jahrzehnten aufgehoben. Die Abhängigkeit der „kleinen Leute" von den großen Bauern oder gar den Gutsbesitzern bestand dennoch weitgehend fort. Das Gesinde unterstand eigenen Sondergesetzen, den Gesindeordnungen, die einseitig den Arbeitgebern weitgehende Rechte nicht nur über Arbeitszeit und Arbeitskraft, sondern über die Beschäftigten insgesamt gaben, während die Dienstboten ihre Ansprüche gegenüber der „Herrschaft" in diesen Ordnungen kaum gesichert sahen. Der in Geld ausbezahlte Lohn war relativ gering; die Entlohnung bestand vielmehr darin, dass Kost, Unterkunft und Naturalgaben, d. h. Wolle, Leinen, Kleidung und Schuhe usw. gewährt wurden. Die Unterbringung der Dienstboten (insbesondere der männlichen Kräfte) war meist sehr schlecht. Knechtekammern befanden sich in den Stallgebäuden über den Pferde- oder Kuhställen. Auf nicht wenigen Höfen versuchte man auch am Essen der Arbeitskräfte zu sparen. Die Gesindeordnungen sahen in der Regel vor, dass so lange zu arbeiten war, wie es der Arbeitgeber für notwendig ansah. Aber nicht nur in der Arbeitszeit unterstand man den Anordnungen des Arbeitgebers, dieser reglementierte auch die Freizeit. So wurde man etwa am Sonntag in die Kirche geschickt, ob man wollte oder nicht. Körperliche Züchtigungen der jüngeren Knechte waren an der Tagesordnung. Andererseits sicherte die Gesindeordnung den einmal eingestellten Arbeitskräften eine sichere Bleibe über die gesamte, in der Regel einjährige Vertragszeit.

Mit der Abwanderung des einheimischen Gesindes und der dörflichen Unterschichten, die vorher ein Reservoir von stets abrufbaren Arbeitskräften gebildet hatten, in die Industrieregionen waren die Bauern und Gutsbesitzer auf Arbeitskräfte angewiesen, die von weiter östlich, aus Russisch-Polen oder Österreichisch-Galizien, stammten. Wie schon bemerkt, reduzierten viele Betriebe ihre ganzjährige Belegschaft und stellten zu besonders arbeitsintensiven Zeiten kurzfristig beschäftigte Wanderarbeiter an. Gruppen von Wanderarbeiterinnen und Wanderarbeitern, unter ihnen häufig auch Kinder, zogen unter Leitung eines Vorarbeiters, der die Kontrakte mit den Landwirten abschloss, von einem Hof zum anderen und verrichteten bestimmte Arbeiten, auf die sie spezialisiert waren, etwa: Rüben vereinzeln, Unkraut jäten, Getreide mähen und Garben binden, Zuckerrüben ausmachen usw. Solche Gruppen zogen von der polnischsprachigen preußischen Provinz Posen oder auch aus Russland und Österreich-Ungarn bis weit in den Westen Deutschlands.

Um die Arbeitskräfte auf den großen Höfen und Gütern östlich der Elbe zu sichern, war man zunehmend auf Menschen von außerhalb des neu entstandenen Deutschen Reiches angewiesen. Einerseits war man auf Arbeitskräfte angewiesen und war gerne auch bereit polnischsprachige Arbeiter und Arbeiterinnen zu beschäftigen – dies umso mehr, als diese billiger und williger als die wenigen Deutschen, die noch in Landwirtschaftsbetrieben arbeiteten, waren. Andererseits sah man in den Polen, bzw. in ihrem trotz fehlendem Nationalstaat dennoch vorhandenen Nationalbewusstsein, eine Gefahr für das Deutsche Reich. „Nichtdeutsche Minderheiten wie die Polen waren für … (das) innere Zusammenfinden der Deutschen kontraproduktiv und der Reichskanzler Otto von Bismarck ging gegen diese inneren ‚Reichsfeinde' vor." Um sowohl genügend viele polnische Landarbeiter und -arbeiterinnen rekrutieren zu können, als auch um sicherzustellen, dass diese sich in Deutschland nicht auf Dauer niederließen, führte Preußen die Sonderregelung ein, nach der ein Pole nur ein Jahr lang für einen Arbeitgeber arbeiten durfte und während der sowieso produktionsarmen Wintermonate das Land verlassen musste. Die Arbeiter und Arbeiterinnen, die eine kostenpflichtige „Legitimationskarte", eine Art Arbeitserlaubnis, erwerben mussten, durften ihre Familienangehörigen nicht mit nach Deutschland bringen. Diese Form der Saisonarbeit war für die Arbeitgeber, aber auch darüber hinaus für die deutsche Volkswirtschaft, sehr lukrativ und wurde deshalb zunehmend institutionalisiert. So schrieb etwa der Sozialpolitiker und spätere Präsident des Reichsamts für Arbeitsvermittlung Friedrich Syrup: „Es ist fraglos, dass die deutsche Volkswirtschaft aus der Arbeitskraft der im besten Alter stehenden Ausländer einen hohen Gewinn zieht, wobei das Auswanderungsland die Aufzuchtskosten bis zur Erwerbstätigkeit der Arbeiter übernommen hat. Von noch größerer Bedeutung ist jedoch das Abstoßen oder die verminderte Anwerbung der ausländischen Arbeiter in Zeiten wirtschaftlichen Niedergangs. Die ausländischen Tagelöhner zeigen die größere Bereitwilligkeit, grobe und schwere Arbeit zu übernehmen, als die auf höherer Kulturstufe stehenden deutschen Arbeiter." Bald verstanden es zahlreiche professionelle Agenten, Anwerber, Arbeits- und Arbeiter-Vermittler, die Kontakte und Kontrakte zwischen den Bauern und Gutsbesitzern einerseits und den Arbeitswilligen im Ausland andererseits herzustellen. Nachdem es immer wieder zu Unregelmäßigkeiten seitens privater Anwerber gekommen war, übernahm ab 1907 die halbstaatliche Preußische Feldarbeiterzentrale diese Vermittlungsaufgaben.

Dass sich die Bauern und Gutsbesitzer mit ihren Anliegen auch gegenüber anderen Staatsinteressen (Kleinhalten des polnischsprachigen Bevölkerungsanteils im Reich) durchsetzen konnten, ist ein Beleg dafür, wie politisch und gesellschaftlich einflussreich die bäuerlichen, bürgerlichen und insbesondere die adeligen Landwirte vor dem Ersten Weltkrieg noch waren. Trotz lange schon eingesetzter teilweiser Mechanisierung war es den Landwirten dank der billigen Arbeitskräfte aus dem Ausland möglich, eigentlich notwendige Investitionen in eine weitere Technisierung hinauszuzögern und so Geld zu sparen. Der Krieg brachte dann eine weitere Beschleunigung der bereits laufenden Deagrarisierung Deutschlands.

Auch während des Krieges kamen freiwillig angeworbene und zwangsverpflichtete ausländische Arbeiter in den Einsatz in der deutschen Landwirtschaft, ohne die die Versorgung der Bevölkerung nur schwer möglich gewesen wäre.

Die Jahre der Zwischenkriegszeit und die Zeit des Nationalsozialismus, bis hinein in die 1950er Jahre waren geprägt vom Ideal des bäuerlichen Familienbetriebs und so einer scheinbaren Reagrarisierung. Reformer versuchten mit Siedlungsprojekten auch städtische Unterschichtsfamilien durch die Vergabe von Garten-, etwas Ackerland und Stallungen für Kleinvieh zu einem mindestens halbagrarischen Leben zu führen, um sie so besser in ihrer Existenz abzusichern und gegen sozialistische Ideen immun zu machen. Solchen Projekten war aber nur ein bescheidener Erfolg beschieden. Selbst in den Jahren der Massenarbeitslosigkeit kam es zu keiner nennenswerten Reagrarisierung. Obwohl gerade in der Nazizeit rhetorisch das ländlich-bäuerliche Leben aufgewertet und gefördert wurde, galt in der Wirtschaftspolitik ohne allen Zweifel der Vorrang der Industrie. Auch während des Zweiten Weltkrieges kamen wieder mehr oder weniger freiwillig angeworbene, daneben aber immer mehr verschleppte, zwangsverpflichtete Arbeitskräfte zum Einsatz. Nach dem verlorenen Krieg meinte man, wieder dort fortfahren zu können, wo man vor 1933 gewesen war. Als Ideal galt wieder der bäuerliche Familienbetrieb, der allein schon aus ökonomischen Gründen kaum familienfremde Arbeitskräfte beschäftigen konnte und auf die „Selbstausbeutung" der eigenen Familienangehörigen angewiesen war. Im Vergleich zu anderen Wirtschaftssektoren fiel die Landwirtschaft durch einen geringen Technisierungs-, Mechanisierungs- und Rationalisierungsgrad auf. Maschinen kamen zwar beschränkt zum Einsatz, die Landwirtschaft, immer noch auf viel Handarbeit angewiesen, war vergleichsweise sehr arbeitsintensiv. Wiederum hatte man sich dank ausländischer (Zwangs-) Arbeiter und Selbstausbeutung gerade noch über Wasser halten können. Nachdem die ersten Nachkriegsjahre, in denen die Bauern eine wichtige Rolle spielten, vorbei waren und es wirtschaftlich wieder aufwärts ging, stellten sich schnell die Fragen, ob man genügend billige Arbeitskräfte bekommen könne, ob man aufgeben müsse, sich mit Investitionen in Maschinen über die Runde retten könne und wie es überhaupt weitergehen solle. Zumindest anfänglich ging auch hier die Entscheidung dahin, wo auch immer möglichst billige Arbeitskräfte zu suchen. Entwicklungen im südlichen Europa kamen den deutschen Bauern da entgegen.

Im Prozess des Wiederaufbaues nach dem Zweiten Weltkrieg vergrößerten sich die vorher schon vorhandenen wirtschaftlichen und sozialen Disparitäten zwischen dem schnell wieder einigermaßen prosperierenden Norden und dem stagnierenden Süden Italiens. Schon zu Beginn der 1950er Jahre versuchte Italien für die vielen arbeitslosen oder unterbeschäftigten Menschen im Süden nach Möglichkeiten zur Emigration zu suchen. Im Herbst 1954 schlug dann der italienische Außenhandelsminister Martinelli Wirtschaftsminister Ludwig Erhard vor, die Bundesrepublik solle ein Kontingent von 100 000 bis 200 000 Landarbeitern aus Italien aufnehmen. Die Länderarbeitsminister, die sich im Februar 1955 in Freiburg trafen, stellten sich hinter Bundesarbeitsminister Storch, der kurz zuvor eine Erklärung abgegeben hatte, in der er zum Ausdruck brachte, „dass für die Hereinnahme von italienischen Arbeitskräften der Zeitpunkt vorerst noch nicht reif sei". Die Stuttgarter Zeitung berichtete dazu am 21. Februar 1955 weiter: „Die Länderarbeitsminister äußerten Bedenken, ob gerade die Arbeitslosen in Süditalien für unsere deutschen Verhältnisse, selbst in der Landwirtschaft, die geeigneten Kräfte seien." Ferner wurde auf die Gefahr der kommunistischen Infiltration hingewiesen und darauf, dass angeblich viele Menschen in Süditalien Tbc-krank seien und so Ansteckungsgefahr bestünde.

Die Arbeitsminister, Gewerkschaftsvertreter sowie die Sprecher der Flüchtlings- und Vertriebenen-Verbände wiesen das Ansinnen, Italiener anzuwerben, weit von sich, mit der Begründung, dass es in einzelnen Regionen Deutschlands, etwa in Niedersachsen, Berlin, Teilen Bayerns und vor allem in Schleswig-Holstein, besonders unter den Flüchtlingen noch viele Arbeitslose gab. Zudem galt es, die zahlreichen Flüchtlinge aus dem sowjetisch besetzten Mitteldeutschland unterzubringen und zu beschäftigen. Im Jahr 1953 waren 330 000 und 1956 immer noch 280 000 Übersiedler gekommen und der dann 1961 durch den Mauerbau erfolgende Zuzugsstopp war nicht abzusehen.

In einzelnen Gebieten Deutschlands, so etwa in Baden-Württemberg, hatte man Mitte der 1950er Jahre schon beinahe wieder die Vollbeschäftigung erreicht, und es war in einzelnen Wirtschaftsbereichen, vor allem in der Landwirtschaft und im Baugewerbe, schwer geworden, geeignete Arbeitskräfte zu finden. Die Bauernverbände meldeten bereits zu Anfang der 1950er Jahre einen großen Fehlbedarf von Arbeitskräften an, obwohl noch über eine Million Menschen als arbeitslos gemeldet waren. Doch zu den Bedingungen, die in der Landwirtschaft galten, wollte kaum ein Arbeitsloser dort eine Stelle annehmen. Bereits vor der Unterzeichnung des Anwerbeabkommens mit Italien, im Dezember 1955, holten Vertreter des Bauernverbandes Württemberg-Baden gewissermaßen illegal – auch wenn die regionalen Behörden die geschaffenen Tatsachen stillschweigend tolerierten – Landarbeiter aus Norditalien nach Süddeutschland. Bauern und Vertreter von Bauernorganisationen beurteilen im Rückblick die Arbeit der Italiener vor und in den ersten Jahren nach dem Anwerbeabkommen recht positiv: „Wir hatten mit den Italienern ein sehr gutes

Verhältnis, ein kameradschaftliches Verhältnis. Die haben bei uns in der Familie gewohnt." Aber genau damit verbunden waren auch die Probleme. Viele der italienischen Landarbeiter litten unter starken Heimwehgefühlen, die vermutlich auch dadurch entstanden, dass die wenigsten Höfe mehr als einen Italiener beschäftigten und sie somit vereinzelt und ohne Kontakt zu Landsleuten und ohne Deutschkenntnisse allein mit der jeweiligen Bauernfamilie lebten. Die Aussage, sie hätten „in der Familie gewohnt" traf wohl auch nicht immer zu, gab es doch viele Reklamationen wegen schlechter Unterbringung in schäbigen Knechtekammern. Obwohl 1956 weitaus weniger Italiener als erwartet für die Arbeit in der Landwirtschaft angeworben werden konnten, glaubte man Ende des Jahres eine positive Bilanz ziehen zu können. So schrieb die Badische Volkszeitung am 3. März 1956: „Man fand die italienischen Landarbeiter im allgemeinen willig, fleißig, anpassungsfähig, geschickt und lobte vor allem ihr gutes Betragen." Auch der baden-württembergische Bauernverband erklärte, es habe keine nennenswerten Schwierigkeiten gegeben. „Nur mit der Nahrung seien die Arbeiter mitunter nicht zufrieden gewesen. Nicht dass sie nicht ausreichend war, sondern sie war eben anders und damit ungewohnt. Es fehlten die Spaghetti auf Mailänder Art und der billige italienische Rotwein. Unser Wein war für sie zu teuer. [...] Es wurde von den Italienern in Baden-Württemberg lobend hervorgehoben, dass man mit dem Arbeitgeber zusammen an einem Tisch aß." Andernorts konnte man lesen, dass sich die schwäbischen Bauern über die Unbescheidenheit ihres italienischen Knechts erregten, dem der ihm vorgesetzte Most nicht schmeckte und der nach „vino" verlangte. Manche Bäuerin oder Gärtnersfrau konnte nicht verstehen, warum ihre italienischen Arbeiter Grieben- und Leberwurst, fette Bratensaucen, Mehlschwitzen oder Metzelsuppe verschmähten. Da das ungewohnte, „fremde" Essen das sowieso schon vorhandene Heimweh noch verstärkte, sah sich das Landesarbeitsamt in Stuttgart veranlasst, eine Pressemitteilung mit folgendem Text zu veröffentlichen: „Die italienischen Arbeitskräfte bereiten ihre Speisen gerne selbst zu. Soweit aber Italiener vom Arbeitgeber verpflegt werden, sind folgende Ratschläge des italienischen Konsulats in Stuttgart für die Zubereitung von Speisen für italienische Arbeitskräfte zu empfehlen: Der Italiener liebt im Allgemeinen keine dünnen und flüssigen Soßen, insbesondere keine Mehlsoßen. Zu Teigwaren, die nicht weich gekocht werden sollten, gibt man Tomatensoße."

Auch im zweiten Jahr nach dem Anwerbeabkommen gelang es nicht, die von der Landwirtschaft angeforderten Arbeitskräfte aus Italien anzuwerben. Da man in den bäuerlichen Betrieben nicht daran dachte, die Bedingungen zu verbessern, hatte es im Vorfeld sogar geheißen, die italienische Regierung würde sich überlegen, ob sie 1957 überhaupt noch Landsleute nach Deutschland vermitteln wolle, wenn dort nicht zuvor die Lohn- und Arbeitsbedingungen verbessert würden.

Nachdem geringfügige Verbesserungen gewährt, insbesondere die Kindergeldfrage geklärt war, sandte Italien wiederum Arbeitskräfte und es kamen von Jahr zu Jahr mehr. Allerdings waren schon sehr bald immer weniger Italiener bereit, Arbeitsverhältnisse in der Landwirtschaft einzugehen. Sie zogen Stellen auf dem Bau, in den Fabriken und selbst im Bergbau solchen auf Bauernhöfen vor. Schon 1956 meldeten sich auf 13 000 Landarbeiterstellen bis zum vorgesehenen Arbeitsbeginn im Frühjahr lediglich 915 Interessierte und bis zum Frühsommer, als die Arbeitskräfte dringend gebraucht wurden, dann noch rund 3 000 weitere Landarbeiter. Es meldeten sich aber nicht nur viel zu wenige Italiener für Landarbeiterstellen, daneben

wandten sich Verantwortliche aus anderen Wirtschaftssektoren, insbesondere aus dem Bergbau, an die Landarbeiter, um sie für ihre Betriebe und Zechen abzuwerben.
Nachdem auch aus anderen Anwerbeländern längerfristig nicht die nötige Zahl billiger Landarbeiter zu bekommen war, gleichzeitig aber auch der eigene Nachwuchs größere Entwicklungsmöglichkeiten in Industrie, Gewerbe und Handel sah und vom Land abwanderte, war das Ideal des (sich selbst ausbeutenden) Familienbetriebs nicht weiter haltbar. Man musste versuchen, den Betrieb durch weitere Investitionen so umzugestalten, dass er möglichst als „Ein-Mann-Betrieb" weitergeführt werden konnte. Dies bedeutete: weitere Mechanisierung, Spezialisierung und Konsolidierung oder eben auch: Aufgabe und Verkauf oder Verpachtung. Damit setzte etwas ein, was man vielleicht etwas pathetisch als „Bauernsterben" bezeichnet hat. In der Zeit zwischen den 1960er Jahren und der Gegenwart sind diese Prozesse nicht mehr zu einem Stillstand gekommen. Unbestreitbar haben sich Prozesse der Deagrarisierung nicht aufhalten lassen, sondern sich fortgesetzt.
Die Herausforderungen der Zeit verlangten im Agrarbereich, wie anderswo auch, nach Innovationen und Spezialisierungen. Umstellungen waren nur mit dem Einsatz von viel Geld möglich. Investitionen in Spezialkulturen, wie etwa der Anbau von Spargel, Tomaten, weiteren Sorten von „Feingemüse", von Salaten usw. kosten viel Geld, das verzinst und amortisiert werden muss. Gleichzeitig stehen die Produzenten unter einem gewissen Druck durch die Konsumenten, die Preise für ihre Produkte nicht wesentlich über die des Vorjahres hinaus festzusetzen. Spielraum, bei Versuchen dennoch Gewinne zu erzielen, besteht eigentlich nur noch dabei, die Lohnkosten möglichst gering zu halten. Gerade saisonale hoch spezialisierte Agrarbetriebe sind auf in ihrem Bereich eingearbeitete Fachkräfte angewiesen, die gleichzeitig keine hohen Lohnforderungen stellen, bzw. sich mit relativ bescheidenen Lohnangeboten abfinden. Solche Kräfte können nur in Ländern gefunden werden, in denen das Lohnniveau wesentlich niedriger ist als in Deutschland. Mit der politischen Wende 1989/90, mit den beiden Osterweiterungsrunden der EU haben sich die Grenzen immer weiter verschoben, die zu finden und überschreiten waren, um günstige Arbeitskräfte anwerben zu können: erst nach Polen, dann nach Rumänien, jetzt schon nach der Ukraine, nach Weißrussland und bald auch noch nach anderswo.
Einheimische Arbeitskräfte lassen sich trotz immer noch gegebener Arbeitslosigkeit kaum finden. Einen bestimmten Mindestprozentsatz von Arbeitslosen (seit 2006 gilt eine „Deutschen-Quote von 10%) in diesen Beschäftigungsbereich hineinzuvermitteln, scheint jedes Jahr – trotz vieler Anstrengungen – nicht zu gelingen. Einheimische sind nicht willens, nicht geübt genug, können so keinen für sie akzeptablen Akkordlohn erwirtschaften und geben nach schon wenigen Tagen auf, wenn sie das Arbeitsangebot überhaupt angenommen haben. Die Presse berichtete von Spargel, der nicht rechtzeitig geerntet werden konnte und ins Kraut schoss und von Tausenden von Euro Umsatzeinbußen bei den betroffenen Spargelbauern. Einzelne Gewerkschaftsvertreter vertraten die Meinung, dass ein Tariflohn von 5,72 € je Stunde nur für Arbeitskräfte attraktiv sei, die aus Ländern kommen, in denen weit tiefere Löhne üblich seien. Ob sich deutscher Spargel – zwar frischer, aber ohnehin schon teurer – gegen die ausländische Konkurrenz dann überhaupt noch vermarkten ließe, muss hier offen bleiben. Konsumentinnen und Konsumenten müssten bereit sein, viel höhere Preise zu akzeptieren. Aber auch aufgrund der internationalen Ver-

flechtungen des Lebensmittelmarktes und des von den Großverteilern ausgeübten Kostendrucks auf die Produzenten scheinen solche Preise kaum durchsetzbar.

Deutschland gilt innerhalb der EU – anders als einige andere Länder – nicht als Agrarland und von daher stellen sich die vorhin genannten Probleme hier weit weniger als etwa in Italien, Spanien, Portugal, Frankreich und Griechenland. Um die Probleme an einem markanten Beispiel festmachen zu können, wenden wir uns Spanien zu, einem Land, das noch vor einigen Jahren zu den Entsendeländern von Arbeitsmigranten gezählt hat.

Im Süden Spaniens, in der Region Almeria, ist nach dem EU-Beitritt Spaniens eine industrielle Gemüse- und Beerenproduktion aufgebaut worden. Dazu gehörte auch der Bau von Plastikfabriken, von Fabriken, die Düngemittel und Pestizide herstellen, die Gründung und Ansiedlung von Firmen, die sich auf Bohrungen von Brunnen und auf den Bau von Bewässerungssystemen spezialisiert haben. Reinigungs-, Sortier- und Verpackungsanlagen sind errichtet worden, und Transportunternehmen, einheimische wie internationale, haben ihre Stützpunkte gebaut. Inzwischen spricht man vom „El Dorado" Spaniens.

Ein „Plastikmeer" von mehr als 300 Quadratkilometern, das aus dem All deutlich wahrgenommen werden kann, zieht sich von den Ausläufern der Sierra Nevada bis zur Küste, und es wächst stetig weiter. In der Region Almeria ist alles auf die Produktion von Paprika, Tomaten, Auberginen, Bohnen, Gurken, Zucchini und Melonen ausgerichtet. Im Winter ist Hochsaison, dann verlassen täglich tausende von LKWs die Region in Richtung Nordwesteuropa. Über die Preise entscheiden die westeuropäischen Großhandelsketten, die Produzenten stehen unter einem enormen Druck. Produktionskosten sind gestiegen, da man die Brunnen immer tiefer bohren muss; Wasser wird zum Teil von 1000 m Tiefe hochgepumpt. Gewinne lassen sich nur dadurch erzielen, dass die Lohnkosten an der Armutsgrenze zwischen Europa und Afrika außergewöhnlich niedrig sind. In den unzähligen, pestizidverseuchten Plastikgewächshäusern arbeiten hauptsächlich Migrantinnen und Migranten. Wie viele es genau sind, weiß niemand; offiziell geht man von etwa 90 000 Menschen aus, von denen sich etwa die Hälfte irregulär dort aufhalten und arbeiten. Ein großer Teil der Arbeiterinnen und Arbeiter kommt aus Nordafrika, aber auch aus Ländern südlich der Sahara. In den letzten Jahren sind zusätzlich Arbeitskräfte aus Rumänien und Bulgarien, die zum Teil angeworben worden sind, gekommen. 2007 schloss Spanien – angeblich zur Bekämpfung der illegalen Einwanderung – einen Vertrag mit dem Senegal zur Anwerbung von Saisonkräften. Um die Löhne niedrig halten zu können, sind die Arbeitgeber auf ein Überangebot an Arbeitskräften angewiesen, so können sie die einen Migranten gegen die anderen ausspielen: die Marokkaner gegen die Rumänen, die Legalen gegen die „Illegalen", die Saisoniers aus dem Senegal gegen alle anderen usw.

Mit der Öffnung nach innen hat sich gleichzeitig die EU nach außen stärker abgegrenzt, ist die „Festung Europa" geschaffen worden. Spanien und Italien werden von den anderen

Abb. 1: Spargel unter Folie 2007

Abb. 2: Flüchtlinge vor der Insel Lampedusa 2004

Staaten Kerneuropas bei ihrem Bemühen, „Eindringlinge" abzuwehren, unterstützt. Mit Millionenbeträgen hat man die Europäische Agentur für die operative Zusammenarbeit an den Außengrenzen (Frontex), mit Sitz in Warschau, aufgebaut. Zuwanderungswillige, die oft bei den gewagten Überfahrten ihr Leben riskieren, wurden in den letzten Jahren zunehmend mehr als „Gefahr für Europa" deklariert. So war etwa nach dem Terroranschlag in Madrid die Rede davon, Al Kaida nahestehende Migranten könnten die Täter gewesen sein. Auf der italienischen Insel Lampedusa wurde das Gerücht in Umlauf gebracht, Flüchtlinge würden unter Meningitis leiden. Einwanderer werden über die Tat des illegalen Grenzübertritts hinaus kriminalisiert.

Der gewöhnliche Fernsehzuschauer mag einerseits entsetzt über das Elend der Bootsflüchtlinge sein, andererseits wird sich mancher denken, diese Menschen hätten in Europa auch „nichts verloren". Illegale Zuwanderung wird in den Medien in die Nähe des organisierten Verbrechens gebracht, das man selbstverständlich auf das Entschiedendste bekämpfen muss. Die allerwenigsten dieser Fernsehzuschauerinnen und -zuschauer werden zwischen dem billigen Gemüse beim Discounter, den miserablen Arbeitsbedingungen und niedrigsten Löhnen im Anbaugebiet und der internationalen Migration, ohne die diese Discounter-Preise nicht möglich wären, eine Verbindung herstellen können und wollen.

10
9
7
8
6
4
5
3
2
1

IV. FREIZEIT

SPORT, SPIELEN, REISEN

Bewegliches Spielzeug – Zur Bedeutung von Sachzeugnissen des Kinderspiels für die frühkindliche Entwicklung

Axel Lindloff

Einleitung

In der Freizeitgestaltung von Kindern sind Veränderungen der kulturellen Praxis besonders greifbar. Innerhalb nur weniger Jahrzehnte haben sich die familiären Rahmenbedingungen, in denen Kinder aufwachsen, verändert. Gewandelt haben sich öffentliche Räume in Stadtquartieren und dörflichen Siedlungen als außerfamiliäre Spiel- und Erfahrungsorte ebenso wie die den Kindern außerhalb von Kindergarten, Grundschule und „verplanter Freizeit" verbleibende Zeit für freies Spiel. Heutzutage werden Kinder zunehmend bewegt, zur Nachhilfe, zum Musikunterricht und zum Sport gefahren, während sie sich zuvor stärker selbst bewegt haben. Am stärksten spürbar sind die fortschreitende Mediatisierung und Kommerzialisierung des Kinderspiels. Spielzeug und Spielen als Teile der Kinderkultur haben sich verändert oder „bewegt". Bewegung bedeutet aber auch: Spielzeug, das bewegt werden kann, das sich selbst bewegt, indem man ein Uhrwerk aufzieht oder Batterien einschaltet und umfasst kindliche Bewegungsspiele gleichermaßen.

Im Folgenden soll der Blick exemplarisch auf Spielformen und Spielzeug im Kleinkind-, Kindergarten- und Grundschulalter gerichtet werden. Die klassischen Interpretationsmuster von Spielzeug und Spiel wie zum Beispiel „Einübung in Rollenmuster" und „Spielen als Nachahmung der Erwachsenenwelt" haben zwar nicht grundsätzlich an Relevanz verloren, jedoch sind gerade mit Blick auf die Gegenwart weitere Differenzierungen notwendig, etwa wenn man die Frage stellt, ob Kinder heute zunehmend „passiv" spielen und das Spektrum der Kinderaktivitäten durch den Ausbau der Medien- und Kommerzkultur eingeschränkt ist. Heinz Hengst hat sich schon 1985 mit diesem Substitutionsgedanken auseinandergesetzt und war zu der Auffassung gelangt, dass trotz der zunehmenden Mediatisierung ein Interesse von Kindern an personalen Kontakten mit Gleichaltrigen vorhanden sei und diese so etwas wie „Stabilitätszonen" in weitgehend flüchtigen und vergänglichen Umwelten darstellen würden.[1]

Der Begriff „Bewegung" ist relativer Art. Er bekommt seine Bedeutung durch das Inbeziehungsetzen zu „Nicht-Bewegung", „Anders-Bewegen" und umfasst körperliche Bewegung wie auch im übertragenen Sinn geistige Bewegung, indem Individuen auf Veränderungen ihres Alltags in verschiedener Weise reagieren. Doch es gibt trotz aller Spielzeuginnovationen, die in immer kürzeren Abständen und mit immer größerer Wucht in die Kinderzimmer vordringen, Spielmittel wie etwa Gegenstände aus der kindlichen Umwelt und aus der Natur, Spielzeug und Bewegungsspiele mit einem größeren Beharrungsvermögen. Sie wandeln sich nicht so schnell, höchstens ihr materielles Äußeres, bleiben aber prinzipiell erhalten und stellen „Stabilitätszonen" in einer ansonsten weitgehend flüchtigen und auf schnellen Wandel ausgerichteten kindlichen Spielumwelt dar.

Bewegungsspiele, bewegliches Spielzeug und kindliche Entwicklung

Bewegung ist auch *Ausdruck von Leben,* und in der frühkindlichen Entwicklung spielen physische und psychische Bewegung eine zentrale Rolle. Neurowissenschaften, Psychologie, Erziehungswissenschaften und Therapeuten erfassen diesen Zusammenhang in ihren Konzepten „neuromotorische Bewegungsentwicklung“ und „sensorische Integration“. Die neuromotorische Bewegungsentwicklung verläuft nach einem vorgegebenen genetischen Plan, der in Abhängigkeit von der hirnorganischen Reifung und den Körpererfahrungen, die ein Kind im ersten Lebensjahr macht, auch umgesetzt werden kann. Aus Rücken- und Bauchlage heraus entwickelt das Kind nach und nach Haltungen und koordinierte Bewegungsabläufe bis hin zum aufrechten Stand bei gleichzeitiger Aufrichtung der Wirbelsäule. Dieser Aufrichtungsprozess geht mit Reifungsschritten des zentralen Nervensystems einher.[2] Mit dem Begriff „sensorische Integration“ wird ausgesagt, dass Wahrnehmungsfunktionen wie Sehen, Hören, Fühlen und Körpereigenwahrnehmung mit dem sich entwickelnden Gleichgewichtssinn abgeglichen und in Beziehung zueinander gesetzt werden. „Durch die sensorische Integration wird erreicht, dass alle Abschnitte des Zentralnervensystems, die erforderlich sind, damit ein Mensch sich sinnvoll mit seiner Umgebung auseinandersetzen kann und eine angemessene Befriedigung dabei erfährt, miteinander zusammenarbeiten.“[3]

Das Kind findet auf „natürliche“ Weise in Bewegungsspielen und Spielzeug Handlungsfelder und Objekte vor, um seine erworbenen Reifungsstadien zu trainieren und auszubauen. Meines Erachtens ist dieses ein Grund dafür, dass sich bestimmtes Spielzeug wie beispielsweise das Schaukelpferd als Typus über einen sehr langen Zeitraum hinweg im Warenangebot von Spielzeugherstellern findet und von Kindern angenommen wird, manch andere Spielzeuginnovation dagegen nur von kurzer Dauer ist. So tauchten im Jahr 2004 epidemieartig im Spielzeughandel sogenannte Scoubidou-Schnüre zum Flechten auf, bunte Bänder aus Weichplastik, aus denen Schlüsselanhänger und Tiere geformt wurden. Nach dem Bekanntwerden gesundheitlicher Bedenken wegen des Weichmacheranteils in den Kunststoffmischungen verschwand dieses Spielzeug sehr schnell wieder vom Markt.[4]

Babyrassel

Eines der ersten Spielzeuge im Leben eines Kindes ist die Babyrassel. Babyrasseln waren im Adel und im wohlhabenden Bürgertum des 18. und 19. Jahrhunderts beliebte Taufgeschenke von Verwandten und Paten. Sie wurden zumeist in Silber gefertigt oder aus Bein und Holz gedrechselt. Mit dem Aufkommen des industriell hergestellten Celluloids um 1900 ist es dann gelungen, Babyrasseln als Massenartikel herzustellen. Sie waren wesentlich leichter als Metallrasseln, hatten ein geringeres Verletzungsrisiko und waren in den verschiedensten Ausführungen (Stiel- oder Ringgriff, mit vernickelten Glocken, eingearbeiteten Puppenköpfen oder Vögeln) als sogenannte Schlottern[5] um 1924/26 im deutschen Spielwarenhandel erhältlich.[6] Mit Preisen zwischen 35 und 80 Pfennig, in Luxusausführung auch über 1 Reichsmark liegend,[7] waren sie zwar schon für breitere Bevölkerungsschichten erschwinglich, dürften aber insgesamt eher selten in Kinderhand gelangt sein, denn für Bezieher geringerer Einkommen dürfte die Sicherung ihrer Grundbedürf-

Abb. 1: Greifring (Rassel) und Babyrassel mit Griff, Mitte 20. Jahrhundert, Celluloid, Bestand Freilichtmuseum Hessenpark

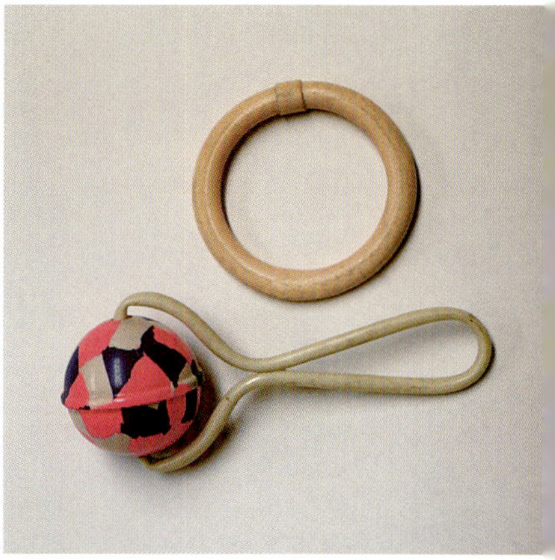

nisse für Wohnung, Nahrung und Kleidung Vorrang vor dem Kauf einer Babyrassel gehabt haben, zumal auch in einem ärmeren Haushalt genügend Gegenstände vorhanden waren, auf die der Säugling seine Aufmerksamkeit richten konnte. Aus ländlichen Regionen sind mit Hülsenfrüchten gefüllte getrocknete Gänseschlünde als Spielzeug bekannt, die ein Rasseln verursachen.

Schon im Alter von einem Monat kann ein Säugling den Griff einer Rassel halten, wenn man ihn dem Kind in die Innenhand legt. Der angeborene Greifreflex ermöglicht dieses. Natürlich kann der Säugling die Rassel noch nicht als solche identifizieren und die Rassel gezielt bewegen, gleichwohl wirkt das Rasseln auf ihn ein, auch wenn er es noch nicht lokalisieren kann. Im Laufe der nächsten zwei Monate reift die Augen-Hand-Kontrolle immer mehr heran und erreicht mit gut einem halben Jahr einen Status, bei dem der Säugling in jeder Hand ein Spielzeug halten und diese vor dem Körper zusammenbringen kann. Hinter der Augen-Hand-Kontrolle steht ein höchst komplexes System von Koordination und sensorischer Integration. Das Gehirn des Säuglings lokalisiert über einströmende Sinneserfahrungen (z. B. aus den Augen, der Haut, dem Ohr, dem Gleichgewichtsorgan und den Spindelapparaten im Bereich der Muskulatur) Empfindungen als elektrische Impulse, sortiert und vergleicht diese mit vorhandenen Sinneserfahrungen, so dass es daraus subjektive Wahrnehmungen, Verhaltensweisen und letztlich Lernprozesse ableiten kann.

Schaukelspielzeug

Eine der wesentlichen Aufgaben auf dem Weg zur sensorischen Integration ist die adäquate Reaktion auf die Schwerkraft. Die Evolution hat dem Individuum einen starken Drang zur Beherrschung der Schwerkraft mitgegeben. Wohl in den meisten Kulturkreisen wiegen Mütter ihre weinenden Kinder, um sie zu beruhigen. Gleichmäßige Bewegungen bauen Ängste ab und auch noch Erwachsene schätzen das angenehme Gefühl des Sitzens in einem Schaukelstuhl. Daher übt Schaukelspielzeug wie etwa ein Schaukelpferd eine ganz intuitive Anziehung auf das Kind aus. Das Schaukeln hilft dem Kind, sein Gleichgewichtsgefühl zu schulen und seinen Körper in Balance zu halten. Spielerisch kann das Kind die Empfindungen seines Körpers mit den Wahrnehmungen seiner Augen und Ohren verbinden. Die Grundlagen dafür werden im ersten Lebensjahr des Kindes mit der neuromotorischen Aufrichtung der Wirbelsäule gelegt. Das Heben und Ausrichten des Kopfes, das Stärken der Arme und Hände beim Hochstützen (Handstütz), das Drehen von der Rücken- in die Bauchlage, das Sitzen und das koordinierte Krabbeln sind alles Meilensteine in der frühkindlichen Entwicklung, bei denen unter anderem die Bewegungen koordiniert und die Sinne, wie auch der Gleichgewichtssinn, trainiert und immer mehr aufeinander abgestimmt werden. Damit hat sich das Kind die Grundlagen erarbeitet, um mit gut einem Jahr sicher auf dem Schaukelpferd sitzen und schaukeln sowie später dann das Schaukeln im Schaukelstuhl genießen zu können.

Abb. 2: Schaukel-Spielgerät: vorn: Schaukelpferd, gekauft in Darmstadt um 1920, benutzt bis in die 1950er Jahre; hinten: Schaukelhahn mit Kleinkindersitz, Mitte 20. Jahrhundert, Freilichtmuseum Hessenpark, Spielzeugsammlung Grein

Abb. 3: Geschwisterpaar mit Matrosenmützen und Spielreifen, Atelieraufnahme, Saarlouis um 1918 (Privatbesitz)

Abb. 4: Junge in Matrosen-Uniform auf Schaukelpferd, Atelieraufnahme, Korbach um 1919 (Privatbesitz)

„Fahr- und Schaukelpferde" nehmen vor allem im 19. und 20. Jahrhundert einen festen Platz im Spielzeugangebot ein. Kostbare hölzerne Pferde, die Körper mit Leder bezogen, gar mit einem gegerbten Fohlenfell, mit Rosshaarschweif und Mähne, Ledersätteln und komplettem Zaumzeug stehen neben filzbezogenen und einfacheren stilisierten Formen, bei denen die Attribute lediglich aufgemalt sind.[8] Üblicherweise sind die Pferde auf ein Grundbrett mit Rädern montiert, das sich auf ein Schaukelgestell montieren lässt. Eine besondere Form stellen feststehende Gestelle dar, auf denen der Pferdekörper mittels Drahtstangen beweglich gelagert ist. Zum Kreis des Schaukelspielzeugs, das zugleich als Möbel dient, gehören der Schaukelsitz mit Kufengestell und für Kleinkinder, die gerade erst Sitzen gelernt haben, der Schaukelsitz mit Geländer, dem ein aus einem Brett geschnittener Pferdekopf/-hals vormontiert ist.

Die verschiedenen Ausführungen lassen sich sicher mit dem sozioökonomischen Status von Familien und deren finanziellen Möglichkeiten in Verbindung bringen, denn für untere Einkommensschichten dürften Schaukelpferde kaum erschwinglich gewesen sein, wenn Großvater oder Vater nicht selbst zum Schnitzeisen griffen. Je nach Größe und Ausführung kosteten Schaukelpferde im Katalog des Einbecker Versandkaufhauses von August Stukenbrok aus dem Jahr 1912 zwischen 7 und 20,40 Mark. Warum hauptsächlich Pferde als Vorbild für Schaukeltiere dienten, hängt damit zusammen, dass sie in der ländlichen und auch in der städtischen Gesellschaft allgegenwärtig waren, hier als Arbeitstiere der besitzbäuerlichen Bevölkerungsschichten sowie als Fahr- und Reittiere ländlicher Oberschichten,

Abb. 5: Schaukelziege mit echtem Fell, Odenwald, 1. Drittel 20. Jahrhundert, Freilichtmuseum Hessenpark, Spielzeugsammlung Grein

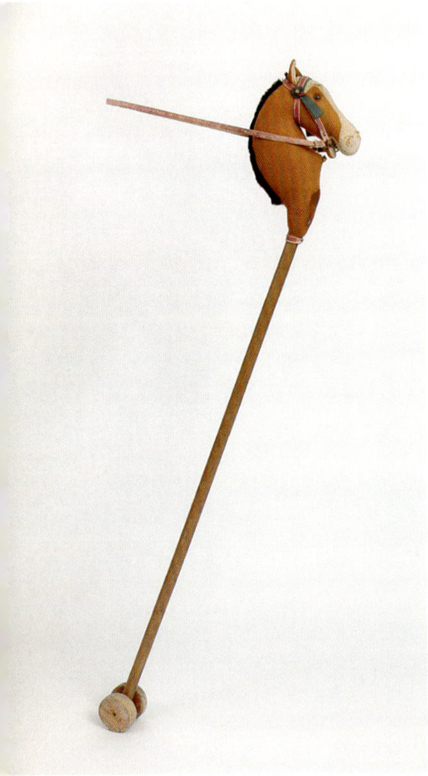

Abb. 6: Steckenpferd, wohl Firma Steiff, 1960er Jahre, Freilichtmuseum Hessenpark

dort auch als Reittiere von Militär und Polizei sowie in Tierzucht und Sportreiterei. Es ist daher nicht verwunderlich, dass Schaukelpferde im besagten Katalog unter „Spielsachen für Knaben" angeboten und mit militärischem Spielzeug wie Helmen, Säbel und „Husarengarnituren" kombiniert wurden. Als Statussymbole hielten sie auch in die Ateliers städtischer Fotografen Einzug und dienten als Attribute für Kinder- und Familienfotos.

Eines der größten Zentren der Schaukelpferdproduktion in Deutschland war Thüringen (Ohrdruf), wo die Firma Carl Eduard Meinung seit 1865 Schaukelpferde herstellte. Aus Hessen sind die „Odenwälder Gäulchen" bekannt geworden. In der Produktionspalette tauchen Schubkarren, Ziehpferde und Leiterwagen-Gespanne auf, Schaukelpferde lassen sich bislang bis in die Zeit vor dem Ersten Weltkrieg zurückdatieren.

Andere Tiere als Pferde kommen seltener als Schaukeltiere vor: mit Plüsch bezogene Bären, Schwäne, auch Esel. Aus dem hessischen Odenwald ist eine Schaukelziege überliefert, deren Körper mit einem präparierten Ziegenfell versehen ist, auch echte Hörner fehlen nicht.

Unmittelbar mit kindlichem Bewegungsdrang sind auch Steckenpferd und Spielzügel verbunden. Das Steckenpferd ist ein bereits sehr altes Spielzeug und schon im Mittelalter und in der Frühen Neuzeit bekannt. In den Spielzeugkatalogen des ersten Drittels des 20. Jahrhunderts kommt es zwar vor, wird jedoch nicht in der gleichen Vielfalt angeboten wie Schaukelpferde. Auch heute sind Steckenpferde noch nicht völlig aus dem Warenangebot verschwunden. Das Steckenpferd-Reiten ist jedoch nach wie vor ein sehr verbreitetes Kinderspiel, indem Kinder sich einfach auf einen Besenstiel schwingen. Die kindliche Phantasie ermöglicht es, selbst in die Rolle eines Pferdchens zu schlüpfen und sich von Spielkameraden mit einem Seil als Zügel lenken zu lassen. Da bedarf es auch keiner gewerblich hergestellten „Armzügel", die im Versandkaufhaus Stukenbrok von 1912 „... in sehr hübscher Ausführung mit Schnallen [...] an jeder Seite 4 vernickelte Schellen [...] auf rotem Lacklederstreifen befestigt, woran sich dann ein starker brauner Lederriemen anschließt" zum Preis von 1,70 Mark erhältlich waren. Das Pferdchenspielen ist eine beliebte Pausenbeschäftigung von Grundschulkindern – fast nur von Mädchen.

Die anhaltende Popularität des Pferdespielzeugs steht im Gegensatz zum Rückzug des Pferdes als Arbeits- und Nutztier. Nach einer Statistik der Deutschen Reiterlichen Vereinigung e. V. gab es in der Bundesrepublik Deutschland im Jahr 1913 noch rund 4,6 Millionen Pferde. Der Bestand ging bis 1970 auf etwa 300 000 Pferde zurück, um danach – bedingt durch die Zunahme der Freizeitreiterei – bis 1990 wieder auf 500 000 Tiere anzusteigen. Dem Phänomen, dass heute ganz überwiegend Mädchen und Frauen von Pferden fasziniert sind, haben sich Adolf und Euler in einer empirischen Untersuchung an der Universität Gesamthochschule Kassel gewidmet, in deren Ergebnis bindungstheoretische Phänomene als Gründe angegeben werden.[9] Die gegenwärtige Spielzeugwelt von Mädchen mit Pferdebüchern, dem Grand Champion, dem Barbie-Pferd, Hörkassetten und CDs sowie PC-Spielen spielt hier sicher eine mitprägende Rolle.[10]

Bewegungsspiele

Wenn Eltern mit ihren wenige Monate alten Kindern „Verstecken" spielen, halten sie beispielsweise einfach ein Tuch vor ihr Gesicht und kommentieren dieses mit den Worten: „Mama ist weg". Nehmen sie es dann mit den Worten „Mama ist da" wieder ab, reagiert der Säugling emotional berührt mit freudigem Lachen und strahlenden Augen. Es dauert nicht lange, bis das Kind Gefallen an diesem Spiel findet und selbst die Hände vor die Augen hält, im Glauben, es habe sich versteckt. Ein Säugling hat noch keine ausgereifte Vorstellung von seinem Körper und kann sich dementsprechend durch ein einfaches Verdecken der Augen „weg fühlen". Das sensomotorische Spiel zwischen den Eltern und ihrem Kleinkind beruht auf den Prinzipien der Wiederholung und des Rituals. „Verschwinden" und „Auftauchen" bilden die Eckpunkte, zwischen denen Erwartung, die Steigerung der Erregung und das Lösen der Spannung liegen. Derartige Spiele im frühen Kleinkindalter sind noch sehr stark partnerzentriert und auf das Eltern-Kind-Verhältnis fokussiert. Im reiferen Kindesalter dann beobachtet man begeisterte Kinder beim „Verstecken-und-Suchen-Spiel", in dem ein Kind von den Spielkameraden abgewandt einen Abzählvers aufsagt, währenddessen die anderen ausschwärmen und sich ein gutes Versteck suchen. Wer nicht gefunden wird, hat das Spiel gewonnen. Dieses gruppenzentrierte Spiel setzt eine entwickeltere Raumvorstellung und bessere Körperwahrnehmung des Einzelnen voraus, um beim Verstecken einen Platz zu finden, der seinen Körper vollständig verdeckt. Hinzu kommen das freiwillige Akzeptieren der Spielregeln und deren Einhaltung.

Zu den traditionellen Gruppenspielen mit großem Bewegungspotential zählt auch „Fährmann, wie tief ist das Wasser".[11] Es fördert die Kommunikation der Kinder untereinander und stärkt deren motorische Fähigkeiten. Während dieses Spiel meistens in einer organisierten größeren Gruppe wie im Kindergarten gespielt wird, ist „Hinkelkästchen" (auch „Himmel und Hölle" genannt) ein typisches Spiel innerhalb von Nachbarschaften und Freundschaften.[12] Es gibt dieses Spiel in unzähligen Varianten, so in Frankfurt am Main, im Jahr 1929 von Karl Wehrhan beschrieben und veröffentlicht.[13] Die psychosoziale Bedeutung des „Hinkelns" oder „Hickelns" für die Reifung der kindlichen Köperkontrolle kann nicht hoch genug eingeschätzt werden. Die Fähigkeit zu Schlusssprüngen und Hüpfern auf einem Bein sind Anzeiger einer gesunden Bewegungsentwicklung, die ein Kind im Alter von vier Jahren erreichen sollte.[14] Das Hinkelkästchen-Spiel ist ein „Draußen-Spiel". Der zu beobachtenden allgemeinen Tendenz, das Spielen in freier Natur in die Enge häuslicher Kinderzimmer zu verlagern – auf dieses Thema soll hier jedoch nicht weiter eingegangen werden –, entsprach das bekannte Möbelkaufhaus IKEA mit der Auflage eines Hüpfteppichs mit aufgedruckten Hinkelkästchen.

Das hier exemplarisch genannte Spielzeug sowie die interaktiven Spiele erhalten ihre Dynamik nicht durch die Verwerfungen der Spielzeugindustrie mit ihren Marktgesetzen, sondern durch ihre Relevanz für die frühkindliche Entwicklung. Auf einer tieferen Bedeutungsebene sind sie unabhängiger vom Konsum und erhalten ihre Sinnhaftigkeit durch den kindlichen Reifungsprozess. Wie ärmer dagegen ist mechanisches oder batteriebetriebenes bewegliches Spielzeug, bei dem die kindliche Aufmerksamkeit nach kurzzeitigem Gebrauch wieder erlischt. So gesehen stellen diese Aspekte der frühkindlichen Spielkultur eine Art „Gegenbewegung" zur medial und kommerziell bedingten Beschleunigung des Freizeitverhaltens dar.

Abb. 7: Hinkelteppich, IKEA Deutschland, um 2000 (Privatbesitz)

Anmerkungen

1 Hengst 1987, 405–406.
2 Bein-Wierzbinski 2004, 49–73.
3 Ayres, 2. Auflage 1992, 260.
4 Der Name Scoubidou soll sich von einem Chanson des französischen Sängers Sacha Distel (1933–2004) ableiten, das er im Jahr 1958 veröffentlicht hat.
5 Grimm 2004 (digitale Ausgabe, Bd. 15, Sp. 785, 44.
6 German Toys 1985, 118 und 119.
7 Illustrierter Hauptkatalog 2 (1926), Stukenbrok 1982, 150.
8 German Toys 1985, 107.
9 Adolph/Euler 1994.
10 Zum Beispiel die Buchreihen „Pferdeverrückt ins Glück", „Lisa und die Pferde", „Pferdeparadies Weidenhof", die Spielzeugserie „Grand Champion", das „Glanz-und-Glamour-Pferd" von Barbie, die CD-Rom-Serie „Pferd & Pony", die Zeitschrift „Wendy" oder „Bibi & Tina" (als Kassetten und CD-Rom).
11 Ein Kind ist der Fährmann, die anderen Kinder stehen in einer gewissen Entfernung ihm gegenüber. Die Spielfläche ist seitlich begrenzt. Nachdem die Kinder rufen „Fährmann, wie tief ist das Wasser?", antwortet der Fährmann mit tief, flach etc. Auf die Frage der Kinder „Wie kommen wir hinüber?", antwortet der Fährmann: „Mit Hüpfen, Rennen, seitwärts laufen, auf einem Bein hinken" und so weiter. Der Fährmann und die Kinder bewegen sich in der zuvor bestimmten Weise aufeinander zu. Wer vom Fährmann abgeschlagen wird, hilft, die Anderen zu fangen. Das zuletzt übriggebliebene Kind wird neuer Fährmann.
12 Zunächst wird mit einem Stock in den Sand oder mit Kreide auf den Asphalt ein Spielplan aus über- und nebeneinander liegenden nummerierten Rechtecken gezeichnet. Als Abschluss dienen ein Feld für „Hölle" und ein Kreis für „Himmel". Dann wird ein Stein in eines der Felder geworfen. Das Kind versucht, unter Auslassung des Feldes, in dem der Stein liegt, auf einem Bein von Kästchen zu Kästchen zu hüpfen, nebeneinander liegende Felder im Grätschsprung zu überwinden und auf dem Rückweg den Stein wieder herauszuholen. Gelingt ihm dieses nicht, oder betritt es die Linien, kommt das nächste Kind an die Reihe.
13 Wehrhan 1929, zitiert in: Spielen und Lernen 1984, 212–213.
14 Kiphard 2000, Tabelle, 14 f.

Das bewegte Kind

Jane Redlin

Wenn der amerikanische Automobilhersteller Henry Ford von der Zukunft träumte, dann von fliegenden Autos, die uns noch schneller von einem Ort zum anderen bringen. Viele teilen mit ihm diesen Traum von der Überwindung der Distanz in möglichst kurzer Zeit, mit möglichst großem Komfort. Es ist aber nicht nur ein Traum in die Zukunft hinein. Es ist die Gegenwart. Es ist eine Lebenshaltung, ja sogar eine Notwendigkeit geworden, die dem Menschen zunehmend abverlangt wird. Das *Tempo-Virus* hat uns ergriffen. Es hat sich in unser Leben eingenistet. Es ist zunehmend Teil unserer Kultur, unseres Arbeitslebens und auch des Privatlebens, von außen gesetzt, aber auch von uns selbst gewählt und gelebt. Das *Tempo-Virus* zeigt sich in der Ungeduld, die uns erfasst, wenn der Computer ein paar Sekunden länger braucht, im Zappen durch die Fernsehkanäle, in der Kultur von Fast Food. Es spiegelt den Wunsch, so viel wie möglich auf einmal machen zu können: Arbeit und Familie, Kinder und Freizeit.[1] Diejenigen, die Zeit haben, manchmal auch unfreiwillig, mutieren zu Außenseitern dieses Prozesses, dieses Zeitgeistes und der ihn repräsentierenden Gesellschaft.
Möglichst viel und schnell hinzukriegen, ist also die Devise des Lebens und des Alltags. Kinder sind ein Teil dieses Alltags. Sie in das Leben der Erwachsenen einzubinden, ist eine Notwendigkeit, der sich die Eltern nicht entziehen können. Daraus entsteht ein Widerspruch, den es zu lösen gilt. Auf der einen Seite steht das Kleinkind, das sich zunächst nicht allein und dann nur langsam fortbewegen kann. Auf der anderen Seite steht der Erwachsene, dem das Leben zunehmend Mobilität abverlangt. Um dieses Problem zu lösen, wurde eine Menge von Hilfsmitteln und Geräten erdacht. Für sie soll der Sammelbegriff *Kitras* eingeführt werden. Manche sind schnell wieder verschwunden. Sie erwiesen sich als unpraktisch oder ihrer Zeit voraus. Andere haben sich über Jahrhunderte gehalten. Manchmal standen sie in Konkurrenz zueinander. Ein anderes Mal haben sie sich wundervoll ergänzt. Der Ideenreichtum technischer Lösungen für das bewegte Kind in der Vergangenheit und der Gegenwart soll im Folgenden vorgestellt werden. Es sollen aber auch Zusammenhänge aufgezeigt werden, die mit den *Kitras* verbunden sind, wie Lebenshaltungen, Kontroversen und Rollenzuweisungen.

Der Kinderwagen

Denkt man heute an kleine Kinder und Mobilität, dann fällt einem immer noch zuerst der Kinderwagen ein. Er ist die klassische Mobilitätshilfe, die in den letzten 100 Jahren das Bewusstsein von der alltäglichen Fortbewegung mit Kleinkindern geprägt und seinen tatsächlichen Lebensvollzug bestimmt hat. Jeder, der Kinder großgezogen hat, wusste und weiß seine tägliche Hilfe zu schätzen, fast jeder.
Das war nicht immer so. Die Zeit der Erfindung des Kinderwagens, wie wir ihn heute kennen, ist auf die Mitte des 19. Jahrhunderts zu datieren. Er ist nahezu zeitgleich in England und Deutschland entwickelt worden. Seine Vorläufer waren neben dem Stubenwagen

der einfache Leiterwagen, wie ihn das Gemälde „Die Hülsenbeckschen Kinder" (1805/06) von Philipp Otto Runge zeigt. Zumeist gehörten solche Holzwagen aber in die Arbeitswelt der Erwachsenen. Ihr Gebrauch vor allem auf dem Land lag nahe, wenn größere Strecken zwischen dem Dorf und den Feldern zurückzulegen waren und die Mütter ihre Säuglinge zur Feldarbeit mitnehmen mussten. So verwundert es nicht, dass der mit hohen Leisten umwandete Wagen der Hopfenpflücker als Vorläufer des englischen Kinderwagens gilt. Mit ihm wurden nicht nur die Hopfenernte, sondern auch das Arbeitsgerät und eben die Kinder transportiert. Ein anderes frühes Beispiel für ein rollendes Transportmittel zu diesem Zweck zeigt die Lithographie „Langeweile" von Hugo Bürkner (1893), auf der ein geflochtener Korb auf einem niedrigen, berädertten Gestell zu sehen ist.

Als ein anderer „Vorroller" des Kinderwagens kann die Kinderkarosse angeführt werden. Diese Miniaturausgaben der großen Kutschen waren im 18. Jahrhundert in begüterten Adelsfamilien zu finden. Im Gegensatz zum Holzwagen und späteren Kinderwagen wurden sie zumeist von Tieren, etwa von Hunden oder Ziegen, gezogen. Auch der Stubenwagen im heutigen Sinn, also das Kinderbett auf Rollen, gehört zur Frühgeschichte des Kinderwagens. Er blieb auf die Mobilität im Haus beschränkt und diente wie die traditionelle Wiege dazu, das Baby durch rhythmische Bewegungen zu beruhigen.

Die zweite Hälfte des 19. Jahrhunderts steht dann für die Erfindung des eigentlichen Kinderwagens. Bereits in den 1940er Jahren hatten Engländer dreirädrige Fahrzeuge gebaut, eine Mischung aus Krankenfahrstuhl und Stoßkarren. Ein wesentlicher Wandel hatte sich vollzogen. Aus dem Ziehwagen war der Schiebewagen geworden. 1856 gab es in London bereits 20 Hersteller solcher *Perambulators*, kurz *Prams*. Der lateinische Ursprung des Namens verweist auf die Funktion des Namensträgers: *per ambulare* = zum Hin-und-her-Gehen. Der

Abb. 1: „Langeweile" (1893), Lithografie, nach einer Zeichnung von Hugo Bürkner

Abb. 2: Promenaden-Kinderwagen, Deutschland, um 1900, Foto: Ute Franz-Scarciglia

Kinderwagen diente am Anfang also vor allem als Hilfe, den Nachwuchs bequem an der frischen Luft auszufahren und noch nicht, um mit ihm große Distanzen zu überwinden. Die Prams wurden zunächst als Einzelstücke für Begüterte, einschließlich der königlichen Familie, hergestellt, worauf sich ihre Zuschreibung als Statussymbol der Oberschicht begründet. Zunehmend fanden die neuen Kinderwagen auch Eingang in die bürgerlichen Kreise. Eltern und Kindermädchen präsentierten sich und den Sprössling der Öffentlichkeit nun promenierend im imposanten Prachtwagen. Erste serienmäßige Produktionen begannen sich zu lohnen.

Deutschland folgte dem englischen Beispiel schnell. Im sächsischen Residenzstädtchen Zeitz etablierten sich zwischen 1848 und 1860 die ersten Betriebe der Kinderwagenproduktion in Deutschland. Sie belieferten lange Zeit, neben den englischen Firmen, den Großteil des europäischen Markts. Das Angebot umfasste nicht nur Kinderwagen, sondern auch andere Mobilitätshilfen wie Puppenwagen, Krankenstühle, Transportkarren und Schlitten.

In der zweiten Hälfte des 19. Jahrhunderts begann die fabrikmäßige Serienproduktion die Handwerks- und Heimproduktion abzulösen. Sie machte den Kinderwagen auch für weniger begüterte Familien erschwinglich. Bestand das Oberteil des Wagens zunächst aus geflochtenem Korb oder Holz, vollendete seit den 20er Jahren des 20. Jahrhunderts der Einsatz billigerer Grundstoffe wie gepresstes Stahlblech, Aluminium und Pappmaschee, später auch von Kunststoff, die Existenz des Kinderwagens als Massenprodukt.

Die zweite Hälfte des 19. Jahrhunderts war aber nicht nur die Zeit der zunehmenden Verbreitung des Kinderwagens, sondern vor allem die seiner technischen Verbesserungen. Oft hielten diese Innovationen einen langen Schlaf auf dem Patentamt, bevor sie später wirksam in die Serienproduktion eingeführt wurden.

Abb. 3: Sportwagen, Deutschland, 1928

Ein Beispiel dafür ist der 1881 in England patentierte schwenkbare Schieber und der 1904 in den USA patentierte *Metal-Folder*, ein Faltwagen, in dem das Kind sowohl sitzen als auch bequem liegen konnte. Er entspricht in seiner Funktionalität den heutigen, aufwendigeren Buggys.

Die unzähligen Initiativen der Konstrukteure waren und sind bestimmt durch das Streben nach mehr Mobilität, Komfort, Flexibilität und Sicherheit. So fanden Konstruktionselemente, wie die Federung, das Rad selbst und die Bremsen der Kinderwagen, die besondere Aufmerksamkeit der Konstrukteure. Vor allem das Gestell erfuhr zahlreiche Veränderungen. Dem schweren, starren Promenierwagen wurde bereits um die Wende zum 20. Jahrhundert der leichtere sogenannte Sportwagen an die Seite gestellt. Beide verbanden noch die Starrheit und die Unflexibilität der Konstruktion. Doch das änderte sich mit der Motorisierung des Personenverkehrs, sowohl des öffentlichen wie des privaten. Das Fahren mit der Straßenbahn, das Reisen mit der Eisenbahn erforderten leichte und flache Kinderwagenmodelle. Die Stange konnte nun zurückgelegt, einige von ihnen sogar zu einem Koffer zusammengeklappt werden.

Vor allem die zunehmende Nutzung des privaten Autos forderte seit den 50er Jahren des 20. Jahrhunderts die Erfinder heraus. Die Gestelle wurden noch leichter und konnten noch

Raum sparender zusammengeklappt werden. Die Wagenwanne wurde vom Gestell getrennt und beides war so leichter zu verstauen. Einkaufsablagen in Form von Drahtkörben und Netzen erhöhten den funktionalen Wert des Kinderwagens als Mittel der Alltagsbewältigung über den klassischen Bewegungsaspekt hinaus. Die Doppelnutzung des Untergestells als Träger für die Wagenwanne und für das spätere Sportwagenoberteil ermöglichte einen ökonomisch effizienteren Umgang mit diesem vergleichsweise teuren Gebrauchsgegenstand.

Die optimale Anpassung des Kinderwagens an das Auto brachte dann den Kinderwagen hervor, wie wir ihn heute kennen – einen Nutzgegenstand im Leichtgewicht, zusammenlegbar in Sekundenschnelle, zu verstauen im kleinen Kofferraum, multifunktional in Bezug auf die unterschiedlichen Bedürfnisse des Kindes und der Eltern. Doch der Kinderwagen war nie nur ein Nutzgegenstand. Er war zugleich auch ein Symbolobjekt.

Rollenspiel mit Kinderwagen

Die Spielwelt der Kinder ist oft die Welt der Erwachsenen in Kleinformat. Sie ist der Ort ihrer frühen Sozialisation. Die Zuschreibung des Puppenwagens als typisches Mädchenspielzeug spiegelt die Lebensrealität der Erwachsenenwelt wider.

Schob in der Einführungszeit des Kinderwagens auch der Vater den Paradewagen noch stolz als Prestigeobjekt über die Straße, änderte sich dies schnell. Bald kam es der Preisgabe männlicher Herrschaft über Frau und Familie gleich, wenn dieser den Kinderwagen fortbewegte. Der Kinderwagen gehörte also allein in die Lebenswelt der Frau. Erst als die Frauen begannen, sich die Arbeitswelt zu erobern, ihre Gleichberechtigung einzufordern und zu leben, wurde den Männern der Kinderwagen wieder in die Hand gedrückt. Sie schoben ihn zunächst unter den spöttischen und irritierten Augen ihrer Mitbürger. Heute sind Kinderwagen schiebende Männer selbstverständlicher, doch noch lange nicht so häufig zu sehen wie Frauen hinter dem Steuer.

In dieser Hinsicht hatten es die sich emanzipierenden Männer bei der Neueinführung des Kindertragetuchs leichter. Hier brauchten sie nicht mehr gegen das alte Klischee von Weiblichkeit ankämpfen, um sich einen gleichberechtigten Platz im Umgang mit ihrem Kleinkind zu sichern und nach außen zu zeigen.

Der Kampf um die Wagenstange, um die gleichberechtigte Betreuung und Versorgung des Nachwuchses ist noch nicht beendet. Man wird ihn auch an der täglichen symbolischen Praxis des Kinderwagenschiebens verfolgen können, am Kinderwagen als symbolstarkem Alltagsgegenstand.

Das Kind am Körper

Das Kind am Körper zu transportieren, stellt menschheitsgeschichtlich betrachtet die älteste Kulturtechnik des Kleinkindertransports dar. An erster Stelle steht das Tragen mit Hilfe der natürlichen körperlichen Mittel, der Hüfte, dem Arm oder der Schulter. Da man so aber keine langen Strecken mit Kindern zurücklegen kann, wurden sehr früh Hilfsmittel wie das Tragetuch oder das Tragenetz entwickelt.

Eine Vielzahl von Frauen auf der Erde tragen noch heute mehrheitlich ihre Kleinkinder am Körper. Für sie ist es die beste und oft die einzige Möglichkeit, mit dem Nachwuchs beweglich zu bleiben und uneingeschränkt ihre täglichen Pflichten zu erfüllen. Das Tragetuch, einschließlich Tragenetz und Tragesack, ist dabei vermutlich das häufigste Hilfsmittel, um das Kind am Körper zu fixieren. Das galt bis Mitte des 19. Jahrhunderts auch für ganz Europa. Erst durch die Erfindung des Kinderwagens und seine Verbreitung vor allem in

den europäischen Industriestaaten begann diese Tragekultur auszusterben.
Das Tragen von Kindern mit Hilfe traditioneller Techniken wurde zumindest in Europa immer mehr zum Attribut von Armut und von stark mobilen Randgruppen, wie Hausierer, fahrende Schausteller und Musikanten, aber auch Sinti und Roma, besser bekannt unter der Fremdbezeichnung „Zigeuner".
Darüber hinaus stand das Tragen von Kindern für eine traditionelle, antimoderne Lebenshaltung im Gegensatz zur Technik bejahenden, modernen Lebenshaltung, die durch den Kinderwagen repräsentiert war. Dass diese Zuschreibung nicht unbedingt gerecht und sachlich war, wird am Beispiel der ländlichen Regionen Thüringens deutlich. Hier blieb der Kinderwagen lange ein ungeliebter, da vor allem unpraktischer Gegenstand. In den Dörfern, die sich zumeist entlang der Täler zogen, hatten die Anwohner steile Wege zu bewältigen und schneereiche Winter zu überstehen. Hier waren schwere Kinderwagen keine Hilfe. Infolgedessen blieben hier traditionelle Tragetechniken vergleichsweise lange erhalten.
Zusätzlich zum Tragetuch gab es in Thüringen eine lokale Spezialität – den Kindertragemantel. In seiner Grundform unterschied er sich wenig vom Kirchgangsmantel – ein langes Cape mit einem kürzeren Überwurf. Der Tragemantel erfüllte zwei Funktionen. Er diente zunächst dem Transport des kleinen Kindes. Dazu wurde eine Seite des Mantels unter den Arm gezogen, der das Kind trug. Der so gestraffte Stoff fing das Gewicht des Kindes auf und gab ihm den nötigen Halt. Mit der anderen Seite des Mantels konnte das Kind dann bei Bedarf zugedeckt werden. Erst die Verbreitung des privaten Autos ab den 60er Jahren des 20. Jahrhunderts beendete hier letztlich die Nutzung von Tragemantel und Tragetuch. Jetzt konnte man ohne körperliche Anstrengung die steilen Wege bewältigen und die kleinen Kinder noch einfacher transportieren.

Abb. 4: „Zigeunerin" auf der Wanderung, Holzstich 1896, nach einem Gemälde von Fernand Lematte

Ein anderes Beispiel für die Langlebigkeit des Tragetuchs in Deutschland ist die Schwalm in Hessen, wo es als Teil der ländlichen Tracht länger als üblich benutzt wurde. Beide Beispiele müssen jedoch als Rudimente der Vergangenheit gesehen werden, denn Mitte des 20. Jahrhunderts war der Gebrauch des Tragetuchs zumindest in Deutschland allgemein in Vergessenheit geraten.
Das änderte sich wiederum in Westeuropa ab den 1960er Jahren. Zu diesem Zeitpunkt begann die Nachkriegsgeneration, öffentlich kritische Fragen an die Elterngeneration zu stellen, deren Werte in Frage zu stellen und neue zu suchen. Für diesen beginnenden gesellschaftlichen Umbruch stand eine Vielzahl von Strömungen. Zu ihnen gehörten die 68er-Studentenbewegung ebenso wie die Hippiebewegung oder auch Gruppen, die sich den Native People, etwa den Indianern Nordamerikas, zu-

wandten. Für einige von ihnen war die erneute Praxis des Kindertragens symbolischer Ausdruck ihrer anderen Weltsicht. Auch wenn diese Gruppen unterschiedliche Lebenskonzepte und politische Anschauungen vertraten, eines hatten sie gemeinsam – ihre Kritik an den herrschenden Methoden der Kindererziehung. Antiautoritäre Erziehung und Körpernähe waren grundlegende Prinzipien der neuen Sicht auf das Kind. Dieses wurde nicht mehr als Objekt einer frühen Disziplinierung betrachtet, sondern von Geburt an als soziales Wesen mit einer eigenen Persönlichkeit und eigenen Bedürfnissen, die es zu respektieren galt.
Woher kam die Kenntnis von dieser Kulturpraxis? Nicht, wie man vermuten könnte, aus der Vergangenheit der eigenen Kultur, sondern aus der Gegenwart fremder Kulturen.

Abb. 5: Kindertragemantel, Thüringen, um 1900

Ein Cartoon in einem sehr frühen Dokument, der Zeitschrift „Eltern" von 1973, belegt den Weg der erneuten Einführung des Tragetuchs in Westeuropa. Es zeigt eine Indianerin aus Nordamerika, die ein gewickeltes, lachendes Kind auf ihrem Rücken trägt.
Es war also der Blick über die Grenzen des Kontinents Europa hinweg, hinein in die Welten naturverbundener Lebensweise, wie sie Bevölkerungsteile in Afrika und Asien noch praktizierten, und die anderen zugeschrieben wurde, wie der Urbevölkerung Nordamerikas. Mit dem Gebrauch des Tragetuchs demonstrierten ihre Nutzer in Europa auf ihre Art die vorhandenen Potenzen außereuropäischer Kulturen. Dies war der Beginn der Neubewertung von Kulturleistungen nicht nur in der Fachwissenschaft, sondern auch im Alltagsbewusstsein, bewusst und unbewusst. Damit verbunden waren eine kritische Haltung gegenüber der uneingeschränkt positiven Bewertung der Industrialisierung und eine Rückbesinnung auf das Natürliche. Das Tragetuch für Kinder bedeutete also mehr als ein neues Hilfsmittel, um ein Kind zu transportieren. Es war das Symbol eines gesellschaftlichen Umbruchs im Alltag, der wie alle Umbrüche auch von Kontroversen begleitet war.
Heute sind das Tragetuch und andere Tragehilfen am Körper, wie Tragesäcke und Tragegestelle, zumindest in Großstädten als gleichberechtigte Form des Kindertransports akzeptiert. Sie werden neben anderen *Kitras* als Optimierung urbaner Mobilität abwechselnd benutzt. Der Aspekt alternativer Lebensweise und das mit ihr neu definierte Eltern-Kind-Verhältnis sind dabei zumindest als symbolisch-öffentlicher Akt zunehmend in den Hintergrund getreten.

Gesicherte Mobilität

Neben dem Kinderwagen und dem Tragen am Körper sind es heute aber zwei weitere tech-

Tragegestell

Mit diesem „Baby-Rucksack" kann man nicht nur prima wandern — man kommt auch in überfüllten Kaufhäusern voran. Und: Das Baby sitzt so hoch, daß es nicht immer nur Beine sieht. *Das Gestell* sollte sehr leicht und mit wasserdichtem Stoff bezogen sein. Wie bei einem richtigen Rucksack sollte ein Quergurt am unteren Ende des Gestells den Druck auf den Rücken des „Trägers" verteilen.

Der Einsatz — der eigentliche Sitz für das Baby — muß in der Höhe verstellbar sein, damit das Kind nicht in dem Gestell „versinkt" oder die Beine zu sehr spreizen muß.

Tragetuch

Eine ganz neue, ganz ungewöhnliche Art, das Baby zu transportieren: mit einem geknoteten Tuch, das sich die Mutter umhängt. Das Baby (ab 3 Monate) wird

Im nächsten Heft:

Die richtige Gymnastik auf dem Wikkeltisch

In Heft 10/73 brachten wir Übungen für Babys am Ende des ersten Lebensjahres. Diesmal gibt es Übungen für die ganz Kleinen.

Abb. 6: Cartoon, 1973

nische Hilfsmittel, welche die Fortbewegung mit kleinen Kindern im Alltag wesentlich bestimmen – das Fahrrad und insbesondere das Auto. Bei ihnen manifestiert sich auf besonders intensive Weise ein Phänomen, das dem Thema Bewegung und Kind grundlegend immanent ist. Die Rede ist von der parallelen Zunahme von Mobilität und gesundheitlicher Gefährdung. Darum ist das Thema der Sicherheit schon immer an die Mobilität von Kleinkindern gekoppelt. Das gilt für das Erlernen des Laufens ebenso, wie für das Transportieren mit Hilfsmittel, etwa dem Fahrrad oder dem Auto.

Die Gefahr für die Gesundheit des Kindes kann auf unterschiedliche Weise hervorgerufen werden; zumeist durch Unfälle, aber auch durch extreme Formen körperlicher Immobilität, etwa bei der Dauernutzung des Autos.

Um diese Gefährdungen einzudämmen, sind es zunächst kleine Laufstühlchen mit Rollen oder sog. *Fallhüte*, die das Kleinkind bei den ersten Laufversuchen schützen sollen. Dieselbe Funktion hatten sog. Gängelbänder, Geschirre und Leinen. Ein Kinderkleid von 1770 belegt die frühe Existenz dieser Gängelbänder. Sie erlaubten, das Kind in seinem Bewegungsdrang zu kanalisieren und zu reglementieren. Auch im 20. Jahrhundert wurde dieses Prinzip durchaus noch angewandt. Jetzt gab es das Gängelband in Form sog. Geschirre, die über der Kleidung angelegt wurden. Die sprachliche Anlehnung an das entsprechende Gebrauchsgerät bei der Viehhaltung entsprach der Parallelität seiner Funktion – die Bewegung des Geschirrträgers von außen zu steuern und gegebenenfalls einzuschränken. Diese Lauflernhilfen gibt es auch heute noch zu kaufen. Dass sie selten benutzt werden, liegt vor allem an ihrer Stigmatisierung als Gerät autoritärer Erziehung.

Trotzdem blieb das Problem von Mobilität und Sicherheit bestehen. Durch die zunehmende Nutzung des Fahrrads für den Kindertransport verschärfte es sich sogar, vor allem aber durch das Auto.

Erste Sitzmodelle für den Transport von Kindern auf dem Fahrrad gab es um die Wende zum 20. Jahrhundert. Sie wurden auf die Radstange montiert oder in den Lenker eingehängt. Sie verfügten weder über eine hohe Rückenlehne, Fußschützer oder gar Sicherheitsgurte. Der Transport größerer Kinder auf dem Gepäckträger war durchaus üblich. Oft war das Bastlertalent gefragt.

Diese frühen technischen Lösungen deuten darauf hin, dass dabei zunächst die Frage der reinen Fortbewegung mit Kindern im Vordergrund stand. Sicherheit spielte noch keine Rolle. Dies änderte sich mit der drastischen Beschleunigung des Verkehrs durch die Zunahme der Zahl der Autos und deren Geschwindigkeit. Die Zahl der Unfalltoten und Verletzten stieg. Dies erzeugte das Bedürfnis und die Notwendigkeit nach mehr Sicherheit. Infolgedessen erweiterte sich nicht nur das Repertoire

an Sicherheitsgeräten, sondern auch das an gesetzlichen Vorschriften.
So ist es heute verpflichtend, Kinder unter sieben Jahren auf dem Fahrrad nur in speziellen, zugelassenen Plastiksitzen mit hoher Rückenlehne, Fußschienen und Riemen, einschließlich eines Kopfhelms, zu transportieren. Gleich hohe Sicherheitsstandards gelten mittlerweile auch für das Auto mit Kindersitz- und Anschnallpflicht. Trotzdem erstaunt es, dass die Anschnallpflicht für Kinder zumindest in Deutschland erst seit 15 Jahren gilt. Vorher blieb es den Eltern überlassen, ob sie das Kind in einem zunächst zugegebenermaßen nicht sehr sicheren Autositz verstauen wollten, wie er als so genannter „Hook-over Seat" seit den 1930er Jahren produziert wurde. Eine technische Verbesserung brachte der erste deutsche Kindersitz „Nicki", der in den 1960er Jahren hergestellt wurde, und der immerhin schon über einen Sicherheitsgurt verfügte. Den heutigen Sicherheitsansprüchen hätten beide Modelle nicht genügt. Was heute Sicherheitsstandards sind, wird über EU-weite Normen bestimmt. Die Nichteinhaltung von Sicherheitsvorgaben wird mit der Nichtzulassung des Produkts und mit Bußgeldern für die Fahrzeugführer geahndet. Sicher ist dieses Vorgehen ein Grund dafür, dass laut Straßenverkehrsunfallstatistik das Risiko, im Straßenverkehr tödlich zu verunglücken, 1906 56-mal so hoch war wie 2006.[2]
Neben solchermaßen drastischer Gefährdung durch Unfälle kommt heute ein neuer Aspekt des Gesundheitsrisikos hinzu. Er ist mit dem Slogan „Zunahme der körperlichen Immobilität durch die Steigerung der technischen Mobilität" zu beschreiben.
Es ist eine unbestreitbare Tatsache, dass die Gesellschaft, Erwachsene und mit ihnen ihre Kinder, ihre geographischen und damit auch ihre sozialen Bewegungsräume durch Mobilitätshilfen wie Auto, Bus, Bahn und Flugzeug stark erweitern konnten und erweitert haben. Gleichzeitig führte diese gesteigerte Mobilität

Abb. 7: Kinderkleid mit Gängelband, Schlesien, 1770

Abb. 8: Fahrradausflug mit Spezialsitz, Großbritannien, 1938

Abb. 9: Kindersitz Maxi Cosi, Niederlande/ Deutschland, 2006

Abb. 10: Kinder und Auto, Berlin (DDR), 1971

aber zu einer extremen Zunahme der körperlichen Passivität, die gemeinsam mit anderen Faktoren wie falsche Ernährung zunehmend zu Übergewicht, einschließlich der damit verbundenen Gesundheitsrisiken, führte: technische Beweglichkeit contra körperliche Bewegungslosigkeit.

Die Überwindung von Distanzen in möglichst kurzer Zeit ist das Motto unseres Lebens, aber auch die maximale Integration der Kinder in den Lebensalltag der Erwachsenen. Mit den unterschiedlichen Hilfen zur Mobilität mit Kindern, den *Kitras*, ist das möglich geworden. Ihre Konstrukteure reagieren auch heute sensibel auf die Veränderungen der Lebensbedürfnisse und Lebensrealisierungen ihrer Nutzer, auf deren verändertes Freizeitverhalten ebenso wie auf die Verzahnung der unterschiedlichen Mobilitätshilfen. Die Designer greifen dabei auch veränderte ästhetische Ansprüche auf oder platzieren solche neu auf dem Markt. In jedem Fall verfügt die *Kitras*-Produktbranche über ein erstaunlich innovatives Potenzial. Das gilt sicher auch in der Zukunft, denn Lebenskultur verändert sich ständig. Und weil Innovation oder kleine Serien immer noch viel kosten, sind *Kitras* auch Dinge geblieben, mit denen der eigene, gehobene, soziale Status in der Öffentlichkeit angezeigt werden kann. Sei es nun durch teure Kinderwagen wie den *Silver Cross* und den *Xplory* oder durch einen Luxusautokindersitz in feinstem Leder von Porsche. Das Entscheidende aber ist: Durch die Kombination von *Kitras* sind der Beweglichkeit mit kleinen Kindern im Alltag heute kaum noch Grenzen gesetzt.

Anmerkungen

1 Borscheid 2004, 8.
2 Dilger 2007, 46.

Genuss durch Ortsveränderung – Der Tourismus

Dieter Kramer

Die neuen Reisen der Vielen

Aus dem heutigen Leben ist der Tourismus nicht mehr hinwegzudenken. In der uns vertrauten Form ist er freilich ein Phänomen, das kaum mehr als ein halbes Jahrhundert alt ist. Vor 1914 sind es vielleicht 10 Prozent der Bevölkerung in Deutschland, die sich dieses Reisen leisten können; erst seit den frühen 1950er Jahren werden es immer mehr. Die Voraussetzungen dafür werden mit Sozial- und Wohlfahrtsstaat und touristischer Infrastruktur geschaffen. Erst da entwickelt sich jener „Massentourismus", in dessen Rahmen heute bis zu zwei Drittel der Bevölkerung der Prosperitätsregionen jährlich mindestens zwei Wochen Urlaub machen. Freilich: Von „Massentourismus" zu reden, ist nicht besonders klug. Meistens gebrauchen diejenigen diese Vokabel, die sich von den „Massen" distanzieren wollen und so tun, als seien Touristen immer die anderen, nicht sie selbst. Viele Menschen machen Urlaub auf die verschiedensten Arten, und deswegen gibt es *Mengenprobleme* in vielen Bereichen – beim Klettertourismus bringen schon geringe Zahlen von Touristen Probleme mit sich, während sich an Badestränden große Mengen aufhalten können.

In den Zielregionen stellen sich ganze Landstriche auf die Bedürfnisse der Touristen ein. In den „Quellregionen" des Tourismus richten sich Zeitmanagement und Konsum nach den Phasen des Urlaubs. Der materiellen (sächlichen, tatsächlichen) Strukturierung des Jahreslaufes nach den Bedürfnissen des Tourismus entspricht die innere Organisation der Individuen: Die Menschen werden „urlaubsreif", weil sie ohne die wiederkehrenden Unterbrechungen des Arbeitslebens nicht mehr auszukommen meinen. Zu beobachten ist, dass sich auch bedeutende Teile des materiellen Konsums auf den Tourismus beziehen (überspitzt gesagt: Wie im Militärstaat des preußisch-deutschen Wilhelminismus die gesamte Gesellschaft auf das Militär ausgerichtet war, so heute auf den Tourismus). Das gilt nicht nur für Ferien-, Bade-, Wander- und Skikleidung, es gilt auch für die Transportmittel wie Auto und Eisenbahn.

Es beginnt in der Antike

Schon die wohlhabenden Schichten der römischen Antike waren reisefreudig. Wenn man die bemerkenswerten Parallelen berücksichtigt, lässt sich das Reisen in der Antike als Tourismus einer Prosperitätsgesellschaft betrachten. Es gab wohlhabende Schichten (freilich kleiner als die der Gegenwart) und für einige Zeit Frieden im Römischen Reich, abgesehen von Kriegen in den Randgebieten. Es entwickelten sich Formen des Gesundheits- („Wellness"-)Tourismus in Heilbäder und ans Meer. Festspieltourismus (nach Olympia z. B., wo sich bei der Anfahrt die Wagen auf den Straßen stauten), Pilgerreisen, Bildungsreisen, Besichtigungstouren, genehmigungspflichtige Dienstreisen, Studienreisen waren möglich. Seit dem 1. Jahrhundert v. Chr. wurde es für die Reichen aus Rom üblich, sich der Lebensqualität wegen sommersüber auf dem Landgut aufzuhalten (die Renaissance

greift dies als Sommerfrische auf); auch Formen der Tourismuskritik lassen sich beobachten. Pausanias schreibt 160–180 n. Chr. seinen antiken „Reiseführer", mit dem für die Römer „Ruinentourismus" als aneignende Auseinandersetzung mit den Hinterlassenschaften früherer Gesellschaften (des antiken Griechenland) möglich wird. Die Ästhetisierung der Reise-Erfahrung unter Ausschluss der politisch-sozialen Realität zugunsten eines konstruierten Bildes der Geschichte lässt sich bereits bei ihm beobachten.
Im Vergleich zum heutigen Tourismus gibt es freilich auch Unterschiede, nicht nur bezogen auf die Reichweite und die Verkehrsmittel (trotz des gut entwickelten antiken Fernstraßen- und Postwesens). Es gibt keine organisierten Gesellschaftsreisen (soweit ich weiß), kein Recht auf Urlaub, vielmehr sind es begüterte Individualreisende, die sich auf den Weg machen.

Ein Intermezzo: Frühe Pilgerreisen

Kaum hat Pausanias mit seinen Beschreibungen den griechenfreundlichen Römern die Wege in die zu seiner Zeit längst schon historisch gewordenen griechischen Kulturstätten gedanklich gebahnt, da beginnen auch die frühen Christen schon mit Pilgerreisen zu den ihnen wichtigen Plätzen. Mögen sie auch des Seelenheiles wegen unternommen werden, so setzen sie doch genau wie die vorangegangenen und wie die späteren Reisen materielle Ressourcen, gebahnte Wege und Sicherheit voraus. „Vielleicht die erste weite Wallfahrt war die des kappadozischen Bischofs Alexander, welcher unter Caracalla Jerusalem – das damalige Aelia Capitolina – besuchte, ‚um des Gebetes und der Geschichte des Ortes willen'. Auch Origenes (185/186–254) kam, ‚um die Fußstapfen Christi, der Jünger und der Propheten aufzusuchen'. – Zur Zeit Konstantins (Kaiser von Rom 306/324–337) aber trifft die Sehnsucht nach Palästina schon sehr auffallend mit dem gesteigerten Kultus der Märtyrergräber und der Reliquien überhaupt zusammen. Jerusalem ist gleichsam die größte und heiligste aller Reliquien, an welche sich dann noch eine Reihe anderer Weihestätten ersten Ranges, viele Tagereisen lang, anschließen."[1]

Sommerfrische, Ferien bei den Großeltern und Urlaub auf dem Bauernhof

Über die Reisen der Scholaren, die Kavalierstour, die bürgerlichen intellektuellen Reisenden, den Ego-Trip des Klassikers Goethe und die „Bildungsreisen" des 19. Jahrhunderts setzt sich die Tourismusgeschichte fort – reich an Innovationen und Abenteuern. Immer sind Aspekte des Genusslebens damit verbunden, immer handelt es sich um die Entfaltung des Reichtums der Beziehungen der Menschen zu ihrer Umwelt, zur Geschichte und zu ihresgleichen. Jede Phase des Tourismus fügt diesem Beziehungsreichtum neue und andere Aspekte hinzu, ohne dass die vorherigen völlig aufgegeben werden. Der heutige Tourismus zehrt von Formen, die im Laufe der Geschichte entfaltet wurden, ohne dass man deswegen von einem „Fortschritt" reden könnte: Manches geht verloren, anderes wird hinzugefügt. Nur einige Aspekte seien noch erwähnt.
Aus älteren Formen der Badereise entwickelt sich die Sommerfrische als landschaftsprägende Form. Auch Friedrich Schiller hat das genossen. Er schreibt 1785: „Man pflegt hier in vielen Familien den Sommer über auf den benachbarten Dörfern zu kampieren und das Land zu genießen. Ich werde auch einige Monate in dem Orte Gohlis zubringen, der nur eine Viertelmeile von Leipzig entlegen ist, und wohin ein sehr angenehmer Spazier-

gang durch das Rosental führt. Hier bin ich willens, sehr fleißig zu sein ..." (an Christian Schwan, Leipzig, 14. April 1785).

Der Volkskundler Elard Hugo Meyer meint 1898, „Sommerfrische sei ursprünglich ein Hirtenwort für die Zeit des Weidens auf der Alm."[2] Das Grimm'sche Wörterbuch belehrt uns einer komplizierteren Geschichte: Die „frische" ist 1648 bezeugt als die Stätte, „wo die statt bozen ire refrigeria oder frischen alten". Aus dem italienischen *refrigerio* oder *frescura* als Zeit und Ort des ländlichen Sommeraufenthaltes wird – nicht zufällig – in der Gegend von Meran und Bozen im 17./18. Jahrhundert die Sommerfrische.

Wir finden die Sommerfrische in den verschiedensten Autobiographien und Biographien als stabilen Teil der bürgerlichen Familie des 19. und frühen 20. Jahrhunderts. Heimito von Doderer erzählt in dem Roman *Die Strudlhofstiege* vom Treiben der wohlhabenden Wiener Jugend in den Sommerfrischegemeinden des Semmering. Einzelne Landschaften in der Umgebung großer Städte (Wien ist dafür ein besonders eindrucksvolles Beispiel) entwickeln sich in ausgeprägter Weise zu Sommerfrische- und Ferienaufenthaltssiedlungen, so z. B. das Gebiet des Semmering.[3]

Nicht berücksichtigt wird in den meisten Darstellungen der Tourismusgeschichte der Familien-Besuchs-Urlaub, der seit den Zeiten der großen Wanderungsbewegungen vom Land in die Städte erheblich gewesen sein muss. Oft genug waren die Sommerferien der ärmeren Bevölkerung noch verbunden mit der Mithilfe bei der Erntearbeit in den Herkunftsdörfern – genauere Studien darüber fehlen meines Wissens. Für die Kinder ersetzten solche Aufenthalte vielfach die bürgerliche Sommerfrische. Urlaub auf dem Bauernhof ist die heutige Form, in der viele Erlebnisqualitäten dieser Form von Ferien weiterleben.

Auch für Arbeitsmigranten bedeutet der Heimat-Urlaub bis in die Gegenwart Ähnliches. Manche von ihnen haben alle Beziehungen zur Herkunftsregion verloren, andere pflegen gerade diese Beziehungen so, dass (auch ökonomische) Impulse von der Diaspora auf die Herkunftsregion ausgeübt werden.

Die Zahl derjenigen, die dank virtueller Kommunikation durchaus ihre Arbeit in anderer Umgebung außerhalb von Stadt und Büro erledigen können, nimmt zu. Der Satiriker Julius Stettenheim lässt schon 1877 Wippchen, seinen Berichterstatter über den Russisch-Türkischen Krieg, in den Berliner Vorort und Ausflugsort Bernau reisen: „Die Lage Bernaus, das steht fest, ist eine dem Unternehmen durchaus günstige", werden doch dort „die Kölnische Zeitung und die Neue freie Presse gehalten [...] ein Kriegsberichterstatter, das steht fest, darf nicht fortwährend in der Stadt, in welcher seine Berichte gedruckt erscheinen, gesehen werden."[4]

Heute sind es zwar nicht so viele wie noch vor einigen Jahrzehnten erwartet wurde, aber es handelt sich dennoch um eine ansehnliche Zahl von Menschen, die ihre Arbeit zu Hause, fern vom großstädtischen Zentrum erledigen. Das wird möglich, und dann wird es bald auch nötig: Das Büro im Auto, im Hotel, im Zug oder zu Hause erspart dem Arbeitgeber den Büroraum für seine Mitarbeiter, und wenn er dann doch einmal in der Firma arbeiten muss, geht er mit seinem Büro-Rollcontainer an einen gerade freien Arbeitsplatz.

Die Infrastruktur für den Tourismus

Für den Tourismus wird eine ausgeprägte Infrastruktur entwickelt. Sie bezieht sich schon in der frühen Neuzeit auf Hilfsmittel wie Postrouten-Verzeichnisse, Landkarten und Reisehandbücher (Apodemiken). Sie definie-

Abb. 1: Schuppenwand eines Sägewerks in Weisel/Verbandsgemeinde Loreley, Foto: Dieter Kramer, 2008

ren die Reiseziele für die Kavalierstour und die reisenden Intellektuellen der Neuzeit. Die Eisenbahn erschließt völlig neue Möglichkeiten, und mit ihr entstehen die klassischen Reiseführer des Verlages Baedeker, die dem Individualtouristen – vor allem für die mit der Eisenbahn und zu Fuß reisenden Menschen – Wege und Ziele ohne fremde Hilfe erschließen.
Sonntagsausflüge und die darauf zugeschnittene Infrastruktur zunächst der Eisenbahn, der Bergbahnen und dann der Auto-Straßen konditionieren die Landschaft für den Kurzzeit-Tourismus. Und auf weitere Weise wird die Infrastruktur erschlossen: Wanderwege werden schon seit Gründung der Gebirgs- und Wandervereine im letzten Drittel des 19. Jahrhunderts (nach dem Vorbild der Alpenvereine) markiert – mit Farbe oder mit Plaketten. Gelegentlich landen die dann freilich mit den Bäumen im Sägewerk. Dass sie dort, wie das beigefügte Foto zeigt, pietätvoll von dessen Mitarbeitern gesammelt werden, ist eine Ausnahme.

Der Sommerhaupturlaub und das Auto

In den frühen Jahren des Tourismus der großen Zahl (den 1950er, 1960er Jahren) fiel in die Sommerferien der „Autohaupturlaub“. Gerhard Palme hat ihn so genannt. Er hat 1989 ein Konzept von touristischen Produktzyklen vorgelegt.[5] Jeder Zyklus durchläuft eine Innovationsphase, eine Wachstumsphase, eine Reifephase (in der der „Stammgast“ eine besondere Rolle spielt) und eine Schrumpfungsphase. Bei erfolgreichen Zyklen kommt es darauf an, möglichst lange auf einer Plateauphase zu verharren und die Schrumpfung hinauszuzögern. Für Österreich (und das lässt sich auf Deutschland übertragen) unterscheidet er fünf Zyklen: Sommerfrischenzyklus, Autohaupturlaubszyklus, Flugcharterzyklus, Wintersportzyklus, Städtereisenzyklus. „Die ersten drei Produktzyklen beziehen sich vorwiegend auf den Haupturlaub im Sommer.“ Und: „Der Wintersportzyklus ist der erste Zyklus, der nicht einen Haupturlaub, sondern einen Zweit- oder Mehrfachurlaub betrifft.“

Für den Autohaupturlaubszyklus gilt: „Kleinere Fremdenverkehrsorte ‚ersparten' es sich, vielfältige oder kapitalintensive Einrichtungen der Fremdenverkehrsinfrastruktur (mit geringer Teilbarkeit) bereitzustellen."[6] Daher konnte der Autohaupturlaubszyklus sich am weitesten auf die Fläche ausdehnen.

Armin Ganser hat verschiedene, vielfach parallel auftretende Typen und Moden des Tourismus in Deutschland aufgelistet: Sport- und Aktivurlaub, Cluburlaub, Urlaub auf dem Bauernhof, Campingferien, Langzeiturlaub, FKK-Ferien, Studienreisen, Sprachreisen, Abenteuerurlaub.[7] Sie laufen parallel und überlappen sich auch inhaltlich und man ist nicht darauf angewiesen, immer nur die „reine" Form zu konsumieren. Ob die Wunschwelten der zeitgenössischen Prosperitätstouristen damit alle abgedeckt sind, wäre zu prüfen. 1950 entstanden in Frankreich die ersten Formen des Club Méditerranée. Ihr Erfinder Gilbert Trigano hat für diese Clubs, in denen kein echtes Geld zirkuliert, seine Erfahrungen aus den Jugendlagern der kommunistischen Jugend der französischen Résistance während des Zweiten Weltkrieges verarbeitet.

Seit 1963 wird Neckermann stilbildend mit dem Konzept großer Umsatz, kleine Preise und hohe Auslastung.[8] Individuelle Rucksackreisen, in den 1980er Jahren mit Interrail und per Anhalter über den Iran bis nach Nepal, sind nicht ausgestorben, haben aber an Bedeutung verloren.[9]

Unter den Bedingungen der Prosperität fallen viele Schranken des „Standes" und der prinzipiell von allen geteilten Gewohnheiten und Standards (Sitten). Der Exzess wird möglicher Bestandteil des zeitgenössischen Tourismus (und früher gab es ähnliche Formen, daran ist nicht zu zweifeln). Ballermann auf Mallorca, Komatrinken, österreichische Maturareisen mit orgienhaftem Charakter, Luxusexzesse der Neureichen sind solche Erscheinungen. Ihnen ist nicht einfach mit Kulturkritik zu begegnen – genaues Hinschauen ist wichtiger, um die dabei wirkende personenbezogene Dynamik zu erkennen: Nur so lassen sich gegebenenfalls Strategien zum Schutz der Menschen (z. B. gegen Kinderprostitution) und der materiellen Infrastruktur (bezogen auf Kulturerbe und Umwelt) in den Zielregionen entwickeln. Heute sind es synthetische Urlaubswelten, die einen außerordentlichen Boom erleben.

Souvenirs und materielle Veränderungen

Der Tourismus verändert Landschaft und Städte, indem er sich seine spezielle Infrastruktur produziert. Er schlägt sich auch in Objektwelten nieder, und die sind besonders gut in Museen und Ausstellungen darstellbar. Souvenirs gehören zu den durch ihn hervorgebrachten Objektwelten.

Seit es Reisen gibt, werden Mitbringsel erworben, und zwar sowohl bei den – oberflächlich gesehen – „zweckfreien Lustreisen" (die dem persönlichen Erleben dienen) wie bei den anderer Zwecke wegen unternommenen Reisen: Händler erwerben, Forscher sammeln, Matrosen denken an ihre Daheimgebliebenen und ihr zukünftiges Heim (oder an Verkaufsmöglichkeiten), und jedes Mitbringsel schafft eine Nachfragelücke. Diese Souvenirs sprechen von Entdeckungen und Imperialismus, von Mission und Kolonialismus, aber, wenn man sie genauer zu Lesen versteht, auch von den Strategien, mit denen die ursprünglichen Besitzer mit den „Entdeckern" und „Eroberern" umgehen. Auch diese „entdecken" schnell, wie sie die Fremden vorteilhaft für die eigenen Wünsche und Bedürfnisse nutzen können.[10]

Souvenirs haben etwas zu tun mit Strategien der Aneignung: Sie sind Erinnerung, Mahnung, Anker für das Wiederabrufen von Erlebnissen. Auch ihre Vermarktung ist mit Folgen verbunden. Sie bieten nicht nur vielen Menschen Erwerbsmöglichkeiten: „Der Andenkenhandel hat das Kunsthandwerk ruiniert. Die halbindustrielle Fertigung von Gegenständen, zu keinem Zweck nutze als dem des sentimentalen Rückgedenkens an einen Ort, von dem man nichts weiß, an einen Aufenthalt, während dem man nichts sah, hat die einseitige Naivität solcher Gegenstände zerstört, die ehedem von Unvollkommenheit und individueller Unbeholfenheit geheiligt waren [...] Völlig beziehungslos wird irgendwo irgend etwas mit dem äußerlichen Anschein von Handarbeit hergestellt (es ist Handarbeit, aber Massenhandarbeit), um es dorthin zu liefern, wo wiederum niemand ein Verständnis für das mangelhaft dargestellte hat." So schreibt Günter Kunert über die Souvenirs auf dem Markt in San Antonio/USA.[11]

Die „Altäre des Banalen", die mit Hilfe der Souvenirs angelegt werden, bestehen aus subjektiv wertvollen Objekten.[12] Mit ihnen werden nicht nur Erinnerungen und entsprechende Assoziationsketten verbunden, sondern es lassen sich auch Distinktionsgewinne damit realisieren.

Ein besonderes vor allem mit dem Tourismus verbundenes Genre ist die Postkarte: Sie entwickelt sich nach 1871 parallel zum Tourismus als Massenobjekt und wird vielfach zum Sammelgegenstand. Neben Grußkarten sind es Ansichten und Erinnerungen von Urlaubsaufenthalten und Reisen, die den Postkartenmarkt prägen.

Warum reisen die Menschen?

Reisen ermöglicht persönlichkeitserweiternde Erlebnisse und Körpererfahrung. Die Entdeckung des Meeres und des Strandes als „Spielwiese" hat die Wahrnehmung des Körpers außerordentlich verändert. Stefan Zweig mag uns mit seiner Wahrnehmung aus den 1920er Jahren Zeuge dafür sein: „... aber nicht nur die Städte, auch die Menschen selbst wurden schöner und gesünder dank des Sports, der besseren Ernährung, der verkürzten Arbeitszeit und der innigeren Bindung an die Natur. [...] Und gerade im Schwimmbad konnte man die Verwandlung deutlich gewahren; während in meinen Jugendjahren ein wirklich wohlgewachsener Mann auffiel inmitten der Dickhälse, Schmerbäuche und eingefallenen Brüste, wetteiferten jetzt miteinander turnerisch gelenkige, von Sonne gebräunte, vom Sport gestraffte Gestalten in antikisch heiterem Wettkampf."[13] Aber solche Erlebnisse lassen sich auch im Sport, im Museum, in der Oper, im Schwimmbad, im Wald oder im Park vor der eigenen Haustüre finden – warum dann das weite Reisen im Tourismus?

Das *Reisen* folgt keinen ewig gültigen Mustern, sondern findet kulturgeprägt völlig unterschiedliche Ausprägungen. Unter den Bedingungen der Gegenwart hat sich der moderne *Tourismus* entwickelt, der einen völlig anderen Charakter besitzt als das *Reisen* in der Vergangenheit und somit nicht zu erklären oder zu beschreiben ist mit Topoi, die man diesen älteren Formen entlehnt hat. Wenn wir den aktuellen Tourismus nüchtern betrachten, dann geht es bei ihm in hohem Maß um den *Genuss von Reichtum*, über den die Menschen in den prosperierenden Ländern verfügen.

Tourismus ist heute Prosperitätsphänomen. Er bedeutet für die Individuen allgemein gesprochen die Nutzung von Chancen für das Leben (für Lebensqualität, Genussleben usf.), die durch die Verfügung über disponible Zeit und Kaufkraft gegeben sind, und weil damit anscheinend besonders hohe subjektive Gewinne an Lebensqualität verbunden sind, werden immer wieder entsprechende Erlebnisse gesucht – weshalb auf die touristische

Reise auch in Krisenzeiten am wenigsten verzichtet wird. Es sind Formen des Genusslebens, bezogen auf das, was in den jeweiligen Milieus dafür gehalten wird und sich im Feld der Bedürfniskonditionierung durch das Angebot des Marktes (der Reiseunternehmen und des Marketings der Zielregionen) entwickelt, und zwar in einer ständigen Rückkopplung mit den Abnehmern, den Reisenden, wo Markterfolg und Gewinn entscheidende Faktoren für die Fortentwicklung des Angebotes darstellen. Mediale Angebote, die Konditionierung durch (Reise-)Literatur und Kunst sowie kulturelle Öffentlichkeiten in unterschiedlichen Milieus wirken bei der Entfaltung mit – was verschafft in welchem Umfeld Reputation, womit kann man Ansehen erwerben?

Die Menschen in saturierten Zuständen legen sich *nicht nur* auf die faule Haut, sondern richten ihre Suchbewegungen in neuen Möglichkeitsräumen auf neue Formen der Lebensqualität (nicht unbeeinflusst von historisch-gesellschaftlichen Rahmenbedingungen wie Moden und Marktprozessen). Ohne die Existenz von prosperierenden Schichten, ohne Frieden und Sicherheit der Wege, ohne Freizügigkeit der Personen ist Tourismus nicht möglich. All das sind keine Selbstverständlichkeiten. Erst mit ihnen findet die „anthropologische Ausstattung" des Menschen (exploratives Verhalten) ihre kulturelle Ausgestaltung im Tourismus.

Wir alle, auch die sanftesten Touristen, finden und suchen unser Schnäppchen dabei, auch im Alternativtourismus, im Wissenschaftstourismus, im Entwicklungshilfetourismus oder wo immer wir sonst Begründungen für unsere Reisen finden, die *notwendig* werden, weil sie *möglich* und *billig* sind. Tourismus hat keine *Funktion*, er spielt nur eine *Rolle*. Er ist nicht *nötig*, er ist nur *möglich* geworden und wird deswegen praktiziert.

Tourismus ist in seiner heutigen Form ein Privileg der Menschen in den reichen Staaten. Die materiellen Standards von Transport, Beherbergung sowie der „Möblierung", Konditionierung und Strukturierung der Landschaft (die materielle Kultur des Reisens) haben ein außerordentliches Niveau erreicht.

Wir sollten den Tourismus nicht mit allen möglichen Ansprüchen überfrachten. Er trägt zur Lebensqualität bei, in Maßen auch zu Kaufkraft- und Wohlstandstransfer. Die Menschen werden sich den Genuss ihres Wohlstands in der Prosperität nicht nehmen lassen – freilich sind einschränkende Bedingungen zum Standard zu machen: Die sozialen Chancen sollen möglichst wenig exkludierende Aspekte beinhalten, die Kluft zwischen Arm und Reich soll nicht wachsen, und solche Formen der Selbsthilfe, wie sie einst im „Sozialtourismus" der Naturfreunde enthalten waren, sollen eine Chance behalten.

Und: Das Reisen muss angemessen bezahlt werden. Das gilt bezogen auf die Kompensation bzw. Vermeidung von Umwelt- und Klimaschäden, das gilt bezogen auf die (wieder als Chance zu begreifende, aber nur durch eine komplexe und integrale Tourismus-Politik zu sichernde) Transferleistung von reichen zu armen Regionen. Und es bezieht sich auf die Vermeidung von menschenrechtswidrigen (Kinderprostitution z. B.) und sozial unverträglichen (die sozialen Rechte der Gastgeber betreffenden) Praktiken. Aber das ist ein Feld der Politik.

Das touristische Wachstum ist unaufhaltsam, eingeschlossen die Ansprüche der „Residents", die auf Dauer ihren Wohnsitz aus dem kalten Norden in Mittelmeerregionen verlegen. Nüchtern gilt es Konsequenzen zu ziehen: Die Touristen müssen zahlen für das, was sie haben wollen, und vermutlich deutlich mehr als bisher. Das mag, um die soziale Differenz zu vermindern, Formen der gemeinschaftlichen Organisation von preiswertem Sozialtourismus ermutigen. Und es müssen mehr Grenzen für die Regional- und Bau-

leitplanung sowie für den Natur- und Umweltschutz gesetzt werden.
Vielleicht vermag der moderne Tourismus, interpretieren wir in Engführung an den Interessen der reichen Gesellschaften, uns den Umgang mit mehr freier Zeit und Raum zu strukturieren, so wie in der Vergangenheit Rituale und Kulte dies taten. Vielleicht vermag er sogar, blicken wir über den eigenen Tellerrand hinaus, auch den Transfer von Reich zu Arm weltweit zu erleichtern. Aber in beiden Dimensionen ist dies kein Automatismus, sondern bedarf der (kulturellen, politischen) Gestaltung.

Anmerkungen

1 Burckhardt 1924, 480/481.
2 Meyer 1898, 64.
3 Hawlik 1995; Haas 1994, 67–75.
4 Stettenheim 1882, 2.
5 Palme 1986, 711.
6 Palme 1986, 711/712.
7 Ganser 1996.
8 Scherer 1999, R 1.
9 Burghoff/Kresta 2002.
10 Thurnher 1994/1995.
11 Kunert 1980, 67/68.
12 Vgl. Der Souvenir.
13 Zweig 1970, 224/225.

Spirituell bewegt – Modernes Jakobspilgern

Margarete Meggle-Freund

Eine besondere Form der „Bewegung“ ist derzeit in aller Munde:
Seit den 1990er-Jahren erlebt das Pilgern nach Santiago, die Wallfahrt zum Grab des heiligen Apostels Jakobus des Älteren, eine Renaissance. Aus Spanien, ganz Europa, Südamerika und anderen Ländern kommen Pilger nach Santiago. Berichte über „den Jakobsweg“ finden sich in allen Medien. Besonders Hape Kerkelings Erlebnisbericht „Ich bin dann mal weg“[1] machte den Jakobsweg bekannt. Im Frühjahr 2008 vermeldeten die großen Boulevardzeitungen auf den Titelseiten, dass Kerkelings Pilgerbericht erstaunliche 100 Wochen die Bestsellerliste angeführt hatte. Mit seinem Pilgerbericht tourte der Entertainer durch alle Talkshows; alle großen Zeitungen berichteten und zahlreiche Buchhandelsschaufenster präsentierten Literatur zum Jakobsweg.
Wie kam es nach dem Niedergang der europäischen Santiagofahrt zu dem neuerlichen Boom? Unter welchen Rahmenbedingungen sind heutige Pilger konkret unterwegs? So soll zuerst das Phänomen und seine historischen Wurzeln beschrieben werden. Im nächsten Schritt wird untersucht, welches Bild uns die Medien zu diesem Thema vermitteln, um schließlich nach dem Zusammenhang von Mobilität und aktueller Spiritualität zu fragen und so den Boom um das Jakobspilgern als Indiz für unsere Gegenwart zu deuten.

FREITAG, 18. APRIL 2008
60 CENT

Abendzeitung

TELEFON 089.23 77 0
WEB WWW.ABENDZEITUNG.DE

DIE STADT
Das tägliche München-Magazin
Heute April-Wiesn: Die Anstichparty
Kino-, Theater- und TV-Progamm, Rätsel und Horoskop finden Sie jeden Tag in „DIE STADT“

Oliver Kahn
Auf dem Weg zum größten Triumph
SEITE 25

Kerkelings Pilger-Buch seit 100 Wochen auf der Bestseller-Liste

Hape: Ich bin dann mal reich

MÜNCHEN Mit seinem Buch „Ich bin dann mal weg“ bricht Hape Kerkeling alle Rekorde: Seit 100 Wochen ist es in der Spiegel-Bestsellerliste. Kerkeling hat mit der 630-Kilometer-Pilgerreise rund sechs Millionen Euro verdient – macht fast 10 000 Euro pro Kilometer! *Seite 17, Meinung Seite 2*

Abb. 1: Schlagzeile der Abendzeitung vom 18. April 2008: H. P. Kerkelings Pilgerbericht ist seit 100 Wochen Bestseller

Die Beschreibung des Phänomens: Die moderne Jakobspilgerschaft

Historischer Rückblick: Die mittelalterliche Santiagofahrt

Die Wallfahrt zum Grab des hl. Apostels Jakobus gehörte neben Jerusalem und Rom zu den drei großen Fernwallfahrten des Mittelalters. Die Anfänge des Jakobs-Kults liegen im 8.–11. Jahrhundert, als Europa gegen das Vordringen des Islam kämpfte. Jakobus wurde besonders als „Matamorus“, der Maurentöter, verehrt. Nach ihrer geistigen Blüte im 11. und 12. Jahrhundert erlebte die Santiagofahrt ihren zahlenmäßigen Höhepunkt im Spätmittelalter. Pilger aus ganz Europa waren auf dem gut ausgebauten Wegenetz mit zahlreichen Pilgerhospizen und Klöstern, die Versorgung boten, unterwegs. Noch im 18. Jahrhundert erhielt die größte romanische Kirche der Christenheit über dem Grab des hl. Jakobus eine gewaltige Westfassade, deren Türme bis zu 70 Meter hoch aufragen. Diese barocke Fassade wird heute vielfach als Signet der mittelalterlichen Wallfahrt eingesetzt. Erst die geistigen und materiellen Umwandlungen infolge der Französischen Revolution ließen Santiago seine Bedeutung als europäisches Pilgerziel verlieren.[2]

Wiederbelebung der internationalen Santiagofahrt

Einer internationalen Öffentlichkeit wurde das Phänomen der Jakobswallfahrt erst wieder bekannt, als sich seit den vierziger Jahren die internationale Geschichtswissenschaft in zahlreichen Kongressen und Ausstellungen damit beschäftigte.

Parallel dazu bemühte sich die spanische Tourismusbehörde, an die Pilgertradition anzuknüpfen und damit Santiago und den kulturellen Reichtum Nordspaniens touristisch zu vermarkten. Pilger- und Touristenzahlen stiegen. Seit 1986 gibt es an der Kathedrale von Santiago eine feste Anlaufstelle für Pilger. Sie können sich dort die „Compostela“ ausstellen lassen. In dieser lateinischen Urkunde – nach mittelalterlichem Vorbild – wird dem Pilger, der die letzten 100 Kilometer bis Santiago zu Fuß oder 200 Kilometer mit dem Rad zurückgelegt hat, die „peregrination ad limina Beati Jacobi“ (Wallfahrt zu den Schwellen des heiligen Jakobus) bestätigt. Dort gemeldete Pilger gehen in die offizielle Statistik ein.

Der Jakobsweg als erste europäische Kulturstraße

Kurz darauf, im Jahr 1987, stellte der Europarat sein groß angelegtes Projekt „Wege der Jakobus-Pilger als europäische Kulturstraßen“ vor. Mit der Proklamation des Jakobsweges als erster europäischer Kulturstraße waren verschiedene Zie-

Abb. 2: Die barocke Fassade der Kirche von Santiago wird heute vielfach als Signet der mittelalterlichen Wallfahrt eingesetzt, Foto: Karl-Heinz Steigmann

Abb 3: Die nationalen Jakobsgesellschaften geben Pilgerausweise (= Credencial) aus. Darin können sich die Pilger in den Hospizen die zurückgelegten Wegstationen bestätigen lassen.

le[3] verbunden. So soll als politisches Anliegen die gemeinsame europäische Identität heutiger Europäer aktiviert werden: Mit dem Bezug auf ein gesamteuropäisches historisches Phänomen wollte der Europarat die Zusammengehörigkeit der europäischen Länder als kulturelle Realität erlebbar machen. Und diese sanfte Form des Kulturtourismus soll statt einer einseitigen Ausrichtung auf die Strandregionen auch andere Kulturziele touristisch erschließen und so die Ströme der Urlauber gen Süden entzerren.

Der Europarat begann daraufhin mit der Rekonstruktion der Infrastruktur des historischen Jakobsweges: Er gab eine Karte europäischer Jakobswege heraus; entwickelte mit der gelben Muschel auf blauem Grund ein einheitliches Logo; förderte mit Jugend- und Kulturprogrammen den Bezug auf das historische Erbe und trieb an den Hauptrouten den Bau von Pilgerherbergen (= refugios) voran. Viele der Refugios werden von St.-Jakobs-Gesellschaften unter Einsatz zahlreicher Ehrenamtlicher betrieben. So gingen offizielles und privates Engagement Hand in Hand.

Jakobspilger in Deutschland und Hessen

Schon im Februar 1987 gründete sich in Aachen die überkonfessionelle „Deutsche St. Jakobus-Gesellschaft"[4]. In regelmäßigen Abständen veranstaltet sie Kongresse zur Erforschung der Jakobswallfahrt, fördert kulturelle Beiträge und berät Pilger. Daneben unterstützt sie die inzwischen zahlreichen lokalen Gruppen im weiteren Ausbau des Wegenetzes. So ist inzwischen beispielsweise ein Stück Jakobsweg von Marburg über Siegen nach Köln erschlossen.[5]

Im Jahr 2002 gründete sich der Verein Elisabethenpfad e. V. in Marburg, der den vorher schon vom Oberhessischen Gebirgsverein (OHGV) zwischen Marburg und Kloster Altenburg ausgewiesenen Elisabethenpfad weiter ausbaut. Inzwischen gibt es zwei Teilstücke ausgehend von der Frankfurter Deutschordenskirche bis zur Marburger Elisabethenkirche und im zweiten Stück von Eisenach und der Wartburg bis zur Elisabethenkirche in Marburg, die auch als Jakobsweg ausgewiesen sind.[6] Besonders Paul Martin Clotz, evangelischer Pfarrer für „Geistliches Leben" in der hessen-nassauischen Kirche, engagiert sich für diese „ökumenischen Pilgerwege"[7]. Und erst am 21.12.2008 ist wieder eine weitere Etappe Jakobsweg von Fulda nach Frankfurt eröffnet worden. „Dabei orientiert sich dieser neue Jakobsweg an der historischen Fernhandelsstraße Leipzig-Frankfurt und ist ein Abschnitt auf der so genannten Via Regia, einer Kulturstraße Europas, die von der Ukraine bis nach Spanien führte."[8]

Bei der weiteren Erschließung von Jakobswegen spielt auch der Tourismus eine große Rol-

Abb. 4: Karte der europäischen Jakobswege

Abb. 5: Jakobsweg von Marburg nach Köln

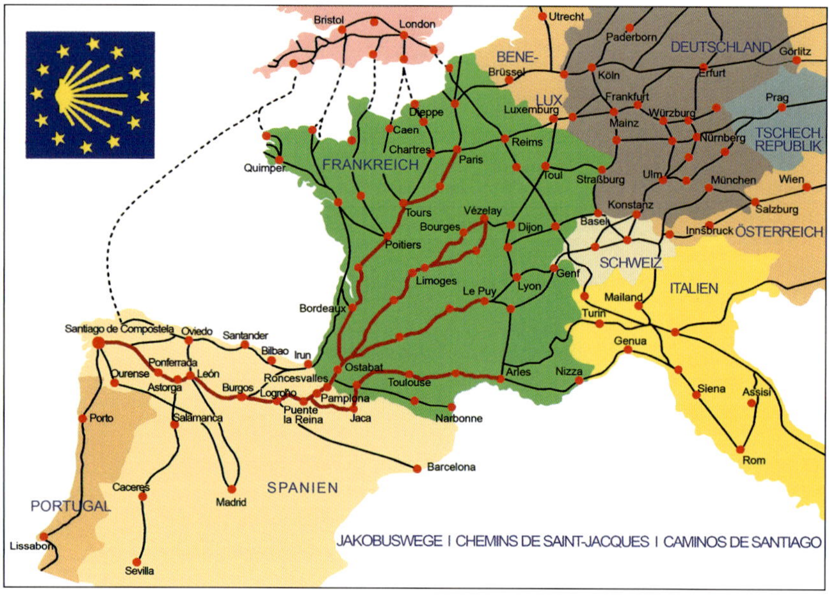

le. Wandern gilt derzeit als Trendsportart, weshalb die Tourismusmanager[9] auf den Zug der Jakobsbegeisterung aufspringen.

Ansteigende Pilgerzahlen – besonders seit dem hl. Jahr 1993

Waren es 1987 im Jahr der Ernennung des Jakobsweges zum Europäischen Kulturweg 2 905 offiziell gezählte Pilger, 1992 mit 7 274 rund dreimal so viele, 1998 schon 30 126, so stiegen die Pilgerzahlen kontinuierlich an – im Jahr 2006 auf fast 100 000. Die heiligen Jahre, in denen der Festtag des hl. Jakobus d. Ä. am 25. Juli auf einen Sonntag fällt und die Pilger deshalb einen besonderen Ablass gewinnen können, brachten Spitzen in der stetig ansteigenden Kurve der Pilgerzahlen: Der Boom begann im hl. Jakobsjahr 1993, als fast 100 000 Menschen nach Santiago pilgerten, dann über 154 000 im hl. Jahr 1999, bis zur bisher unübertroffenen Rekordzahl von 179 944 Santiagopilgern 2004.

In diesem letzten hl. Jahr kamen Pilger aus 114 Ländern nach Compostela, davon 6816, das entspricht 3,79 %, aus Deutschland – insgesamt etwas mehr Männer als Frauen. Neben den Einzelpilgern gibt es auch Pilger in organisierten Gruppen. Auch zahlreiche „Kultur-Pilger" sind auf dem Jakobsweg mit Auto und Bus unterwegs, werden aber in der offiziellen Pilgerstatistik nicht mitgezählt.

Auf der historischen Route des Camino Francés durch Nordspanien

Die meisten der Pilger bewegen sich auf ihrer Reise nach Santiago bewusst auf einer der historischen Routen des Jakobsweges und legen die Strecke auch wie die Pilger im Mittelalter per pedes zurück. Im hl. Jahr 2004 waren rund 87 % zu Fuß und rund 11 % mit dem Rad unterwegs. Sie wählten größtenteils den sogenannten Camino Francés, der parallel zur Nordküste Spaniens von Ost nach West im Landesinneren verläuft, von der französischen Grenze aus über

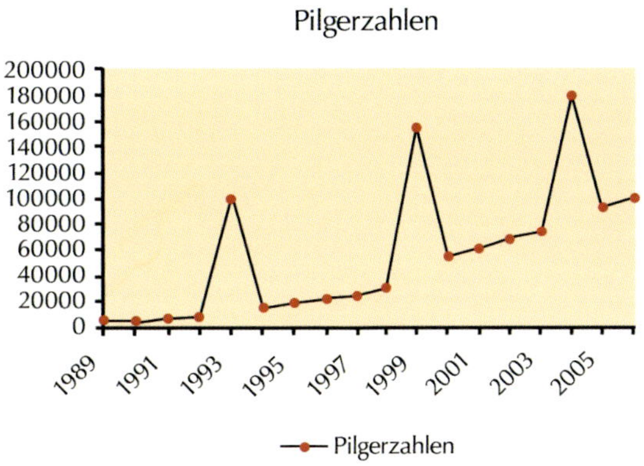

Abb. 6: Offiziell in Santiago gezählte Pilger.

den Somport-Pass, Puente la Reina, Nájera, Burgos und León nach Santiago de Compostela.

Auf dieser Hauptpilgerstrecke lässt sich die historische Tradition der Jakobspilgerfahrt hautnah erleben: Zahlreiche mittelalterliche, kunsthistorisch hochbedeutsame Wallfahrtskirchen säumen den Weg. Weite Strecken führen durch reizvolle Landschaften. Aber auch etwas von den Mühen, welche die mittelalterlichen Pilger zu bewältigen hatten, lässt sich in der Neuzeit nachvollziehen. Auch heute sind die Pilger den Unbilden des Wetters ausgesetzt. In schattenlosen Etappen durch die kastilische Hochebene brennt die glühende Sommerhitze oder bei der Überquerung von Pässen, wie z.B. der Cebreiro-Höhe, kann es empfindlich kalt sein. Genauso wie die mittelalterlichen sind heutige Pilger der Angst beim Durchqueren menschenleerer Gebiete und verlassener Ortschaften mit streunenden Hunden ausgesetzt. Dazu kommen heute Wegabschnitte durch Vorortsiedlungen und Industriegebiete, teilweise auf angenehmen Wanderwegen, durchaus aber auch auf befahrenen Autostraßen. Die Mühen der Wanderschaft, aber auch die Suche nach dem richtigen Weg als Pilger – und im Leben – sind dann auch, nach Aussagen vieler Pilgerberichte, verbindende Themen der Wallfahrer.

Pilgerherbergen und Pilgerrituale

Zahlreiche Wegmarkierungen und gute Wanderführer machen den Camino zu einem gut ausgebauten und von der sportlichen und logistischen Herausforderung nicht allzu schwer zu bewältigenden Fernwanderweg. Ein dichtes Netz von Pilgerherbergen, den sogenannten Refugios, strukturiert den spanischen Camino. Die Refugios sind meist einfache Massenquartiere mit Versorgungs- und Waschmöglichkeit. Ausgewiesene Pilger können hier gegen ein geringes Entgelt übernachten, weil sich vielfach Ehrenamtliche unentgeltlich um die Betreuung kümmern. Hier erhalten die Pilger auch die nötigen Stempel für ihren Pilgerpass, um dann in Santiago als ausgewiesene Fußpilger ihre Pilgerurkunde zu bekommen. Die Pilgerherbergen sind auch wichtige Treffpunkte für die Wallfahrer: In der Regel geht jeder Pilger tagsüber in seinem Rhythmus, um die Anforderung seiner Etappe bewältigen zu können, so dass sich nur immer wieder wechselnde kleine Grüppchen ergeben. Aber abends in den Herbergen treffen sich oft immer wieder die Gleichen. Viele kochen und essen zusammen, tauschen sich aus über die Mühsal und Freuden des Weges, sei es die beste Behandlung der Blasen an den Füßen oder die Empfehlung für die Bar am Wege.

Abb. 7: Pilger essen zusammen, Foto: Karl-Heinz Steigmann

Der Jakobsweg wird auch immer wieder als großer Heiratsmarkt bezeichnet. Die Jakobswanderer verbindet nicht nur der gleiche Tagesablauf mit frühem Aufstehen, täglichem Weiterziehen und Wandern bis zur abendlichen Etappenstation, sondern die meisten der Jakobspilger berichten auch, wie die Auseinandersetzung mit sich selbst, die sich fast automatisch im langen Gehen einstellt, zu intensiven Gesprächen mit den Mitwallfahrern führt. Verbindend sind auch die verschiedenen Pilgerrituale, wie der Besuch von Pilgermessen in den Wallfahrtskirchen, die Eintragung in Pilgerbücher in den Herbergen und das eine große Ziel Santiago. So schildern viele ihre Jakobswallfahrt nicht nur als individuellen Weg der Selbsterfahrung, sondern auch als Gemeinschaftserlebnis. Der Ruf mit dem sich die Wallfahrer begrüßen lautet: Ultreia! – Weiter so!

Diskurse und Motive: „Der Jakobsweg" als Medienthema

Der öffentliche Diskurs zum „Jakobsweg"[10] findet in allen aktuellen Medien statt: in Fernsehreportagen, Talkshows mit modernen Protagonisten als Gästen – bevorzugt Hape Kerkeling, in Zeitungsberichten in den Rubriken Reise, Kultur oder Zeitgeist, in Bildbänden und Kalendern mit stimmungsvollen Kunst- und Landschaftsaufnahmen, in Erbauungsliteratur mit Religiös-Besinnlichem unter den Stichworten (Jakobs-)Weg und Aufbruch; daneben erschienen einige historische Romane zum Jakobsweg. Zahlreiche Pilger haben ihre Erfahrungsberichte veröffentlicht – in Form von ganz ungeschminkten Tagebuchnotizen bis hin zu den erzählenden esoterischen Bestsellern von Paulo Coelho,[11] der seinen „Bericht" mit einer Sammlung spiritueller Übungen kombiniert, und der amerikanischen Hollywoodschauspielerin Shirley MacLaine,[12] die im Erfahrungsbericht ihrer Reise ihre Visionen – ähnlich einer Rückführung – von ihren früheren Leben, dem Wesen der Sexualität, bis hin zur Entstehung der Welt erzählt. Auch private Internetseiten mit Pilgererfahrungen und Tipps finden sich zahlreich sowie Wanderführer für alle Strecken, ebenso die Internetseiten der verschiedenen Jakobsweggesellschaften, die auch Herausgeber der meisten wissenschaftlichen Veröffentlichungen sind. Jakobspilgern war auch schon Thema mehrerer Ausstellungen und schließlich diente die Reise auf dem Jakobsweg bereits als Rahmenhandlung für die Kino-Komödie „Saint Jacques [...] La Mecque. Auf Abwegen zum Wandermekka".[13]

Abb: 8: „Pilger unter sich. Zufall? Kurz vor dem Start zum Jakobsweg und während ich noch am Packen meiner Pilgersachen bin, ruft Gregor von oben: Hape Kerkeling liest auf RTL aus seinem Buch." Mit diesem Foto und der zitierten Bildunterschrift beginnt eine Pilgerreportage im Internet. Foto: © by Alessandro Medici

Hauptmotive des Diskurses: Gehen – den alten Weg – auf der Suche nach dem Selbst

In der Fülle dieses Materials fallen drei Hauptmotive auf, die in Variationen wieder und wieder reproduziert werden. Sie scheinen Themen unserer Zeit anzusprechen.

Praktische Motive: Jakobspilgern als körperlich-sportliche Reiseform

Zuvorderst wird das Pilgern bestimmt durch das Gehen und all die praktischen Aspekte, die mit der großen Fernwanderung verbunden sind. Zahlreiche Wanderführer bedienen das Bedürfnis nach praktischen Informationen. Keine der privaten Websites und Erfahrungsberichte kommt ohne die praktischen Tipps aus, aber auch nicht ohne die Klagen über die Mühsal der langen Wanderung. Trotzdem erfreut sich das Pilgern immer größerer Beliebtheit. Gehen ist eine körperliche Betätigung, die alle Menschen ohne große Ausrüstung und Ausbildung ausführen können. Jeder Mensch lernt als Kind das Gehen – somit ist es eine Elementarerfahrung. In der modernen Arbeits- und Lebenswelt mit stark technisierten Abläufen, der Konzentration auf Virtuelles am Bildschirm und der Fortbewegung in erschlossenen Verkehrsnetzen leben viele weitgehend ohne die Notwendigkeit zu körperlicher Bewegung. Im Gehen können die modernen Zeitgenossen über die körperliche Erfahrung wieder ihre elementare Menschlichkeit erleben, ohne Vermittlung von Medien oder Technik ist das Gehen unmittelbar. So kann das Fernwandern unter sportlichem Aspekt Befriedigung bieten.

Die Bewältigung längerer Strecken zu Fuß erfordert aber auch, seinen eigenen Rhythmus zu finden. Das heißt zuerst, sich dem Atem

Abb. 9: Werbung für einen Kalender zum Jakobsweg

anzuvertrauen. Mit der Konzentration auf den Atem führen die Fußwallfahrer oft unwillkürlich die Grundform aller Meditationstechniken aus. Gleichzeitig gibt der Rhythmus von tags Wandern und nachts in den Herbergen Station machen eine feste Struktur vor. Die Ausrichtung auf das Ziel Santiago zieht vorwärts. Eine solche feste Strukturierung lässt alle Freiheit des Denkens offen und gibt doch in Zeiten der scheinbaren Allmacht technischer Machbarkeit und postmodernen Beliebigkeit einen sicheren Halt.

Zur Natürlichkeit der Bewegung kommt der Kontakt mit der Natur im Durchwandern der Landschaft. Bezeichnenderweise sind in den zahlreichen Bildbänden und auch in privaten Reisealben zum Jakobsweg überwiegend stimmungsvolle Landschaftsbilder ausgewählt, in denen die Pilger meist, wenn überhaupt nur klein, auf dem Weg in die Weite zu sehen sind. Dass der Jakobsweg auch durch weniger romantische Vorortsiedlungen und hässliche Industriegebiete führt, spiegelt die Bildauswahl meist nicht wieder. Vielen erscheint der Weg naturgegeben: Nach der mittelalterlichen Legendentradition wies die Milchstraße, der die Jakobspilger auf dem Camino folgen, den Weg nach Compostela. Der Jakobsweg wird deshalb auch als der Sternenweg bezeichnet, für den im Logo neben der Muschel die gelben Sterne auf blauem Grund stehen. Heutige Pilgerberichte beziehen sich auch immer wieder darauf, dass der Camino entlang geomantischer Verwerfungen, der sogenannten „Ley-Linien" verläuft. Nach esoterischer Tradition soll das Bewegen in diesen Linien die geistige Bewusstwerdung unterstützen. Shirley MacLaine auf ihrer „spirituellen Reise" misst gerade deshalb dem Jakobsweg eine besondere Bedeutung zu.

Abb. 10: „Traumpilgern", Foto: © by Alessandro Medici

Historisierende Motive: Rückbezug auf ein überzeitliches „Mittelalter"

In der Wertigkeit verwandt mit der Erfahrung der Natürlichkeit ist die Erfahrung der Einfachheit. Nur wenige Dinge kann der Fernwanderer mit sich tragen und braucht er wirklich. Die Übernachtungsmöglichkeiten in den Refugios sind einfach bis primitiv. In der Reduktion der Mittel – allein auf den Körper gestellt – fühlen sich viele moderne Pilger mittelalterlichen Wallfahrern verwandt.

Kein Zeitungsartikel versäumt es, an die mittelalterliche Jakobswallfahrt zu erinnern. Dabei wird selbstredend alles „Alte" unter die Rubrik Mittelalter eingeordnet. Der Jakobsweg und das Jakobspilgern bekommt damit eine quasi zeitlos kontinuierliche Wertigkeit. Dass die Erscheinungsformen des Pilgerns sich durch die Zeit verändert haben, etwa zum gegenreformatorischen Bekenntnis, oder zur Rolle im Rokokoschäferspiel, bis hin zur verhüllenden Maske des Pilgers wie in der Oper Freischütz, ist in der Regel kein Thema. Der „mittelalterliche Jakobspilger" zeigt sich als ein zum Typus stilisiertes Bild.

Das Gehen auf dem Weg bekommt eine archetypische Qualität. Wie die jugendlichen Helden in den europäischen Adoleszenzmärchen[14] sich auf den Weg machen und Abenteuer bestehen müssen, um den Übergang in

Abb. 11: Werbung für einen Kunstkalender zum Jakobsweg 2009: Er zeigt mittelalterliche Kunst und Natur. Das moderne Spanien wird ausgeblendet.

die nächste Lebensstufe zu erreichen, so machen sich heutige Pilger in Umbruchsituationen und Lebenskrisen auf den Weg.
Auch bei den neu eingerichteten deutschen Wegen beziehen sich die Initiatoren immer auch auf Historisches, obwohl die Fachleute längst herausgearbeitet haben, dass es zwar bekannte Hauptrouten wie die Oberstraße entlang des Rheins gab, grundsätzlich aber alle historischen Verkehrswege von Jakobspilgern benutzt wurden, also jeder Weg Jakobsweg sein kann. Einen historischen Bezug stellen die Wanderführer oft her, indem sie auf Jakobskirchen oder Jakobsfiguren an den Routen hinweisen. Doch enthält fast jede katholische Kirche eine Darstellung der zwölf Apostel – darunter eben auch der Pilgerheilige Jakobus der Ältere.
Der Europarat hat seine Auswahl des Jakobsweges als europäische Kulturstraße auch damit begründet, dass sich auf ihm eine lange europäische Tradition nachvollziehen ließe. Die historische Kunst entlang des Camino erscheint dafür als Beleg. Das Bild, wie es sich heute in den Medien präsentiert, entsteht aber erst in der Auswahl, die das moderne Spanien in Zusammenhang mit dem Jakobsweg weitgehend ausblendet. Der Bezug auf die Geschichte wird unter dem Stichwort des Mittelalters zusammengefasst. Wie Bildbelege hierfür erscheinen die Illustrationen zum 2006 im Knaur Verlag erschienenen historischen Roman „Flucht auf dem Jakobsweg",[15] der im Spätmittelalter spielt: Das Titelblatt ziert eine barock dekolletierte Dame.
„Die Geschichte" oder „das Mittelalter" erscheint im Diskurs um den Jakobsweg vielfach als Begründungsinstanz, auf die sich eigene Erfahrung aufbauen lässt. Nicht mehr der Bezug auf die konkrete christliche Lehre wird herangezogen, sondern eine diffuse spirituelle Überlieferung der vielen Generationen, die vor einem den Weg gegangen sind, erscheint als Indiz für wahre Erfahrung. So wird eine allgemeine Nähe von Mittelalter und Mystik konstruiert. Die Renaissance des Wallfahrens ist darin Teil antiaufklärerischer Strömungen, die weg von Verstand und Technik hin zu direkter Erfahrung und Gefühl gehen.
Anders als der Aufbruch der Hippiegeneration zu ganz neuen Welten im Osten, der getragen war vom Glauben der Wohlstandskinder der 1970er Jahre, sie könnten alles verändern, suchen die Jakobspilger Heil im alten und nahe liegenden Europa. Das passt zur allgemeinen Situation der Jahrtausendwende, in der Einkommen und soziale Versorgung für viele Menschen ungesichert erscheinen. Sie suchen und finden ihren Aufbruch in der Sicherheit der (europäischen) Geschichte.
Es geht bei der spirituellen Suche der New-Age-Generation weniger um eine Umgestaltung der Gesellschaft, vielmehr bleibt jeder Einzelne für sich, wie im neoliberalistischen Wirtschaftssystem liegt die Verantwortung primär beim Einzelnen. Wie jeder Schuld und Verantwortung für sein wirtschaftliches Bestehen zuerst bei sich selbst sucht oder suchen soll, so suchen die Jakobspilger individualisiert jeder für sich und in sich ihr je eigenes Heil.

Spirituelle Motive: der Camino als Erfahrungsweg

„Gedrängel auf dem Pfad der Sinnsuchenden" – proklamierte die Süddeutsche Zeitung.[16]

Kaum ein Zeitungsartikel zum Jakobsweg kommt ohne den Verweis auf die mit dem Pilgern auf dem Jakobsweg verbundene Sinnsuche und spirituelle Erfahrung aus. „Die Erfahrung des Jakobsweges" ist durch viele Pilgerberichte zu einem feststehenden Ausdruck geworden.

Menschen mit und ohne religiöse Bindung sind heute unterwegs auf dem Jakobsweg. Pilger berichten, dass sie zwar immer wieder ein Stück des Weges mit anderen gemeinsam gehen oder sich manchmal sogar kleineren Gruppen anschließen. In der Regel ist aber jeder Pilger alleine unterwegs und bindet sich meist nur zeitweise in frei gewählten Gruppen. Dem entspricht auch der Umgang mit den Erfahrungen unterwegs. Jeder Einzelne beansprucht für sich seine eigene wahre Erfahrung – gemessen an der eigenen Lebensphilosophie. Der moderne Sinnsucher behält die Deutungshoheit seiner Erfahrungen. Im Gegensatz zum vormodernen Pilger, der sich eingebunden sah in die Gemeinschaft der Gläubigen, ist der individualisierte moderne Sinnsucher vielfach frei von formulierten religiösen Deutungssystemen. Damit stehen ihm allerdings auch nicht mehr die Begriffe der Religion zur Beschreibung seiner Erfahrungen zur Verfügung. Es ist deshalb einfach nur noch diffus von „der Erfahrung" die Rede. Bezeichnend ist auch die Umkehrung der geistigen Richtung: Strebten die mittelalterlichen Pilger nach dem Ziel, am Wallfahrtsort einen Ablass zu erhalten oder dort bestimmte Reliquien direkt verehren zu können. (Diese waren ausgerichtet auf das große Lebensziel, nach dem Tode in den Himmel einzugehen und so am großen Zielpunkt christlicher Schöpfungsvorstellung an Christi Wiederkunft am jüngsten Tag teilzuhaben.) So ist für den modernen Pilger – frei nach Konfuzius – der Weg das Ziel. Der Weg wird verstanden als ein Übungsweg. Auf-dem-Weg-Sein wird so zu einer Grundeinstellung.

Der Psychologe Rudolf Sponsel definiert Spiritualität als mehr oder minder bewusste Beschäftigung mit „Sinn- und Wertfragen des Daseins, der Welt und der Menschen und besonders der eigenen Existenz und seiner Selbstverwirklichung im Leben."[17] Jakobspilger treten durch die mit dem Wandern einhergehende „Entschleunigung" und die mit der Rhythmik des Gehens und Atmens verbundene Zentrierung mit ihrem „Inneren Selbst" in Kontakt. Diese Rückbeziehung bringt Fragen bezüglicher der eigenen Existenz an die Oberfläche. Die Erfahrung des Getragenseins, eine Begegnung mit (solch) einem unbestimmten „Absoluten", das jenseits theologischer Lehren liegt, findet sich, mehr oder weniger deutlich formuliert, in vielen Pilgerberichten. Als Erfahrung der Einheit – dem Verschmelzen mit dem Absoluten – ist sie der Kern der mystischen Traditionen aller Weltreligionen. In den Pilgerberichten ist diese höchste Erfahrung, da sie jenseits der diskursiven Sprache liegt, wenn überhaupt, dann nur in poetisch-bildlicher Sprache ausgedrückt. Deshalb ist diese Erfahrung offen für alle Menschen aus allen Kulturen und kann somit zu einer tiefen Verbundenheit führen.

Abb. 12: Karikatur von Til Mette, In: Stern, Heft 43, 2007

Deutlich hat Hape Kerkeling eine Einheitserfahrung zum Ausdruck gebracht: „Irgendwann schalte ich im Kopf tatsächlich den Denkstrom ab und denke einfach nichts mehr. [...] Alles wird eins: mein Atem, meine Schritte, der Wind, der Vogelgesang, das Wogen der Kornfelder und das kühle Gefühl auf der Haut. Ich gehe in Stille. Drücke ich während des Wanderns mit meinen Füßen auf den Weg oder drückt der Weg auf meine Füße? [...] Wenn ich nichts denke, nichts ausdrücke, bin ich aber trotzdem immer noch da. Auf dem Weg treffe ich eigentlich immer wieder nur auf eins: Auf mich." Am Ende fasst Kerkeling zusammen: „Meine Erkenntnis des Tages [...] ist eigentlich unsagbar. Ich habe Gott getroffen!"[18]

Einordnung: Mobilität und Spiritualität

Im medialen Diskurs hat sich „der Jakobsweg" zur Metapher für die Formulierung einer spirituellen Grunderfahrung unserer Gegenwart entwickelt.

Das Bild enthält viele Aspekte der Bewegung und Mobilität: Auf konkreter Ebene geht es bei der Pilgerreise um ein Sich-in-Bewegung-Setzen. Die Pilger suchen im Aufbruch aus dem gewohnten Alltag neue Orientierung. Sie unternehmen eine Reise zu einem historisch und spirituell hoch aufgeladenen Weg und Ziel. Sie suchen in der Entschleunigung des Gehens eine Alternative zur tempogeprägten Moderne. Durch die äußere Bewegung versuchen sie zu einer inneren Veränderung zu gelangen.

Den Jakobsweg suchen sich die modernen Pilger als eine Alternative zu Un-Orten, ohne Geschichte und eigenes Gesicht, wie sie Marc Augé für die Postmoderne beschrieben hat. Aber natürlich bedienen sie sich bei ihrer Reise der Durchgangsorte wie Flughäfen und Straßen, die typische Beispiele für Un-Orte sind. Historische Pilger etwa trugen das Pilgerzeichen der Muschel als Auszeichnung, ans Ziel gelangt zu sein, erst auf dem ebenso gefahrvollen Rückweg. Moderne Pilger schmücken sich von Anfang an mit der Muschel und kürzen den Rückweg zumeist mit dem Flugzeug ab.

Im Motto „Der Weg ist das Ziel" beschreiben die heutigen Jakobspilger ihre Suche bzw. das stetige Suchen als eine Grundeinstellung mit einer Wegmetapher. Dabei meint „Weg" auch die stete Bewegung zwischen verschiedenen Angeboten. Die modernen Jakobspilger bauen sich, jeder gestützt auf seine eigene Erfahrung, aus vorhandenen markt- und medienvermittelten Angeboten ihre Identität zusammen, ohne sich fest einer Gemeinschaft oder Konfession anzuschließen – immer weiter „wandernd". So kommt es zu einer Kombination verschiedener Versatzstücke der christlichen Tradition mit Bausteinen esoterischer Lehren. Der Religionssoziologe Ronald Hitzler nannte dies „Bastelexistenzen".

Im Bild des Wanderers auf dem Weg beschreibt der Religionssoziologe Winfried Gebhardt dann auch den „Prototypus spätmoderner Religiosität": „Charakteristisch für die Spi-

Abb. 13: Jakobspilger auf dem Weg, Foto: © by Alessandro Medici

ritualität des Wanderers sind drei Grundüberzeugungen a) das Bild der ‚vielen Wege', die zur Wahrheit führen, und die damit verbundene Konvergenzvorstellung, b) der Anspruch auf die soziale Deutungshoheit über seine Spiritualität, und c) die Annahme eines dem Menschen positiv und unbedingt zugewandten Absoluten."[19] All dies findet sich geradezu prototypisch bei den Wanderern auf dem Jakobsweg. Und sie wandern nicht nur metaphorisch, sondern bewegen sich wirklich fort.

Der Ort und der Weg ist auch eine starke Metapher, welche die fehlende religiöse Sprache ausgleicht, die den spirituellen „Bastlern" oft nicht mehr geläufig ist. Kirchenbauten und Wege kann man einfach besuchen, sie ergehen, anschaulich fotografieren und beschreiben ohne große Vorbildung. Spirituelle Erfahrungen dagegen sind viel schwerer auszudrücken.

Gerade weil „der Jakobsweg" ein Bild der Bewegung ist, konnte er zur Metapher für spirituelle Suche unserer Gegenwart werden.

Anmerkungen

1 Kerkeling 2006.
2 Plötz 1993, 171–214, 190–205, 206–210.
3 Klein 2005, besonders 43.
4 http://www.kirche-im-bistum-aachen.de/kiba/dcms/traeger/6/deutsche-jakobus-gesellschaft/index.html (15.01.07).
5 Landschaftsverband Rheinland/Landschaftsverband Westfalen-Lippe 2007.
6 Siehe Pilgerführer Elisabethenpfad 1 und 2, 2005 und 2007.
7 Clotz (Verfasser)/Der Elisabethpfad e. V. (Hg.), o. O./o. J.
8 Bericht über die Eröffnung des „neuen Elisabethenpfad 2 und Weg der Jakobspilger" http://www.elisabethpfad.de/info/archiv/index.htm (21.12.2008).
9 Übersicht bei Drouve 2006, 97–116.
10 Coelho 1999.
11 MacLaine 2001.
12 Serreau 2007.
13 Etwa Scherf 1978.
14 Lorentz 2006.
15 Süddeutsche Zeitung vom 3.11.2006, 11.
16 Sponsel 2006: „Spiritualität – Eine psychologische Untersuchung" http://www.sgipt.org/wisms/gb/spirit0.htm (26.09.2006).
17 Sponsel 2006: „Spiritualität – Eine psychologische Untersuchung" http://www.sgipt.org/wisms/gb/spirit0.htm (26.09.2006).
18 Kerkeling 2006, 236–238.
19 Gebhardt, in: Gebhardt/Hitzler 2006, 228–243, hier 232.

1 2 3 4 5 6 7 8 9 0

V. KOMMUNIKATION

Vom Holzohr zum Handy – Eine kleine Telefongeschichte

Erika Dittrich

„Ich habe der Welt eine große Erfindung geschenkt ...“ – Der Mensch wird zu Stimme und Ohr

Ich telefoniere, also bin ich. All unser Sein scheint abhängig von der Fähigkeit, jederzeit für jeden an jedem Ort erreichbar zu sein. Oder im Umkehrschluss: „Kein Schwein ruft mich an, keine Sau interessiert sich für mich [...] Den Zustand find ich höchst fatal, für heut'ge Zeiten nicht normal.“ Treffend beschreibt Max Raabe in diesem Schlager das deprimierende Gefühl, mangels sozialer Vernetzung vom allgemeinen Palaver ausgeschlossen zu sein.
Dabei liegt die flächendeckende Versorgung mit Telefonen noch gar nicht lange zurück. Erst seit den späten sechziger Jahren des vergangenen Jahrhunderts zogen die Fernsprechapparate in die Haushalte ein; von dem seit kaum zehn Jahren allgemein genutzten Handy nicht zu reden. Davon konnte der Erfinder des Telefons, Philipp Reis (1834–1874), nur träumen, ahnte er auch kurz vor seinem allzu frühen Tod: „Ich habe der Welt eine große Erfindung geschenkt, anderen muß ich es überlassen, sie weiterzuführen.“[1] Keine Frage, die Erkenntnis, dass die Erde rund ist, wirkte sich wahrscheinlich weniger einschneidend auf das Weltbild der Menschheit aus als die Möglichkeit, eben diese Kugel zu vernetzen.[2]

„Das Pferd frisst keinen Gurkensalat“

In der kleinen Hugenottenstadt Friedrichsdorf im Taunus baute Philipp Reis, Lehrer am renommierten Knabeninstitut Garnier, oftmals Modelle, um den Unterricht für seine Schüler anschaulicher zu machen.[3] Schon früh hatte Reis sich mit der Frage beschäftigt, wie man Töne in die Ferne übertragen könne. Doch nun, 1860, als die Gehörwerkzeuge auf dem Stundenplan standen, kam ihm die zündende Idee: Er schnitzte das Ohr nach, wobei eine Membran das Trommelfell simulierte und eine Metallzunge den Hammer, also den kleinen Gehörknochen. Dieses Holzohr verband Reis

Abb. 1: Holzohr an Stricknadel – das um 1860 von Philipp Reis entwickelte Telefon stellt das Philipp-Reis-Haus in Friedrichsdorf in einem Versuchsaufbau nach

über einen Kupferdraht und galvanische Zellen (Batterien) mit einer Stricknadel. Indem Schallwellen die Membran zum Schwingen brachten, berührte sie den Metallstift und schloss damit den Stromkreis, der Strom floss vom Ohr zur Stricknadel. Um diese war der Draht wie eine Spule gewickelt, so dass sich mit dem Strom ein Magnetfeld aufbaute und die in Vibration gebrachte Nadel zarte Töne produzierte. Um diese dann besser hörbar zu machen, stellte der befreundete Musiklehrer seine Geige als Resonanzkörper zur Verfügung.

Die Scheune hinter seinem Haus hatte Reis zur Werkstatt ausgebaut, und von dort verlief der erste Telefondraht in das Wohnhaus. Als man die seltsam aussehende Garnitur testete, sprach sein Schwager in den Geber (also das Ohr), worauf Reis fehlerfrei die am Nehmer (also der Stricknadel) ankommenden Worte wiederholte. Auf den Vorwurf, der Erfinder kenne den Text ja auswendig, dachte sich der Sprecher zur besseren Nachprüfbarkeit Sätze aus, die scheinbar keinen Sinn ergeben: „Das Pferd frisst keinen Gurkensalat".

Öffentlich stellte Reis sein Telefon – auch dieser in alle Weltsprachen eingegangene Begriff stammt von ihm[4] – erstmals am 26. Oktober 1861 in Frankfurt vor dem Physikalischen Verein vor. Doch in wissenschaftlichen Kreisen wurde die Erfindung von Reis als „Spielerei" abgetan, fand keinen Anschluss unter dieser Nummer. Dennoch ließ er den verbesserten, nun würfelförmigen Apparat in kleiner Serie bauen und verschicken. Auf der Weltausstellung in London war das Gerät ebenso zu sehen wie auf der Homburger Gewerbeschau. Sogar dem österreichischen Kaiser wurde das Telefon vorgeführt – erfolglos, da leider nicht von Reis selbst. Physikern diente es als Experimentierobjekt, und es fand Aufnahme in technischen Sammlungen. Da der erhoffte Erfolg weiterhin ausblieb, konzentrierte sich der verhinderte Erfinder

Abb. 2: In Serie: Nach vielen Tüfteleien entstand um 1863 die Würfelform, die Reis bereits in kleiner Serie bauen ließ, Nachbau auf dem Sekretär des Tüftlers

wieder auf seine Lehrtätigkeit. Bereits von einer schweren Tuberkulose gezeichnet, konnte Reis bald nur noch vom Bett aus unterrichten. Mit gerade 40 Jahren starb er im Kreise seiner Familie.

Mit Patent vermarktet

Schon früh setzte die Beschäftigung mit den Reis-Apparaten in den USA ein. Allerdings lässt sich die Rezeption wegen der Bürgerkriegswirren (1861–65) nicht mehr genau rekonstruieren. Eine positive Bewertung von Nachbauten des Telefons ist durch Peter Henri van der Weydes Beitrag von 1869/70 im renommierten Journal „Scientific American" belegt.

Unabhängig von Reis hatte bereits seit 1860 der italo-amerikanische Erfinder Antonio Meucci (1808–1889) an einem Fernsprechapparat gebaut und 1871 einen Patentantrag gestellt. Für die endgültige Anmeldung konnte er jedoch die Kosten nicht aufbringen, und so erlosch 1873 die Gültigkeit der Vormerkung. Inzwischen war der aus Schottland stammende Gehörlosenlehrer Alexander Graham Bell (1847–1922), der jetzt in den ehemaligen Werkstätten von Meucci arbeitete, auf dessen Materialien und Unterlagen gestoßen und konnte sie als Grundlage für sein Telefon nutzen. Als Meucci 1874 seine Arbeiten zurückforderte, wurde ihm mitgeteilt, man habe diese verloren.[5] Zwei Jahre nach dem Tod von Philipp Reis, 1876, reichte Bell in Chicago ein Patent unter der Bezeichnung „Improvement in Telegraphie" ein und damit nur zwei Stunden vor Elisha Gray (1835–1901), der ebenfalls ein Telefon entwickelt hatte.[6]

Trotz der Patentanmeldung war Bells Konstruktion noch nicht sonderlich gebrauchstauglich. Doch er verbesserte sie bald, indem er sowohl für den Lautsprecher als auch für das Mikrofon elektromagnetische Spulen, Dauermagnete und einen Widerstand gebrauchte. Später verwendete Bell für das Mikrofon Dosen mit Kohlekörnern und einer federnden Membran nach dem Patent des Engländers Blake. Es dauerte freilich bis 1881, ehe das Telefon auch praktisch einsatzfähig war. Geschützt durch seine Patentrechte, baute Bell die nach ihm benannte „Company" auf (später American Telephone & Telegraph Corporation, kurz AT&T). Als man diese gewinnträchtige Monopolstellung aufbrechen wollte, kam es zu zahlreichen Prozessen. Immer wieder fragten dabei die Richter, wann Bell eigentlich von der Reisschen Entwicklung erfahren habe. Bell indes versicherte: „Mein Eindruck ist, dass ich vor dem Experiment am 26. November 1874 nichts vom Reis-Telefon wusste."

Zollte Bell noch 1877 Reis in einem Vortrag in London sogar Respekt, indem er anerkannte, dass es dem Deutschen als Erstem gelungen sei, mit Hilfe des galvanischen Stroms Sprache in die Ferne zu übertragen, wollte er nun nichts mehr davon wissen. Schließlich standen nun enorme wirtschaftliche Interessen auf dem Spiel. Diese spielten für Reis nur eine untergeordnete Rolle. Ihm ging es primär um die wissenschaftliche Anerkennung. Er hatte „der Welt eine große Erfindung geschenkt", ohne jemals einen finanziellen Vorteil daraus zu ziehen. Entsprechend unbekannt war er im Deutschen Reich. Erst als aus Amerika die Kunde vom erfolgreichen „Telefonieren" drang, fand Reis in seiner Heimat Anerkennung und man setzte ihm allerorten Denkmäler. Selbst auf sein Grab in Friedrichsdorf wurde 1878 entgegen der testamentarischen Verfügung nun ein obeliskartiges Ehrenmal gestellt.

„Jedem Bürger sein Telefon"

Die Anerkennung von Reis als Telefonerfinder hatte nicht zuletzt ganz handfeste Gründe. So hoffte man, Patentgebühren umgehen zu können. Die Einführung des Telefons in Deutschland geht auf den Generalpostmeister Heinrich von Stephan (1831–1897) zurück.[7] Von Stephan, der als Erster das Telefon „Fernsprecher" nannte, hatte 1877 von der Erfindung Bells erfahren und bei der „Western Union Telegraph Company" in New York einige Apparate bestellt. Knapp eine Woche später besuchte ihn zufällig der Chef des Londoner Haupttelegraphenamtes, Henry C. Fisher, ein gebürtiger Hannoveraner, und stellte ihm uneigennützig zwei Bell-Telefone zur Verfügung. Noch am selben Tag wurden in Berlin Versuche damit durchgeführt, zunächst nur provisorisch innerhalb des Telegraphenamtes, dann zwischen dem Generalpostamt in der Leipziger Straße (dem späteren Reichspostministerium und Reichspostmuseum, heute Museum für Kommunikation) und dem etwa einen Kilometer entfernten Haupttelegraphenamt in der Französischen

Straße (heute Hauptrepräsentanz der Deutschen Telekom). Euphorisch erklärte von Stephan, dieser Tag ist als Geburtstag des Fernsprechers in Deutschland zu betrachten. Etappenweise dehnte man die Versuche auf immer größere Distanzen aus, bis schließlich sogar eine schwache Verbindung zwischen Berlin und dem 142 Kilometer entfernten Magdeburg gelang.

Nun veranlasste von Stephan den Ingenieur Werner von Siemens, eigene Telefone herzustellen, hatte er doch die Vision, dass jeder Deutsche einen Fernsprecher besitzen sollte. Da das Militär zunächst die Produktion zahlte, fertigte die Firma „Siemens & Halske" die Geräte „nach Bauart Bell", mit eigenen Verbesserungen, bald in immer größeren Stückzahlen. An seinen Bruder schrieb er im November 1877: „Die Telephone machen jetzt alle verdreht. Wir fertigen täglich schon 200 Paare an."[8] Zwei Geräte, eines wog etwa ein Kilogramm, kosteten inklusive fünfzehn Meter Kabel zunächst zwölf Mark. Der reißende Absatz verursachte bei Werner von Siemens (1816–1892) ein regelrechtes Schwindelgefühl.[9]

In eigenhändigen Ausführungen informierte der Generalpostmeister Reichskanzler Bismarck deshalb über „die Absicht, Telefone auf allen denjenigen Postorten aufzustellen, an welchen noch keine Telegraphenanstalten sich befinden und von dort die aufgegebenen Depeschen an die nächste Telegraphenstation hinüberrufen zu lassen." Bereits am 12. November 1877 wurde in Friedrichsberg (dem heutigen Berlin-Lichtenberg) die erste Reichstelegraphenanstalt mit fernmündlicher Nachrichtenübertragung eingerichtet. Die Apparate konnten zunächst ausschließlich in der Telegraphenverwaltung zu innerdienstlichen Zwecken verwendet werden, da Anträge auf die Einrichtung privater Fernsprechanschlüsse mit dem Hinweis abgelehnt wurden, Fernsprecher seien im Sinne der Verfassung Telegraphen und dürften daher ausschließlich vom Staat betrieben werden. Damit wurde die rund hundert Jahre gültige Monopolstellung der Post für das Telefonwesen begründet.

Abb. 3: Bellhörer, Fernsprechapparat von 1877, Postkarte, herausgegeben vom Deutschen Postmuseum

Schließlich nahm am 12. Januar 1881 das erste handvermittelte Fernsprechamt Deutschlands im Haupttelegraphenamt Berlins mit gerade acht Teilnehmern den Betrieb auf. Einige Wochen später ging die Berliner „Stadtfernsprecheinrichtung" in Betrieb. Für die Teilnehmer erschien bereits ein Fernsprechbuch, das spöttisch den Beinamen „Buch der 99 Narren" erhielt. Doch ein Jahr später hatte diese Neuerung 579 „Narren" überzeugt und zehn Jahre später gab es in der Hauptstadt 15 770 Anschlüsse; 1898 waren es 34 500, 1900 etwa 130 000 und 1940 gar 663 665.

Inzwischen konnte man für eine Mindestdauer von zwei Jahren gegen eine Gebühr von 200 Mark jährlich Apparat und Leitung nutzen, sofern der eigene Anschluss nicht weiter als zwei Kilometer entfernt war. Weitere 20 Mark wurden für einen zweiten Apparat berechnet, die sogenannte Nebenstelle, die gerade die Einrichtung eines Telefons für Firmen und Geschäftshäuser attraktiv machte. Die frühen Telefone waren allesamt Wandappa-

rate, deren Aussehen im Wesentlichen durch die technischen Verbesserungen bestimmt wurde. Dabei waren, nachdem man Mikrofon und Hörteil getrennt hatte, die Bauteile auf einem Wandbrett übereinander montiert.
Die Einführung des Telefons fällt in eine Epoche, zur Jahrhundertwende, in der Zeit- und Raumbegriffe andere Dimension annahmen, man denke nur an die Bedeutung der Uhr als unerbittlicher Taktgeber oder das beschleunigte Leben durch Eisenbahn und Automobil. Das Telefon überwand nun in Echtzeit jede Distanz und vergrößerte sie zugleich. Mit einem Gegenüber zu sprechen, ohne ihn zu sehen – was für eine neue Erfahrung!
Nicht nur der Weg des Nachrichtenaustausches wurde kürzer, auch die Kommunikation selbst zeitlich begrenzt. „Fasse Dich kurz", hieß es schon bald. Das Motto „Time is money" gilt besonders für die Wohlhabenderen, und die waren schließlich auch die Nutzer und Nutznießer der ersten, nicht zuletzt als Prestigeobjekte angesehenen Telefone. Mit ihrer weiteren Verbreitung entstand der Wunsch nach einer Ästhetisierung der Apparaturen. Bei der Gestaltung orientierte man sich nun an den reich verzierten Kleinmöbeln, wie Schmuckkästchen oder Sakristeischränke, sollten sich doch die Telefone in die häusliche Atmosphäre des Kunden einfügen. Parallel dazu ging die technische Entwicklung weiter und ließ die Bauteile immer kleiner werden. Somit bekamen die Tischler wiederum in der Gestaltung größeren Spielraum. Die eine bessere Sprachübertragung gewährleistenden Mikrofone wurden an schwenkbare Arme angebracht, die Batterien von kleinen Schreibpulten umschlossen und die Hörer handlicher. Nahm man den Hörer vom Haken, baute sich nun sogleich die Verbindung zum Amt auf.
Man telefonierte im Stehen und wendete sich dabei dem Apparat zu. Euphorisch wurde daher 1887 die erste Tischgarnitur gefeiert, die das Sprechen im Sitzen erlaubte. Gleichwohl blieb aus technischen wie finanziellen Gründen der Fernsprecher zunächst nur wenigen vorbehalten: Geschäftsleute, Politiker, Banken, Verlagshäuser und Militärs erkannten als Erste die Vorteile schnellen Informationsflusses. Überzeugt von der neuen Technik erklärte Generalpostmeister von Stephan: „Ich sehe die Zeit kommen, wo Sie sich mit den Geschäftsfreunden in Berlin, Kopenhagen und in Amsterdam fernmündlich unterhalten werden, was ja u. a. den Vorteil bietet, dass man bei der großen Entfernung nicht gleich tätlich aneinander geraten kann."[10]
Neben den Standardapparaten der Post fertigten Kunsthandwerker nach individuellen Wünschen finanzkräftiger Auftraggeber oft aus edelsten Materialien Telefone und – typisch für die wilhelminische Zeit – dekorierten diese üppig. Silber ersetzte beispielsweise dann Alpaka (Neusilber), statt Holz und Leder nahm man Hartgummi, alles eingebettet in Formen aus Musterkatalogen, die der Historismus so liebte. Mit zunehmender industrieller Fertigung wurden die üppigen Ornamente versachlicht, Dekor etwa nicht mehr aufgemalt, sondern aufgeklebt. Auch arbeiteten Techniker und Gestalter seit der Jahrhundertwende enger zusammen. Das differenzierte Design zeigt, dass man für einen Markt produzierte, der sich nach Einkommen und Stand fein unterschied.

Das „Fräulein vom Amt" und der Bestatter

Außer Berlin erhielten alsbald Hamburg, Frankfurt am Main, Breslau, Köln und Mannheim Fernsprechnetze. Zwischen Berlin und Paris wurde am 6. August 1900 das erste Telefongespräch verbunden, war aber keine Direktleitung. Die Gesprächsvermittlung erfolgte per Hand an sogenannten Klappschrän-

Abb. 4: Selbstwähler: Das Modell Hildesheim von 1908, Postkarte, herausgegeben vom Deutschen Postmuseum

Abb. 5: „Hier Amt, was beliebt?“, Vermittlungsamt in Berlin, 1911

ken. Arbeiteten hier anfangs allein Männer, hielt die Postdirektion bald die höhere Frequenz einer Frauenstimme bei schlechter Leitungsqualität für geeigneter. Fortan nahm das „Fräulein vom Amt“ die Gesprächswünsche entgegen.[11] Mittels Ruftaste oder Kurbelinduktor meldete man sich an. Im Amt fiel dann buchstäblich eine Klappe, und die Telefonistin meldete sich: „Hier Amt, was beliebt.“ Anschließend stöpselte sie ein Verbindungskabel in die entsprechende Klinke des Anzurufenden.

Die „Fräuleins“ mussten eine gute Schulbildung, beste Umgangsformen und möglichst Fremdsprachenkenntnisse vorweisen. Streng überwachte man den Familienstand: Nur Ledige durften die verantwortungsvolle Tätigkeit ausüben. Ehe und Dienst schlossen sich nach dem Verständnis der Zeit aus. Auf etwaige Anträge oder gar Anzüglichkeiten der Anrufer hatten die Damen mit einer Standardfloskel zu reagieren: „Besetzt. Werde melden, wenn frei.“

Wenn auch erst 1912 das Telegraphengeheimnis auf das Fernsprechgeheimnis ausgedehnt wurde, war Verschwiegenheit oberstes Gebot. Jedes Gespräch konnte ja mitgehört werden. Den Verdacht, eine Vermittlerin nutze ihre Vertrauensstellung zur Weitergabe von Hinweisen aus, soll der Legende nach zur Erfindung der Direktanwahl geführt haben. Im amerikanischen Kansas City argwöhnte der Bestattungsunternehmer Almon B. Strowger (1839–1902), potentielle Kunden würden dank des Informationsvorsprungs einer Telefonistin an die Konkurrenz weitergeleitet. Also versuchte Strowger mittels „Hebdrehwähler“ die Vermittlung durch Dritte zu umgehen und erfand ein „girls-cussless-telephone“. Angeblich soll sein erstes Selbstwählmodell nur aus einer runden Kragenschachtel und einigen Stricknadeln bestanden haben.[12]

In Europa nahm erstmals Hildesheim 1908 ein Wählsprechamt in Betrieb, dessen Amtszeichen den Teilnehmer aufforderte, selbst mit der Nummernwahl zu beginnen. Den Kurbelinduktor ersetzte nun die Wählscheibe. Diese hatte 1896 Erickson entwickelt und patentieren lassen, doch der noch heute gebräuchliche, 1913 zum Patent angemeldete Nummernschalter geht auf die Firma Sie-

mens & Halske zurück. Aber das Wählen wurde als lästige Arbeit empfunden, der Verlust des liebgewonnenen „Fräuleins vom Amt" beklagt.
Die flächendeckende Einführung des Selbstwähldienstes zog sich allerdings, bedingt durch Kriege und Wirtschaftskrisen, lange hin. Die letzte handbediente Ortsvermittlung im Bereich der damaligen Bundesrepublik legte man erst 1966 in Uetze bei Hannover still. Dabei wurde bereits 1923 erstmals im oberbayrischen Weilheim eine automatische Fernvermittlungsstelle eingerichtet. Diese funktionierte allerdings noch nicht so wie heute. Das System der Ortsnetzkennzahlen und der Verkehrsausscheidungsziffern „0" und „00" gab es noch nicht. Erst 1955 wurde die erste selbst wählbare Verbindung ins Ausland eingerichtet, nämlich von Lörrach nach Basel.
Inzwischen war zudem ein neues Material zum Einsatz gekommen: Bakelit. Den Werkstoff hatte 1904 der Belgier Leo Hendrik Baekeland entdeckt. Als dann noch 1914 Fritz Klatte sein PVC patentieren ließ, konnten Telefone preiswerter und in besserer Qualität hergestellt werden. Denn die Post hatte inzwischen Probleme, den großen Bedarf zu stillen. Für Büros und den Alltag genügten nach Funktionalität und Robustheit gebaute Apparate. Auch die Neuerung, Gebühren nicht länger mit der Sanduhr, sondern durch Zähler zu ermitteln, vereinfachte das Telefonieren. Mit diesem Verfahren ließen sich jetzt – 1901 – zudem öffentliche Münzsprecher einführen. Die am 1. April 1900 erlassene neue Gebührenordnung unterschied erstmals zwischen Grundmiete und Verbindungsanzahl, basierend auf einem vierstufigen Tarifsystem. Das Telefonieren von der Haupt- zu den Nebenstellen war nun kostenlos, was besonders für das Großbürgertum vorteilhaft war. Der Umgang mit Dienstpersonal konnte auf das Nötigste reduziert werden. Diese hierarchischen Strukturen wirken in Büros bis heute nach, wo die Sekretärin „vermittelt" und die „Hauptstelle" dem Chef vorbehalten ist.

Das kleine Schwarze

Mit der Demokratisierung der Gesellschaft nach dem Ende des Ersten Weltkriegs ging eine neue Gestaltungsauffassung einher, die mit der bisherigen Ästhetik brach. Künstler widmeten sich nun auch dem Industrie- und Alltagsdesign. Aus der Neuen Sachlichkeit heraus entstanden kleinere Telefonapparate bar jeden unnötigen Zierrats. Abgerundete Ecken, einige verchromte Leisten, das sind Kennzeichen der um 1920 gefertigten Telefone. Diese Geräte waren nicht nur bestens geeignet für die nüchterne Arbeitswelt, sondern in der Nachkriegszeit auch schneller herzustellen. Jetzt setzt sich Bakelit auf breiter Front durch, nachdem – 1924 – der amerikanische Industriedesigner Henry Dreyfuss (1904–1972) den zum Klassiker gewordenen „Cradle", bei dem die Mikrofonkapsel einfach aufgeschraubt wurde, entworfen hatte.
Leichter, billiger, kleiner, wartungsfreundlicher und stabiler – das waren die neuen Anforderungen für die Reichspost der Weimarer Republik. Auch sollten die Formen von Maschinen herstellbar, normierbar und mit an-

Abb. 6: Schwarze Serie: W 28, W 38, W 48 aus dem Pressstoff Bakelit (hier W 48)

deren kompatibel sein. Gegen den „Pferdefuß" seines bayrischen Konkurrenten setzte sich schließlich das von Siemens & Halske in Berlin entwickelte Modell durch und blieb hierzulande – auch wegen des Zulassungsmonopols der Post – über Jahrzehnte führend: der nach einigen Versuchsjahren gereifte „W 28". Den schwarz lackierten Standardapparat aus dem leicht formbaren Bakelit gab es gegen hohen Aufpreis auch elfenbeinfarben. Mit dem Nachfolger „W 38" war erstmals eine nahezu natürliche Sprachübertragung möglich (das Kohlemikrofon wurde mit kleinerer Körnung bestückt, die Mikrofonmuschel erhielt eine schräge Wand).

Ursprünglich führte man die Telefonkabel über Masten. Erst 1932 ging man daran, diese unter der Erde zu verlegen. Die ersten Ferngespräche verliefen dann über das von Berlin über Magdeburg nach Köln geführte „Rheinkabel". Damals, 1936, gab es im Deutschen Reich 6647 Ortsnetze mit knapp 26 Millionen Leitungskilometern, 3,39 Millionen Sprechstellen sowie 86 000 öffentliche Sprechstellen. Eine Zäsur setze dann der Zweite Weltkrieg. Nach Kriegsende untersagten die Besatzungsmächte zunächst den deutschen Fernsprechdienst, ehe er mit Genehmigung eingeschränkt aufgenommen werden durfte. Hier war es wieder ein Friedrichsdorfer, Professor Karl Willy Wagner, der von der amerikanischen Verwaltung den Auftrag erhielt, in der damaligen Trizone das Fernmeldewesen aufzubauen. Zunächst barg man technische Einrichtungen durch Aufarbeiten der aus Trümmern geborgenen Amtsbauteile und passte die Wehrmachtsgeräte an. Vereinzelt musste sogar auf Handbetrieb zurückgegriffen werden, um überhaupt Anschlüsse zu ermöglichen. Nun wurden selbst die in anderen Ländern bis heute teilweise üblichen Zweieranschlüsse zugelassen.

Die meisten Menschen blieben auf öffentliche Münzfernsprecher angewiesen, für deren Gebrauch 1927 die Gebühr von 10 Pfennig festgelegt wurde. In der Nachkriegszeit hatten die vier Besatzungsmächte auf 15 Pfennig erhöht. Doch für zwei unterschiedlich große Münzen waren die Apparate nicht ausgerichtet. So blieb in der französischen Zone der Münzfernsprecher außer Betrieb, die Amerikaner hielten am Groschen fest, und in der britischen Zone verlangte man 20 Pfennig, die man schließlich als Gebühr für Ortsgespräche im Festnetz übernahm, bis 1976, als ein Zeittakt von 8 Minuten am Tag und 12 Minuten in der Nacht die Einheiten regelte.

In fast jedem Haus eine Graue Maus

Nur fünf Prozent der Haushalte besaßen 1949 ein Telefon. Und auch in der Zeit des Wirtschaftswunders und wachsenden Wohlstands besaß in der BRD noch längst nicht jedes Haus einen Anschluss. Dabei waren per Draht bereits Kochrezepte, Wettervorhersagen oder Kinoprogramme abrufbar. Diese Ansagedienste nahm man bei der Einrichtung privater Anrufbeantworter, Alibiphon genannt, als Vorbild. Konnten diese zunächst nur Ansagetexte wiedergeben, erlaubte die verbesserte Tonbandtechnik seit den sechziger Jahren auch Aufzeichnungen. Zur Grundausstattung fast jeden Haushaltes gehörte das Telefon dann in den siebziger Jahren. Erstmals wurden 1971 in Westdeutschland mehr Telefongespräche (11,7 Milliarden) geführt als Briefsendungen (11,5 Milliarden) verschickt.

Um der großen Nachfrage Herr zu werden, setzte die Deutsche Bundespost auf einen Einheitsapparat, der einfach und preiswert herzustellen war. Andere Modelle durften nur mit Genehmigung an Nebenstellen angeschlossen werden. Damit das Gerät in jeden Haushalt passte, wurde der thermoplastische Kunststoff in der Nichtfarbe Kieselgrau ge-

Abb. 7: Mit der ausgetüftelten „Grauen Maus" kam das Telefon in den 1960er Jahren in die Haushalte

Abb. 8: Kantiger wurde das Design in den 1980er Jahren mit den Tastentelefonen

tönt. Der 1100 Gramm leichte „FeAp61", besser bekannt als „Graue Maus", war geboren.[13] Zwischen 1963 und 1984 produzierten verschiedene Hersteller davon über 20 Millionen Stück. Individualität verriet, wer in der „Altdeutsch" eingerichteten Wohnung der Grauen Maus eine Samt- oder Brokatverkleidung mit goldenen Bordüren und Fransen überzog. Prompt reagierte die Deutsche Bundespost und warnte in einer der Rechnung beigefügten „Verbraucheraufklärung" vor den Textilhauben: „Über Geschmack lässt sich streiten, über postalisch unzulässigen Zierrat nicht. Störenfriede haben nichts im Fernsprechnetz zu suchen. [...] Erlaubt ist, was eine postalische FTZ-Nummer trägt."[14]

Pep und Pop mit Typenfamilie „7" zum Tasten

In den von Farb- und Formexperimenten geprägten siebziger Jahren bekam auch der „FeAp61" einen gefälligeren Look. Die Weiterentwicklung in der Mikroelektronik ermöglichte 1974 die ersten Tastentelefone. Mit der Typenfamilie „7" wurden 1977 Gehäuse und Hörer eckiger. Vor allem aber bekannte man mit dem neuen Apparat Farbe: Farngrün, Weinrot, Beige oder poppiges Hellorange standen jetzt zur Auswahl. Allerdings blieben Schauzeichen und Kabel der leichteren Austauschbarkeit wegen einheitlich schwarz. An eines gewöhnten sich die Benutzer erst zögerlich: an die 14 Millimeter großen Tasten. Die Post warb mit der Benutzerfreundlichkeit durch Tastendruck, wodurch der Wählvorgang beschleunigt werde und zugleich das Gedächtnis entlaste.
Britische Postingenieure hatten unterdessen ein System entwickelt, mit dem man über die Telefonleitung Text und Bild übermitteln konnte – kurz Btx genannt. Doch blieb nach dessen Einführung in Deutschland die Resonanz weit hinter den Erwartungen zurück. Nur elf Prozent der Investitionen wurden erwirtschaftet.

Schnurlos ist populär – „Wetten dass..?"

Seither wurden die Fernsprecher in immer kürzeren Abständen technisch optimiert, zunächst durch Rufnummernspeicher und Displays, später unter anderem mit elektronischen Ruftönen und Freisprechfunktion. Auch wurden Mitte der achtziger Jahre die ersten schnurlosen Telefone – preiswert aus Japan und den USA – eingeführt. Da nicht jeder un-

geduldig warten wollte, ehe der Bundespostminister 1984 in der Fernsehsendung „Wetten dass..?“ verkündete, endlich das „Schnurlose“ einzuführen, gab es davon bereits zuvor rund eine halbe Millionen illegal benutzte Geräte.
Die mobilen Apparate erlaubten nun, sich bis zu 300 Meter von der Basisstation zu entfernen. Basis- und Mobilteil waren per Funk miteinander verbunden. Für die Stromversorgung diente ein Akkumulator (Akku), der über die Basisstation wieder aufgeladen wurde. Sinus hieß das erste von einer deutschen Firma, von Hagenuk in Kiel, gebaute schnurlose Telefon, das allerdings zunächst nur als Zweitapparat zugelassen war. Erst ab 1990 waren sie als Hauptanschluss erlaubt. Entsprechend hoch waren mit 600 bis 900 D-Mark noch die Kosten, hinzu kamen zusätzliche Grundgebühren von 38 D-Mark.
Ganz anders sah die fernmeldetechnische Entwicklung in der DDR aus, wo – ausgenommen Ost-Berlin – nur jede neunte Wohnung über einen Telefonanschluss verfügte, während für Regierung und Sicherheitsdienste ein aufwändiges Netz betrieben wurde. Dabei gehörten die „Telefonendgeräte“ zu den lukrativsten Exportartikeln der DDR. Man behalf sich mit Neben- und „Zeitgemeinschaftsanschlüssen“. Unterdessen entwickelte sich nach der Postliberalisierung in Westdeutschland das Telefon zum Lifestyle-Produkt: Kopien historischer Apparate, hölzerne Wandtelefone in rundlichem Design oder kantige aus Onyx standen nun zur Auswahl. Auch sogenannte Fun-Artikel waren jetzt zu haben, ob in Form der Kultfigur Micky Mouse, eines Ferraris oder als Cola-Flasche.
In jüngster Zeit kamen durch immer leistungsstärkere elektronische Bauteile noch Erweiterungen wie elektronische Telefonbücher und Benutzerführung über das Display hinzu. Übrigens entschloss sich erst 1980 die Deutsche Bundespost, das Wort „Telefon“ offiziell zu gebrauchen. In guter alter Posttradition bezeichnete man das Gerät bis dahin mit dem von Generalpostmeister von Stephan hundert Jahre zuvor eingeführten Begriff „Fernsprecher“.[15]
BIGFON (Breitbandiges Integriertes Glasfaser-Fernmeldeortsnetz), unter dieser Bezeichnung erprobte die Deutsche Bundespost 1981 bis 1988 in sieben Städten die Glasfasertechnik für sämtliche Telekommunikationsdienste. Zugleich testete sie ein Bildfernsprechversuchnetz, das vor allem Gehörlosen zugute kommen sollte.
Die Telefonkommunikation von der Bundesrepublik Deutschland in die DDR wurde komplett über Berlin geleitet. Das blieb zunächst auch nach der Wiedervereinigung so. Um dem stark zugenommenen Gesprächsaufkommen Rechnung zu tragen, lief ein armdicker Kabelstrang von Hannover aus direkt neben der vielbefahrenen Autobahn 2 bis nach Berlin, und zwar offen in etwa einem Meter Höhe an Pfosten befestigt. Doch in kürzester Zeit entstand in den neuen Bundesländern eines der modernsten Fernsprechnetze Europas. In der DDR waren bis dahin teilweise noch Schalttafeln u. ä. aus der Weimarer Republik in Gebrauch.

Das digitale Netz

Ein großer technischer Umbruch in Deutschland erfolgte mit der Einführung von ISDN (Integrated Services Digital Network) nach dem entsprechenden Beschluss der Bundespost von 1979. Die zuvor verteilten Dienste von Telefonie, Fax, Fernschreiber und anderen Datenübertragungen sollten in einem Netz vereint werden. Nach Pilotprojekten in Mannheim und Stuttgart wurde das System ab 1989 bundesweit eingeführt und steht seit 1993 flächendeckend zur Verfügung.

Abb. 9: Die Mikrotechnik lässt die Geräte immer kleiner und handlicher werden, moderne Fertigung von Mobilteilen des Unternehmens Peiker acustic, das sich auf Autotelefone und Handycups spezialisiert hat

Das Mobile Netz und das deutsche Handy

Für ihre Verdienste um die „drahtlose Telegrafie" erhielten Karl Ferdinand Braun und Guglielmo Marconi 1906 gemeinsam den Nobelpreis. Zunächst brachte die Technik der Schifffahrt größere Sicherheit, wenngleich der Untergang der „Titanic" 1912 nicht verhindert werden konnte. In den privaten Genuss der Mobiltelefonie kamen in erster Linie Bahnreisende auf der Strecke Berlin-Hamburg seit 1926. Versuche seit den 1930er Jahren, die Funktelefonie für das Auto nutzbar zu machen, versiegten.

Den Aufbau eines öffentlichen Mobilfunknetzes strebte die Deutsche Bundespost bereits seit 1958 an. In nur zwölf Jahren gelang es, mit dem Funknetz vier Fünftel der Fläche der Bundesrepublik zu überziehen. Damit war das so genannte A1-Netz das größte zusammenhängende Mobilfunknetz der Welt. Um die bis zu 11 000 Teilnehmer zu bewältigen, waren fast 600 Vermittlungskräfte nötig. Daher konzentrierte man sich auf eine Umstellung von manueller zur automatischen Vermittlung, die 1972 das B-Netz realisierte. Wenn auch der Teilnehmer seit 1969 per Selbstwahl die Verbindung herstellte, so blieben die 10 000 D-Mark teuren Geräte unhandlich und mussten im Kofferraum eingebaut werden. Der monatliche Grundpreis betrug 270 Mark, später, ab 1986, fiel er auf 120 D-Mark.

Denn zu diesem Zeitpunkt löste das C-Netz, das bis zu 400 000 Endbenutzer gleichzeitig bedienen konnte, die beiden Vorgänger ab. Neben tragbaren Endgeräten, die allerdings noch etwa 700 Gramm wogen, war jetzt auch die Verbindung zu Mobilfunkteilnehmern möglich, deren Aufenthaltsort dem Anrufenden nicht bekannt war. Nach zwei Betriebsjahren zählte das C-Netz bereits über 100 000 Nutzer, so dass man für das Ende der neunziger Jahre gar mit einer Million Teilnehmern im Mobilfunk rechnete und 1992 das D-Netz einrichtete. Fortan legte eine europäische Kommission technische Belange fest und ebnete damit den Weg für eine einheitliche europäische Mobilfunk-Lösung. Allein in Deutschland setzte sich für das Mobiltelefon allgemein schnell das Wort Handy durch.

Erstmals erklärte sich jetzt die Deutsche Bundespost – Telekom bereit, mit Mannesmann Mobilfunk für das D2-Netz auch einen privaten Netzbetreiber zuzulassen. Die Übertragung erfolgte vollständig digital, was nicht nur die Sprachqualität deutlich verbesserte, sondern auch kleinere und leichtere Endgeräte ermöglichte.

Als 1994 noch das E-Netz aufkam, sanken die Preise, und endlich wurde der Mobilfunk auch für Privatpersonen attraktiv. 1995 gab es bereits etwa 3,7 Millionen Nutzer, zehn Jahre später 71 Millionen. 2004 nahm das UMTS-Netz mit seiner starken Bandbreite den kommerziellen Betrieb auf. Seither verbrauchen sich schnelllebig Mode und Marken auf dem umkämpften Handymarkt. Ob für Business oder Freizeit, den großen Herstellern bleibt im Konkurrenzkampf meist nur die Oberflächengestaltung als entscheidendes Kriterium. Die „intuitive Menueführung" hilft dem Verbraucher nicht bei der Frage, ob er sich bei einem der vielen Anbieter für einen festen Vertrag mit oder ohne Flatrate entscheiden oder besser eine Prepaidkarte kaufen soll. Denn die Handys sind längst mehr geworden als schnurlose Telefone, mit denen man ab und an eine SMS verschickt. Kamera, GPS, Mini-PC machen das moderne Handy zum multifunktionalen Alleskönner, inzwischen Smartphone genannt. So wundert es nicht, dass seit 2006 statistisch jeder Deutsche mehr als eine Mobilfunk-Nummer besitzt. Mittlerweile wurde die Zahl von 100 Millionen vergebenen SIM-Karten bzw. Anschlussnummern in Deutschland überschritten. Gut ein Drittel der über 14-Jährigen besitzt nach einer aktuellen Umfrage sogar mehrere Handys.

Ein Leben ohne Telefon ist nicht mehr denkbar. Aber manchmal sollte man bedenken, was der Schweizer Journalist Christian Kämmerling 2003 mit Blick auf die atemberaubende Entwicklung vom Reisschen Holzohr zum Handy beschrieb: „Es gibt Revolutionen, die machen die Welt komplizierter, und es gibt Revolutionen, die machen die Welt einfacher. Und es gibt Revolutionen, die machen die Welt auf komplizierte Art einfacher. Dazu gehört das Telefon."[16]

Anmerkungen

1 StA Friedrichsdorf. Philipp-Reis-Sammlung. Biogaphie des Sohnes Carl Reis, undatiert.
2 Viel wurde bereits über die Geschichte des Telefons geschrieben. Hier seien nur einige prägnante Titel genannt: Becker 1994. Informativ und reich bebildert ist der Bestandskatalog des Museums für Kommunikation: Jörges 2001; Armbrust 2004; Vilovic/Schramm 2005.
3 Zu Philipp Reis siehe vor allem: Thompson 1883; Koppenhöfer 1999. Darin auch Teilabdruck der ersten Biographie über Reis von Silvanus Thompson. Zur Apparategeschichte vgl. Bernzen 1999; Catania, in: Friedrichsdorfer Schriften 6 (2006), 9–23.
4 StA Friedrichsdorf XX 41. Philipp Reis: Curriculum vitae (Kopie) Original Deutsches Museum München. „Ich nannte das Instrument Telephon".
5 Catania 1996. Erst 2002 würdigte das Repräsentantenhaus des amerikanischen Kongresses der Vereinigten Staaten in einer Resolution Antonio Meuccis Erfindung und seine Arbeit bei der Einführung des Telefons.
6 Zu Bell siehe: Mackenzie 1951.
7 Zu Generalpostmeister von Stephan siehe Behringer u. a. 1997.
8 Zitiert nach Beyrer, in: Baumann/Gold 2000.
9 Feldenkirchen 1996; Weiher 1974.
10 von Stephan, zitiert nach Horstmann 1952, 292.
11 Gold/Koch 1993.
12 Hill 1953, 22 f.
13 Zur „Grauen Maus" vgl. Jörges 2001, 181–188.
14 Undatierte Beilage der Deutschen Bundespost einer Telefonrechnung mit Abbildung einer Brokathaube.
15 Jörges 2001, 23.
16 Kämmerling 2003.

Sprachbewegungen: SMS-, Chat- und E-Mail-Sprache und die Folklore der verkürzten Kommunikation

Sabine Wienker-Piepho

Be- oder Entschleunigung: Abkürzungen als Zeitersparnis?

Zeitmanagement wird immer wichtiger. Angesichts der Unmengen von Daten, die wir in einem durch das Netz gravierend veränderten Alltag aufnehmen wollen oder müssen, sind wir offenbar gezwungen, auch unsere Sprache zu verknappen. Aber sparen wir eigentlich Zeit, wenn wir Sprache auf Kürzel reduzieren? Oder kürzeln wir vielleicht letztlich irgendetwas Anderes weg? Zwar gab es den „AKÜFI“, den Abkürzungsfimmel, wie ironische Kritiker ihn nannten, schon zu Vor-Internetzeiten. Aber in den letzten Jahren hat die Abkürzungs-Manie eine Dimension angenommen, die von vielen nicht mehr oder doch nur noch sehr ungern akzeptiert wird. Im Land von Goethe und Schiller markiert die zudem auch noch neudeutsch „denglische“ SMS-Sprache angeblich das Ende sprachlichen Kultiviertseins.
Bei all diesen Bewegungen stellt sich außerdem die Frage, ob wir denn wirklich die uns verbliebene Zeit besser im Griff haben, wenn wir uns der im Internet und im Mobilfunkverkehr üblichen Kürzelsprache bedienen? Wie also verhält es sich wirklich mit dem Gesamt-Zeitkontingent, wenn wir die SMS-Abkürzungen, die wir ja zunächst lernen müssen, hin- und herschicken und sie am Ende doch noch falsch decodieren oder missverstehen, zumal es sich mehrheitlich um Anglizismen oder Pseudoanglizismen handelt? Muss man sich nicht erst mühsam und zeitaufwändig eine Art Geheimwissen aneignen, um dann bei den Beschleunigungen mithalten zu können? Wieviel Lebenszeit verliert man eigentlich, bis man gelernt hat, sich gezielt einzuloggen? In den folgenden Überlegungen soll es um Praxen gehen, die das Netz und seine angeblichen Zeitersparnispotentiale betreffen.
Weil außerdem zu den im Netz ausgetauschten Botschaften auch Textformen gehören, die seit mehr als 200 Jahren zu den Forschungsfeldern volkskundlicher Erzählforschung zählen,[1] soll auch gefragt werden, inwiefern sich das Netz auf eine Veränderung dieser sog. Narrative und auf den Umgang mit ihnen auswirkt. Diese Überlegungen werden an den Anfang gestellt.
Tatsächlich haben die neuen Kommunikationsmedien inzwischen auch in der modernen Erzählforschung eine schier unüberschaubare Flut wissenschaftlicher Auseinandersetzungen mit dem elektronischen Alltag des Menschen provoziert. Untersucht werden dabei nicht nur Formen des alltäglichen Erzählens, sondern auch des herkömmlichen, denn einige dieser Formen gehören auch zu den traditionellen Genres. Es sind Witze oder Märchen, Sagen, Rätsel, Fabeln, Lieder oder Anekdoten, Sprichwörter und sprichwörtliche Redensarten. Und dass das Netz neue Forschungsfelder eröffnet oder die traditionellen Felder doch zumindest mit neuen Zugangsweisen anreichert, das erweisen folglich auch zahlreiche Publikationen aus der Sagen-, Volkslied- oder auch Schwank- und Witz-, ja sogar aus der Märchenforschung.[2] Was heißt das im Einzelnen? Was än-

dert sich bei diesen Formen durch das Netz und was bleibt konstant?

Forschungskonsens besteht hinsichtlich bestimmter Kontinuitäten: Während die Stoffe und die alten Genres als solche eher unangetastet blieben, ändere sich hauptsächlich die *Zeitspanne*, in welcher die Geschichten nun den Erdball umkreisen, so die Fachleute. Vielfach handele es sich also um alten Wein in neuen Schläuchen, und diese Schläuche sind die Datenautobahnen. Sie ermöglichen eine rasante Art der Verbreitung und tragen dadurch auf ihre Art zur Beschleunigung einer kulturellen Globalisierung bei.

Vielen Menschen ist – was diesen Punkt anbelangt – überhaupt nicht bewusst, dass ihre Stories oder ihre angeblich neuen Witze, die sie ins Internet stellen, sehr alt sind. Moderne Sagen, Großstadtlegenden, moderne Mythen beispielsweise, umgangssprachlich als „urban myths" und in der internationalen Akademia als „contemporary legends" bezeichnet, verbreiten sich seit einigen Jahren bevorzugt im Internet. Dadurch erlebt die alte Sage sogar ein gewisses Revival, denn die meisten der angeblich neuen und angeblich wahren Geschichten gehören in Wirklichkeit schon seit langem dem Folklore-Bestand verschiedener Kulturen an.

Aber eben auch die erwähnte Humorkultur erfährt über das World Wide Web nur scheinbar neuartige Ausprägungen. Konstant bleibt die Struktur vieler *Witze*, auch die Inhalte ändern sich kaum, aber die Popularität hat sich erhöht und die Geschwindigkeit der weltweiten Verbreitung ist mit der aus den alten mündlichen oder später auch schriftlichen Zeiten nicht mehr zu vergleichen.[3]

Selbst das gute alte Volks*märchen*, seinerseits durch interaktive Computerspiele und Verfilmungen reanimiert, wurde nicht nur rascher und viel breitflächiger verfügbar, sondern als Forschungsgegenstand einer immer noch aktiven Märchenforschung neu vermessen.[4]

Aber das ist noch nicht alles: Volks*lieder*, ein besonders in Deutschland schon totgesagtes Genre, sind durch das *Mobiltelephon* neu verfügbar gemacht worden: in manchen Ländern Europas kann jeder Handynutzer sämtliche Strophen von tausenden von traditionellen Liedern und Balladen abrufen.[5]

Soweit die traditionellen Gattungen – deren zeitsparende Abrufbarkeit an beliebigen Orten den Umgang mit ihnen wohl ebenfalls grundlegend verändern wird. Man muss nicht zu den Verfechtern der auf uns zukommenden E-Book-Kultur gehören, um auch hier mit dem Tempowandel des Zugriffs einen Sprachwandel vorauszusagen.

Aber gibt es mit den neuen narrativen Verbreitungswegen und -formen nicht vielleicht doch auch neue Genres? Was hat es beispielsweise mit den „reduced chain letters" auf sich? Wird hier tatsächlich der alte Kettenbrief fortgeschrieben? Und wie sind die vielen *hoaxes* im Sinne der Erzählforschung zu klassifizieren? Was hat es mit dem „phishing" auf sich, selbst ein zeitsparendes verkürzendes Kofferwort aus „password harvesting"? Tatsächlich kommuniziert inzwischen die Mehrheit der Bevölkerung über moderne Kommunikationswege des Internets, über *E-Mail* oder *Chat* oder per SMS über das Handy. Nicht immer zur Freude der „User", denn mit der großen Verbreitung des Internets werden private Dinge zunehmend öffentlicher. Dies ist ein neuer Aspekt: alltägliche Erlebnisse und intime Geheimnisse, die jahrhundertelang nur dem Tagebuch anvertraut wurden, sind heute beispielsweise in Form von *Blogs* jedermann zugänglich. In der *Blogosphäre* gibt es keine *privacy*. In den *Chatrooms* sind private Konversationen zwischen zwei Personen theoretisch von einem unvorstellbar großen Publikum nachverfolgbar. Und jeder andere Nutzer kann sich in diese Gespräche einschalten. Dadurch wird die private Alltagskommunikation immer öffentlicher und – ganz nebenbei

Abb. 1: Beispiel für den klassischen E-Mail-Verkehr.

– wiederum zum Gegenstand volkskundlichen Interesses. Inwiefern?

Neue Schriftlichkeit in elektronischen Medien?

Die tägliche Nutzung des Internets sowie des modernen Kommunikationsmediums SMS macht auch die Erzählforschung neugierig auf eine Entwicklung, die sich im Laufe der letzten Jahre immer mehr zeigt: die Entstehung einer neuen und eigenen Schrift-Sprache in elektronischen Medien. Vielleicht bieten Medien wie E-Mail, SMS und Chat ja auch eine neue Art von Schriftlichkeit, die zahlreiche Elemente und Formen der Mündlichkeit übernommen hat? Mit dieser Vermutung nähern wir uns einem großen Themenfeld an, das inzwischen von vielen Disziplinen gut beackert wurde. Die Forschung hat aber die jüngsten Entwicklungen erst zögerlich im Blick.

Deshalb können auch hier vorerst nur einzelne elektronische schriftliche Kommunikationsmedien – nämlich in diesem Fall *E-Mail, SMS* und *Chat* – näher betrachtet und verglichen werden. Diese drei Medien eignen sich auf Grund ihrer unterschiedlichen Kommunikationsformen für eine vergleichende Herangehensweise. Für die Volkskunde erscheint eine Beschränkung auf den privaten Bereich der Kommunikation sinnvoll, da sich der berufliche Gebrauch der einzelnen Medien von der privaten Nutzung unterscheidet. Sprachbewegungen zeigen sich vor allem in der alltäglichen privaten Kommunikation.

E-Mails und „Nettikette“

Die wohl häufigste Form der schriftlichen Kommunikation über das Internet ist die E-Mail. Das ist bereits eine Abkürzung, und zwar von „electronic mail“ (short: *mail*), was so viel bedeutet wie „elektronische(r) Brief/Post“, also eine auf elektronischem Weg über das Internet in Computernetze übertragene Nachricht, die auf Grund ihres Aufbaus als briefartig bezeichnet werden kann: in der herkömmlichen *Mail* (Manche sagen auch „das Mail“) gibt es einen Absender und einen Empfänger, eine Betreffzeile sowie eine Anrede. Auch besteht die Möglichkeit zur Signatur ebenso wie zum Anhang von Dateien (*attachments*). Die Analogien der jeweiligen Bezeichnungen zum herkömmlichen Brief sind nicht zufällig, der „User“ übernimmt seine Erfahrungswerte und passt sie an die neuen Medien an. Von Beginn an änderte sich die Sprache in Richtung „verkürzender Telegrammstil“, der indes nicht allen Menschen gefiel. Folglich regelt schon bald eine Etikette im Netz (eine „Nettikette“) den Umgangston. Und obwohl – entsprechend zum Versand eines Briefes – die *Mail* ihren Empfänger mit einer zeitlichen Verzögerung erreicht, stellt sie eine enorme Zeitersparnis im Vergleich zum normalen Postweg dar. Denn bei der Zeitspanne, die zwischen Versand und Empfang einer *Mail* liegt, handelt es sich meist nur um wenige Sekunden. Seit dem Aufkommen der E-Mail wird die kon-

ventionelle Post deshalb umgangssprachlich auch als „snail mail" (engl. für „Schneckenpost") bezeichnet.[6]
Wir erinnern uns kaum noch daran, dass schon Ende der 1960er Jahre der Siegeszug der *E-Mail* als eine Art Abfallprodukt der US-Luftwaffen-Forschung einsetzte. Zunächst unmerklich, dann aber immer schneller und unaufhaltsamer geriet unser aller Alltag durch das Netz in Bewegung. Die Nutzer schätzten vor allem die geringen Kosten und den gleichzeitigen Versand einer Nachricht an nahezu beliebig viele Empfänger, was wiederum eine große Zeitersparnis darstellte, gleichzeitig aber auch althergebrachte Umgangsformen in Frage stellte. Entsprach es z. B. der *Nettikette*, an Weihnachten per *E-Mail* Rundbrief-Grüße zu verschicken? Konnte man per Mail kondolieren oder zur Hochzeit gratulieren? Was war denn nun „nett" und was nicht? Sollte man sich in elektronische Kondolenzbücher eintragen oder lieber nicht?[7] Stilfragen taten sich auf und die vielen Manieren- und Benimmschulen – ihrerseits gewiss nicht ohne Grund wieder sehr gefragt – sahen sich unerwartet ganz neuartigen Fragen ausgesetzt.

SMS: Newspeak?

Eine vielleicht noch größere Auswirkung auf Sprachbewegungen hat das „Simsen", wie es umgangssprachlich in Deutschland heißt. Simsen führte am deutlichsten zu einer „Newspeak", die – wie für George Orwells 1984 – eigentlich schon eines eigenen Wörterbuches bedarf. Der Begriff „SMS" (für „Short Message Service", also etwa „Kurznachrichten-Dienst") bezeichnete ursprünglich einen Telekommunikationsdienst zur Übermittlung von Textnachrichten mittels Mobiltelefon. SMS wird im heutigen Sprachgebrauch mit der über ein Mobiltelefon versandten elektronischen Nachricht gleichgesetzt. Der *Short Message Service* war zunächst ebenfalls ein unbeabsichtigtes Nebenprodukt, hier nun aber nicht des Militärs, sondern der Mobilfunkindustrie. Gedacht war SMS zunächst als reines Mitteilungsmedium der Mobilfunkanbieter für ihre Kunden.[8] Dann kam alles anders, als erwartet: Ein eigentlich für die mündliche mediale Kommunikation entwickeltes Gerät ermöglichte nun auch die schriftliche Kommunikation. So hat eine völlig neue Form der Kommunikation eine neue Art von Schriftlichkeit hervorgerufen, die – durch das Medium bestimmt – vor allem kurz sein muss: eine herkömmliche SMS ist im Umfang technisch durch eine Vorgabe von 160 alphanumerischen Zeichen beschränkt, was im Benutzerverhalten vor allem das Entstehen zahlreicher Abkürzungen und Neologismen hervorrief, die Platz sparen und doch allgemein verständlich sein sollten. Diese Art von Sprachbewegung, wieder in Richtung Verknappung, geriet streckenweise aber zu einer Art Geheimsprache. Dr. Nicola Döring führt in ihrer Arbeit „‚Kurzm. wird gesendet' – Abkürzungen und Akronyme in der SMS-Kommunikation"[9] die Entwicklung zu Kurzformen in der SMS-Kommunikation v. a. auf eine Ökonomiefunktion zurück: „Bei der Textproduktion spart man Zeichen und damit Zeit sowie motorische Anstrengung; beim anschließenden Textversand spart man durch das Einhalten der Zeichenbeschränkung die Kosten für Folgebotschaften."[10]
Darüber hinaus entdeckte Döring auch eine lust- und identitätsstiftende Funktion des „Newspeak", da viele Abkürzungen nur bestimmten Insidern zugänglich sind, und so die „arkane" Verwendung auch eine „kollektive Identitätsfunktion" bewirkt, die wohltuende Distinktionen und ein vorübergehendes Abtauchen in eine Parallelwelt ermöglicht.
Auch wenn Döring zu dem etwas merkwürdigen Schluss kommt, dass Abkürzungen in der SMS-Sprache nur eine verhältnismäßig gerin-

ge Rolle spielen, unterscheidet sie zwei verschiedene Typen von Formen: die syntaktischen und die lexikalischen Kurzformen. Bei den syntaktischen Kurzformen handelt es sich um die Tilgung bestimmter Satzteile (wie beispielsweise des Subjekts: „[Ich] Sitz grad in der Vorlesung und hab Langeweile" oder des Verbs: „[Hast du] Lust, dann komm vorbei?") oder den Telegrammstil („Morgen Frühstück?"). Bei den lexikalischen Kurzformen führt Döring konventionelle Abkürzungen an („inkl.", „bzw."), Ad-hoc-Abkürzungen, die sich aus dem Kontext erklären („he" für „heute" oder „tel." für „telefonieren") sowie die Entstehung von zahlreichen Akronymen („cu" für „see you", „btw" für „by the way", rotfl für „rolling on the floor laughing" oder auch in Kombination mit Zahlen „cul8er" für „see you later").[11] So entstanden unzählige Abkürzungen, die heute vielfach als allgemein bekannt gelten und vor allem aus dem englischen Sprachgebrauch stammen, aber auch deutsche Formen haben sich entwickelt, wie „hdgdl" („hab dich ganz doll lieb"), zeitweise haben sie den Charme einer Art Kinder-Geheimsprache. Und wieder wird vor allem aus *Zeitgründen* oft auf jegliche Interpunktion bzw. Groß- und Kleinschreibung verzichtet, da jeder Großbuchstabe das zeitraubende Tippen einer weiteren Taste bedeutet. Außerdem macht dies alles auch dem *Homo ludens* in uns Spaß. Es ist eine Art spielerischer Geschicklichkeitswettbewerb: wer kann am schnellsten tippen?
Ein weiterer Grund für die enorme Beliebtheit dieser Spielchen ist neben dem Zeitfaktor, der das schnelle Versenden von kurzen Nachrichten innerhalb weniger Sekunden erlaubt, der verhältnismäßig geringe Kostenfaktor. Überzeugen mag auch die lokale Unabhängigkeit: ein Handy hat fast jeder immer dabei. Jederzeit und nahezu überall ist der Versand einer SMS möglich. „Simsen" gilt sogar als höflich, denn man zieht die SMS einem kurzen Anruf nicht nur vor, weil sie billiger ist als ein Anruf, sondern weil man (wie beim E-mailen) „nicht stört", vor allem, wenn man die „Silent Message" benutzt (*Silent SMS, Stealth SMS, Stille SMS* oder *stealthy ping*). Es gibt aber noch einen weiteren Vorteil: während man beim *Mailen* oder *Chatten* immerhin noch an den Computer gebunden ist, der eine Verbindung zum Internet haben muss, so kann man – was selbstverständlich heftig umstritten ist[12] – per SMS im Zeitalter des *Multitasking* nicht nur jederzeit und überall erreichbar, sondern auch an allen Orten und zu jeder Zeit „online" sein. So könnte man heute im Prinzip überall, im Auto oder im Zug, bei der Arbeit, ja sogar an der Universität während der Vorlesung, eine Kurznachricht mit dem Mobiltelefon verschicken. Allein im Jahr 2004 wurden in Deutschland über 200 Millionen SMS-Kurznachrichten pro Monat verschickt.[13] Auch hier hat sich manche Stilform unseres Alltags bewegt: gerade zu großen Festen wie Weihnachten oder vor allem auch Silvester steigt der Versand von SMS enorm an: österreichische Mobilfunkanbieter rechneten zum Jahreswechsel 2006/2007 mit dem Versand von über 40 Millionen SMS-Nachrichten via Mobiltelefon und Internet, bei einer Einwohnerzahl von knapp über 8 Millionen.[14]

Chat – schriftliche Kommunikation in Fast-Echtzeit

„Chat" kommt ebenfalls aus dem Englischen (von „to chat") und bezeichnet eine weit verbreitete Art der schriftlichen Kommunikation zwischen zwei oder mehreren Personen mittels bestimmter *Chatprogramme* oder spezieller Onlinedienste. „To chat" heißt so viel wie „plaudern, sich unterhalten". Es handelt sich hierbei um eine Art Computerkonferenz, bei der Schriftzeichen ausgetauscht werden, und die in ihrer ursprünglichen Form ohne Bilder

und Ton auskam. Mittlerweile gibt es aber auch hier einen „pictoral turn", in der Form der sogenannten *Audio-* oder *Videochats*, die eine direkte Übertragung von Ton oder von bewegten Bildern mittels Mikrofon und Webcams (kleine an den Computer anzuschließende Kameras) ermöglichen. Diese Form soll hier ausgeblendet bleiben, es geht uns ja um Sprachbewegungen.
Nun gibt es unzählige kostenlose sowie kostenpflichtige *Chatforen* und Internetplattformen, die meistens nach bestimmten Interessengebieten oder Themen aufgeteilt sind: so existiert seit Jahren eine eigene Plattform für Studierende, das so genannte *studiVZ*, bei dem sich Studenten aus Deutschland kennen lernen und unterhalten können, oder *Gayromeo*[15], eine Internetseite, die sich speziell an männliche Homosexuelle richtet und vor allem als Kontaktbörse dient. Der „Volksmund" bezeichnet dieses Portal auch als „Einwohnermeldeamt für Schwule"[16]. Darüber hinaus gibt es lokale bzw. regionale Chats, themenorientierte *Chats* z. B. rund um die Themen Kochen, Gesundheit oder Sport, und viele Fernsehsender bieten eigene *Chatforen* zu ihren Sendungen an, bei denen sich Fans über ihre Lieblingsserien austauschen können.
Diese Art von „Schriftlichkeit" ist vergleichbar mit der mündlichen Telefonkommunikation, da sich zwei räumlich getrennte Partner fast in Realzeit „unterhalten" können, vorausgesetzt, beim *Chatten* kürzt man sprachlich ab, was eben sich abkürzen lässt. Heutzutage dienen *Chats* oft auch als Ersatz für das Telefon, wie zum Beispiel bei Gehörlosen, denen die Möglichkeiten des *Chats* völlig neuartige Dimensionen des Austauschs ermöglichen.[17] Dabei ist die Kommunikation via *Chat* wie der Name schon sagt am ehesten vergleichbar mit einer „realen Kommunikation", d. h. mit einem 1-zu-1-Gespräch in Echtzeit, das unmittelbar und ohne zeitliche Verzögerung stattfindet.

Der neue Parlando-Stil und die Pseudoprivatheit

Die nähere Betrachtung der oben genannten digitalen Kommunikationsmittel sowie der Vergleich untereinander zeigen, dass sie sich unterschiedlich auf den jeweiligen Sprachgebrauch auswirken und die übermittelnden Medien neben der Form so immer mehr auch die Sprache bestimmen. Als wichtigstes Kennzeichen ist allen drei Medien die schriftliche Form gemein, mittels der kommuniziert wird, da die Verständigung auf dem Austausch von alphanumerischen Zeichen beruht.
Analog zu den herkömmlichen schriftlichen Medien wie Brief oder Postkarte zeichnet auch die virtuelle Kommunikation auf oben genannten Wegen eine zeitliche Verzögerung der Zustellung aus, da sowohl bei der E-Mail als auch bei SMS-Kurznachrichten ein Versand erst nach Fertigstellung der Nachricht erfolgt. Das wiederum ermöglicht, vergleichbar mit den analogen Kommunikationswegen, eine Form der *Sprachplanung* und bietet Korrekturmöglichkeiten sowie eine nochmalige Überprüfbarkeit der Aussagen, bevor die Nachricht endgültig abgeschickt wird. Selbst bei einem *Chat*, sowohl in Chatrooms mit mehreren Teilnehmern als auch bei einer Kommunikation zwischen nur zwei Partnern, besteht dazu die Möglichkeit, da die Sätze oder Absätze vor dem endgültigen Versand noch einmal korrigiert oder gelöscht werden können.
Eine weitere Analogie zu Brief, Fax oder Postkarte ist die lokale Getrenntheit der Partner während des Kommunikationsvorgangs. Zwar ist dies nicht ein reines Merkmal der Schriftlichkeit, da auch mündliche Kommunikationswege eine Konversation bei lokaler Getrenntheit erlauben, und man sich so auch bei einem Telefonat nicht persönlich gegenübersitzt, jedoch entsprechen alle hier genannten Medien einem asynchronen Kommunikationsvor-

gang: im Gegensatz zu einem Telefongespräch, bei dem das Gespräch nur abhängig von einer Reaktion am anderen Ende der Leitung abläuft – beide Kommunikationspartner also warten, bis die Kommunikation abgeschlossen ist –, funktioniert die schriftliche Kommunikation über die Distanz auch unabhängig vom Empfänger.

Ein anderes Merkmal der „electronic literacy"[18] ist die Anzahl der möglichen Empfänger, die man mit dem Versand einer Nachricht erreichen kann. Private Kommunikation sowohl mündlicher als auch schriftlicher Natur richtete sich lange Zeit nur an eine begrenzte Anzahl von Empfängern (den Leser einer Postkarte, den Gesprächspartner). Die neuen Medien bieten nun aber die Möglichkeit zum Versand an eine nahezu unbegrenzte Anzahl von Adressaten. So sind ungeachtet der Stilfragen Massenglückwünsche zu Feiertagen heute keine Seltenheit mehr. Zwar gab es von jeher auch vorgefertigte und vervielfältigte Grußkarten, die mit persönlicher Anrede und individueller Adresse an beliebig viele Empfänger versandt werden konnten und die mit der Hand oder der Schreibmaschine geschriebenen und dann photokopierten Weihnachtsrundbriefe sind manch sensiblem Empfänger auch noch in zwiespältiger Erinnerung. Aber die Möglichkeiten der modernen Kommunikationswege ließen diesen Trend zur „privaten Massenkommunikation" um ein Vielfaches ansteigen: so finden sich heute neben den standardisierten Feiertagsgrüßen oder Geburtsankündigungen in der Mailbox auch Grüße aus dem Urlaub oder Tagebucheinträge der kleinen Schwester via Mail von ihrem Schüleraustausch aus dem Ausland, die man zusammen mit dem gesamten Freundeskreis und den Eltern erhält. Somit hat auch eine neuartige Form von „Pseudoprivatheit" durch die neuen Medien Einzug gehalten.

Der Sprachwandel bewegt sich dabei vom Schriftlichkeitsstil in Richtung konzeptuelle „Mündlichkeit" („Schreib wie du sprichst."). Erkennen lassen sich die Elemente von lässiger Mündlichkeit in allen drei digitalen Medien: die elliptische Sprache und die Kürzel, meist Akronyme, sind ihre Indikatoren.

Abb. 2: Die aus Doppelpunkt, Gedankenstrich und der schließenden Klammer gebildeten Smileys sind wohl die bekanntesten Emoticons

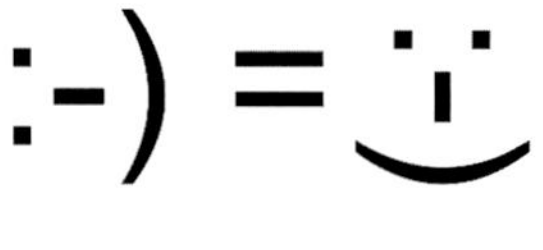

Indikatoren des Sprachwandels: mündliche Schriftlichkeit oder Mündlichkeit

Die beschriebenen Medien zeigen nun alle eine völlig neuartige Form der Sprache. Es handelt sich bei dieser Form der Kommunikation nicht nur um spaßigen Zeitvertreib. Im Zusammenhang besonders mit dem *Chatten* kann man schon von Ersatzkommunikation sprechen, denn das persönliche Gespräch wurde mehr und mehr an die Seite gedrängt, womit wiederum ein von fast allen beklagtes Einsamkeitsproblem einherging. Mit Chats ließen sich auch die Risiken wirklicher Konversation ausschalten oder andere Defizite ausgleichen, denn die Fallen und Kompliziertheiten des direkten Gesprächs verringern sich. Man desavouiert sich auch nicht durch falsche Aussprache oder geringe Sprachkompetenz, man gibt sich keine Blöße durch mangelndes Beherrschen der dialektfreien Standardsprache usw.

Andererseits ist es bei einer schriftlichen Kommunikation schwer, etwa den Tonfall, der zum Beispiel Ironie kennzeichnen soll, oder ein Augenzwinkern, das das Gesagte relativieren könnte, adäquat auszudrücken. Deswegen entwickelten sich zahlreiche Tricks und Kniffe, die audiovisuelle Defizite wie Gestik, Mimik oder Tonfall, die ein mündliches Gespräch von Angesicht zu Angesicht auszeichnen, ausgleichen sollen. Und so finden sich in der gewandelten Sprache digitaler Medien immer mehr dieser Surrogate, die man *Emoticons* nennt. Das sind bestimmte Zeichenfolgen, die „in der schriftlichen elektronischen Kommunikation

Stimmungs- und Gefühlszustände" ausdrücken sollen. Und beim natürlich wieder englischen Wort handelt es sich um eine Kreuzung aus engl. „emotion" für Gefühl und „icon" für Symbol. Die wohl bekannteste Form der *Emoticons* sind so genannte „Smileys", die aus einer Abfolge von Satzzeichen und Buchstaben gebildet werden und ein lächelndes Gesicht darstellen sollen. Smileys sind variabel: so drückt der Zwinkersmiley (;-)) in Anlehnung an das Prinzip eines Face-to-Face-Gesprächs etwa Ironie aus oder kennzeichnet eine scherzhafte Bemerkung. Darüber hinaus gibt es unzählige *Emoticons* zum Ausdruck von Freude, Humor, Ärger etc. – auch sie sämtlich Abbreviaturen sprachlich langer und komplizierter Sachverhalte.

Zusätzlich zu solchen Emotionssymbolen gibt es auch comicartige Ausdrucksmöglichkeiten für Aktionen bzw. Bewegung: ein Verb zwischen zwei „*" drückt zum Beispiel Aktion aus, wie *winke*, *kuss* oder auch *rotfl* („rolling on the floor laughing"), *lol* (laughing out loudly) und *g* („grins"). Auch hier zeigt sich die Tendenz zur kürzenden Bildung von Akronymen, die ebenfalls zum „mündlichen Stil" beitragen können, indem sie dem Text den Anstrich von Unmittelbarkeit, Ungezwungenheit und Spontaneität geben. Gerade auch in einer Chatkonversation ist die Geschwindigkeit der Antworten für den Ablauf entscheidend, weshalb auch hier meist auf Interpunktion sowie Groß- und Kleinschreibung verzichtet wird, um so einem realen Gespräch möglichst nahezukommen.

In *Chatforen* hat man ferner die Möglichkeit, eigene Profile anzulegen, die nähere Details über die Person verraten. Als Ersatz für die visuelle Komponente dienen hierbei vor allem so genannte *Avatare*, die als „graphische Stellvertreter" fungieren und z. B. den Chatpartner in Comic-Manier zeigen.

Ein weiteres Anzeichen für die zahlreichen Einwirkungen von Mündlichkeit auf die Schriftlichkeit ist die Verwendung von dialektalen bzw. umgangssprachlichen Elementen. Beschränkte man sich im traditionellen Schriftverkehr einstmals dezidiert auf Standard- oder Hochsprache (in der Schweiz heißt sie sogar „Schriftsprache") und war der Gebrauch von Dialekt oder Umgangssprache unüblich, so ist informelle Sprechsprache im Parlando-Stil heute an der Netz-Tagesordnung. Neben dialektalen Ausdrücken finden sich auch comicartige Interjektionen („puhaa") sowie eine Art emulierende Prosodie („bis daha-aannn").

Elemente dieser „neuen mündlichen Schriftlichkeit" sind übrigens längst wieder in den alltäglichen Sprachgebrauch übergegangen: so ist es mittlerweile keine Seltenheit, dass in bestimmten Gruppierungen der jüngeren Generationen Abkürzungen wie „lol" oder „hdgdl" auch in den Duktus eines persönlichen Gesprächs übergegangen sind, was wiederum von einer gewissen identitätsstiftenden Funktion dieser Abkürzungen zeugt. So wirbt der Jugendsender VIVA mit einer Werbung, bei der sich Jugendliche im persönlichen Gespräch nur mit oben beschriebenen Abkürzungen verständigen.

Der Sprachwandel ist auf vielen Ebenen eklatant und auf der elektronischen Ebene versucht man, ihn mit einem gewissen „comment" zu regulieren. Denn bei all diesen Annäherungen an die persönliche mündliche Kommunikation gibt es auch im Internet bzw. den modernen Medien einen Codex, der die Kommunikation durch bestimmte Verhaltens- und Umgangsregeln bestimmt. Eine solche Art von *Nettikette* stellt Verhaltensregeln für das Internet auf freiwilliger Basis zu einem harmonischen Miteinander auf. Dabei wurden auch Elemente aus dem alltäglichen Sprachgebrauch in den Schriftverkehr übernommen, die auf mündliche Konventionen zurückgehen. In der *Nettikette* finden sich sogar Hinweise auf die Grenzen des Mediums im Gegensatz zu einer realen mündlichen Konversation: „Bitte achten Sie darauf, daß Sie Ihre sarkastisch gemeinten Bemerkungen so kennzeichnen, daß keine Missverständnisse provoziert werden. Bedenken Sie: In einem schriftlichen Medium kommt nur sehr wenig von Ihrer Mimik und Gestik rüber, die Sie bei persönlichen Gesprächen benützen würden."

Im Gegensatz zu den zahlreichen Zeugnissen privater Schriftlichkeit von früher, wie Briefe oder Postkarten, sind die digitalen schriftlichen Kommunikationsformen in der Regel nicht wirklich von dauerhafter Art. Zwar kann man eine begrenzte Zahl an SMS-Nachrichten auf dem Mobiltelefon speichern und auch eine Chatkonversation kann theoretisch auf dem Computer bewahrt bleiben, aber für langfristige Aufbewahrung sind solche Sprachfragmente nicht bestimmt. Dies wiederum ist eine weitere Analogie zur oralen 1-zu-1-Kommunikation, die ja auch nicht von Dauer und nur für die jeweiligen Gesprächspartner bestimmt ist.

Fazit

Die drei gewählten Beispiele sollten zeigen, dass zahlreiche Elemente der mündlichen Kommunikation in die schriftliche Kommunikation der neuen Medien eingeflossen sind und dass alles – neben dem Gebrauch von Anglizismen – auf Sprachverkürzung hinauszulaufen scheint. Zwar gibt es nach wie vor keinen Zweifel an den stilistischen Schriftlichkeitselementen von E-Mail, SMS oder Chat, dennoch ist gerade in den letzten Jahren durch die weite Verbreitung und die zunehmende Verdrängung herkömmlicher Kommunikationswege nicht nur die sog. *sekundäre Mündlichkeit,* sondern auch eine neue Art der Schriftlichkeit entstanden. Diese ist im Vergleich zur früheren privaten Schriftlichkeit sehr von Einflüssen mündlicher Kommunikation geprägt.

Die neue Tendenz zum Hauptsatz

Die zunehmende private Nutzung neuer Medien wie E-Mail, SMS und Chat gebiert zweifellos also eine neue Art von Schriftlichkeit, die durch den Umgang mit Kürzeln geprägt ist.

Für skripturale Menschen, also solche, die aktiv mit Texten arbeiten müssen (etwa Studierende), hat diese Entwicklung indes noch weitere Folgen, zumal sie oft mit dem Kopieren größerer Textpassagen aus dem Internet einhergeht: diese praktische und zeitsparende Praxis hat zusammen mit dem Mündlichkeitsstil der elektronischen Kommunikation nicht selten eine gewisse Hilflosigkeit im Bilden von Nebensätzen zur Folge. Auffallend oft geraten nämlich bei längeren Schachtelsätzen die Satzanschlüsse logisch wie grammatikalisch falsch, ein Defizit, dass sich besonders bei den Zusammenfassungen am Ende von Referaten bemerkbar macht, die ansonsten stilistisch wie grammatikalisch und orthographisch verdächtig geschliffen daherkommen. So kommt „plagiarism" schnell an den Tag. Das Phänomen greift aber auch in handschriftlichen Prüfungen in Klausursituationen, wo die Sprachökonomie des PC eben gerade *nicht* gefordert ist, und komplexere Sachverhalte dargestellt werden müssen. Die häufigste Reaktion ist das Vermeiden längerer Sätze. Die Sprache wird damit immer schlichter und die Neigung zum Hauptsatz, einstmals ein Stigma der subalterneren Schichten, setzt sich bis an die Universitäten durch.

Ein anderes Phänomen sind die eingangs erwähnten Folklore-Texte, die Märchen, Sagen, Lieder, Schwänke, Witze, die Sprichwörter und sonstigen sog. „Kleinen Formen", die neuerdings auch von der UNESCO als Dokumente des ICH (des *intangible cultural heritage*) stark beachtet werden. Die extrem schnelle und mühelose Abrufbarkeit all dieser traditionellen Texte hat unterschiedliche Auswirkun-

gen: einerseits fragt die Fachwelt sich: warum nicht? Vielleicht hat der neue Schlauch sogar positive Auswirkungen auf die Qualität und das Interesse an den alten Weinen? Stünde – so wird argumentiert – am Ende der vielen wissenschaftlichen Bemühungen um die alte Form im neuen Gewande eine neue Aufmerksamkeit auf das Alte, dann hätte vielleicht auch das Vergangene die Chance, uns in frischer Unmittelbarkeit zu begegnen.
Andererseits wirkt sich der leichte und zeitsparende elektronische Zugriff schon jetzt deutlich auf das Niveau der wissenschaftlichen Recherche aus: kaum ein Studierender beherrscht heute noch die hohe Kunst des Bibliographierens ohne Netz. Der Bologna-Prozess macht Zeiteinsparungen beim tatsächlichen *Workflow* aber unumgänglich. Und genauso, wie man ja im Zuge der Diskussionen um das sog. *E-Book* die Universitäts- und andere Bibliotheken dahinschwinden sieht, so sehen sich heute Folklore-Archive und Spezialinstitute in aller Welt vom Aussterben bedroht, ein Szenario, das zudem unendlich viele Stellenstreichungen von hochqualifizierten Mitarbeitern zur Folge haben würde.

Schlussfolgerung

Die euphorische Phase ist wohl vorbei, der Alltag hat sich zwar immens verändert, aber nicht ganz so, wie die Computerbegeisterten sich das einst vorgestellt hatten. Man muss kein Technikpessimist sein, um festzustellen, dass die Sprachkompetenz der Internet„user" schrumpft und dass mit dem Medium keine wirkliche Zeitersparnis verbunden ist. Bedenkt man nämlich, wie viel Zeit man allein damit zugebracht hat, sich – abgesehen von den Englischkenntnissen – die nötigen „skills" anzueignen, sieht alles eher nach einer Art Nullsummenspiel aus. Parallelen gibt es zu anderen Fortschrittsirrtümern, etwa zu den Haushaltsgeräten. So wie man früher geglaubt hat, mit der Waschmaschine würde die Zeit für die Hausarbeit auf ein Minimum schrumpfen, so hat man heute erkannt, dass Waschmaschinen durchaus keine Zeitersparnis sind. Geändert haben sich nur die Standards. Gebügelt werden muss trotzdem.

Anmerkungen

1 Im Rahmen der ISFNR (International Society for Folk Narrative Research) hat sich schon vor deren Kongress in Athen im Juni 2009 eine eigene Kommission unter Leitung von Theo Meder (Amsterdam) konstituiert, die sich ausschließlich der Auswirkungen des Internet auf die Erzählkultur annimmt.

2 So ist es kaum verwunderlich, dass sich der bekannte Volkskundler Rolf Brednich in einem seiner jüngsten Werke auch mit der Erforschung des Humors im Internet beschäftigt (vgl. Brednich 2005). Andere einschlägige Studien für Folklore-Genres allgemein stammen (siehe Lit.-Verzeichnis) von Krawczyk-Wasilewska 2006, Kropej 2007 und Domokos 2007.

3 Vgl. dazu die Studie der polnischen Erzählforscherin Violetta Krawczyk-Wasilewska 2006, 248–254.

4 Das erweisen u. a. die Themen der wissenschaftlichen Abschlussarbeiten, die seit circa 10 Jahren bei der Märchenstiftung Walter Kahn für den Lutz-Röhrich-Märchenpreis eingereicht werden, der die beste Arbeit des Jahres zum Thema Märchen auszeichnet. Der Preis ist nach dem Freiburger Märchenforscher Lutz Röhrich (gestorben 2006) benannt.

5 So z. B. in Estland: die dort bekannteste Ressource im Internet für das Mitsingen estnischer Lieder ist http://www.dziesmas.lv. Dieser Server wurde Ende 1997 von der Computerfirma MA-1 begründet (http://www.ma-1.lv/news/20060725-dziesmas_lv. asp). Bis jetzt enthält er 8000 Liedtexte, nur von lettischen Autoren und für lettische Performer in lettischer Sprache. Besucher dieser Seite fügen Texte hinzu.
Die Seite enthält Volkslieder und bekannte Kunst-Lieder im Volksmund (KiV-Lieder), also „volksläufige" Lieder. In den 10 Tagen vor dem 13.1.2009 wurde diese Internetseite 2000 bis 3000 Mal pro Tag besucht:
Wap ist die Version für Mobilfunk. Auch der Dainu Schrank von Krišjānis Barons (UNESCO-Weltkulturerbe) steht seit mehreren Jahren mit Version

für Mobiltelephone im Internet (http://www.dainuskapis.lv/ und http://www.dainuskapis.lv/wap/). Dieser Zugang funktioniert in Lettland gut und wird besonders bei Festen aufgerufen.

6 Vgl. URL: http://de. wikipedia.org/wiki/E-mail vom 12. März 2009.

7 So wurde im Fernsehen bekannt gegeben, man habe anlässlich des Amoklaufes von Winnenden Mitte März 2009 ein solches virtuelles Kondolenzbuch aufgeschlagen, das im Vergleich zu dem im Rathaus ausliegenden Buch, das sich langsam füllte und für das die Menschen lange anstehen mussten, rasant anschwoll.

8 Androutsopoulos/Schmidt 2002, 2.

9 Döring 2002, 97–114.

10 Ebd. 7.

11 URL: http://www.studivz.net/ (13. März 2009).

12 Die St. Galler Kommunikationswissenschaftlerin Miriam Meckel hat 2007 eine viel beachtete Studie zum Glück der Unerreichbarkeit – Wege aus der Kommunikationsfalle vorgelegt. Die These: ständig vibriere, piepse und blinke es. Im Kampf gegen viel zu viele Informationen und das Multitasking wird für das Abschalten plädiert. Da die Datenflut ohnehin nur zur Denkebbe führe, sei eine intelligente Unerreichbarkeit gefordert. Der Tipp: Handy aus, PC runterfahren.

13 URL: http://www.bundesnetzagentur.de/media/archive/1637.pdf, 05.01.2007.

14 Vgl. URL: http://www.europa-auf-einen-blick.de/oesterreich/index.php, 03.01.2007.

15 URL: http://www.gayromeo.de/

16 URL: http://www.spiegel.de/netzwelt/web/0,1518,441054,00.html, 14.12.2006.

17 Vgl. das Verzeichnis deutschsprachiger Chats unter URL: http://www.webchat.de/

18 Dieser Terminus wird international auch in der Erzählforschung gebraucht. Vgl. Domokos, in: Fabula 48, Heft 1–2 (2007) 50–59.

Das Ich im Netz – Veränderungen privater Selbstpräsentation im Web

Christine Nowak

Von früh an setzen wir Spuren. Mit Matsch setzt man als Kind den ersten Handdruck an eine Wand oder die Eltern umzeichnen die Hand mit Buntstift auf Papier oder es wird ein Gipsabdruck im Kindergarten abgenommen. Diese Spuren, anfangs von Eltern und Erziehern gesammelt, werden später mit Aufzeichnungen ergänzt und mit Erinnerungen belegt. Es beginnt Biografiearbeit. Anhand dieser Lebensspuren wird das eigene Leben zeughaft. Seit der Antike kennen wir schriftliche Lebensbeschreibungen und abbildende Selbstzeugnisse. Man kann sogar so weit gehen, die Handabdrücke, wie sie in Höhlenmalereien der Steinzeit schon zu finden sind, an den Beginn der Kette der Lebensspuren zu setzen. Anhand dieser Spur bleibt etwas von einem Selbst, auch wenn das körperliche Subjekt schon nicht mehr ist.

Die elektronischen Medien ergänzen die traditionellen, dinghaften Formen der Selbstbeschreibung. Während man früher analoge Fotografien nutzte, um sich bspw. durch die Dokumentation besonderer Ereignisse der Zugehörigkeit zur Familie zu versichern, fotografiert der Hobbyfotograf heute digital auch Alltägliches, nur um zu dokumentieren. Er beweist damit, dass selbst der Alltag in diesem ganz individuell ausgerichteten Leben erinnerungswürdig geworden ist.

So wie die Hand auf die Höhlenwand gesetzt wurde, ein gezeichnetes Porträt auf das Papier, die Fotografie auf den Bildträger, so wurden ab 1993 mit der Etablierung des World Wide Web alsbald schriftliche und bildhafte Selbstzeugnisse auf den Flächen der frühen Browser sichtbar. Aus so mancher Webseite wurde so ein „virtuelles Zuhause".

Was ist eine Homepage?

Als Tim Berners-Lee Ende 1990 den Prototyp eines Browsers und eines Servers zusammenstellt, den er World Wide Web nennt, setzt er zugleich Standards für alles, was folgt. In diesem ersten „NeXT"-Browser gibt es nur Text. Per Hypertextlink ist es möglich, in einem weiteren Fenster auch Bilder oder Diagramme zu öffnen. Im Gegensatz zu heute kann man in den frühen Browsern genauso leicht

Abb. 1: Screenshot des NeXT-Browsers

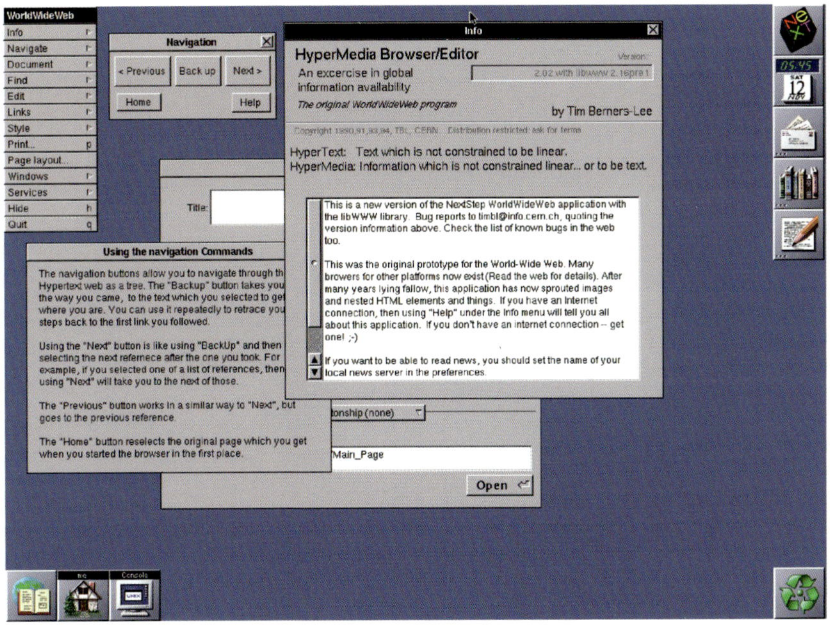

schreiben wie lesen. Das ist hilfreich, denn so kann man Verlinkungen zu anderen Webseiten auf der eigenen Browserseite aufschreiben und sammeln. Diese Sammlung von Bookmarks ist die so genannte „Homepage". Später wird die Bezeichnung „Homepage" synonym für die Startseite eines Webauftritts. Im deutschen Sprachgebrauch hat sich mit „Homepage" zudem die Assoziation zur persönlichen Webseite eingeprägt. Tim Berners-Lee sieht in der ursprünglichen Form der „Homepage" etwas ganz Persönliches: insofern jeder, der die Seite besucht, sehen kann, welche Links dort gespeichert sind. Die Sammlung dieser Links charakterisiert den Webseitenbesitzer. Man ist mit seinen Vorlieben, seiner Verknüpfung zu Freunden oder Kollegen im Web präsent.
Tim Berners-Lee hat mit dem World Wide Web eine Infrastruktur geschaffen. Seine Strategie ist es nun, die User neue, immer bessere Browser bauen zu lassen. Sein Ideal ist der „Browser/Editor", also ein Browser, den man ebenso einfach zum Lesen wie zum Schreiben nutzen kann. Der Browser, dem das Web 1993 jedoch seinen Durchbruch verdankte, hat andere Vorzüge. Der Mosaic-Browser ermöglicht es erstmals, Bilder direkt im Browser integriert anzuzeigen, so dass es im Layout an Zeitungen oder Zeitschriften erinnert, seine Editierbarkeit ist jedoch eingeschränkt. „Keiner weiß, wie viele Kopien des Mosaic-Browsers insgesamt tatsächlich herunter geladen wurden. Schätzungen zufolge waren es aber etwa eine Million. Zu Beginn des Jahres 1993 gab es etwa 50 bekannte Webserver und der Webverkehr war kaum wahrnehmbar. Im Oktober machte das Web 1% des Internetverkehrs aus."[1] Das frühe Web erhält dadurch eine Prägung, welche es zu einem „Verbrauchermedium" werden lässt, „mit vielen Lesern, aber relativ wenigen Publizisten."[2]

Abb. 2: Die NeXT-Workstation war der erste Web-Server und steht heute im „Microcosm", einem Technik Museum im CERN, dem europäischen Institut zur physikalischen Grundlagenforschung.

„Ich bin sichtbar, also bin ich!" – Die persönlichen Homepages der 90er Jahre

Wenige Internetnutzer von heute kennen noch den frühen Mosaic-Browser der Web-Pioniere. Zum Markenzeichen der persönlichen Webseiten der 1990er Jahre ist vielmehr der Netscape-Browser geworden, ein Nachfolgeprodukt von Mosaic. Der Netscape-Browser erlaubt es durchaus, Webseiten zu editieren. Erfolgreiche Webseiten-Layouts können auf diese Weise schnell kopiert und für die eigenen Bedürfnisse angepasst werden. Ganz ohne HTML-Kenntnisse kommt der Webseitenbesitzer jedoch nicht aus. Über Webkataloge kann dieser Webseiten zu „Self-Html" finden, mit dessen Hilfe er sich das Handwerkszeug zum Webseitenbau aneignen kann. Um die neu gebaute persönliche Webseite zu veröffentlichen, braucht der Webseitenbesitzer nur noch eine eigene Webadresse im Web, unter der die Homepage sowohl als Startseite, aber auch im Sinne eines „Zuhauses im Web" erreichbar ist.
Während die ersten „Homepages" noch darauf ausgerichtet sind, durch Linksammlun-

gen andere Webseiten schneller aufzurufen, nicht ohne Technikkompetenz zu demonstrieren,[3] entwickeln sie sich später stärker zu persönlichen und sozialen Projekten der Selbstkonstruktion.[4] Die persönlichen Webseiten werden mit viel Mühe und Kreativität von Privatpersonen ins Netz gestellt, sie enthalten mehr oder weniger umfangreiche Informationen über die private und berufliche Lebenssituation einer Person[5] und werden als „Visitenkarten von Nutzern" verwendet.[6] Beliebte Medien der Selbstdarstellung sind Fotos, Erlebnisberichte, Berichte über die berufliche Situation, selbstverfasste Gedichte, Geschichten usw. Ergänzt sind die Webseiten mit einem Index, also einem Inhaltsverzeichnis, wie man es von Büchern kennt, in dem ein Lebenslauf, ein Tagebuch, die Fotogalerie, ein Gästebuch und Linklisten bald zum Standard-Repertoire gehören. Visuell setzen sich bestimmte Layouts durch. So sind gemusterte „Tapeten" als Webseitenhintergrund üblich, dies sind Bilder, die sich horizontal und vertikal wiederholen und so eine Art „Kachelmuster" bilden. Bei dem temporär sehr beliebten „Sternenhintergrund" – der einen Blick in den Weltraum simuliert – erzeugt dies visuell sogar ein relativ homogenes Ergebnis. Oft ist der Webseitenhintergrund im Verhältnis zu Text und Bildern unverhältnismäßig dominant. Weiteres typisches Inventar einer persönlichen Webseite ist ein sichtbarer Besucherzähler, so dass der Webseitenbesucher sehen kann, wie viele andere Besucher vor ihm schon diese Seite besichtigt haben. Auch der Verweis auf eine E-Mail-Adresse oder ein Kontakt-Formular fehlt selten. Kontakt-Formulare und Gästebücher sind dahingehend von Bedeutung, da nicht jeder, der das Web besucht, schon eine eigene E-Mail-Adresse besitzt. Über die Kontakt-Funktionen bekommt der Besucher die Möglichkeit, dem Webseitenbesitzer ein Feedback zukommen zu lassen. Für oft ge-

Abb. 3: Informationstafel zur Entwicklung des Mosaic-Browsers am National Center for Supercomputing Applications, University of Illinois

nutzte Anwendungen gibt es alsbald Gif-Animationen, das sind vorgefertigte Web-Grafiken zu verschiedenen Themen. Sehr beliebt ist die grafische Umsetzung des Satzes „Under Construction". In den 1990er Jahren entschuldigt man sich noch regelmäßig dafür, dass die Webseite eine „Baustelle" sei. Die „Under Construction"-Grafiken verweisen bildhaft auf den Prozess des „Werdens", bzw. des Webens im Web: „Bereits 1997 wurden die Schilder zu einem allgemeinen Witz, selbst die damals noch unbefangene Mainstream-Presse schrieb, dass das Web selbstverständlich ‚always under construction' sei, und die Leute hörten auf, ihre Webseiten damit zuzupflastern."[7] Die Baustellen-Schilder werden schnell durch die nüchternen „Last updated"-Datumsanzeigen ersetzt, die meist weit unten im Fußbereich der Webseite versteckt sind. Auch die „Willkommen auf meiner Homepage"-Grüße werden immer seltener, für derart altmodische Sitten besteht kein Anlass mehr: „Die bunten, blinkenden persönlichen Homepages der 90er Jahre werden

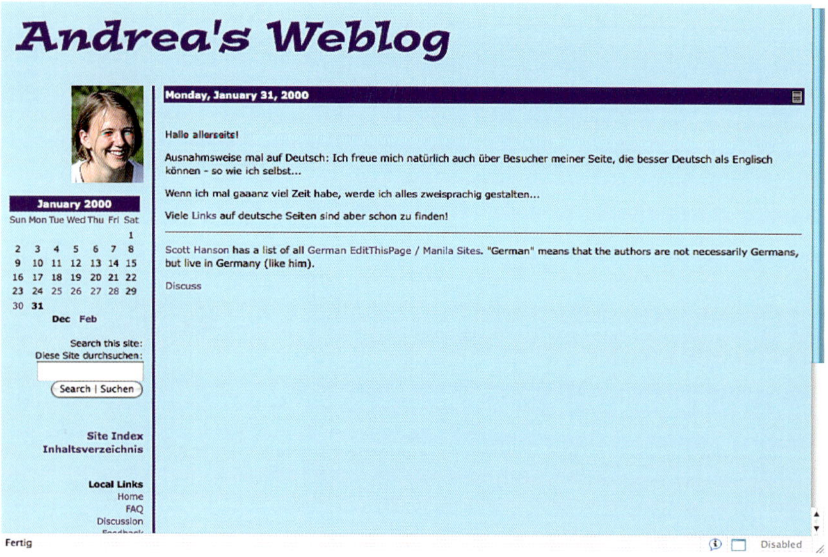

Abb 4: Andrea's Blog war ein deutsches Blog der ersten Stunde. Heute ist es nur bei Archive.org abrufbar.

durch neue Webseitenformate ergänzt oder zum großen Teil gar verdrängt. Für jede Lebenslage und jedes Hobby gibt es bald schon vorgefertigte Lösungen."[8]

1998 bezeichnet „Web-Vater" Tim Berners-Lee die persönlichen Webseiten nicht als „Heim" im Web, sondern vielmehr „als Gartenzwerge, die man sich in den Vorgarten stellt".[9] Doch dieser Vorgarten ist selbst beackert und gehört den Gärtnern selbst. Einerseits wird ab 1998/1999 mit den Redaktionssystemen das Publizieren im Netz einfacher, andererseits sind es jetzt fremde Webplattformen und Netzwerke, die einem zur Verfügung gestellt werden. Die Nutzer akzeptieren die Nutzungsregeln der Anbieter. Ein großer Vorteil ist, dass das Design sich professionalisiert und immer differenziertere Formate zum eigenen Publizieren im Web genutzt werden können: „Der eigene Lebenslauf findet sich auf der Webseite eines Jobportals, das Tagebuch steht im Blog, Urlaubsbilder werden mittels flickr veröffentlicht."[10]

Für jede Lebenslage gibt es nun das passende Redaktionssystem und speziell Blogs erfahren temporär eine große Aufmerksamkeit.

Blogs: „Ich beschreibe, also bin ich!"

Ab 1998 erscheinen die ersten Blog-Redaktionssysteme für Privatnutzer. Im Unterschied zur statischen HTML-Homepage, die vom Benutzer autodidaktisch zusammengebaut wird, ist das Grundgerüst dieser neuen Formate schon fertig programmiert. Man kann das vorgegebene Layout einfach personalisieren – durch die Wahl der Hintergrundfarbe oder durch Einsetzen von individuellen Bildern im Kopf oder in der Seitenleiste der Webseite. Texte sind in freie Formularfelder geschrieben, die mit einem „Publish"-Button versehen sind. Die erworbenen HTML-Kenntnisse bleiben insofern nützlich, da in den Anfangsjahren der Text noch mit Hilfe von HTML programmiert wird. Später werden Werkzeugleisten in das Formularfenster integriert, die das „Fetten", „Kursivieren" oder „Verlinken" von Text stark vereinfachen. Solche „Better Editors", die keinerlei Vorkenntnisse vom Nutzer verlangen, sind mittlerweile bei nahezu allen Webformaten Standard. Das neue Webformat hat alsbald einen Namen: „Weblog" – eine Wortschöpfung aus Web und Logbuch: „Der Begriff ‚Weblog' wurde am 17. Dezember 1997 von Jorn Barger geprägt. Die kurze Form, ‚Blog', stammt von Peter Merholz, der im April/Mai 1999 in der Seitenleiste seines Blogs Peterme.com scherzhaft statt Weblog ‚we blog' geschrieben hatte. Mit Bloganbietern, die quasi Blogs von der Stange anboten wurde in den USA ab 1999 Bloggen populär."[11]

Während die privaten Webseiten relativ selten aktualisiert werden, ist die Aktualisierung – das „Last updated"– das Prinzip eines Blogs. Das Blog besteht aus einer chronologischen Folge von mit Datum versehenen Updates, die sich untereinander reihen, so dass der aktuellste Beitrag immer ganz oben auf der Blog-Seite zu lesen ist. Alte Beiträge rutschen immer weiter nach unten. Diese Datumsstruktur erinnert an Tagebücher, weshalb Blogs oft und gerne als

Online-Tagebücher bezeichnet werden, mitunter werden sie auch als solche genutzt. Es gibt jedoch ebenso Blogs, die wie Miniatur-Zeitungen zu verschiedenen thematischen Schwerpunkten erscheinen. Die Bandbreite reicht von IT-Technik, Politik, Wissenschaft bis zu Handarbeit. Es gibt zudem Blogs, die als Bestandteil herkömmlicher Nachrichtenmedien oder als Marketingwerkzeug von Firmen existieren. Ihr Vorteil liegt generell darin, dass sie intuitiv, ohne große Vorkenntnisse angelegt und bedient werden können. Man kann in ihnen monologisch schreiben. Seit etwa 2000 sind Kommentarmöglichkeiten zu den einzelnen Beiträgen obligatorisch, so dass Gästebücher und Feedbackformulare obsolet werden. Typisch sind auch Linklisten (mit anderen gern gelesenen Blogs, die so genannte „Blogroll"), eine Statistikanzeige sowie – mit wachsendem Anteil – ein Impressum. Nicht mehr der statische Lebenslauf, wie bei den persönlichen Webseiten, gibt Aufschluss über das Leben des Autors, sondern das beständige Schreiben führt zu einer fließenden Narration des Selbst. Je mehr man in ihnen liest, umso mehr präsentiert sich in ihnen ein Online-Ich des Bloggers. „Durch die Selbstzensur, die jeder Blogger vornimmt, entsteht eine neue Identität, die nur einen Teil der realen Person widerspiegelt."[12] Durch die Veröffentlichung seiner Sichtweise, seiner Fotos, seiner Erzählungen des Erlebten wird der Blogger zu einer Blog-Persönlichkeit, die man als Leser zu kennen glaubt. „Ob es um die Auswahl von anderen Seiten, um Kommentare zu aktuellen Themen oder um die Darstellung von Alltagserlebnissen und Gefühlen geht, wird von einem Weblog-Autor erwartet, authentisch und mit ‚seiner eigenen Stimme' zu kommunizieren. Diese Authentizitäts-Erwartung führt dazu, dass sich in Weblogs Online-Identitäten manifestieren, die – wie bei persönlichen Homepages im allgemeinen – relativ eng mit den realweltlichen Identitäten der Autoren verbunden sind."[13]

Abb. 5: Untertitel: Die „Reisenotizen aus der Realität" gibt es schon seit 9 Jahren als Blog

Das Führen von mehr oder weniger langen Notizen über einen längeren Zeitraum erfordert vom Blogger Disziplin. Andrea Diener vom Blog „Reisenotizen aus der Realität" hat im ersten Jahr (2000) täglich geschrieben, änderte später ihren Rhythmus und gibt sich nun selbst die Vorgabe mindestens einen Text pro Woche zu schreiben. Die Frequenz beim Schreiben in Blogs liegt bei etwa einmal im Monat bis hin zu mehrmals am Tag.

Soziale Netzwerke: „Jemand kennt mich, also bin ich!"

Für einen Fluss stetiger Updates bietet sich seit 2007 die Mikroblogging-Plattform Twitter an. Ins Deutsche übersetzt mit „Zwitschern", ist Twitter überaus erfolgreich mit einem Konzept, welches auf den 140 Zeichen einer Kurznachricht basiert. Die Hauptfrage von Twitter an seine Nutzer ist „What are you doing?" Und diese berichten stetig, was sie gerade tun und zwar in einer Reduktion auf das Nötigste. Die Nutzer sind bei Twitter angemeldet, haben einen Online-Account, auf dem ihre Kurznachrichten publiziert stehen. Die Leser können diese „Tweeds" (diesen Kurznachrichtenkanal) abonnieren und bekommen die einzelnen Nachrichten dann an den PC oder an das Handy gesandt. Wie beim Blog besteht die Möglichkeit, einzelne Beiträge zu kommentieren. Die Kommunikation ist dynamischer als in Blogs. Die Form erinnert an die SMS der Mobiltelefone und hat einen prägend dialoghaften Charakter. Durch die Abonnenten bilden sich kleine private Netzwerke. „Diese Sozialen-Netzwerk-Dienste lösen gemischte Gefühle bei den technologie-bewanderten Leuten aus, die zu ihren frühen Nutzern gehören. Fans sagen, dass sie eine gute Möglichkeit seien, mit ihren geschäftigen Freunden in Kontakt zu bleiben. Aber manche Benutzer fangen an, sich *zu* konnektiert zu fühlen, weil sie von Nachrichten zu unmöglichen Stunden belästigt werden, höhere Mobilfunkgebühren haben und Bekannte bitten müssen, damit aufzuhören, mitzuteilen, was sie zum Abendessen zu sich nehmen."[14]

Wenn das Publizieren im Web sich immer mehr auf das Kontakten anderer reduziert, so ist man alsbald mit dem Phänomen der sozialen Netzwerke konfrontiert. Für jede Zielgruppe gibt es das entsprechende soziale Netzwerk: Schüler (SchülerVZ), Studenten (StudiVZ), Geschäftsleute (XING) oder Senioren (Platinnetz). Zusätzlich gibt es globale Plattformen, die eine junge, teils subkulturell geprägte Zielgruppe haben. Beispiele hierfür wären MySpace oder Facebook. Solche „sozialen Netzwerke stehen für die global veränderten Bedingungen der subjektiven Selbstbestimmbarkeit. Ausgerüstet mit rechnergestützten Datenbanktechnologien entwickeln sie Prozeduren für die Erkennung und Reproduktion von Identitäten."[15]

Der Mittelpunkt eines Accounts bei einem sozialen Netzwerk ist das Nutzerprofil. Wie bei den persönlichen Webseiten ist es auf die Präsentation einer Person fokussiert, es hat primär die Funktion einer Visitenkarte im Netz. Das relativ statische Profil ist u. a. angereichert mit weniger statischen Zugaben wie Blog, Bildergalerie, Musikplayer oder Terminkalender. Dynamik erzeugen die unterschiedlichen Kontaktmöglichkeiten untereinander. „Man wird von verschiedenen Menschen an verschiedenen Orten wahrgenommen und tritt mit diesen wiederum in Kontakt. Es ist ein volatiler Kommunikationsraum einer völlig neuen Art entstanden."[16] Ein Ergebnis der ARD/ZDF-Onlinestudie von 2008 belegt, dass 14 % der Nutzer von sozialen Netzwerken sich dort täglich austauschen.[17] Insgesamt „61% der 14- bis 19-Jährigen haben ein Profil in einer privaten Community angelegt."[18] Ein Schluss daraus ist, dass die rege Nutzung interner Nachrichtendienste der sozialen Netzwerke gerade bei den Jüngeren zu einer verminderten Nutzung von E-Mails führe. Kommunikationswege sind hier beispielsweise der Instant Messanger, interne Postfächer, Gästebücher oder Chats. Die Kommunikation werde vom E-Mail-Postfach ins soziale Netzwerk verlagert, dabei würden die Kontakte bis hin zum ganzen Freundeskreis aus dem realen Leben in das Online-Leben überführt.[19] Im Gegensatz zur Webseite und zum Blog hat der Nutzer eines Netzwerkes die Möglichkeit, Freunde und Bekannte anzuwerben und wird (je nach Anbieter) für die Akquise neuer Nutzer mit Vergünstigungen im Netzwerk entlohnt.

Der Nutzer profiliert sich mit der Fähigkeit, das Netzwerk mit Leben zu erfüllen. Nicht nur die Präsentation des „Selbst", sondern insbesondere die des eigenen Umfelds verleihen dem Subjekt Authentizität und Renommee. Ein erfolgreiches Profil ist mit reichlich Kontakten gesegnet oder präsentiert sich mit vielen Nachrichten und Grüßen in seinem Gästebuch. Das Netzwerk spinnen und die Pflege der Kontakte bekommt eine eigene Wertigkeit und verlangt Kompetenz: „Im Netz kommt es weniger darauf an, auf unverfälschten Lebenserfahrungen zu insistieren, sondern mit Hilfe der erlernten Medienkompetenz an seiner vorteilhaften Selbstdarstellung zu ‚basteln'."[20] Die Webnutzer sind sich ihrer Außenwirkung bewusst. Es ist insbesondere bei den jüngeren Onlinern ein hoher Grad der Professionalisierung im Identitäts- und Reputationsmanagement zu verzeichnen: „Hat man in der Vergangenheit gründlich und gezielt lange Texte ausformuliert, bebildert und veröffentlicht, weicht dies heute einem kontinuierlichen Strom atomarer Informationseinheiten an Beobachtetem und Selbstbeobachtung. Die übermittelte Information dient nicht mehr dem Zweck, einer Person eine bestimmte Botschaft zu übermitteln, sondern gleicht vielmehr einer Collage aus Eindrücken, die in den öffentlichen Raum gestellt werden, bzw. diesen aufspannen."[21]

Abb. 6: Weltweites Twittergewitter auf „Twittervision"

Das mediale Abbild: Authentizität und Reality

Der Kulturphilosoph Gerhard Johann Lischka schreibt 2003 über Videokunst: „Wir sind zu Trajekten geworden, die ihr Antlitz nicht mehr nur am Spiegel entgegengeworfen subjektiv beobachten, sondern es wird gleichfalls am Monitor objektiv überprüft, respektive wir überprüfen es."[22] Dieses Prinzip des „Closed Circuit" überträgt sich für die Webnutzer, die ihr Online-Ich im Netz präsentieren in gleicher Weise. Die „aktuellen elektronischen und digitalen Medien" haben „die zufälligen, notwendigen und gewünschten Selbst-Porträts oder überhaupt Bildnisse" zu einer Bilderflut anwachsen lassen, aber anders als von Gerhard Johann Lischka vermutet, führte dies nicht dazu, dass „durch die Geschwindigkeit und ihre Anzahl die direkte Selbst-Präsentation, das sich Kennenlernen etc."[23] verdrängt wurde. Vielmehr scheint es so, dass nach dem Prinzip der Bricolage[24], angebotene Kommunikationsformen vom Nutzer auf die Nützlichkeit für das eigene Leben geprüft und dann in dieses integriert würden. Das Kennenlernen und Kommunizieren hat sich in den Webformaten vielmehr rasant beschleunigt. Die Nutzer haben sich in ihren Präsentationsmöglichkeiten professionalisiert und betreiben bewusstes Identitätsmanagement. Selbst Technik-Laien sind mittels digitaler Fotografie und unkompliziert zu bedienender Web-Plattformen befähigt, innerhalb von 5 Minuten eine Online-Identität zu erstellen. Damit einher geht eine Leichtfertigkeit in der Bildnisnutzung und in der Selbstpräsentation im World Wide Web.
„Wie wirklich ist die Wirklichkeit?", fragt der Psychologe und Kommunikationsforscher Paul Watzlawick bereits 1976 in seinem gleichnamigen Buch und stellt damit die objektive Wahrnehmung der Realität zur Diskussion. Seither hat sich unser Bild von der Welt, die Wahrnehmung des Realen, nochmals radikalisiert. Aus unmittelbaren Lebenserfahrungen sind mediale Übersetzungen geworden. Wir wissen: Unsere Eindrücke, unsere Wahrnehmung der Wirklichkeit, ist niemals objektiv – genauso wenig wie das Wirkliche objektiviert werden kann. Selbsterzählungen, ob in Text oder Bild umgesetzt, sind medial vermittelt und sind deshalb auch an die Bedingungen der gewählten Formate gebunden. Trotz des

Prozesses der Relativierung von medialer Wahrnehmung, tragen wir noch immer den sentimentalen Wunsch nach dem Authentischen im Herzen. Und wenn wir persönliche Geschichten lesen oder private Bilder sehen, dann fragen wir uns immer, ob das Gezeigte so stattgefunden hat. Authentizität und Identität sind die Zauberformeln für unsere unbewusste Sehnsucht nach dem Subjekt.

Anmerkungen

1 Gilies/Cailliau 2002, 271.
2 Gilies/Cailliau 2002, 272.
3 Buten 1996.
4 Killoran 1999.
5 Döring 2002.
6 Pantle 1996.
7 Lialina 2005, 1.
8 Lialina 2005, 1.
9 Killoran 2003.
10 Lialina 2005, 1.
11 Nowak 2008.
12 Ainetter 2006, 110.
13 Schmidt 2005.
14 Wall Street Journal 2007.
15 Reichert 2008, 21.
16 Wöhlbier 2008.
17 Fisch/Gscheidle 2008, 362.
18 Fisch/Gscheidle 2008, 363.
19 Fisch/Gscheidle 2008, 362 f.
20 Reichert 2008, 43.
21 Wöhlbier 2008.
22 Lischka 2003, 8.
23 Lischka 2003, 12.
24 Lévi-Strauss 1974, 21.

Die Liebe im Zeitalter der Mobilität – Von Liebespendlern und Fernbeziehungen

Sigune Kussek

„Nicht mit dir und nicht ohne dich. Genau so war es.“[1]

Mit diesem Fazit beendet Commissario Montalbano seine spontanen Reflexionen über die langjährige Fernbeziehung mit Livia, die in einer anderen Stadt lebt und arbeitet und die er wieder einmal am Flughafen verabschieden muss. Der Romanheld des italienischen Krimiautoren Andrea Camilleri nimmt bei einem der vielen Abschiede von seiner Liebsten zum ersten Mal zwei widersprüchliche Gefühle wahr: Einerseits war er „sehr traurig über Livias Abreise, er würde zu Hause bei jeder Gelegenheit ihre Abwesenheit spüren [...]. Das zweite Gefühl war indes so etwas wie Eile, ein Drängen, Livia sollte sich nicht länger aufhalten und auf der Stelle abreisen, damit er schnell nach Vigàta zurückfahren und tun konnte, was er zu tun hatte, vollkommen frei, ohne auf ihren Tagesablauf und ihre Wünsche Rücksicht nehmen zu müssen.“ Überrascht und zunächst etwas pikiert entdeckt er bei seiner Liebsten die gleichen widersprüchlichen Gefühle, auch sie ist traurig über die Trennung und gleichzeitig begierig, wieder frei zu sein.

Camilleri schildert eine innere Zerrissenheit, die typisch ist für viele Liebespendler des 21. Jahrhunderts. Und sein Kommissar liegt auch ganz im Trend der Zeit: Fern- und Wochenendbeziehungen von Paaren nehmen zu und sind keine Ausnahmeerscheinung mehr.[2] Immer mehr Paare leben zwar in einer festen Partnerschaft, wohnen aber in getrennten Haushalten. Das konventionelle Lebensmodell vergangener Zeiten, bei dem ein Paar spätestens mit der Heirat zusammenzieht und die gemeinsame Wohnung in der Regel erst mit der Trennung auflöst, ist inzwischen kein selbstverständliches Lebensziel mehr. Die Mobilität der modernen Gesellschaft hat eine Vielfalt an neuen, alternativen Lebensformen nach sich gezogen, und auch Paarbeziehungen unterliegen gegenwärtig großen gesellschaftlichen Veränderungen. Nie wurden so viele verschiedene Paarmodelle nebeneinander und innerhalb der Biografie eines Menschen nacheinander gelebt wie heute.

Liebe auf Distanz

Die „Liebe auf Distanz“[3] hat sich in Deutschland spätestens seit den 1990er Jahren zur häufigsten nichtkonventionellen Lebensform entwickelt. Genaue Zahlen gibt es noch nicht, da zum Thema Fernbeziehung nach wie vor

Abb. 1: Abschied, Foto: © Peter Hebgen/ Pixelio

ein großer Forschungsbedarf herrscht.[4] Die Forschungslücken sind bereits in der Problematik begründet, dass Fernliebende statistisch nicht erfasst werden können, sie werden mit ihrem eigenständigen Haushalt als Alleinlebende bzw. Singles eingeordnet.[5] Es gibt jedoch Schätzungen für die Jahrtausendwende, dass mindestens jede achte Liebe eine Fernbeziehung sei.[6] Und laut Norbert F. Schneider gibt es inzwischen sogar mehr Distanzbeziehungen räumlich getrennter Paare als nichteheliche Lebensgemeinschaften.[7]

Das Phänomen Fernliebe rückte in den letzten Jahren immer stärker ins Bewusstsein der Öffentlichkeit und wird auch in Print- und Online-Medien zunehmend thematisiert. Tageszeitungen wie die „Süddeutsche Zeitung", Frauenzeitschriften wie die „Brigitte" oder „freundin" und politische Magazine wie „Der Spiegel" beschäftigen sich mit gewollten sowie ungewollten Distanzbeziehungen und stellen in der Regel einige ausgewählte Paare kurz vor.[8] Die Berichterstattung der Medien spiegelt die zwiespältige öffentliche Wahrnehmung von Fern- und Wochenendbeziehungen wider. Zum einen finden sich problematisierende Darstellungen von meist ungewollten Distanzbeziehungen als ein hohes Risiko für die Liebe. „Kein gemeinsamer Alltag, Treffen nur am Wochenende, immer wieder Abschied nehmen. Wie lange kann eine Partnerschaft das aushalten?", fragt z. B. die Zeitschrift „emotion" und gibt den Distanzliebenden maximal zwei bis drei Jahre, bevor sie entweder zusammenziehen oder sich trennen.[9] Und die Zeitschrift „freundin" geht in einem Artikel über die Vereinbarkeit von Job und Familie bzw. Zweisamkeit davon aus, dass eine beruflich bedingte Fernbeziehung zeitlich begrenzt sei. Der Artikel ermutigt seine Leserinnen, die belastende Erfahrung als gemeinsame Chance zu sehen und tröstet mit dem Hinweis, dass eine Trennung auf Zeit „immerhin auch einen hohen Romantik-Faktor" habe.[10] Zum anderen werden aber auch ausdrücklich Paare vorgestellt, die sich bewusst und ohne Zwang von außen für das Beziehungsmodell „Getrennt zusammen leben" entschieden haben.[11] Und die Zeitschrift „Maxi" behauptet sogar, dass Fernbeziehungen im Schnitt glücklicher sind als „normale", das sei jetzt sogar wissenschaftlich belegt.[12]

Mit der Zunahme von Distanzbeziehungen stieg auch der Bedarf an Ratgeberliteratur für betroffene Paare. Seit der ersten Publikation von Dorothee Schmitz-Köster im Jahr 1990 erschienen immer mehr Ratgeber mit konkreten Tipps für die Bewältigung einer Fernbeziehung, z. T. mit ausführlichen Interviews mit überzeugten, leidenden sowie sich mit der Situation arrangierenden Liebespendlern.[13] Zusätzlich bieten Internetforen die Möglichkeit zum Erfahrungs- und Informationsaustausch mit anderen Distanzliebenden.[14]

Distanzbeziehungen sind kein Phänomen ausschließlich der modernen Zeit. Berufliche Mobilität war schon immer ein Kennzeichen spezieller Berufsgruppen wie Seefahrer, Kaufleute, Soldaten, Saison- und Wanderarbeiter, Handwerker auf Montage, Flugpersonal, Manager usw. Aber im Unterschied zu früheren Zeiten

Abb. 2: Liebe auf Distanz – getrennt zusammen, Foto: © Albrecht E. Arnold/ Pixelio

sind heute nicht mehr nur bestimmte Berufs- oder Altersgruppen gezwungen mobil zu sein. Berufliche und private Mobilität ist in Zeiten von Individualisierung und Globalisierung eine ständige Herausforderung für Viele geworden.[15]

Die zunehmende gewünschte bzw. vom Arbeitsmarkt geforderte Berufsmobilität wird hauptsächlich dafür verantwortlich gemacht, dass viele Paare nicht oder nicht mehr zusammenleben können. Doch wäre es zu einseitig, hier nur von einem äußeren Zwang zu sprechen, dem die Paare gegen ihren Willen unterliegen.[16] Der physischen Beweglichkeit von Berufs- und Liebespendlern liegt eine geistige Beweglichkeit zugrunde, die auch ein Arbeitgeber nur bedingt erzwingen kann. So nehmen unbewegliche Arbeitnehmer lieber einen geringer qualifizierten und schlechter bezahlten Job oder sogar Arbeitslosigkeit in Kauf als umzuziehen oder zu pendeln. Das Wissenschaftlerteam der Studie „Berufsmobilität und Lebensform" spricht in diesem Zusammenhang von „Rejectors", von „Mobilitätsverweigerern"[17], die berufliche Mobilitätserfordernisse ablehnen und die auf keinen Fall eine Fern- oder Wochenendbeziehung führen wollen. Und nicht zuletzt gibt es immer mehr Paare, deren private Mobilität nicht von einer beruflichen bedingt ist und die durchaus zusammen ziehen könnten, dies aber bewusst nicht tun.

Drei Hauptformen von Fernbeziehungen

Die Motivation, eine Fernbeziehung zu führen, kann sehr unterschiedlich sein. Entsprechend gibt es nicht nur eine Form von Fernbeziehung, sondern mehrere Varianten. So lernt sich beispielsweise ein Paar während eines Urlaubes oder einer Tagung kennen und beide möchten ihren Lebens- und Arbeitsort nicht aufgeben. Ein weiteres Paar lebte schon zusammen, als einer der beiden berufs- oder ausbildungsbedingt in eine andere Stadt zieht. Ein anderes Paar führte bereits eine Fernbeziehung, als einer der beiden eine neue Stelle in einer anderen Stadt bekommt und nun zwischen seinem alten Wohn- und neuen Arbeitsort sowie dem seiner Partnerin hin- und herpendelt. Oder ein Paar pendelt berufsbedingt zwischen seinem Wohnort und ihren ständig wechselnden Arbeitsorten hin und her. Dann gibt es Paare, die ihre gemeinsame Wohnung behalten und der pendelnde Partner nimmt sich nur eine kleine Zweitwohnung. Andere Paare ziehen wieder auseinander, weil das Zusammenwohnen nicht nach ihren Vorstellungen funktioniert hat. Die einen Paare sehen sich regelmäßig jedes Wochenende oder sogar unter der Woche, andere Paare können sich nur in größeren Abständen gegenseitig besuchen. Eine Fernbeziehung kann von vornherein zeitlich befristet oder als Idealbeziehung geplant sein, es kann für einen der Partner eine optimale Lösung und für den anderen ein im Moment nicht änderbares Übel sein. Viele Paare durchleben zudem die verschiedenen Formen des Zusammen- und Getrenntlebens im Wechsel, sowohl verheiratet wie unverheiratet, mit Kindern und ohne.

Die verschiedenen Beziehungsformen von Liebespendlern lassen sich in drei Hauptgruppen einteilen:

a) **„Living-Apart-Together-Beziehung"**, kurz „LAT"-Beziehung

Diese Paare leben eine Fernbeziehung in geringer räumlicher Distanz, d. h. sie haben zwei eigenständige Haushalte in nicht allzu weit voneinander entfernten Städten, in derselben Stadt, Straße oder sogar im selben Haus. Diese Lebensform wird meistens von beiden Partnern aus rein persönlichen Gründen gewählt; wie oft sie sich sehen (nur am Wochenende oder auch unter der Woche), kann spontan entschieden werden. Diese Form der Fernbeziehung, vor allem in ihrer extremsten Ausprägung im selben Haus, stößt zurzeit noch auf das größte Unverständnis innerhalb der Gesellschaft.

b) **„Long Distance Relationship"**

Diese Paare führen eine Fernbeziehung in größerer räumlicher Distanz. Sie leben in zwei eigenständigen Haushalten in verschiedenen Städten, Ländern oder sogar Kontinenten. Diese Paare sehen sich aufgrund der großen Entfernung nur am Wochenende oder sogar nur alle paar Wochen oder Monate. Für diese Treffen ist in der Regel eine sorgfältige Planung notwendig. Von dieser Lebensform wird am häufigsten angenommen, dass sie unfreiwillig, durch berufliche Mobilitätserfordernisse, entstanden sei. Viele Paare entscheiden sich aber auch freiwillig für eine berufliche Mobilität oder leben diese Fernbeziehung aus rein persönlichen Gründen.

c) **„Shuttle-Beziehung"** („halbe" Long-Distance-Beziehung, Wochenendpendler)

Hier hat das Paar einen gemeinsamen Haupt- sowie einen zusätzlichen Nebenhaushalt (Zweitwohnung, Zimmer oder Appartement) am Arbeitsort für den beruflich Pendelnden. Die berufliche Situation erfordert das Pendeln des einen Partners, ein Getrenntwohnen ist nicht erwünscht. Jedoch ist ein tägliches Pendeln aufgrund der zu großen Entfernung zwischen Wohn- und Arbeitsort nicht möglich, so dass auch diese Paare eine Wochenendbeziehung führen.

Abb. 3: Mobilität und Geschwindigkeit, Foto: © Andreas Kalfaß/Pixelio

Fernliebende, Shuttles und Co.

Die sprachliche Benennung des Phänomens Fernbeziehung gestaltet sich insgesamt noch recht schwierig, da die verschiedenen Begriffe nach wie vor nicht einheitlich verwendet werden.[18] So kann beispielsweise „Living Apart Together" alle Fernbeziehungen meinen, unabhängig vom Grad der Entfernung der Liebenden.[19] „Wochenendbeziehung" kann ebenfalls alle Fernbeziehungen beinhalten, auch wenn sich das Paar aufgrund mangelnder finanzieller Mittel oder zu großer Entfernung gar nicht jedes Wochenende sehen kann. Die Bezeichnung Wochenendpendler („Shuttles") meint im engeren Sinn nur jene Paare, die einen gemeinsamen Haupthaushalt sowie einen zweiten Nebenhaushalt haben, und schließt damit alle anderen Wochenendpendler ohne gemeinsamen Wohnsitz aus.[20] Der Begriff „Commuter-Ehe", den Rüdiger Peuckert 1989 aus der amerikanischen Forschung in die deutsche Diskussion einführte, grenzt alle unverheirateten Pendel-Paare aus. Schmitz-Köster hat mit „Liebe auf Distanz" einen Begriff geprägt, der wesentlich breiter angelegt ist und alle verheirateten und unverheirateten Paare umfasst, die „in einer festen Partnerschaft leben, aber aus unterschiedlichen Gründen keinen gemeinsamen Alltag haben."[21]

Des Weiteren kennzeichnen die bestehenden Begriffe das Phänomen der Pendel-Liebe nicht hinreichend genug. Vor allem die Betroffenen empfinden Umschreibungen wie „Distanzliebe" und „Fernbeziehung" als völlig ungenügend für eine Form der Paarbeziehung, die sich aus ihrer Sicht durch eine besonders innige Nähe auszeichnet. Poetisch anmutende

Ratgeber-Buchtitel wie „In der Ferne so nah"[22] verdeutlichen das Bedürfnis nach einer positiven Konnotation dieser Lebensform von Paaren.

Die Schwierigkeit, die verschiedenen Formen von Liebesbeziehungen räumlich getrennter Paare mit passenden und unmissverständlichen Bezeichnungen zu erfassen, spiegelt die immer noch ungenaue Wahrnehmung dieser Erscheinung innerhalb der Gesellschaft wider. Fernbeziehungen sind „zwar noch nicht mehrheitsfähig, aber klammheimlich normal geworden."[23] Sie sind scheinbar so unentdeckt „normal" geworden, dass Viele die Distanzliebe noch gar nicht wahrnehmen oder wahrnehmen wollen und nur als ein unbedeutendes, rein individuelles Problem ansehen. Jedoch ist das Zusammenleben von Liebespendlern in all seinen Ausformungen, mit all seinen Vor- und Nachteilen sowie seinen besonderen Bewältigungsstrategien schon länger ein gesellschaftliches Problem und darüber hinaus ein Indiz für gesellschaftliche Veränderungen.

Jung, egoistisch und karrieresüchtig?

Fernliebende werden häufig noch mit Ablehnung und Vorurteilen konfrontiert.[24] So wird behauptet, Distanzliebende seien Menschen, die sich nicht wirklich binden wollen, ihre Beziehung sei oberflächlich, die Partnerschaft sei rasch und impulsiv zustande gekommen und ebenso schnell wieder zu lösen. Und wer sich wirklich liebt, müsse doch unter der räumlichen Trennung sehr leiden und berechtigte Angst vor einem Scheitern dieser Beziehung haben.

Doch wer führt nun eine Fernbeziehung und welche Gründe haben zu der Entscheidung, eine Liebe auf Distanz zu leben, geführt? Sind es wirklich nur junge, egoistische, ehrgeizige, unverheiratete, kinderlose oder bindungsunfähige Menschen? Welche Vor- und Nachteile nennen betroffene Paare und wann gelangt eine Fernbeziehung an ihre Grenzen? Und was wird schließlich als Basis einer funktionierenden Fernliebe genannt?

Heute sind zwar alle Berufs-, Sozial- und Altersgruppen von Fernbeziehungen betroffen, jedoch überwiegen Personen mit einem Durchschnittsalter von 32 bis 36 Jahren und einem hohen Bildungsabschluss sowie Berufsanfänger.[25] Fernliebende sind außerdem nicht unbedingt Großverdiener, zumindest Mitte der 1990er Jahre handelte es sich bei den Paaren mit getrennten Haushalten um keine besonders einkommensstarke Bevölkerungsgruppe.[26] Eine Fernbeziehung wird zudem häufig am Beginn der Partnerschaft sowie vor der Familienphase, aber auch zunehmend im fortgeschrittenen Alter sowie nach der aktiven Familienphase geführt. Inzwischen sind es auch nicht mehr hauptsächlich Männer, die ausschlaggebend für das Führen einer Pendel-Liebe sind. Der Anteil der Frauen, die flexibel und mobil ihren beruflichen und privaten Weg gehen, hat stark zugenommen. Im Zuge der Emanzipation sind vor allem gut ausgebildete Frauen immer weniger bereit, auf eine eigene berufliche Karriere zugunsten ihrer Männer zu verzichten.

Die wichtigsten Gründe, sich auf eine LAT-, Long-Distance- oder Shuttle-Beziehung einzulassen, sind beruflich motiviert. Die treibende Kraft kann der Wunsch nach beruflicher Veränderung und Weiterentwicklung, Verbesse-

Abb. 4: Über den Wolken – Flugzeuge verbinden weit entfernt lebende Paare, Foto: © Anton Scher/ Pixelio

Abb. 5: Bahnhofsuhr – eine Pendelbeziehung, bestimmt von Abfahrtszeiten und Ankunft, Foto: © Rainer Sturm/Pixelio

rung der eigenen Karrierechancen und Verdienstmöglichkeiten, Mobilitätsdruck durch den Arbeitgeber oder schlicht finanzielle Not sein. Trifft einen Amors Pfeil im Urlaub oder bei einem Kongress, dann ist in der Regel der Wunsch, seinen beruflichen und persönlichen Lebensstandard zu halten, dafür ausschlaggebend, nicht zusammenzuziehen. Ferner nennen viele Fernliebende persönliche Entwicklungsmöglichkeiten als Grund, die Beziehung räumlich getrennt zu leben. Hier kann die persönliche Freiheit im Vordergrund stehen, die enge Bindung an das eigene Zuhause mit Familien- und Freundeskreis, den Kindern das vertraute Umfeld zu erhalten oder die fehlende Bereitschaft, sich auf Neues im Umfeld des Partners einzulassen.

Freud und Leid einer Fernbeziehung

„Eine Fernbeziehung ist die Luxusversion des Alleinseins“[27] und „Sich täglich zu sehen, ist ein großer Luxus“[28] – so gegensätzlich lauten die Aussagen einiger betroffener Paare. Die emotionale Widersprüchlichkeit von Fernbeziehungen wird in der Auflistung der Vor- und Nachteile durch die befragten Paare erneut deutlich.[29] So stehen dem Vorteil, unabhängig und in einer größeren individuellen Freiheit leben zu können, die schmerzhaft gefühlte Einsamkeit und die fehlende Nestwärme aufgrund des ständigen Alleinseins gegenüber. Viele genießen die kurze gemeinsam verbrachte Zeit viel intensiver, bewusster und konfliktfreier und äußern zugleich die Angst vor Entfremdung durch zu wenig gemeinsam verbrachte Tage. Es wird auf der einen Seite der Mangel an Sex und Zärtlichkeiten beklagt, auf der anderen Seite betont, dass durch die räumliche Trennung die Erotik länger lebe, der Sex prickelnder sei und die Sehnsuchtsgefühle durchaus als romantisch empfunden werden. Das Gefühl der Leere und der ständige Abschiedsschmerz nach den gemeinsam verbrachten, schönen Stunden konkurrieren mit der Freude, seinen eigenen Rhythmus und im Einklang mit sich selbst leben zu können. Der Möglichkeit, sich ungebremst auf seinen Job, seinen Freundeskreis und seine Hobbys konzentrieren zu können, steht die fehlende Nähe gegenüber, die durch einen gemeinsam verbrachten Alltag entsteht.

Abb. 6: Amors Pfeil trifft überall, auch im Urlaub, Foto: © Detlev Beutler/ Pixelio

Ferner wird als Vorteil genannt, das Wegfahren am Wochenende sei ein bisschen wie Urlaub, und durch das Kennenlernen neuer Orte, neuer Menschen und eventuell auch fremder Mentalitäten würde der eigene Horizont enorm erweitert. Andere wiederum fühlen sich durch die ständige Reiserei sehr erschöpft, sind von den langen Zug- und Autofahrten oder Flügen genervt und fühlen sich nirgends zuhause. Der Flexibilität von mobilen Paaren steht häufig die Notwendigkeit gegenüber, vor allem bei großen Entfernungen Vieles lange im Voraus planen zu müssen, so dass Liebespendler oft gar nicht spontan agieren können. Als großer Nachteil wird von den meisten Befragten die Unvereinbarkeit von Familie und Pendeln genannt: Bei Distanzbeziehungen mit

Kindern sei einer von beiden im Grunde Alleinerziehender.
Fernbeziehungen und Distanzliebe spalten die Gemüter. Je nach Ablehnung und Akzeptanz der Distanzbeziehung sowie finanziellen und persönlichen Möglichkeiten überwiegen die empfundenen Nach- oder Vorteile. Hierbei müssen die betroffenen Paare durchaus nicht einer Meinung sein: „Zum Teil weichen die Einschätzungen eines Paares so krass voneinander ab, dass man glaubt, Männer kämen vom Mars, Frauen von der Venus."[30] Aber auch innerhalb einer einzigen Person können die Sonnen- und die Schattenseiten einer Fernbeziehung im Widerstreit liegen.

Abb. 7: Nachtexpress: Liebespendler – immer unterwegs, Foto: © Michael Bührke/Pixelio

„Nö, das machen wir, bis wir tot sind!"[31]

Ob eine Fernbeziehung ein Lebensmodell für immer oder nur vorübergehend ist, wird von den einzelnen Paaren ebenfalls sehr unterschiedlich angesehen. Für die Einen stellt die Fernliebe die ideale Beziehungsform dar, die sie auf keinen Fall gegen eine „Living-Together"-Beziehung eintauschen wollen. Einige der Befragten weisen in diesem Zusammenhang darauf hin, dass das Zusammenziehen ein sehr kritischer Moment für die bisher gelebte Distanzliebe sei und schon so manche Liebende wieder auseinandergebracht habe.[32]
Für Andere hat eine Fernbeziehung durchaus ihre Grenzen, und zwar wenn der Leidensdruck für einen der Liebenden oder für beide zu groß wird. Für viele Distanzliebende ist die Schmerzgrenze erreicht, wenn die Entfernung zwischen den Wohnorten oder die Abstände zwischen den einzelnen Treffen zu groß sind oder wenn die Zeit des Pendelns schon zu lange andauert. Als eine weitere Grenze wird von Jüngeren häufig das fortgeschrittene Alter, speziell die Zeit des Ruhestands, genannt. Im Gegensatz zu der 81-jährigen Dame, die wie andere Senioren[33] glücklich mit ihrer Distanzliebe ist, können sich viele jüngere Fernliebende nicht vorstellen, auch noch im hohen Alter zu pendeln. So sagt z. B. Conny (47) zum Thema Fernliebe im Alter: „Wenn ich alt bin, würde ich ungern alleine auf der Parkbank sitzen."[34]
Am häufigsten werden jedoch Kinder als ein wesentlicher Einschnitt in die Fernbeziehung genannt. Spätestens, wenn Kinder unterwegs oder da sind, wollen viele Pendelpaare zusammenziehen. Andererseits zeigen Untersuchungen, dass gerade Kinder ein Grund sind, dass Fernbeziehungen – hier speziell die „Shuttle-Beziehung" – erst entstehen. Denn der klassische Familienumzug, bei dem die gesamte Familie dem meist männlichen Elternteil an den neuen Arbeits- und Wohnort folgt, wird heute immer weniger praktiziert.[35]

Vertrauen und „Reden, Reden, Reden"[36]

„Die Fernbeziehung ist anspruchsvoll, sie braucht wie keine andere Liebesform Gestaltung, Einsatz, Geduld und Phantasie."[37] Mit dieser Einschätzung spricht der Soziologe

Abb. 8: Zum Glück gibt es für Fernliebende heute modernere Kommunikationsmittel wie Internet und Handy, Foto: © Bernd Boscolo/Pixelio

Abb. 9: „I love You" – trotz oder gerade wegen räumlicher Trennung, Foto: © Kurt F. Dominik/Pixelio

Schneider vielen Fernliebenden aus dem Herzen. Die Fernbeziehung wird in all ihren Vor- und Nachteilen von fast allen Befragten als gewaltiger Kraftakt empfunden, der in vollem Bewusstsein und mit einer tief empfundenen Liebe geleistet wird. Als Basis einer funktionierenden, glücklichen Fernliebe werden hierbei an erster Stelle absolutes Vertrauen und eine offene, ehrliche und rege Kommunikation genannt. Die meisten Paare sprechen sich täglich, um sich gegenseitig auf dem Laufenden zu halten und eine Nähe wenigstens über das Miteinandersprechen und Lesen von kleinen Botschaften zu erzeugen. Die modernen Kommunikationsmittel wie E-Mails, Handys und Telefon-Flatrate stellen hierbei eine enorme Erleichterung zu früheren Zeiten dar, als noch Briefe verschickt werden mussten und Telefonate teuer waren und daher seltener geführt wurden.

Außerdem sei es wichtig, gemeinsam zu planen und genaue Absprachen zu treffen, die zeitlichen Abstände zwischen den einzelnen Treffen so gering wie möglich zu halten sowie ein gutes Zeitmanagement zu betreiben. Fremdgehen sei selbstverständlich völlig indiskutabel, inwieweit allerdings die Zahlen stimmen, nach denen zusammenlebende Paare tatsächlich häufiger untreu sind als getrennt lebende, sei dahingestellt.[38] Des Weiteren sind sich die meisten Paare einig, dass nur Menschen mit großem Durchhaltevermögen und einem starken Willen eine Fernbeziehung führen können. Selbstbewusstsein, Mut, Toleranz und eine gewisse innere Reife seien eine gute Grundlage für eine Fernliebe. Unzufriedene, eifersüchtige und unsichere Menschen, die zudem schlecht allein sein können, sollten lieber keine Distanzbeziehung leben.

Das Reflektieren über ihre eigene Fernbeziehung löst bei vielen Befragten auch ein Nachdenken über Nahbeziehungen zusammenlebender Paare aus. Die Vorteile einer Fernbeziehung werden hierbei häufig als Nachteile der Living-Together-Beziehung empfunden. Viele zusammenwohnende Paare hätten eine mangelnde Kommunikation, die sogar bis zur Sprachlosigkeit führen könne. Gewohnheit, Langeweile und innere Entfremdung durch die Routine des ständigen Zusammenseins werden als Gefahren einer Nahbeziehung genannt. Die Schwierigkeit, eine gesunde Balance zwischen Nähe und Distanz in der gemeinsamen Wohnung zu finden, wird ebenso gesehen wie das Problem der kleinen und dennoch aufreibenden Alltagskonflikte. Der ständige Streit um die berühmt-berüchtigte offene Zahnpastatube oder die Frage, wer den Müll wegbringt, fallen bei einer Fern- und Wochenendbeziehung mit getrennt geführten Haushalten weg. Aber warum nicht die guten Seiten einer Fernliebe auch in einer Nahbeziehung leben, das fragen sich einige der Distanzliebenden. Denn die genannten Grundlagen einer Fernbeziehung unterscheiden sich gar nicht so sehr von denen einer glücklichen Nahbeziehung, in der bewusst kommuniziert wird, in der neben der räumlichen auch eine innere Nähe herrscht und beiden Partnern Raum zur Entfaltung gegeben wird.

LAT – die Beziehungsform der Zukunft?

„Eine Fernbeziehung überlebt, wenn die Beziehung so tief ist, dass sie Distanzen überwindet", stellt eine weitere Befragte fest.[39] Die „Liebe auf Distanz" wird von jenen Paaren, die mit dieser Beziehungsform glücklich oder zumindest im Einklang leben, eher als „Liebe ohne Grenzen" empfunden. Hier überwiegt das Wahrnehmen der genannten Vorteile. Paare, die ihre Distanzbeziehung mehr als notwendiges Übel sehen, leiden verständlicherweise mehr unter den Nachteilen und Schwierigkeiten, die durch das ständige Pendeln und das viele Alleinsein entstehen. Doch in einem Punkt sind sich fast alle einig: „Man würde die ganzen Umstände nicht auf sich nehmen, wenn man den Partner nicht wirklich liebt."[40]

Es zeichnet sich ab, dass auch die konventionelle Form der „Living-Together"-Beziehung von den modernen Entwicklungen nicht unberührt bleibt. Zum einen kann heute nahezu jedes Paar jederzeit vor die Entscheidung gestellt werden, eine Fernbeziehung führen zu können oder zu müssen. Und zum anderen ist ein Wertewandel zu beobachten, der auch vor jenen Paaren nicht haltmacht, die sich bisher kaum mit den neuen Lebens- und Liebesbedingungen beschäftigt haben. In Zeiten beruflicher und privater Mobilität stellen bewegliche Fernliebende das alte, unbewegliche Paarmodell in Frage. Das Zusammenziehen ist in Zeiten der Globalisierung nicht mehr der Gradmesser einer stabilen, innigen oder gar

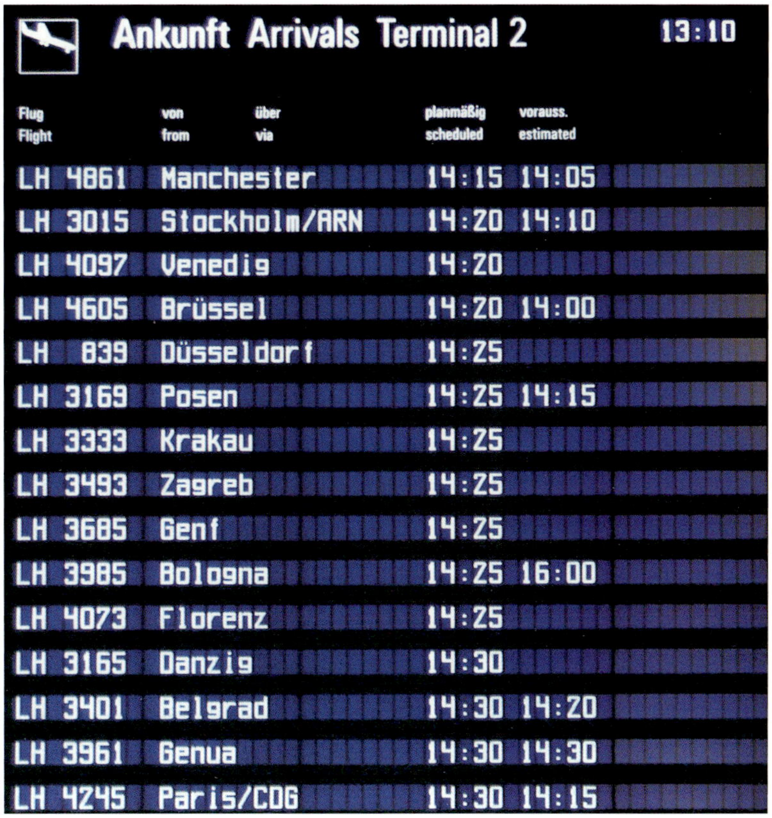

Abb. 10: Flughafen, Anzeigetafel, Foto: © Christian Evertsbusch/ Pixelio

offiziellen Liebesbeziehung. Genauso ist das Getrenntwohnen kein Zeichen mehr für eine unverbindliche oder oberflächliche Paarbeziehung. Living-Together-Paare, die auf keinen Fall und auch nicht für eine kurze, begrenzte Zeit pendeln wollen, können inzwischen durchaus auf Unverständnis oder sogar Kritik in ihrer direkten Umgebung stoßen. Und dass das Zusammenwohnen genauso eine Gefahr für das Funktionieren einer Beziehung sein kann wie das Getrenntwohnen, ist ebenfalls keine neue Beobachtung mehr.

Darüber hinaus verändern sich bei vielen Liebenden, die eine Zeitlang räumlich getrennt waren, die Vorstellungen und Wünsche, die das enge Zusammenleben betreffen. Viele Paare wollen das erneute oder das neue Zusammenwohnen mit einem anderen Partner anders gestalten als sie es vor der Fernbeziehung praktiziert haben. Die intensive Kommunikation, das bewusste Erleben der gemeinsam verbrachten Zeit, verschiedenen Hobbys getrennt nachzugehen und andere Vorteile wollen sie in ihre Nahbeziehung mit hineinnehmen. Die zunehmende Präsenz und Wahrnehmung von Fernbeziehungen strahlt auch auf nicht mobile Paare ab und stößt viele gedanklich und manche auch räumlich an.

Die Liebe im Zeitalter der Mobilität ist in Bewegung geraten. Viele Liebende gehen neue Wege und probieren alternative Möglichkeiten des räumlich getrennten Zusammenseins aus. Andere halten bewusst an der alten, bewährten Form der Living-Together-Beziehung fest. Und Dritte wiederum kehren zur Nahbeziehung zurück – entweder bestärkt in der alten Form oder mit konkreten Ideen für eine neue Gestaltung des Zusammenwohnens. Ob das getrennte Zusammenleben tatsächlich die Beziehungsform der Zukunft ist, wie es der Schweizer Soziologe Hoffmann-Nowotny 1995 vorhersagte,[41] ist noch nicht absehbar. Es bleibt auf jeden Fall spannend, die weitere Entwicklung der Paarbeziehungen und den Umgang der Liebenden mit den Gegebenheiten der modernen Zeit zu verfolgen.

Anmerkungen

1 Camilleri 2007, 213.

2 In Deutschland haben besonders der Fall der Mauer 1989 sowie der spätere „Jahrhundert-Umzug eines Heeres von Beamten, Abgeordneten und Bürokraten von Bonn nach Berlin" dazu beigetragen, dass die Anzahl an Fernbeziehungen stark angestiegen ist. Vgl. Freymeyer/Otzelberger 2000, 11.

3 Diese Bezeichnung für die Lebensform getrennt zusammenlebender Paare hat Schmitz-Köster 1990 mit dem ersten, inzwischen vergriffenen Ratgeber zum Thema Fernliebe eingeführt.

4 Die bisher wichtigste und umfangreichste wissenschaftliche Untersuchung zu deutschen Paaren, die in mobilen Beziehungen leben: Schneider u. a. 2002.

5 Schneider u. a. 1998, 55.

6 Freymeyer/Otzelberger 2000, 11.

7 Norbert F. Schneider in einem Interview mit Freymeyer/Otzelberger 2000, 32.

8 Eine Ausnahme stellt die Frauenzeitschrift „Elle" dar, sie hat im September 1995 Ergebnisse einer Untersuchung der Gesellschaft für rationelle Psychologie unter dem Titel „Geliebt wird nur am Wochenende" veröffentlicht. Grundlage dieser Untersuchung waren über 4 000 Interviews, in denen 2 123 Frauen und 2 096 Männer befragt wurden. Teilergebnisse finden sich in Freymeyer/Otzelberger 2000, 13 f.

9 „Liebe auf Reisen", in: „emotion" 11/2006, 35–38.

10 „Mein Job, dein Job – Unser Leben", hier der Absatz „Er muss für die Karriere ins Ausland gehen – ich hänge aber an Job und Wohnort", in „freundin" 8/2008, 122.

11 Z. B. „Liebestrend der Generation 40+. Getrennt wohnen, zusammenleben", ein Titelthema in der „FÜR SIE" 16/2008, 62–64. Oder der Artikel in der „BRIGITTE WOMAN" 04/2008, 88–93: „‚Wenn wir uns sehen, dann wollen wir uns auch sehen'. Sie können zusammenleben – müssen es aber nicht."

12 Titelthema „Vorteil Fernbeziehungen. Distanz schafft Nähe (sagt die Wissenschaft)" in „Maxi" 09/2008, 114 f.

13 Schmitz-Köster 1990, Freymeyer/Otzelberger 2000, Berger 2003, Koller 2006, Wendl 2007, Tiger 2008. Auch online wie z. B. www.gelingende-fernbeziehung.de (Peter Wendl).

14 z. B. www.fern-beziehung.de.

15 Schneider u. a. 2002, 16.

16 Jaensch 2008, 16, spricht in diesem Zusammenhang von „Zwangsfernbeziehungen", in der Berufspendler lediglich die Anforderungen ihres Arbeitgebers erfüllen und diese Form der Beziehung nicht freiwillig gewählt hätten.

17 Schneider u. a. 2002, 26.

18 Zur Problematik der uneinheitlichen Terminologie vgl. auch Schneider u. a. 1998, 51–54.

19 Schneider u. a. 2002, 25, bezeichnen mit „Living apart together" ausnahmslos alle Partnerschaften mit zwei getrennten Haushalten. Vier Jahre zuvor wendeten Schneider u. a. 1998, 54, die Bezeichnung „LAT-Beziehungen" nur auf jene Paare an, die die getrennte Haushaltsführung als Teil des gemeinsamen Beziehungsideals und nicht aufgrund beruflicher Mobilitätsanforderungen lebten. „Living apart together" war übrigens der erste Begriff, der dieser neuen, individuellen Paarbeziehung einen Namen gab. Die niederländische Wissenschaftlerin Cees J. Straver führte das Wortspiel in den 1980er Jahren in die wissenschaftliche Diskussion ein, entnommen war der Begriff dem 1973 gezeigten Kinofilm „Frank & Eva – Living Apart Together". Vgl. Koller 2006, 17 f.

20 Schneider u. a. 2002, 25. Gräbe/Ott 2003, 3 f., wiederum bezeichnen diese Gruppe als „Wochenpendler".
21 Schmitz-Köster 1990, 21.
22 Freymeyer/Otzelberger 2000.
23 Freymeyer/Otzelberger 2000, 11.
24 Schneider u. a. 2002, 246–253, fassen die negativen Reaktionen des Umfeldes der von ihnen befragten mobilen Paare in drei Gruppen zusammen: Befremden und Unverständnis, in einigen Fällen sogar Diskriminierungen, Mitleid und Bedauern und schließlich Vorwürfe.
25 1994 überwogen bei den Partnerschaften mit getrennten Haushalten noch die unter 30-Jährigen, während 2002 das Durchschnittsalter der befragten LAT- und Long-Distance-Paare bei 32 Jahren und der Shuttle-Paare bei 36 Jahren lag. Vgl. Schneider u. a. 1998, 56 ff.; Schneider u. a. 2002, 145 f., 438; Gräbe/Ott 2003, 1.
26 Das durchschnittliche individuelle Nettoeinkommen von Personen, die in Partnerschaften ohne gemeinsamen Haushalt lebten, lag 1994 bei rund 2 600 DM, vgl. Schneider u. a. 1998, 57.
27 Martin (38), Kabarettist in Würzburg, in einer Fernbeziehung mit Elisabeth (34), Kinesiologin in München. Freymeyer/Otzelberger 2000, 82.
28 Iris (35), Aktienhändlerin in Düsseldorf, für eine begrenzte Zeit, als sie in Frankfurt/M. arbeitete, in einer Fernbeziehung mit Olaf (38), Bankkaufmann in Düsseldorf. Freymeyer/Otzelberger 2000, 118.
29 Hier v. a. Schneider u. a. 2002, 340–410, und Koller 2006, 35–37.
30 Koller 2006, 35 f.
31 Dina (81), ehemalige Versandbuchhalterin, die seit vier Jahren eine LAT-Beziehung mit Helmut (80) in Bremen lebt, auf die Frage, ob ihre Fernbeziehung irgendwann an eine Grenze gelange. Koller 2006, 57.
32 Die Therapeutin Berit Brockhausen spricht vom „Übergangsknirschen", wenn man wieder oder erstmals zusammenzieht. Vgl. Freymeyer/Otzelberger 2000, 201.
33 Hier sind z. B. auch Gerda (73) und Klaus (76) zu nennen, die nach 56 Ehejahren ganz bewusst in zwei getrennte Appartements einer Senioren-Anlage gezogen sind, damit ihre „Partnerschaft bis zum Ende gelingen kann". BRIGITTE WOMAN 04/2008, 91.
34 Koller 2006, 72.
35 Schneider u. a. 2002, 21.
36 Conny (47), Leiterin eines Medienbüros, auf die Frage, wie sie und ihr Partner mit Problemen in ihrer Fernbeziehung umgehen. Koller 2006, 71.
37 Norbert F. Schneiders Antwort auf die Frage von Freymeyer/Otzelberger 2000, 36, ob die Fernbeziehung die aufregendere Liebe mit einem höheren Lustgewinn sei.
38 Laut Koller 2006, 191, betrügen 60 % der Nahliebenden und nur 40 % der Fernliebenden ihren Partner. Laut Freymeyer/Otzelberger 2000, 14, geben sich immerhin 48 % der Fernliebenden mindestens einem Seitensprung hin.
39 Petra (49), Leiterin einer Kommunikationsberatung in Stuttgart, in zeitlich begrenzter Fernbeziehung mit Christian (34), der als Banker 20 Monate in Malaysia arbeitete. Koller 2006, 91.
40 Carolin (19), Krankenschwester in Ausbildung in Berlin, in Pendelbeziehung mit Georg (22), Elektriker in Bayreuth. Koller 2006, 97.
41 Peuckert 2005, 98.

ANHANG

Autorenbiografien

SIEGFRIED BECKER, Dr. phil., geb. 1958, Professor für Europäische Ethnologie/Kulturwissenschaft an der Philipps-Universität Marburg

1979–1985 Studium der Europäischen Ethnologie, Geschichte und Geographie in Marburg, 1986 Promotion

Vorsitzender der Hessischen Vereinigung für Volkskunde und Mitherausgeber der Hessischen Blätter für Volks- und Kulturforschung

Arbeitsfelder: Materielle Kultur, Erzähl- und Biographieforschung, Wissenschaftsgeschichte, Natur und Kultur; regionale Schwerpunkte: Hessen, Alpenländer, Böhmen, Ungarn, Südosteuropa

---

ANDREAS C. BIMMER, Dr. phil., geb. 1943

Studium der Soziologie, Volkskunde, Erziehungswissenschaft und Psychologie in Hamburg, Kiel, Münster und Marburg, Promotion 1972 in Marburg, Europäische Ethnologie

Akademischer Oberrat am Institut für Europäische Ethnologie/Kulturwissenschaft der Philipps-Universität Marburg, seit Oktober 2006 im Ruhestand

Forschungsschwerpunkte: Familienforschung, Brauchforschung, hessische Volkskunde, regionale Ethnologie, Wissenschaftsgeschichte der Volkskunde; Mitarbeit an der Internationalen Volkskundlichen Bibliographie (IVB); langjähriger Redakteur der Hessischen Blätter für Volks- und Kulturforschung; Leitung von Ausstellungsprojekten mit Studierenden des Instituts

---

ERIKA DITTRICH, Dr. phil., geb. 1967

Studium der Kunstgeschichte, Geschichte und Klassischen Archäologie in Marburg und Würzburg. Schon während des Studiums entstanden erste Publikationen zur ländlichen Sakralkunst, die schließlich zur 1998 vorgelegten Dissertation zu den „katholischen Dorfkirchen des Eichsfeldes im Kurmainzer Teilfürstentum Mainz (1670–1803)“ führten.

Zunächst arbeitete die Kunsthistorikerin drei Jahre als wissenschaftliche Mitarbeiterin für die kirchliche Denkmalpflege im Bistum Hildesheim, bis sie im Jahr 2000 die Leitung des Stadtarchivs und Museums (Philipp-Reis-Haus) der Stadt Friedrichsdorf übernahm. Als Vorsitzende des Vereins für Geschichte und Heimatkunde Friedrichsdorf leitet sie zudem seit 2002 ehrenamtlich das Heimatmuseum Seulberg. Es folgten weitere Ehrenämter: So engagiert sie sich unter anderem seit 2002 im Vorstand des Arbeitskreises der Wissenschaftler an hessischen Museen für den Hessischen Museumsverband; im Frühjahr 2003 übernahm sie das Amt der Sprecherin der Kontaktgruppe der Museen im Taunus.

CHRISTINA HEINZ, M. A., geb. 1980, war von 2007–2009 wissenschaftliche Volontärin mit dem Schwerpunkt Ausstellung im Freilichtmuseum Hessenpark. Dort kuratierte sie gemeinsam mit Dr. Axel Lindloff und Dr. Ralf Nitschke die Ausstellung des Verbundprojektes Arbeit und Leben und ist Herausgeberin des Begleitbandes zur Ausstellung.

2000–2006 Studium der Mittleren und Neueren Geschichte sowie der Europäischen Ethnologie an der Philipps-Universität Marburg und an der Université Marc Bloch in Straßburg; Praktika und längere Mitarbeit während und nach dem Studium im Historischen Museum Frankfurt sowie im Brüder Grimm-Museum

Interessensgebiete: Veränderungsprozesse der Alltagskultur, Globalisierung, Historische Anthropologie, Museumspädagogik, Kultur in Grenzregionen, (Kultur-)Geschichte der Frühen Neuzeit

---

DIETER KRAMER, Dr. phil., geb. 1940, außerordentlicher Professor an der Universität Wien

Kulturwissenschaftler/Europäischer Ethnologe, Studium in Mainz und Marburg

1977 bis 1990 im Dezernat Kultur und Freizeit der Stadt Frankfurt am Main bei Hilmar Hoffmann, bis Juni 2005 Oberkustos im Museum für Völkerkunde (jetzt Museum der Weltkulturen) der Stadt Frankfurt am Main, zeitweise als

wissenschaftlicher Referent des Präsidenten des Goethe-Instituts in München tätig
1987 Habilitation an der Universität Wien im Fach Europäische Ethnologie
2006/07 Sachverständiges Mitglied der Enquete-Kommission „Kultur in Deutschland" des Deutschen Bundestages
Veröffentlichungen (Auswahl): Von der Notwendigkeit der Kulturwissenschaft, Marburg 1997; Der sanfte Tourismus, Wien 1983; Tourismuspolitik, Münster 1990; Aus der Region – für die Region, Wien 1996; Handlungsfeld Kultur, Essen 1996; Alte Schätze und neue Weltsichten, Frankfurt am Main 2005
Lehraufträge in Wien, Hildesheim, Salzburg u. a., 2007/08 Gastprofessur in Innsbruck

SIGUNE KUSSEK, Dr. phil., geb. 1968
Studium der Volkskunde/Europäischen Ethnologie, Germanistik und Ur- und Frühgeschichte in Münster, Promotion 2005 über bürgerlichen Wandschmuck des 19. Jahrhunderts
Von 2005–2007 wissenschaftliche Volontärin sowie Mitarbeiterin am Schleswig-Holsteinischen Freilichtmuseum in Kiel-Molfsee, zur Zeit Mitarbeiterin der Stadtbücherei Münster
Veröffentlichungen zur Alltagsgeschichte und populären Sachkultur des 19. und 20. Jahrhunderts, Mitherausgeberin des Begleitbandes einer Ausstellung über historische Süßigkeiten

AXEL LINDLOFF, Dr. phil., geb. 1952
Ausbildung zum staatlich geprüften Erzieher; Studium im Fach Sozialwesen an der Gesamthochschule Kassel; Zweitstudium in den Fächern Volkskunde, Vor- und Frühgeschichte sowie Pädagogik in Marburg; Promotion 1994 mit einer Arbeit über ein handwerkshistorisches Thema
Während und nach den Studien ehrenamtliche und freiberufliche Tätigkeit in Museen
1995–1999 wissenschaftlicher Mitarbeiter im Deutschen Zentrum für Handwerk und Denkmalpflege Propstei Johannesberg in Fulda
2000–2005 Leiter des Regionalmuseums Wolfhagen
Seit 2005 als Volkskundler im Freilichtmuseum Hessenpark GmbH beschäftigt; Veröffentlichungen zur Handwerksforschung sowie in Begleitpublikationen zu Sonderausstellungen

ULRIKE LOOFT-GAUDE, Dr. phil., geb. 1949
Studium der Kunstgeschichte, Germanistik, Soziologie und Archäologie in Kiel, Freiburg und Hamburg, Promotion über Glasmalerei um 1900
Seit 1989 wissenschaftliche Mitarbeiterin im Schleswig-Holsteinischen Freilichtmuseum
Forschungsschwerpunkte: Kultur Schleswig-Holsteins, insbesondere im ländlichen Raum, die Themen stehen in der Regel im Zusammenhang mit Ausstellungen, in den letzten Jahren z. B.: Getränke, Gasthäuser, 50er Jahre, sprachliche Untersuchung des Wortes „süß", Terrazzoherstellung und die italienischen Handwerker (Ausstellung „Bunte Steine – buntes Glas", 2008)

PETER LUMMEL, Dr. phil., geb. 1961
Studium der Fächer Klassische Archäologie und Geschichte in Würzburg, Heidelberg und Urbino, Promotion im Jahr 1988
Seit 1995 Wissenschaftlicher Leiter des Freilichtmuseums Domäne Dahlem in Berlin. Grundgedanke der Domäne Dahlem ist es, einem vor allem großstädtischen Publikum über Museumsausstellungen, aktive Demonstrationsbetriebe und weit gefächerte Veranstaltungen den gesamten Ernährungskreislauf vom Acker bis zum Teller im Wandel der Zeiten zu vermitteln.
Der Autor arbeitete von 2003 bis 2007 im Wissenschaftlichen Komitee der „International Commission for Research into European Food History" (ICREFH) und ist seit 2003 Präsidiumsmitglied in der „Association Internationale des musées d'agriculture" (AIMA).
Weiterhin ist er Mitglied des „Internationalen Arbeitskreises für Kulturforschung des Essens" und der Arbeitsgruppe „Foodways" in der Association for Living History, Farm and Agricultural Museums (ALFHAM) von Nordamerika. Er veröffentlichte über 30 Arbeiten zur Agrar- und Ernährungsgeschichte und zu musealen Fragestellungen, u. a. war er Mitherausgeber des englischsprachigen Tagungsbands „Food and the City in Europe since 1800" (2007).

MAX MATTER, Dr. phil., geb. 1945
Studium der Volkskunde, Publizistik/Kommunikationswissenschaften, Sozialgeschichte sowie Sozialpsychologie an der

Universität Zürich, 1975 Promotion zum Dr. phil., 1983 Habilitation Universität Mainz, 1984 Vertretungsprofessur Universität Marburg, 1985–1996 Prof. C3 Universität Frankfurt, seit 1996 Prof. C4 Universität Freiburg

Forschungsschwerpunkte: Migration, Integration und Minderheiten (seit rund 30 Jahren); Mehrheiten und Minderheiten in Europa (Deutsche im östlichen Europa, Roma usw.), Großregionen Europas: Alpen, Mittelmeer, deutsche Mittelgebirgsregionen, Balkan, Karpatenraum, Türkei

Gründungs- und Vorstandsmitglied des Rats für Migration

MARGARETE MEGGLE-FREUND, Dr. phil., geb. 1967

Studium der Volkskunde, Kunstgeschichte und Landesgeschichte in München, Magisterarbeit zum Thema „In der Tiefe der Tasche. Sprechen über sich und seine Sachen"; Promotion in Jena „Zwischen Altbau und Platte. Erfahrungsgeschichte(n) vom Wohnen. Alltagskonstruktion in der Spätzeit der DDR am Beispiel der Sächsischen Kleinstadt Reichenbach im Vogtland"

Tätig an der Landesstelle für die nichtstaatlichen Museen in München, am Bayerischen Landesamt für Denkmalpflege, Kuratorentätigkeit für das Fränkische Freilandmuseum Bad Windsheim: Ausstellung „Absatz, Boa und Zylinder"; im Badischen Landesmuseum in Karlsruhe: Ausstellung „¡Viva España! Von der Alhambra zum Ballermann"

Lehrtätigkeit an der Friedrich-Schiller-Universität in Jena und derzeit an der Ludwig-Maximilians-Universität in München, daneben freiberuflich tätig

Forschungsschwerpunkte: Wohnforschung, Sachkulturforschung, Oral History, alltägliches Erzählen, Kleidungsforschung, historische Fest- und Bewegungskultur, Alltagskultur der DDR, Tourismusforschung, Museologie

---

RALF NITSCHKE, Dr. phil., geb. 1963

Studium der Kunstgeschichte, Volkskunde und Germanistik in Münster, Magisterarbeit über „Karl Friedrich Schinkels Tegeler Schlößchen für Wilhelm von Humboldt"

Wissenschaftlicher Mitarbeiter an der Berliner Senatsverwaltung für Stadtentwicklung und Umweltschutz, Fachabteilung Baudenkmalpflege

Dissertation „dauerhaft und würdig – Carl Schwatlos Berliner Post- und Telegraphenbauten"

Wissenschaftliches Volontariat am Westfälischen Freilichtmuseum Detmold

Archiv- und Bibliotheksleiter des Architekturbüros Kleihues + Kleihues, Berlin/Dülmen

Lehrauftrag für Museumskunde an der Fachhochschule für Technik und Wirtschaft Berlin

Seit 2005 wissenschaftlicher Mitarbeiter im Freilichtmuseum Hessenpark

Forschungsschwerpunkte: Architektur, Möbel, Fotografie

CHRISTINE NOWAK, M. A., geb. 1975

Studium der Kunstpädagogik, Kunstgeschichte und Kulturanthropologie an der Frankfurter Johann Wolfgang Goethe-Universität. Sie ist Doktorandin am Institut für Kunstpädagogik und schreibt über „Medienamateure und private Medienproduktion". Ihre Forschungsschwerpunkte sind Medien- und Kommunikationsgeschichte, Medienpädagogik, Medienkunst sowie Neue Medien in Museen.

Im Dezember 2008 hat sie ihr wissenschaftliches Volontariat im Museum für Kommunikation Frankfurt beendet, in dessen Rahmen sie für Konzeption und Organisation der Ausstellung „Absolut privat!? Vom Tagebuch zum Weblog" zuständig war. Seit 2009 arbeitet sie in der Presseabteilung des Museums.

MANFRED OMAHNA, Dr. phil. Mag. phil. Dipl.-Ing., geb. 1970

1993–1999 Magisterstudium Europäische Ethnologie an der Karl-Franzens-Universität Graz

1993–2001 Diplomstudium Architektur an der Technischen Universität Graz

1999–2004 Doktorat Europäische Ethnologie Karl-Franzens-Universität Graz

2002–2006 Wissenschaftlicher Assistent am Institut für Gebäudelehre, TU-Graz, Prof. Hrvoje Njiric

2001/2002 Junior Research Fellow, Internationales Forschungszentrum für Kulturwissenschaften (IFK) in Wien

Lehrbeauftragter am Institut für Volkskunde und Kulturanthropologie der Universität Graz, am Institut für Gebäudelehre der Technischen Universität Graz und am Institut für Volkskunde und Europäische Ethnologie der Ludwig-Maximilians-Universität München

Derzeit: Leitung des Büros für „Grundlagenforschung im architektonischen Raum" in Salzburg, Forschungsprojekt zum Thema: „Architektur und Ethnologie – Subjektiver Sinn und Gefühlswelt"

Veröffentlichungen (Auswahl): Wohnungen und Eigenräume – Über die Pluralität des Wohnens am Beispiel von Einpersonenhaushalten, Grazer Beiträge zur Europäischen Ethnologie, Band 13, Frankfurt, New York 2005; Plurale Räume – Mentale Stadterfahrung als Instrument globaler Praktiken, Münster, New York, München, Berlin 2006; Der Verein als Wohnwelt. Gesellschaftliche Widerlager und Raumfragmente, in: Ulrike Kammerhofer-Aggermann (Hg.): Ehrenamt und Leidenschaft. Vereine als gesellschaftliche Faktoren, Salzburger Beiträge zur Volkskunde, Band 11, Salzburg 2002; Verlorener Raum, in: Elisabeth Katschnig-Fasch (Hg.): Das ganz alltägliche Elend. Begegnungen im Schatten des Neoliberalismus, Wien 2003; Globalisierte Stadträume und lokaler Konnex, in: Moritz Csáky und Peter Stachel (Hg.): Speicher des Gedächtnisses. Bibliothek, Museum, Archiv, Wien 2001; Dreamworks – Werden Bilder Realität?, in: Manfred Omahna und Karl Stocker (Hg.): Architekturen – Österreichische Zeitschrift für Geschichtswissenschaften, 12. Jg. Heft 3/2001, Wien

Forschungsschwerpunkte: Urban-, Wohnforschung, Globalisierung, Architekturtheorie, Raumtheorie, Raumwahrnehmung, soziale/kulturelle Distinktion, Theorie und Praxis

---

JANE REDLIN, Dr. phil., geb. 1959

Studium der Europäischen und Außereuropäischen Ethnologie und Geschichte in Berlin (Humboldt-Universität)

Kustodin am Museum Europäischer Kulturen – Staatliche Museen zu Berlin

Dissertation zu Säkularisierungsprozessen bei Übergangsritualen am Beispiel säkularer Totenrituale (2008)

Projektbezogene Forschungsthemen zu Religion, Ritual, Fest, Mobilität

---

THOMAS SCHÜRMANN, Dr. phil., geb. 1963

Studium der Volkskunde, Geschichte und Germanistik, Promotion in Münster

Veröffentlichungen zu Sachkultur, Nahrung und Brauch

Lehraufträge in Münster, Augsburg, Göttingen, Kiel und Hamburg

Ab 2007 Abteilungsleiter Volkskunde im Freilichtmuseum am Kiekeberg, dort seit Februar 2009 in der Leitung des Projektes Agrarium

---

CARSTEN SOBIK, M. A., geb. 1970, gelernter Speditionskaufmann, kurze Zeit Filmtiertrainer in Israel

Studium der Europäischen Ethnologie/Volkskunde, Medizingeschichte, Ur- und Frühgeschichte sowie Mittleren und Neueren Geschichte in Kiel. Dort zweieinhalb Jahre in Lehre und Forschung am Seminar für Europäische Ethnologie/Volkskunde tätig, parallel freischaffender Museumspädagoge im Großraum Kiel. Arbeitete u. a. zur Haus- und Sozialgeschichte des so genannten Imkerhauses aus Eschede und für dessen Ausstellung im Landwirtschaftsmuseum Hösseringen in der Lüneburger Heide.

2007–2009 wissenschaftlicher Volontär am Freilichtmuseum Hessenpark in Neu-Anspach im Bereich Sammlung/Magazin/ Dokumentation

Seit 2009 wissenschaftlicher Mitarbeiter

Forschungsschwerpunkte: Armut und Armenfürsorge auf dem Land, Hausforschung, Sachkulturforschung, agrarischer Wandel, Kulturgeschichte der Küche

---

MARTINA SPIES-GEHRIG, Dr. phil., geb. 1963

Studium der Mittleren und Neueren Geschichte in Frankfurt am Main. Nach dem Staatsexamen war sie freie Mitarbeiterin im Historischen Museum Frankfurt und im Kindermuseum (Mitarbeit bei den Ausstellungen „Anne aus Frankfurt", „Frankfurter Kinderleben um 1900", Museumspädagogik).

Promotion über die mittelalterlichen Beginengemeinschaften in Frankfurt am Main

Seit 1996 Museumspädagogin im Freilichtmuseum Hessenpark. Einer ihrer Schwerpunkte ist die Frauen- und Geschlechtergeschichte: „‚… und Seine Eliche Haus Frau'. Ein Beitrag zur Geschichte von Frauen auf dem Land".

Seit 2001 spielt sie Drehleier und hat eine Gesangsausbildung (Alte Musik) gemacht.

HANS JÜRGEN TEUTEBERG, Dr. phil., geb. 1929
Studium der Mittleren und Neueren Geschichte sowie Volkswirtschaftslehre, Englisch und Soziologie in Göttingen, lehrte von 1974 bis 1996 am Historischen Seminar der Universität Münster Sozial- und Wirtschaftsgeschichte der Neueren und Neuesten Zeit. Zu einem seiner wichtigsten Forschungsgebiete gehörte die deutsche Alltagskultur im 19./20. Jahrhundert und hier vor allem der Wandel der Ernährung.

Unter anderem ist er Gründungspräsident der 1989 ins Leben gerufenen „International Commission for Research into European Food History“ (ICREFH).

Zahlreiche Publikationen wie z. B. „Wandel der Nahrungsgewohnheiten unter dem Einfluß der Industrialisierung“ (1972); „Ernährungsfehlverhalten im Wohlstand“(1979); „Unsere tägliche Kost – Geschichte und räumliche Prägung“ (1986); „Durchbruch zum modernen Massenkonsum“ (Hg.) (1987); „European Food History – A Research Review“(1992)

SABINE WIENKER-PIEPHO, Dr. phil., geb. 1946, hat den größten Teil ihrer akademischen Ausbildung an der Universität Freiburg absolviert. Im Zweitstudium Volkskunde (nach Geschichte, Germanistik, Politologie und Amerikanistik) promovierte sie als volkskundliche Erzählforscherin über weibliche Volkshelden (bei L. Röhrich) und habilitierte sich in Göttingen mit einer Arbeit zur Schriftkompetenz, die aus ihrer Mitgliedschaft im Sonderforschungsbereich 321 „Mündlichkeit/Schriftlichkeit“ an der Ludwig-Maximilians-Universität München erwuchs.

Seitdem hat sie Lehrstühle für Europäische Ethnologie, Volkskunde und Kulturgeschichte in Augsburg und Bayreuth vertreten, an den Universitäten Philadelphia (USA), in Jyväskylä (Finnland), Minsk (Weißrussland), Tartu (Estland) Gastprofessuren innegehabt und, bevor sie 2008 nach Jena ging, an der LMU in München das Institut für deutsche und vergleichende Volkskunde geleitet. Ihr Schwerpunkt ist die volkskundliche Narratologie (Märchen, Sage, Lied, Schwank, Sprichwort und Witz).

Literaturverzeichnis

Adolph, Helga; Euler, Harald A.: Warum Mädchen und Frauen reiten. Eine empirische Untersuchung. Universität Gesamthochschule Kassel 1994 (Psychomotorik in Forschung und Praxis 10).

Aicher, Otl: Die Küche zum Kochen. München 1982.

Ainetter, Sylvia: Blogs. Literarische Aspekte eines neuen Mediums. Eine Analyse am Beispiel des Weblogs Miagolare. Innsbruck 2006.

Allmayer-Beck, Renate: Realisierung der Frankfurter Küche. In: Noever 1992, S. 20–23.

Allweier, Sabine: Ein Conférencier des guten Geschmacks. „Alfredissimio". In: Schweizer Archiv für Volkskunde 98/2002, S. 89–100.

Andritzky, Michael (Hrsg.): Oikos. Von der Feuerstelle zur Mikrowelle. Haushalt und Wohnen im Wandel. Ausstellungskatalog, Gießen 1992.

Androutsopoulos, Jannis; Schmidt, Gurly: SMS-Kommunikation. Ethnografische Gattungsanalyse am Beispiel einer Kleingruppe. Manuskript angenommen zur Publikation in der Zeitschrift für Angewandte Linguistik, 36/2002.

Arens-Azevedo, Ulrike; Hamm, Michael: Fast Food. Slow Food. Plädoyer für eine neue Esskultur. Reinbek bei Hamburg 1992.

Armand-Söhne, C. – Fabrik feiner Holzwaren: Diamant Schleiflack Kleinmöbel. Waiblingen 1939.

Armbrust, Steffen: Geschichte und Entwicklung des Telefons. Auswirkungen auf die Gesellschaft. München 2004.

Atkins, Peter J.; Lummel, Peter; Oddy, Derek J. (Hrsg.): Food and the City in Europe since 1800. 9. Tagungsband der International Commission for Research into European Food History ICREFH in Berlin 2005. Hampshire/Burlington 2007.

Auerbach, Friedrich: Technische Errungenschaften der Lebensmittelgewerbe. In: Schwarte 1920, S. 502–514.

Ayres, A. Jean: Sensory Integration and the Child. Western Psychological Services 1979. Deutsche Ausgabe unter dem Titel: Bausteine der kindlichen Entwicklung, 2. Aufl., Berlin u. a. 1992.

Bade, Klaus (Hrsg.): Deutsche im Ausland. Fremde in Deutschland. Migration in Geschichte und Gegenwart. München 1992.

Bade, Klaus: Europa in Bewegung. Migration vom späten 18. Jahrhundert bis in die Gegenwart. München 2000.

Balck, William; von Wedel, Max: Von Wedels Offizier-Taschenbuch für Manöver, Übungsritte, Feldgebrauch, Kriegsspiel, taktische Arbeiten. 42. völlig überarb. Aufl., neu bearb. von Balck, Generalmajor und Inspekteur der Feldtelegraphie. Berlin 1915.

Ball, Hugo: Flametti oder vom Dandyismus der Armen. Berlin 1918. Neuausg. In: Deutsche Literatur von Luther bis Tucholsky. Berlin 2005 (Digitale Bibliothek 125).

Barlösius, Eva: Soziale und historische Aspekte der deutschen Küche. In: Mennell, Stephen (Hrsg.): Die Kultivierung des Appetits. Die Geschichte des Essens vom Mittelalter bis heute. Frankfurt am Main 1988, S. 423–444.

Bauhaus-Archiv (Hrsg.): bauhaus-möbel. Eine Legende wird besichtigt. Ausstellungskatalog, Berlin 2002/03.

Baumann, Wolfgang; Kimpel, Harald; Kniess, Friedrich Wilhelm (Hrsg.): Schnellimbiß. Eine Reise durch die kulinarische Provinz. Marburg 1980.

Beckenbach, Niels; van Treeck, Werner (Hrsg.): Umbrüche gesellschaftlicher Arbeit. Göttingen 1994 (Soziale Welt, Sonderbd. 9).

Becker, Jörg (Hrsg.): Fern-Sprechen. Internationale Fernmeldegeschichte, -soziologie und -politik. Berlin 1994.

Becker, Siegfried: Körper und Arbeit. Zur normativen Wertung physischer Anstrengung. In: Matter, Max (Hrsg.): Körper-Verständnis, Körper-Erfahrung. Marburg 1996, S. 55–71. (Hessische Blätter für Volks- und Kulturforschung 31).

Becker, Siegfried: Tierfotografien in der bäuerlichen Bildkultur. Zur visuellen Anthropologie der Mensch-Tier-Beziehungen. In: Lipp, Carola (Hrsg.): Medien popularer Kultur. Erzählung, Bild und Objekt in der volkskundlichen Forschung. Rolf Wilhelm Brednich zum 60. Geburtstag. Frankfurt am Main/New York 1995, S. 406–416.

Beecher, Christine: The American Woman's Home. New York 1869.

Behringer, Wolfgang u. a.: Kommunikation im Kaiserreich. Der Generalpostmeister Heinrich von Stephan. Museumsstiftung Post und Telekommunikation, Heidelberg 1997 (Kataloge der Museumsstiftung Post und Telekommunikation 2).

Bein-Wierzbinski, Wibke: Räumlich-konstruktive Störungen bei Grundschulkindern. Eine Untersuchung über die Bedeutung des neuromotorischen Aufrichtungsprozesses für die Blickmotorik und räumlich-konstruktives Darstellen sowie Möglichkeiten der Entwicklungsförderung durch motorisches Training. Frankfurt am Main u. a. 2004. (Europäische Hochschulschriften Reihe XI Pädagogik 910).

Bendix, Regina: Kulinaristik und Gastlichkeit aus der Sicht der Kulturanthropologie. In: Wierlacher 2008, S. 45–55.

Berger, Alexandra: Liebe aus dem Koffer. Lust und Frust in der Wochenendbeziehung. Stuttgart 2003.

Berghan, Volker R.: Der Erste Weltkrieg. München 2003.

Bergmann, Theodor: Der bäuerliche Familienbetrieb. Problematik und Entwicklungstendenzen. In: Zeitschrift für Agrargeschichte und Agrarsoziologie 17/1969, S. 215–230.

Bernzen, Rolf: Das Telephon von Philipp Reis. Marburg 1999.

Beyrer, Klaus: Johann Philipp Reis. Alexander Graham Bell. Zwei Pioniere des Telefons. In: Baumann, Margret; Gold, Helmut (Hrsg.): Mensch Telefon. Aspekte telefonischer Kommunikation. Heidelberg 2000, S. 57–74 (Kataloge der Museumsstiftung Post und Telekommunikation 8).

Biel, Jörg: Der Keltenfürst von Hochdorf. Stuttgart 1985.

Bingel, Georg: Altes und Neues zur Geschichte der hessischen Landgängerei. Friedberg 1935.

Bohnagen, Alfred: Der Terrazzo und die Terrazzomosaiken. 2. Aufl., Stuttgart 1929.

Boot, Max: War made new. Technology warfare and the course of History. 1500 to today. New York 2006.

Borscheid, Peter: Das Tempo-Virus. Eine Kulturgeschichte der Beschleunigung. Frankfurt am Main/New York 2004.

Böth, Gitta u. a. (Hrsg.): Möbel – Eine Typologie für Museen und Sammlungen. München/Berlin 2005 (MuseumsBausteine 8 und Materialien aus dem Westfälischen Museumsamt 3).

Bott, John Patrick: The German Food Crisis of World War I. The Cases of Coblenz and Cologne. O. O. 1981.

Bourquin, Hans: Verzehrsautomaten. In: Der Stein der Weisen. Unterhaltung und Belehrung auf allen Gebieten des Wissens über Haus und Familie 32/1903, S. 258–266.

Braun, Karl: Der Menschenhandel des deutschen Volkes im 19. Jh. In: Ders.: Mordgeschichten 1875, Bd. 1, Hannover o. J., S. 85–161.

Brednich, Rolf W.: www.worldwidewitz.com. Humor im Cyberspace. Freiburg im Breisgau 2005.

Britschgi-Schimmer, Ina: Die wirtschaftliche und soziale Lage der italienischen Arbeiter in Deutschland. O. O. 1916 (Nachdruck Essen 1996).

Broadberry, Stephen; Harrison, Mark (Hrsg.): The economics of World War I. Cambridge 2005.

Bröcker, Marianne: „Von der umblauffenden Weiber Leyre". In: Bröcker, Marianne (Hrsg.): Von mancherley Musicalischen Instrumenten. Zum zehnjährigen Bestehen des Musikinstrumentenmuseums Lißberg. Lißberg 2000, S. 59–72.

Bröcker, Marianne: Die Drehleier. Ihr Bau und ihre Geschichte. 2 Bde., Düsseldorf 1973.

Brühl, Fritz: Der Hörfunk im Zeitalter des Fernsehens. Köln 1970.

Bumm, Franz (Hrsg.): Deutschlands Gesundheitsverhältnisse unter dem Einfluss des Weltkrieges. 2. Bd., Berlin 1928.

Burckhardt, Jacob: Die Zeit Konstantins des Grossen. 4. verbess. Aufl., Leipzig 1924.

Burghoff, Christel; Kresta, Edith: On the road again! Über Hippies, Backpacker und Wanderer und die Lust am alternativen Reisen. In: Kommune 8/2002, S. 55–59.

Buten, J.: Personal home page survey. http://www.asc.upenn.edu/USR/sbuten/phpi.htm (1996) (Site existiert nicht mehr).

Büttner, Ulrich: Räder in der Hauptrolle. In: md – moebel interior design. 42. Jg., August 1996, S. 32 f.

Camilleri, Andrea: Die Passion des stillen Rächers. Commissario Montalbanos achter Fall. Bergisch-Gladbach 2007.

Catania, Basilio: Antonio Meucci. L'Inventore e il suo Tempo. Turin 1996.

Catania, Basilio: Das Telefon von Philipp Reis. In: Friedrichsdorfer Schriften 6/2006, S. 9–23.

Chandler, Daniel: Personal Home Pages and the Construction of Identities on the Web. http://www.aber.ac.uk/media/Documents/short/webident.html (1998).

Clotz, Paul Martin (Verf.); Der Elisabethpfad e.V. (Hrsg.): „Pilgerbüchlein". O. O., o. J. http://www.elisabethpfad.de/info/archiv/index.htm (21.12.2008).

Coelho, Paulo: Auf dem Jakobsweg. Tagebuch einer Pilgerreise nach Santiago de Compostela. Zürich 1999.

Dahms, Geerd: „Was einem tüchtigen Bauhandwerker zu wissen noth thut". Baugewerkschulen und ländliches Bauhandwerk in Norddeutschland. Ehestorf 2006 (Schriften des Freilichtmuseums am Kiekeberg 50).

Davidis, Henriette: Praktisches Kochbuch. Zuverlässige und selbstgeprüfte Recepte der gewöhnlichen und feineren Küche. Practische Anweisung zur Bereitung von verschiedenartigen Speisen, kalten und warmen Getränken, Gelees, Gefrornem, Backwerken, sowie zum Einmachen und Trocknen von Früchten, mit besonderer Berücksichtigung der Anfängerinnen und angehenden Hausfrauen. Bielefeld 1845.

Del Fabbro, René: Transalpine. Italienische Arbeitswanderung nach Süddeutschland im Kaiserreich 1870–1918. Osnabrück 1996 (Studien zur historischen Migrationsforschung 2).

Delbrück, Clemens von: Die wirtschaftliche Mobilmachung in Deutschland 1914. Aus dem Nachlass, hrsg., eingel. und erg. von Joachim von Delbrück. München 1924.

Der Souvenir. Erinnerung in Dingen von der Reliquie zum Andenken. Ausstellungskatalog, Köln 2006 (Museum für Angewandte Kunst, Museum für Kommunikation Frankfurt am Main).

Die gelehrige Hauswirthin. Ein Handbuch für Frauenzimmer, welches die ganze Kochkunst, sowohl Tafel-, Fasten-, als Civilspeisen, alle Arten Backwerk, Eingemachtes, Geräuchertes, Liqueurs, Sommer- und Wintergetränke in 925 Rubriken umfaßt. Heidelberg 1827.

Diekmann, Wilhelm: Die Behördenorganisation in der deutschen Kriegswirtschaft 1914–1918. Hamburg 1937.

Dilger, Julia; Redlin, Jane: KinderMobil. Kleine Helfer für kleine Helden. Berlin 2007 (Kleine Schriften des Museums Europäischer Kulturen 6).

Dollase, Jürgen: Kulinarische Intelligenz. Wiesbaden 2006.

Domokos, Marianne: Folklore and Mobile Communication, SMS and Folklore Text Research. In: Fabula 48, 1–2/2007, S. 50–59.

Döring, Nicola: „Kurzmit. wird gesendet" – Abkürzungen und Akronyme in der SMS-Kommunikation. In: Muttersprache. Vierteljahresschrift für Deutsche Sprache 112 (2)/2000, S. 97–114.

Döring, Nicola: Personal Home Pages on the Web: A Review of Research. http://jcmc.indiana.edu/vol7/issue3/doering.html (2002).

Drews, Ilse: Terrazzo-Leger in Schleswig-Holstein. In: Die Heimat 5/6/1989, 134–142.

Drews, Ilse: Terrazzo-Leger in Schleswig-Holstein. In: Der Maueranker4/1999, 13–20.

Drouve, Andreas: Wie Jakobus nach Santiago kam. Geschichte, Legende, Kult. Hintergründe und Besonderheiten zur Pilgerschaft am Jakobsweg. Innsbruck/Wien 2006.

Dülmen, Richard: Kultur und Alltag in der frühen Neuzeit. Das Haus und seine Menschen. München 1990.

Ehlert, Trude: Kochbücher von Gastronomen und Köchen als Indikatoren kultureller Entwicklungen. In: Wierlacher 2008, S. 247–262.

Ehrlicher, F. & R. Eisenwarengroßhandlung: Schrank- und Möbelzubehöre, Spezialbeschläge und Rollen. Musterbuch 5, München 1935.

Ernst, Eugen: Neu-Anspach. Ein chronistischer Überblick zur 700-Jahrfeier der Ortsteile Anspach und Westerfeld vom 14.–24. Juni 1974. Neu-Anspach o. J.

Ernst, Eugen: Veränderungen in der westdeutschen Kulturlandschaft durch bäuerliche Aussiedlungen. In: Geographische Rundschau 19/1967, S. 369–382.

Fél, Edith; Hofer, Tamás: Bäuerliche Denkweise in Wirtschaft und Haushalt. Eine ethnographische Untersuchung über das ungarische Dorf Átány. Göttingen 1972 (Veröffentlichungen des Instituts für mitteleuropäische Volksforschung an der Philipps-Universität Marburg, Allgemeine Reihe 7).

Feldenkirchen, Wilfried: Werner von Siemens. Erfinder und internationaler Unternehmer. München 1996.

Feldmann, Christoph: Die Entwicklung der Militärverpflegung im 19. und 20. Jahrhundert. Manuskript, Münster 1996.

Fernow, Friedrich: Über Truppenernährung in den Feldzügen 1740–1918. Berlin 1937.

Fisch, Martin; Gscheidle, Christoph: Mitmachnetz Web 2.0. Rege Beteiligung nur in Communitys. In: Media Perspektiven 7/2008, S. 356–364.

Fischer, Jessica: Fast-Food-Verzehr von Jugendlichen in Deutschland. In: Ernährungs-Umschau 10/2008, S. 579–583.

Fischer, Ludwig (Hrsg.): Gebrauchsliteratur. Methodische Überlegungen und Beispielanalysen. Stuttgart 1976.

Fleischhauer, Eckehard: Zum Leitbild des bäuerlichen Familienbetriebes. Probleme im Zusammenhang mit dem technischen Fortschritt. In: Möglichkeiten und Grenzen der Agrarpolitik in der EWG. München 1969, S. 193–226. (Schriften der Gesellschaft für Wirtschafts- und Sozialwissenschaften des Landbaues e.V. 11).

Flemming Söhne: „Gemo" Kleinmöbel. Prospekt, Leipzig o. J.

Forchheimer, N. & Co.: Servierboy-Neuheiten. Prospekt, Coburg 1932.

François, Hermann von: Der Verpflegungsoffizier und die Verwendung der Feldküchen. 3. Aufl., Berlin 1909.

Franz, Günther (Hrsg.): Die Geschichte der Landtechnik im 20. Jahrhundert. Frankfurt am Main 1969.

Frederick, Christine: The New Housekeeping. Efficiency studies in home management. New York 1913 (1922).

Freedman, Paul (Hrsg.): Essen. Eine Kulturgeschichte des Geschmacks. Darmstadt 2007.

Freymeyer, Karin; Otzelberger, Manfred: In der Ferne so nah. Lust und Last der Wochenendbeziehungen. Berlin 2000.

Fuhrmann, Bernd u. a.: Geschichte des Wohnens. Vom Mittelalter bis heute. Darmstadt 2008.

Fürst, Reinmar: Verpackung. Gelobt, getadelt – unentbehrlich. Ein Jahrhundert Verpackungsindustrie. Vor dem Hintergrund der Geschichte von Staat und Wirtschaft. Der Weg eines Unternehmens von Braunschweig nach Europa. Düsseldorf 1973.

Gaethke, Birte; Junghölter, Manuela; Looft-Gaude, Ulrike: Bunte Steine, buntes Glas. Fliesen, Terrazzo und Glasfenster um 1900. Husum 2008.

Gajek, Esther; Götz, Irene: „Studentenfutter". Was Studenten einkaufen und wie sie (miteinander) kochen und essen. Ausstellungsbegleitheft. Vereinigung für Volkskunde. München 1993.

Ganser, Armin: Zur Geschichte touristischer Produkte in der Bundesrepublik. In: Spode, Hasso (Hrsg.): Goldstrand und Teutonengrill. Kultur- und Sozialgeschichte des Tourismus in Deutschland 1945 bis 1989. Berlin 1996, S. 185–197.

Garpa Garten & Park Einrichtungen GmbH. Saison 2008. Escheburg 2007.

Gebhardt, Winfried: Kein Pilger mehr, noch kein Flaneur. Der „Wanderer" als Prototyp spätmoderner Religiosität. In: Gebhardt, Winfried; Hitzler, Ronald (Hrsg.): Nomaden, Flaneure, Vagabunden. Wissensformen und Denkstile der Gegenwart. Wiesbaden 2006, S. 228–243.

Gebrüder Lohoff – Harzer Holzwarenfabrik. Prospekt. Tettenborn o. J.

German Toys. Der Universal-Spielwaren-Katalog 1924/1926. Leipzig 1985, 118 und 119.

Gesche, Paul: Heeresverpflegung und Zusammenbruch. Kassel 1926.

Giedion, Sigfried: Die Herrschaft der Mechanisierung. Ein Beitrag zur anonymen Geschichte. Frankfurt am Main 1982.

Gieselmann, Reinhard: Entwicklung des Woh-

nungsgrundrisses. In: Schneider, Friederike: Grundrissatlas. Wohnungsbau. Basel u. a. 1997, S. 12–46.
Gilies, James; Cailliau, Robert: Die Wiege des Web. Die spannende Geschichte des WWW. Heidelberg 2002.
Gold, Helmut; Koch, Annette (Hrsg.): Fräulein vom Amt. München 1993.
Gräbe, Sylvia; Ott, Erich: „... man muss alles doppelt haben". Wochenendpendler mit Zweithaushalt am Arbeitsort. Münster 2003.
Gräff, Werner (Hrsg.): Innenräume. Räume und Inneneinrichtungsgegenstände aus der Werkbundausstellung „Die Wohnung", insbesondere aus den Bauten der städtischen Weißenhofsiedlung in Stuttgart. Stuttgart 1928.
Grimm: Garküche 1984, Bd. 4, Sp. 1359–60.
Grimm, Jacob und Wilhelm: Deutsches Wörterbuch. Bd. 15. Frankfurt 2004, Sp. 785, 44 (Digitale Ausgabe).
Grimm, Jacob und Wilhelm: Deutsches Wörterbuch. 16 Bde., Leipzig 1854–1960.
Grimm, Jacob und Wilhelm: Deutsches Wörterbuch. 33 Bde., Nachdruck München 1984.
Haas, Hanns: Die Sommerfrische. Eine verlorene touristische Kulturform. In: Haas, Hanns (Hrsg.): Weltbühne und Naturkulisse. Zwei Jahrhunderte Salzburg-Tourismus. Salzburg 1994, S. 67–75.
Hage, Aloys: Feldküchen. Ein Beitrag zur Entwicklungsgeschichte der Feldküche. Hildesheim 1911.
Hahn, Mary: Die Zubereitung der Speisen im Felde. Berlin 1912.
Hardetert, Peter: Drei Monatsmieten für einen Schrank? In: Stadt Gelsenkirchen 1991, S. 17–19.
Hartmann, Fritz: Die Heeresverpflegung. Berlin 1917 (Beiträge zur Kriegswirtschaft 11).
Hawlik, Susanne: Sommerfrische im Kamptal. Der Zauber einer Flußlandschaft. Wien u. a. 1995.
Heckmann, Friedrich: Ethnische Minderheit. Volk und Nation. Stuttgart 1993.
Heidrich, Hermann u. a. (Hrsg.): Fremde auf dem Land. Bad Windsheim 2000 (Schriften süddeutscher Freilichtmuseen 1).
Heindl, Irene: Ernährung, Gesundheit und institutionelle Verantwortung. Eine Bildungsoffensive. In: Ernährungs-Umschau 51/2004, H.6, S. 224–230.
Hengst, Heinz: Geschwindigkeit und Vergänglichkeit. Zentrale Dimensionen des Kinderalltags als Ansatz für eine Neuorientierung der (Kinderkultur-)Forschung. In: Köstlin 1987, S. 401–408.
Herbert, Ulrich: Geschichte der Ausländerbeschäftigung in Deutschland 1880 bis 1980. Saisonarbeiter, Zwangsarbeiter, Gastarbeiter. Berlin und Bonn 1986.
Hess, Sabine: Globalisierte Hausarbeit. Flexibilisierung und Ethnisierung der Versorgungsarbeit. In: Hess, Sabine; Moser, Johannes (Hrsg.): Kultur der Arbeit. Kultur der neuen Ökonomie. Kuckuck. Notizen zur Alltagskultur. Sonderband 4. Graz 2003, S. 9–28.
Heuche, Albert: Mädchenhandel in Nassau. Ein Beitrag zur Sozialgeschichte der Heimat. In: Nassauische Blätter 13/1933, S. 45–47.
Hill, Roger B.: Early Work of Dial Telephone Systems. In: Bell Laboratories Record. Volume XXXI, No. 1, January 1953.
Hirschfeld, Gerhard; Krumreich Gerd; Renz, Irina (Hrsg.): Enzyklopädie Erster Weltkrieg. Paderborn 2003.
Hirschfeld, Gerhard u. a. (Hrsg.): Die Deutschen an der Somme 1914–1918. Essen 2006.
Hirschfelder, Gunther: Zwischen Pizza, Döner und Rheinischem Sauerbraten. Europäische Esskultur im Wandel. In: Umwelt- und Verbraucherschutzamt der Stadt Köln (Hrsg.): Ernährung zwischen Frust und Lust. Herbstakademie für Lehrer, Eltern und Erzieher. Köln 2004, S. 43–54.
Hirte, Werner; Soll, Christine: Wohnungs-ABC. Leipzig 1973.
Höck, Alfred: Leiermänner auf der Wanderung in Poppenhausen (1666–69). In: Buchenblätter 42/1969, S. 122–123.
Hochschule für angewandte Kunst Wien (Hrsg.): Ich bin keine Küche. Gegenwartsgeschichten aus dem Nachlass von Margarete Schütte-Lihotzky. Ausstellung 12.12.2007–25.01.2008. http://www.ichbinkeinekueche.at/ (30.01.2007).
Holde Stubenrauch, Atelier-Galerie (Hrsg.): Hurdy-Gurdy-Girls von Espa in die ganze Welt. Auch ein Stück hessische Geschichte des 19. Jahrhunderts. Espa 1992.
Horstmann, Erwin: 75 Jahre Fernsprecher 1877–1952. Ein Rückblick auf die Entwicklung des Fernsprechers in Deutschland und auf seine Erfindungsgeschichte. Berlin 1952.
http://de.wikipedia.org/wiki/Asynchrone_Kommunikation (03.01.2007).
http://de.wikipedia.org/wiki/Avatar_(Internet) (12.01.2007).
http://de.wikipedia.org/wiki/Chat (12.01.2007).
http://de.wikipedia.org/wiki/E-mail (01.01.2007).
http://de.wikipedia.org/wiki/Emoticon (14.01.2007).
http://de.wikipedia.org/wiki/Synchrone_Kommunikation (18.01.2007).
http://www.bundesnetzagentur.de/media/archive/1637.pdf (05.01.2007).
http://www.chemie.fu-berlin.de/outerspace/netnews/netiquette.html (12.01.2007).
http://www.chemie.fu-berlin.de/outerspace/netnews/netiquette.html (12.01.2007).
http://www.diepresse.com/Artikel.aspx?channel=h&ressort=ho&id=608138 (03.01.2007).
http://www.europa-auf-einen-blick.de/oesterreich/index.php (03.01.2007).
http://www.gayromeo.de/ (08.01.2007).
http://www.italianieuropei.de/ds/comunicati/20020206fes.html. (17.06.2008).
http://www.kirche-im-bistum-aachen.de/kiba/dcms/traeger/6/deutsche-jakobus-gesellschaft/index.html (15.01.07).
http://www.spiegel.de/netzwelt/web/0,1518,441054,00.html (14.12.2006).
http://www.studivz.net/ (08.01.2007).
http://www.tatsachen-ueber-deutschland.de. (10.06.2008).
http://www.webchat.de/ (08.01.2007).
Huck, Brigitte: Das Neue Frankfurt. In: Noever 1992, S. 47–50.
IKEA Katalog. 2008.
Ilse-Möbelwerke GmbH: Ilse – ein Inbegriff für Wohnbehagen. Prospekt, Uslar o. J.
Imbisz. In: Grimm 1984, Bd. 10, Sp. 2064–65.
ITRA Eisenwarengroßhandlung GmbH. Katalog Nr. 710. Fulda, Juli 1959.
Jacini, Stefano Graf: Die italienischen Auswanderer nach Deutschland. Weltwirtschaftliches Archiv 5/1915, H.1, S. 124–136.
Jacobeit, Wolfgang: Das Joch. Entwicklung, Alter und Verbreitung dargestellt vornehmlich für den mitteleuropäischen Raum. Göttingen 1948.
Jaensch, Linda: Balance des Glücks. Zusammen oder doch lieber getrennt? In: Zeitschrift für Kulturanthropologie/Volkskunde 12/2008, S. 16–22.
Joosten, Ulrich: Ein Leben für die Drehleier. Kurt Reichmann. Zu Besuch im Lißberger Musikinstrumentenmuseum. In: Folker! 2/2000, S. 25–26.
Jörges, Christel (Hrsg.): Telefone 1863–2000. Aus den Sammlungen der Museumsstiftung Post und Telekommunikation. Heidelberg 2001 (Kataloge der Museumsstiftung Post und Telekommunikation 9).
Kähler, Gert (Hrsg.): Geschichte des Wohnens. Bd. 4: 1918–1945. Reform, Reaktion, Zerstörung. 2. Aufl., Stuttgart 2000.
Kähler, Gert: Nicht nur Neues Bauen. In: Kähler 2000, S. 303–452.
Kämmerling, Christian: Weltwoche, 28. August 2003.
Katschnig-Fasch, Elisabeth: Möblierter Sinn. Städtische Wohn- und Lebensstile. Wien u. a. 1998.
Katschnig-Fasch, Elisabeth: Wohnen und Wohnkultur im Wandel. In: Kokot, Waltraud; Hengartner, Thomas; Wildner, Kathrin (Hrsg.): Kulturwissenschaftliche Stadtforschung. Eine Bestandsaufnahme. Berlin 2000, S. 123–138.
Kayser, Wilhelm: Die Landgänger im südwestlichen Deutschland In: Fliegende Blätter aus dem Rauhen Hause zu Horn bei Hamburg 22/1865, S. 168–181.
Kerkeling, Hape: Ich bin dann mal weg. Meine Reise auf dem Jakobsweg. München 2006.
Kerp, Wilhelm: Versorgung mit Ersatzlebensmitteln. In: Bumm 1928, S. 77–122.
Killoran, John B.: Trees falling in the cyber-forest: Making a sound on the Web. http://myweb.brooklyn.liu.edu/jkillora/research/1999cccc.html (1999).
Killoran, John B: The Gnome in the Front Yard and Other Public Figurations: Genres of Self-Presentation on Personal Home Pages. In: Biography. Vol. 26, No. 1, 2003, S. 66–83.
Kiphard, Ernst J.: Wie weit ist ein Kind entwickelt? Eine Anleitung zur Überprüfung der Sinnes- und Bewegungsfunktionen. 10. Aufl., Dortmund 2000.

Kittel, Walther u. a. (Hrsg.): Soldatenernährung und Gemeinschaftsverpflegung. Dresden 1939.
Klein, Tobias: Der Jakobsweg. Von der Pilgerfahrt zur europäischen Kulturstraße. Unveröffentlichte Magisterarbeit, Würzburg 2005.
Knop, Birgit; Schmitz, Martin: Currywurst mit Fritten. Von der Kultur der Imbissbude, Zürich 1983.
Koller, Christine: Liebe auf Distanz. Fernbeziehungen – und wie man sie meistert. Heidelberg 2006.
Koppenhöfer, Johanna: Als Philipp Reis das Telefon erfand. Horb 1999.
Köstlin, Konrad u. a. (Hrsg.): Kinderkultur. 25. Deutscher Volkskundekongress in Bremen vom 7. bis 12. Oktober 1985. Hrsg. im Auftrage der Deutschen Gesellschaft für Volkskunde, Bremen 1987.
Köstlin, Konrad: Modern essen. Alltag, Abenteuer, Bekenntnis. Vom Abenteuer, entscheiden zu müssen. In: Mohrmann 2006, S. 9–21.
Kötter, Kirsten: Die Frankfurter Küche. Aufbruch der Frankfurter (Haus-)Frauen in die Moderne. In: Mainzer Geschichtsblätter 10/1995–1996, S. 91–100.
Kramer, Caroline: Zeit für Mobilität. Räumliche Disparitäten der individuellen Zeitverwendung für Mobilität in Deutschland. Stuttgart 2005.
Krausse, Joachim: Die Frankfurter Küche. In: Andritzky 1992, S. 96–113.
Krauth, Theodor; Meyer, Franz Sales (Hrsg.): Die gesamte Möbelschreinerei. Erster Band: Text. Leipzig 1902 (Nachdruck Hannover 1988).
Krawczyk-Wasilewska, Violetta: e-Folklore in the Age of Globalization. In: Fabula 47, 3–4/2006, S. 248–254.
Kreisel, Heinrich: Die Kunst des deutschen Möbels. 1. Bd.: Von den Anfängen bis zum Hochbarock. München 1968.
Kriegsernährungsamt, Abt. Nachrichtendienst (Hrsg.): Die deutsche Ernährungswirtschaft im Kriege. Leipzig 1917.
Krift, Willi: So kochten wir damals in Westfalen. Münster1986 (Beiträge zur Volkskultur in Nordwestdeutschland 51).
Kropeij, Monika: Folk Narrative in the Era of Electronic Media. A Case Study. In: Fabula 48, 1–2/2007, S. 1–15.
Kuhn, Gerd: Wohnkultur und kommunale Wohnungspolitik in Frankfurt am Main 1880–1930. Auf dem Wege zu einer pluralen Gesellschaft der Individuen. Bonn 1998.
Kühnast, Gerd: Luigi Toffolo. Terrazzoleger. In: Steensen, Thomas: Bredstedt. Stadt in der Mitte Nordfrieslands. Bredstedt 2000, S. 395 f.
Kühnast, Gerd: Terrazzo in Nordfriesland. In: Der Maueranker 4/1999, S. 21–24.
Kunert, Günter: Der andere Planet. Ansichten von Amerika. 4. Aufl., Berlin (Ost) 1980.
Landschaftsverband Rheinland; Landschaftsverband Westfalen-Lippe (Hrsg.): Jakobswege: Wege der Jakobspilger in Rheinland und Westfalen, Bd 5. In 7 Etappen von Marburg über Siegen nach Köln. Köln 2007.
Langewiesche, Dieter: Wanderungsbewegungen in der Hochindustrialisierungsperiode. Regionale, interstädtische und innerstädtische Mobilität in Deutschland 1880–1914. In: Vierteljahresschrift für Sozial- und Wirtschaftsgeschichte 64/1977, S. 1–40.
Lavalee, Andrew (deutsche Übersetzung Wikipedia): Friends Swap Twitters, and Frustration The Wall Street Journal. http://online.wsj. com/public/article/SB117373145818634482-ZwdoPQ0PqPrcFMDHDZLz_P6osnl_20080315.html (April 2007).
Lesniczak, Peter: Alte Landschaftsküchen im Sog der Modernisierung. Studien zu einer Ernährungsgeographie in Deutschland zwischen 1860 und 1930. Stuttgart 2003.
Lessing, Gotthold Ephraim: Sämmtliche Werke. Briefwechsel. Dritter Theil, Karlsruhe 1825.
Lévi-Strauss, Claude: The Savage Mind. London 1974.
Lialina, Olia: Erste Siedler und Barbaren. Das volkstümliche Web. Teil 1. In: Telepolis, http://www.heise.de/tp/r4/artikel/19/19707/1.html (2005).
Liesner, Erich: Wurstologie oder es geht alles um die Wurst. Wiesbaden 1939.
Lihotzky, Grete: Rationalisierung im Haushalt. In: Das Neue Frankfurt. Frankfurt am Main 1926, S. 120–123.
Lischka, Georg Johann: Selbst:Darstellung. Bern 2003.
Lorentz, Iny: Die Pilgerin. München 2006. Vorabgedruckt in Auszügen in: Mobil. Das Magazin der Deutschen Bahn AG, 01/2007, S. 64–71.
Lübbe, Hermann: Im Zug der Zeit. Verkürzter Aufenthalt in der Gegenwart. 2. Aufl., Berlin u. a. 1994.
Lummel, Peter: The huge stomach of Berlin and the establishment of the food industry (1850–1925). In: Segers 2009.
Lummel, Peter: Schokolade in der Werbung des 20. Jahrhunderts. In: Heidrich, Hermann; Kussek, Sigune (Hrsg.): Süße Verlockung. Von Zucker, Schokoladen und anderen Genüssen. Molfsee 2007, S. 63–70.
Macht, Theodor: Die deutsche Fettwirtschaft in und nach dem Kriege. Hamburg 1936.
Mackenzie, Catherine: Alexander Graham Bell. Überwinder der Distanz. Wiesbaden 1951.
MacLaine, Shirley: Der Jakobsweg. Eine spirituelle Reise. München 2001.
Mai, Günther: Die Agrarische Transition. Agrarische Gesellschaften in Europa und die Herausforderungen der industriellen Moderne im 19. und 20. Jahrhundert. In: Osterhammel, Jürgen (Hrsg.): Deagrarisierung. (Geschichte und Gesellschaft. Zeitschrift für Historische Sozialwissenschaft. 33. Jahrgang/Heft 4) Göttingen 2007, S. 471–514.
Manufactum: Monatsbrief Nr. 2. Waltrop 2009.
Martini, Claudia: Italienische Migranten in Deutschland. Transnationale Diskurse. Berlin 2001.
May, Herbert: „Terrazzieri" in Franken. Italienische Terrazzoleger und der Import eines vielseitigen Baustoffs. In: Heidrich 2000, S. 101–134.
md – moebel interior design 8/1996, 40.
Meckel, Miriam: Das Glück der Unerreichbarkeit. Wege aus der Kommunikationsfalle. 4. Aufl., Hamburg 2009.
Meier-Braun, Karl-Heinz: Deutschland, Einwanderungsland. Frankfurt am Main 2002.
Meiners, Uwe; Reinders-Düselder, Christoph (Hrsg.): Fremde in Deutschland. Deutsche in der Fremde. Schlaglichter von der Frühen Neuzeit bis in die Gegenwart. Cloppenburg 1999.
Mennell, Stephen (Hrsg.): Die Kultivierung des Appetits. Die Geschichte des Essens vom Mittelalter bis heute. Frankfurt am Main 1988.
Merkel: Die Gesundheitsverhältnisse im Heer. In: Bumm 1928, S. 163–214.
Meyer, Elard Hugo: Deutsche Volkskunde. Straßburg 1898.
Mielke, Rita: Die Küche. Geschichte, Kultur, Design. Berlin 2004.
Miller, Judith (Hrsg.): Schöne alte Sachen. Das große Antiquitätenlexikon für den aktiven Sammler. München 2000.
Möbel und Zimmereinrichtungen der Gegenwart. Berlin 1904/05 (Nachdruck Hannover 1981).
modellbau und basteln, 4/1965.
Mohl, Hans: Hobbytips und Lebenshilfe. Ratgebersendungen in den Fernsehprogrammen. In: Kreuzer, Helmut; Prümm, Karl: Fernsehsendungen und ihre Folgen. Stuttgart 1979, S. 365–376.
Mohrmann, Ruth-Elisabeth (Hrsg.): Essen und Trinken in der Moderne. Münster 2006 (Beiträge zur Volkskultur in Nordwestdeutschland 108).
Mohrmann, Ruth-Elisabeth u. a. (Hrsg.): Volkskunde im Spannungsfeld zwischen Universität und Museum. Festschrift für Hinrich Siuts zum 65. Geburtstag. Münster/New York 1997 (Beiträge zur Volkskultur in Nordwestdeutschland 95).
Morandi, Elia: Italiener in Hamburg. Migration, Arbeit und Alltagsleben vom Kaiserreich bis zur Gegenwart. Frankfurt am Main 2004.
Mühlemann, Pascale: State-of-the-Art-Bericht „Fast Food und Gesundheit". Wie wirkt sich der regelmäßige Konsum von Schnellgerichten auf unsere Gesundheit aus? Eine Bestandsaufnahme über den heutigen Kenntnisstand mit Schwergewicht auf die Situation in der Schweiz. Bern 2005.
Müller, Karl: Kunststeinbau. Stummer Lehrmeister für die gesamte Kunststeinbranche. Gommen 1905 (Nachdruck Leipzig o. J.).
Mumford, Lewis: Die Stadt. Geschichte und Ausblick. Frankfurt am Main 1979.
Naumann, L.: Systematik der Kochkunst. Internationales Koch-Lehrbuch für Haushaltungen aller Stände. Zur Benützung beim Ertheilen von Unterricht sowie zum Selbststudium desgleichen zur Orientierung für Aerzte etc. 3. Aufl., Dresden 1900.
Neander, Eckhart: Zur Abgrenzung, Charakterisierung und Bewertung bäuerlicher Landwirtschaft. In: Berichte über Landwirtschaft 1/1983, S. 67–78.

Neugebauer, Karl-Volker (Hrsg.): Grundkurs Deutscher Militärgeschichte. Bd. 2.: Das Zeitalter der Weltkriege 1914–1918. Völker in Waffen. München 2007.
Neumann, Thomas: Was dem Bauern alles blüht. Gespräche auf dem Land. Köln 1987.
Noever, Peter (Hrsg.): Die Frankfurter Küche von Margarethe Schütte-Lihotzky. Berlin 1992.
Noever, Peter (Hrsg.): Margarethe Schütte-Lihotzky. Soziale Architektur. Zeitzeugin eines Jahrhunderts. 2. verbess. Aufl., Wien 1996.
Nowak, Tine: Vom Buch zum Blog. In: Absolut privat!? Vom Tagebuch zum Weblog. Ausstellungskatalog, Heidelberg 2008 (Kataloge der Museumsstiftung Post und Telekommunikation 26).
Oerter, Rolf: Psychologie des Spiels. Ein handlungstheoretischer Ansatz. Durchges. Neuausg. Weinheim/Basel 1999.
Offer, Avner: The First World War: An agrarian interpretation. Oxford 1989.
Oheim, Gertrud: Das praktische Haushaltsbuch. 18. Aufl., Gütersloh 1959.
O'Reilly, Tim: Was ist Web 2.0? Entwurfsmuster und Geschäftsmodelle für die nächste Software Generation. http://www.oreilly.de/artikel/web 20_ trans.html (2005).
Oswald, Philipp (Hrsg.): Schrumpfende Städte. Berlin 2005.
Oxford English Dictionary, Second Edition, Bd. VII. Oxford 1989.
Palme, Gerhard: Produktzyklen im Reiseverkehr. Am Beispiel der Steiermark. In: Wifo Österreichisches Institut für Wirtschaftsforschung. Monatsberichte 11/1986, S. 711–726.
Pantle, Henrik: Unterschiede persönlicher Homepages. http://www.henrik-pantle.de/Arbeiten/Homepages.html (1996).
Payer, Oskar: Praktische Wohnungskunde. Die Grundanforderungen an „gesunde Wohnungen für alle“. Wien 1953.
Petrini, Carlo: Gut, sauber & fair. Grundlagen einer neuen Gastronomie. Wiesbaden 2007.
Petrini, Carlo: Slow Food. Genießen mit Verstand. 2. Aufl., Zürich 2007.
Petsch, Joachim: Eigenheim und Gute Stube. Zur Geschichte des bürgerlichen Wohnens. Köln 1989.
Peuckert, Rüdiger: Familienformen im sozialen Wandel. 6. Aufl., Wiesbaden 2005.
Pfeiffer, Julius Ludwig: Das Tierschutzgesetz vom 24. Juli 1972. Die Geschichte des deutschen Tierschutzes von 1950 bis 1972. Frankfurt am Main u. a. 2004 (Rechtshistorische Reihe 294).
Pilgerführer Elisabethenpfad 1. Altenstadt 2005.
Pilgerführer Elisabethenpfad 2. Altenstadt 2007.
Plagge, Wenzeslaus; Lebbin, Georg: Über Feldflaschen und Kochgeschirre aus Aluminium. Im Auftrag des Königlichen Kriegsministeriums. Berlin 1893.
Plako GmbH. Katalog. Ennepetal 2007.
Plenge, Johann: Westerwälder Hausierer und Landgänger. Leipzig 1898 (Schriften des Vereins für Sozialpolitik 78).
Plötz, Robert: Pilger und Pilgerfahrt gestern und heute am Beispiel Santiago in Compostela. In: Plötz, Robert (Hrsg.): Europäische Wege der Santiago-Pilgerfahrt. Tübingen 1993 (Jakobus-Studien 2).
Preußischer Generalstab, Kriegsgeschichtliche Abteilung (Hrsg.): Heeresverpflegung. Berlin 1913.
Reeck, Emerich: Frankfurter Würstchen. Frankfurt am Main 1939.
Reichert, Ramon: Amateure im Netz. Selbstmanagement und Wissenstechnik im Web 2.0. Bielefeld 2008.
Reichmann, Kurt: Hurdy-Gurdy-Girls. Eine verschwiegene Heimat- und Kulturgeschichte rund um die Drehleier. In: Folker! 2/2000, S. 22–24.
Riedel, Katja: Die einen gingen, die anderen kamen. FOCUS-Online, 29.08.2007 http://www.focus.de/wissen/bildung/Geschichte/migration/tid-7161/deutsche-auswanderer_aid_70427.html
Rifkin, Jeremy: Access. Das Verschwinden des Eigentums. Warum wir weniger besitzen und mehr ausgeben werden. 3., erw. Aufl., Frankfurt am Main u. a. 2007.
Rifkin, Jeremy: Uhrwerk Universum. Die Zeit als Grundkonflikt der Menschen. München 1988.
Rinn, Barbara: Italienische Stuckatur des Spätbarock zwischen Elbe und Ostsee. Studien zu den Werkstätten italienischer Stuckateure in Hamburg und Schleswig-Holstein (ca. 1685–1740). Kiel 1995.
Roerkohl, Anne: Hungerblockade und Heimatfront. Die kommunale Lebensmittelversorgung in Westfalen im Ersten Weltkrieg. Stuttgart 1999.
Roland, J.: Unsere Lebensmittel. Ihr Wesen, ihre Veränderungen und Konservierung vom ernährungsphysiologischen und volkswirtschaftlichen Standpunkt. 2. Aufl., Dresden/Leipzig 1918.
Roloff, Volker u. a.(Hrsg.): Europäische Filmkunst im Zeitalter des Fernsehens. München 1998.
Römhild, Regina u. a.(Hrsg.): Fast Food. Slow Food. Ethnographische Studien zum Verhältnis von Globalisierung und Regionalisierung in der Ernährung. Frankfurt am Main 2008 (Schriftenreihe des Instituts für Kulturanthropologie und Europäische Ethnologie der Universität Frankfurt am Main 76).
Rosa, Hartmut: Beschleunigung. Die Veränderung der Zeitstrukturen in der Moderne. Frankfurt am Main 2005.
Rösener, Herbert (Hrsg.): Der bäuerliche Familienbetrieb. Ein überholtes Leitbild? Witten 1965.
Rübesamen, Annette: Wo der Barolo wohnt. In: Mobil. Das Magazin der Deutschen Bahn AG 03/2008, S. 26–30.
Rubner, Max; Schulze: Das „belegte Brot“ mit seiner Bedeutung für die Volksernährung. In: Archiv für Hygiene 81/1913, S. 260–271.
Rubner, Max: Das Ernährungswesen im Allgemeinen. In: Bumm 1928, S. 3–41.
Rumpf, Karl: Eine Deutsche Bauernkunst. Marburg 1943.
Saldern, Adelheid: Im Hause, zu Hause. Wohnen im Spannungsfeld von Gegebenheiten und Aneignung. In: Reulecke, Jürgen (Hrsg.): Geschichte des Wohnens. 1800–1918. Das bürgerliche Zeitalter. Stuttgart 1997, S. 145–332.
Scheibenflug, Heinz (Hrsg.): Das Hausbuch der Frau. Berlin/Darmstadt 1957.
Scherer, Brigitte: Das Jahrhundert des Tourismus. In: Frankfurter Allgemeine Zeitung, 04.03. 1999, R 1.
Scherf, Walter: Strukturanalyse der Kinder- und Jugendliteratur. Bauelemente und ihre psychologische Funktion. Bad Heilbrunn 1978 (Schriften des Arbeitskreises für Jugendliteratur).
Schildt, Axel; Sywottek, Arnold (Hrsg.): Massenwohnung und Eigenheim. Wohnungsbau und Wohnen in der Großstadt seit dem Ersten Weltkrieg. Frankfurt am Main/New York 1988.
Schmidt, Jan: Praktiken des Bloggens. Strukturierungsprinzipien der Online-Kommunikation am Beispiel von Weblogs. In: Berichte der Forschungsstelle „Neue Kommunikationsmedien“ Nr. 05-01. http://www. fonk-bamberg.de/pdf/fonkbericht0501.pdf (2005).
Schmitz-Köster, Dorothee: Liebe auf Distanz. Getrennt zusammen leben. Reinbek bei Hamburg 1990.
Schneider, Norbert F. u. a.: Berufsmobilität und Lebensform. Sind berufliche Mobilitätserfordernisse in Zeiten der Globalisierung noch mit Familie vereinbar? Stuttgart 2002 (Schriftenreihe des Bundesministeriums für Familie, Senioren, Frauen und Jugend 208).
Schneider, Norbert F. u. a.: Nichtkonventionelle Lebensformen. Entstehung, Entwicklung, Konsequenzen. Opladen 1998.
Schneider, Paul: Die Verpflegung des Feldheeres. Berlin 1910.
Schöck, Gustav: Die Aussiedlung landwirtschaftlicher Betriebe. Eine exploratorische Studie zum sozialen und kulturellen Wandel in der Landwirtschaft. Tübingen 1972 (Untersuchungen des Ludwig-Uhland-Instituts der Universität Tübingen 31).
Scholliers, Peter: Tradition und Innovation. Die neue Landschaft der Gastronomie. In: Freedman 2007, S. 333–357.
Schulze, Ingo: Rom. Hundeblicke. 319 Tage in Studio 10. In: Villa Massimo. Deutsche Akademie Rom. Jahresbericht 2007, S. 66–83 (Nach: http://www.villamassimo.de, 08.12.2008).
Schupp, Ottokar: Hurdy-Gurdy. Bilder aus einem Landgängerdorf. Herborn o. J.
Schuster, Franz: Eine eingerichtete Kleinstwohnung. Frankfurt am Main 1927.
Schütte-Lihotzky, Margarete: Die Frankfurter Küche. In: Noever 1992, S. 7–15.
Schwarte, Max (Hrsg.): Die Technik im Weltkriege. Berlin 1920.
Schwarz, Walter: Das Kochkunstmuseum in Frankfurt am Main. Dokumentation eines Kulturereignisses 1909 bis zum 2. Weltkrieg. Frankfurt am Main 1989.
Schwendter, Rolf: Arme essen. Reiche speisen. Neuere Sozialgeschichte der zentraleuropäischen Gastronomie. Wien 1995.

Schwenke, Friedrich (Hrsg.): Gründerzeit. Möbel und Zimmereinrichtungen. Berlin 1881 (Nachdruck Hannover 1999).
Segers, Yves u. a. (Hrsg.): Exploring the Food Chain. Food Production and Food Processing in Western Europe, 1850–1990. Comparative Rural History of the North Sea Area 7. Turnhout 2009.
Selbst ist der Mann. Das Heimwerker-Magazin 9/1993.
Sembach, Klaus-Jürgen: Moderne Klassiker. Möbel, die Geschichte machen. 10. Aufl., Hamburg 1989.
Sembach, Klaus-Jürgen; Leuthäuser, Gabriele; Gössel, Peter: Möbeldesign des 20. Jahrhunderts. Köln 2002.
Serreau, Coline: Saint Jacques ... La Mecque. Auf Abwegen zum Wandermekka. O. O. 2007.
Silbermann, Alphons: Die Küche im Wohnerlebnis der Deutschen. Eine soziologische Studie. Opladen 1995.
Skalweit, August: Die Deutsche Kriegsernährungswirtschaft. Wirtschafts- und Sozialgeschichte des Weltkrieges. Deutsche Serie. Berlin u. a. 1927.
Sohnrey's Dorf-Kalender für 1902. Hrsg. von Heinrich Sohnrey im Auftrage des Ausschusses für Wohlfahrtspflege auf dem Lande. Berlin 1901.
Spiekermann, Uwe: Zeitensprünge. Lebensmittelkonservierung zwischen Industrie und Haushalt 1880–1940. In: Ernährungskultur im Wandel der Zeiten. Tagungsreader. Mühlheim an der Ruhr 1997, S. 30–42.
Spielen und Lernen. Spielzeug und Kinderleben in Frankfurt 1750–1930. Eine Ausstellung des Historischen Museums Frankfurt. Frankfurt am Main 1984 (Kleine Schriften des Historischen Museums Frankfurt 22).
Sponsel, Rudolf: Spiritualität. Eine psychologische Untersuchung. http://www.sgipt.org/ wisms/gb/spirit0.htm (26.09.2006).
Stadt Gelsenkirchen; Städtisches Museum Gelsenkirchen (Hrsg): Gelsenkirchener Barock. Heidelberg 1991.
Statistisches Bundesamt Deutschland (Hrsg.): Statistisches Jahrbuch 2006. Für die Bundesrepublik Deutschland Wiesbaden 2006.
Statistisches Bundesamt Deutschland (Hrsg.): Statistisches Jahrbuch 2007. Für die Bundesrepublik Deutschland Wiesbaden 2007.
Statistisches Bundesamt Deutschland (Hrsg.): Statistisches Jahrbuch 2008. Für die Bundesrepublik Deutschland Wiesbaden 2008.
Stettenheim, Julius: Wippchen´s sämmtliche Berichte. Bd. 1. Der Orientalische Krieg. Berlin 1882.
Stieda, Wilhelm: Das Hausierergewerbe in Deutschland. Dresden 1899 (Jahrbuch der Gehe-Stiftung zu Dresden 4).
Sturm-Godramstein, Heinz: Kinderwagen. Gestern und heute. Oberursel 1972.
Süddeutsche Zeitung, 03.11.2006, S. 11.
Syrup, Friedrich: Die ausländischen Industriearbeiter vor dem Krieg. In: Archiv für exakte Wissenschaftsforschung, IX (1918) S. 278–301.
Teuteberg, Hans Jürgen (Hrsg.): Die Revolution am Esstisch. Neue Studien zur Nahrungskultur im 19./20. Jahrhundert. Stuttgart 2004.
Teuteberg, Hans Jürgen: Von der alten Schankwirtschaft zum feinen Restaurant. Geschichte der deutschen Gaststättenkultur. In: May, Herbert; Schilz, Andrea (Hrsg.): Gasthäuser. Geschichte und Kultur. Petersberg 2004, S. 27–54.
Teuteberg, Hans Jürgen; Wiegelmann, Günter: Nahrungsgewohnheiten in der Industrialisierung des 19. Jahrhunderts. 2. Aufl., Münster 2005.
Teuteberg, Hans Jürgen; Wiegelmann, Günter: Unsere tägliche Kost. Geschichte und regionale Prägung. Münster 1986.
Thompson, Silvanus: Philipp Reis: Inventor of the Telefone. London 1883.
Thoms, Ulrike: Anstaltskost im Rationalisierungsprozeß. Die Ernährung in Krankenhäusern und Gefängnissen im 18. und 19. Jahrhundert. Stuttgart 2005.
Thoms, Ulrike: Sehnsucht nach dem guten Leben. In: Mohrmann 2006, S. 23–61.
Thurnher, Ingrid: Das Souvenir als Symbol und Bedürfnis. In: Wiener Völkerkundliche Mitteilungen NF 36/37, 1994/1995, S. 105–135.
Tiger, Caroline: Der Fernbeziehungs-Ratgeber. Bergisch-Gladbach 2008.
Tolksdorf, Ulrich: Der Schnellimbiß und The World of McDonalds. In: Kieler Blätter für Volkskunde 8/1981, S. 117–162.
Tränkle, Margret: Neue Wohnhorizonte. Wohnalltag und Haushalt seit 1945 in der Bundesrepublik. In: Flagge, Ingeborg (Hrsg.): Geschichte des Wohnens. Band 5: Von 1945 bis heute. Aufbau, Neubau, Umbau. Stuttgart 1999, S. 687–807.
Ueding, Gert: Vom Stil der Kochkunst. In: Fischer 1976, S. 170–181.
Verk, Sabine (Hrsg.): Geschmacksache. Kochbücher aus dem Museum für Volkskunde. Ausstellungskatalog. Berlin 1995 (Schriften des Museums für Volkskunde Berlin 20).
Verk, Sabine: Die „Wissenschaft" vom Kochen. Koch- und Haushaltslehren vor dem Hintergrund der Entstehung des hauswirtschaftlichen Unterrichtswesens in Deutschland. In: Mohrmann 1997, S. 505–524.
Verk, Sabine: Geschmacksache. Kochbücher aus dem Museum für Volkskunde. Berlin 1995.
Vilovic, Sascha; Schramm, Benjamin: Geschichte des Telefons. München 2005.
Virilio, Paul: Die Eroberung des Körpers. Vom Übermenschen zum überreizten Menschen. Frankfurt am Main 1996.
Voigt, E. Franz: Nachfahren Kommanditgesellschaft: Prospekt, Leipzig o. J.
Votteler, Arno: Wege zum modernen Möbel. 100 Jahre Designgeschichte. Stuttgart 1989.
Wagner, Werner: Die „Hockeweiber" von Hoch-Weisel. In: Heimat im Bild 1989, 16. Woche, o. S.
Wagner, Werner: Zwei Brüder wollten wandern. Auswanderungen aus dem Raum Butzbach im 19. Jh. In: Die Wetterau. Beiträge zur Kultur-, Wirtschafts- und Sozialgeschichte einer Landschaft. Hrsg. von der Kreissparkasse Friedberg (Hessen) aus Anlass ihres 150jährigen Bestehens 1833–1983. Friedberg 1983, S. 473–516.
Wall Street Journal vom 16. März 2007: „Friends Swap Twitters, and Frustration" von Andrew Lavalee, online erreichbar unter: http://online.wsj.com/public/article/SB117373145818634482-ZwdoPQ0PqPrcFMDHDZLz_P6os-I_20080315.html.
Wander, Karl Friedrich Wilhelm (Hrsg.): Deutsches Sprichwörter-Lexikon. Ein Hausschatz für das deutsche Volk. 5 Bde., Leipzig 1867–80.
Watzlawick, Paul: Wie wirklich ist die Wirklichkeit? Wahn, Täuschung, Verstehen. München/Zürich 1976.
Weber-Kellermann, Ingeborg: Fragebogen zu einer Volkskunde des Nahrungswesens. In: Deutsches Jahrbuch für Volkskunde 4 /1958, S. 190–197.
Weber-Kellermann, Ingeborg: Frauenleben im 19. Jahrhundert. 4. Aufl., München 1998.
Wehler, Hans-Ulrich: Das Deutsche Kaiserreich 1871–1918. Göttingen 1993.
Weiher, Sigfried von: Werner von Siemens: Ein Leben für Wissenschaft, Technik und Wirtschaft. Göttingen 1974.
Weiss, Hans U.: Gastronomia. Eine Bibliographie der deutschsprachigen Gastronomie 1485–1914. Ein Handbuch für Sammler und Antiquare. Zürich 1996.
Wendl, Peter: Gelingende Fern-Beziehung. Entfernt zusammen wachsen. 3. Aufl. Freiburg 2007.
Wiedemann, Inga: Herrin im Hause. Durch Koch- und Haushaltsbücher zur bürgerlichen Hausfrau. Pfaffenweiler 1993 (Schnittpunkt Zivilisationsprozess 5).
Wierlacher, Alois; Bendix, Regina (Hrsg.): Kulinaristik. Forschung, Lehre, Praxis. Berlin 2008 (Wissenschaftsforum Kulinaristik 1).
Wilmenrod, Clemens: Wilmenrod bittet zu Tisch. Hamburg 1960.
Wischermann, Clemens: Wohnen in Hamburg vor dem Ersten Weltkrieg. Münster 1983 (Studien zur Geschichte des Alltags 2).
Wiswe, Hans: Kulturgeschichte der Kochkunst. Kochbücher und Rezepte aus zwei Jahrtausenden mit einem lexikalischen Anhang von Eva Hepp. Gräfelfing bei München 1970.
Wöhlbier, Hartmuth: Der Raum der LifeStreams, In: Telepolis. http://www.heise.de/tp/ r4/artikel/27/27677/1.html (April 2008).
Wolf, Dieter: Hurdy-Gurdy. In: Hurdy-Gurdy-Girls 1992, S. 6–9.
Wüthrich, Werner: Vom Land. Berichte. Neuausg. Zürich 1981.
Zeraschi, Helmut: Drehorgeln. 2. Aufl., Leipzig 1978.
Zweig, Stefan: Die Welt von Gestern. Frankfurt am Main 1970.
Zwingl, Christine: Wohnbau und Gesellschaft. In: Noever 1996, S. 261–266.

Bildnachweis

Nicht in allen Fällen war es möglich, Rechteinhaber der Abbildungen ausfindig zu machen. Ansprüche werden selbstverständlich im Rahmen der üblichen Vereinbarungen abgegolten.

Archiv Fett, Münster: 115
Atelier Reichmann, Frankfurt am Main: 111, 113 unten, 116, 117
Babovic, Toma, Stiftung Domäne Dahlem – Landgut und Museum: 91,95
Beltz-Verlag, Weinheim: 43
Bildarchiv Institut für Europäische Ethnologie/Kulturwissenschaft, Marburg: 131
Bimmer, Andreas C., Marburg: 60, 62, 63
bpk/Bernd Heyden: 161 oben rechts
bpk/Carl Weinrother: 155
bpk/Dietmar Katz: 154 links
bpk: 157, 160 unten rechts
C. Armand-Söhne, Waiblingen: 32
Deutsches Bundesarchiv, Koblenz: 85
Diehl, Petra, Freilichtmuseum am Kiekeberg: 103
F. & R. Ehrlicher, München: 26
Firma Bax-Küchen GmbH, Detmold: 52
Firma Siepmann, Katalog 2008: 132
Flemming Söhne, Leipzig: 30
Forchheimer & Co., Coburg: 31
Franz-Scarciglia, Ute, Museum Europäischer Kulturen – Staatliche Museen zu Berlin: 154 rechts, 159
Freilichtmuseum Hessenpark GmbH, Neu-Anspach: 16, 27, 33, 35, 56, 106, 144, 147, 148, 150,
Germin (Gerd Mingram), Hamburg: 39 links
Götze, Gertrud, Scheeßel: 40 unten, 41
GRUNER + JAHR AG & CO KG Druck- und Verlagshaus, Hamburg: 178
Handwerksmuseum Suhlendorf, Suhlendorf: 121
Harzer Holzwarenfabrik Geb. Lohhoff, Tettenborn: 29
Heinz, Christina, Wehrheim: 89
Hessischen Landesvermessungsamt: 108
Historisches Museum Frankfurt: 45
http://gig.antville.org/: 211
http://twittervision.com: 213
Inter IKEA Systems B.V.: 54
Kramer, Dieter, Dorscheid: 164
Looft-Gaude, Ulrike, Molfsee: 119, 120, 123
MAK-Österreichisches Museum für angewandte Kunst/ Gegenwartskunst, Wien: 47, 49
May, Ulrike, Historisches Museum Frankfurt: 50, 51
Medici, Alessandro: 175, 176, 179
Michael Imhof Verlag: 172, 173
Mondamin Gesellschaft m.b.H. Hamburg: 53
Museum der Stadt Butzbach, Butzbach: 110, 113 oben
Omahna, Manfred, Hallein (Österreich): 19, 20, 21, 22, 23, 24
Philipp-Reis-Haus, Friedrichsdorf: 184, 185, 187, 189, 190, 192, 194
PIXELIO, Arnold, Albrecht E.: 216
PIXELIO, Beutler, Detlev: 220
PIXELIO, Boscolo, Bernd: 222 oben
PIXELIO, Bührke, Michael: 221
PIXELIO, Dominik, Kurt F.: 222 unten
PIXELIO, Evertsbusch, Christian: 224
PIXELIO, Hebgen, Peter: 215
PIXELIO, Kalfaß, Andreas: 218
PIXELIO, Scher, Anton: 219 links
PIXELIO, Sturm, Rainer: 219 rechts
Raeder, Joachim, Kiel: 118
Ragib, Hassan, http://en.wikipedia.org/wiki/User:Ragib, (Creative Commons-Lizenz Attribution ShareAlike 2.5.): 209
Sammlung S. Becker, Marburg: 129,
Santus, Angelo, Eckernförde: 122 mitte
Scheibenflug, Heinz (Hrsg.): Das Hausbuch der Frau. Berlin/Darmstadt 1957: 38 unten
Schupp, Ottokar: Hurdy-Gurdy. Bilder aus einem Landgänger-dorf. Herborn o. J.: 114 oben links
Schürmann, Thomas, Stiftung Freilichtmuseum am Kiekeberg: 39 oben rechts, 40 oben
Sfreddo, Dino, Neumünster: 126
shotshop GmbH, Berlin: Titelbild
Slow Food: 101 oben
Slow Food, Abtmeyer, Stefan: 98, 99, 100, 102 oben rechts
Slow Food, Arche: 101 unten, 102 oben links
Sohnrey's Dorfkalender 1902. Hrsg. von Heinrich Sohnrey im Auftrage des Ausschusses für Wohlfahrtspflege auf dem Lande. Berlin 1901: 37
Steigmann, Karl-Heinz: 171, 174,
Steiß, Sandra, Museum Europäischer Kulturen Staatliche Museen zu Berlin: 158, 160 unten links, 161 oben links,
Stiftung Domäne Dahlem – Landgut und Museum: 68, 69, 70, 71, 72, 73, 74, 75, 76, 78, 79, 80, 81
Toffolo, Reinhard, Klintum: 122 unten, 124, 125
Tworkowski, Roman, (freigegeben nach GNU): 202
Universität für angewandte Kunst Wien, Wien: 48 links, Mitte, 55
Verlag Die Abendzeitung, München: 170
Wagner, Werner: Zwei Brüder wollten wandern. Auswanderungen aus dem Raum Butzbach im 19. Jh. In: Die Wetterau. Friedberg 1983: 114 oben rechts
Wikipedia: 198, 207
Zentgraf, Manfred (freigegeben nach GNU): 171
Zille, Heinrich: 38 oben

Arbeit und Leben

(Band 1–10: Arbeit und Leben auf dem Lande)

Eine kulturwissenschaftliche Schriftenreihe,
herausgegeben von den Museen des Ausstellungsverbundes:
Freilichtmuseum am Kiekeberg, Rosengarten-Ehestorf,
Schleswig-Holsteinisches Freilichtmuseum Molfsee,
Freilichtmuseum Domäne Dahlem, Berlin,
Freilichtmuseum Hessenpark, Neu-Anspach.

Band 1 Helmut Ottenjann, Karl-Heinz Ziessow (Hrsg.): Die Kartoffel. Geschichte und Zukunft einer Kulturpflanze. Cloppenburg 1992, 396 S., zahlr. Abb., 30,60 €; ISBN 978-3-923675-30-2

Band 2 Helmut Ottenjann, Karl-Heinz Ziessow (Hrsg.): Landarbeit und Kinderwelt. Das Agrarwesen in pädagogischer Literatur 18. bis 20. Jahrhundert. Cloppenburg 1994, 562 S., zahlr. Abb., 25,00 €; ISBN 978-3-923675-45-6

Band 3 Oliver Fok, Ulf Wendler, Rolf Wiese (Hrsg.): Vom Klepper zum Schlepper. Zur Entwicklung der Antriebskräfte in der Landwirtschaft. Ehestorf 1994 (vergriffen)

Band 4 Helmut Ottenjann, Karl-Heinz Ziessow (Hrsg.): Die Milch. Geschichte und Zukunft eines Lebensmittels. Cloppenburg 1996, 403 S., zahlr. Abb., 20,00 €; ISBN 978-3-923675-60-9

Band 5 Nina Hennig, Heinrich Mehl (Hrsg.): Bettgeschichte(n). Zur Kulturgeschichte des Bettes und des Schlafens. Schleswig 1997, 324 S., zahlr. Abb., 20,00 €; ISBN 978-3-8042-0813-1

Band 6 Geerd Dahms, Giesela Wiese, Rolf Wiese (Hrsg.): Stein auf Stein. Ländliches Bauen zwischen 1870 und 1930. Ehestorf 1999, 408 S., zahlr. Abb., 23,00 €; ISBN 978-3-927521-36-0

Band 7 Hermann Heidrich (Hg.): Frauenwelten. Arbeit, Leben, Politik und Perspektiven auf dem Land im 20. Jahrhundert. Bad Windsheim 1999, 390 S., zahlr. Abb., 20,00 €; ISBN 978-3-926834-41-6

Band 8 Karl-Heinz Ziessow, Uwe Meiners (Hrsg.): Zur Schau gestellt. Ritual und Spektakel im ländlichen Raum. Cloppenburg 2003, 390 S., zahlr., teils farbige Abb., 24,00 €; ISBN 978-3-923675-90-6

Band 9 Herbert May, Andrea Schilz (Hrsg.): Gasthäuser. Geschichte und Kultur. Petersberg 2004, 350 S., 35 Farb- und 273 Schwarzweißabb., 22,00 €; ISBN 978-3-937251-68-4

Band 10 Peter Lummel, Alexandra Deak (Hrsg.): Einkaufen! Eine Geschichte des täglichen Bedarfs. Berlin 2005, 264 S., 213 Abb., 29,80 €; ISBN 978-3-9802192-5-9

Band 11 Hermann Heidrich, Sigune Kussek (Hrsg.): Süße Verlockung. Von Zucker, Schokolade und anderen Genüssen. Molfsee bei Kiel 2007, 222 S., zahlr. Abb., 31,00 €; ISBN 978-3-9807490-7-7

Band 12 Peter Janisch, Christina Heinz (Hrsg.): In Bewegung – Wie Alltag sich verändert. Petersberg 2009, 240 S., 185 Abb., 19,90 €; ISBN 978-3-86568-434-9